금강학술총서 8

금강대학교 불교문화연구소

藏外地論宗文獻集成

青木 隆, 方 廣錩, 池田 將則
石井 公成, 山口 弘江

도서출판 CIR 씨·아이·알

간행사

본 금강대학교 불교문화연구소는 2007년 인문한국(HK) 연구지원 사업에 선정되어 연구를 진행해온 것이 벌써 5년째입니다. 그동안 착실하게 연구 성과를 내면서 국내외에 불교학 분야를 대표하는 국제적인 역량을 갖춘 인문학연구센터로서의 입지를 굳혀가고 있습니다. 또한 10년간 진행된 연구사업의 성과를 전체 학계와 공유하기 위한 노력을 꾸준히 진행하고 있습니다.

2009년 8월 7일과 8일 양일 간에 걸쳐 본 대학에서는 〈지론사상의 형성과 변용〉을 주제로 제4회 국제학술대회를 개최하였고, 학술대회에서 발표된 원고와 국내외 지론사상 전문가의 원고 7편을 더한 총 17편의 옥고를 묶은 동명의 책을 2010년에 일어판과 한국어판으로 간행한 바 있습니다. 이 책은 지론사상을 총체적으로 다룬 첫 학술서라는 점에서 특히 일본과 중국학계에서 좋은 반향을 일으켰고, 국제적으로도 의미 있는 학술서적으로 평가되었습니다.

이번에 간행되는 〈장외지론종문헌집성〉은 앞서 간행된 〈지론사상의 형성과 변용〉의 후속작업입니다. 즉 지난번 간행한 학술서적이 지론사상의 형성과 변용 과정을 탐구 하는 학술서적이라면, 본서는 그동안 개인적으로 소장하거나 일부만이 공개되었던 지론종 사본 문헌들을 교주하고 활자화하여 학계에서 활용할 수 있도록 한 것입니다.

이들 자료 가운데 많은 부분을 차지하는 돈황사본은 자료의 희귀성과 중요성이 인정되는 반면에 오자 및 탈자가 다수 있는 문헌이기 때문에 활용하기에 까다로운 문헌이기도 합니다. 본 서는 이러한 난점을 없애기 위해 단지 활자화하는데 그치지 않고, 잘못된 곳을 정정하여 완성한 교정본입니다. 이 작업에는 〈지론사상의 형성과 변용〉과 마찬가지로 국내외의 관련학자들의 노고가 담겨 있습니다. 본 연구소에서는 〈장외지론종문헌집성 속집〉도 준비하고 있습니다. 속집까지 간행되면 한국뿐만 아니라 세계 불교학계에서 지론사상을 연구하고 활용할 수 있는 중요한 기초문헌자료가 될 것입니다. 또한 텍스트 입력본은 전산화를 거쳐 검색이 가능하도록 할 예정입니다.

어려운 사본을 꼼꼼히 읽고 교정하는 수고를 아끼지 않은 方廣錩 선생, 石井公成 선생, 青木隆 선생 그리고 본 연구소 HK연구교수로 재직하고 있는 池田將則 선생의 노고에 감사드립니다.

그리고 본서의 간행을 위해 2009년부터 기획하고 편집한 불교문화연구소 전 HK교수인 山口弘江 선생에게 감사의 말을 전합니다.

향후 본 HK사업의 아젠다에 걸맞는 역작이 지속적으로 간행되어 금강대학교 불교문화연구소가 국내외 불교학계의 큰 일꾼으로 자리하기를 바라마지 않습니다. 아울러 이러한 좋은 작업들을 일반 시민들에게 알기 쉽게 풀어 주어 불교를 통해 보다 고원(高遠)한 세계로의 소통이 가능할 수 있도록 연구소에서 각별한 노력을 기울여주기를 바랍니다.

2012년 5월 24일

금강대학교 총장 철학박사 **정 병 조**

刊行致辭

金剛大學校佛教文化研究所在2007年得到人文韓國（HK）研究支援事業的採納以來，已經進入了第五年。在此期間，我們以構建一個能夠代表佛教學分野的國際性的人文學研究機關爲目標，不斷的更新了研究成果。而從項目啟動開始，我們也一直在致力於以10年的研究工作完成本項目的同時，能夠將這些成果與學界共享的道路上努力著。

作爲這一意識的一環，於2009年8月7日至8日兩日在本校舉行了題爲“地論思想的形成與變容”的第4回國際學術大會。此後，在10名學會發表者的論文的基礎上，增加了國內外包含7名地論思想研究專家的寄稿，於2010年以日語版和韓語版出版了總計包含17篇論文的論文集。此論文集作爲首次總攬了地論思想的學術書，尤其在日本和中國學界引起了重大反響，亦被評價爲具有國際價值的學術書。

此次出版的《藏外地論宗文獻集成》，是對前次出版的《地論思想的形成與變容》一書的繼承。一目了然，《地論思想的形成和變容》是著眼於地論思想的形成和變容的過程的一部學術書。本書則是對目前爲止由於閱覽不便而沒有得到廣泛關注的地論宗相關的寫本文獻進行錄文和校對，將其收錄一處，希望在此基礎上這些文獻能夠被廣泛活用。

佔據了此書大半分量的敦煌寫本，是極爲稀少和重要的資料。但同時由於大量的誤寫和脫漏，也是判讀極爲困難的資料。爲了克服這些難點，本次的工作不僅僅以對寫本進行錄文爲目的，而是盡可能對其加以校正。與《地論思想的形成和變容》一様，此項工作得到了國內外專家學者的參與與支持。同時，本校研究所亦在策劃本書的續集，主要對未能收入本書的資料加以整理出版。竝希望這兩冊資料集成能夠成爲不僅在本國，在海外學界的地論思想研究上亦不可或缺的基礎資料。同時預定在將來將其電子化。

在這裡要對參加了此次艱難的工作的方廣錩先生、石井公成先生、青木隆先生、以及作爲HK研究教授目前在本校研究所任職的池田將則先生表示衷心的感謝。同時也要對2009年開始擔當了本書的企劃的本校研究所前HK教授山口弘江先生的辛苦表示感謝。

今後，期待本校研究所能夠在國內外佛教學界中擔任重要的角色，不斷出版刊行與本HK事業的研究計劃相應的研究成果。同時也期待這些學術成果能夠在一般民衆中亦得到廣泛公開。

2012年5月24日

金剛大學校總長 哲學博士

鄭　柄朝

刊行の辞

金剛大学校仏教文化研究所は、2007年に10年間人文韓国（ＨＫ）研究支援事業に採択されて以来、はや5年目となりました。その間に継続的に研究成果を発信してゆくことで、仏教学分野を代表する国際的な人文学研究機関としての地位を国内外で築くことを目指してきましたが、発足の当初より、10年間にわたる研究事業ではプロジェクトを遂行するだけでなく、その成果を学界の中で共有することにも努めてまいりました。

このような意識の一環として企画されたのが、2009年8月7日から8日の両日にかけて本学において行われた「地論思想の形成と変容」と題する第4回国際学術大会であります。その後、学術大会の発表者の10名に加え、国内外の地論思想の専門家7名より寄稿を受け、計17本の玉稿を賜り編集された論文集を2010年に日本語版と韓国語版によって刊行いたしました。この論文集は地論思想を総体的に取り扱った初めての学術書という点で、特に日本と中国の学界で話題となり、国際的にも価値ある学術書としての評価を受けるに至りました。

ここに刊行される『蔵外地論宗文献集成』は、これに先行して出版された『地論思想の形成と変容』を継承する作業であります。つまり、『地論思想の形成と変容』はその書名の通り地論思想の形成と変容の過程を追求する学術書でありましたが、本書はこれまで閲覧が不便であるためにあまり注目されてこなかった地論宗関係の写本文献を翻刻及び校訂し、一書にまとめることで、広く活用されることを願ったものであります。

これらのうち大半を占める敦煌写本は、資料の希少性や重要性が認知される一方、誤脱が多いために読解が難解な資料であります。このような難点を排除するために、今回の作業では単に写本を活字化することに終始することなく、可能な限り校正を加えております。その作業には『地論思想の形成と変容』と同様に、国内外の専門分野の学者が参与してくれました。また、本学研究所では本書で収録できなかった資料を収める『続集』の出版も進めております。そして、計2冊の資料集成が、本国のみならず海外の学界においても地論思想研究の不可欠な基礎資料として参照されることを願い、将来的には検索が可能な電子テキスト化を行う予定です。

今回、困難な作業に取り組んでくださった方廣錩先生、石井公成先生、青木隆先生、そしてHK研究教授として現在本学研究所に在職中の池田将則先生のご尽力に感謝申し上げます。また、2009年より本書の企画に携わってきた元本学研究所ＨＫ教授である山口弘江先生の労をここにねぎらいたいと思います。

今後、本学研究所が国内外の仏教学界において大きな役割を果たすべく、本ＨＫ事業の研究計画に相応しい成果を持続的に刊行するよう精進すると同時に、このような学術的作業によって得られた成果が一般市民にも開かれたものとなるよう一層の努力を重ねることを期しつつ、ここに刊行の辞といたします。

2012 年 5 月 24 日

金剛大学校総長 哲学博士

鄭 柄 朝

서문

금강대학교 불교문화연구소 소장
김천학

본서편찬의 경위와 목적

본서는 금강대학교 불교문화연구소 인문한국(HK) 프로젝트 연구 사업의 일환으로, 논문집 『지론사상의 형성과 변용』(한국어판은 도서출판 씨아이알, 일본어판은 國書刊行會 간행)에 이은 지론사상 연구의 2탄으로서 기획·편집한 것이다.

본 연구소는 「불교고전어·고전문헌을 통해서 본 문화의 형성과 변용 및 수용 과정의 연구」라는 전체의 테마 아래, 중국 남북조 시대부터 당대 초기까지 융성했던 지론사상에 착안하여 2008년부터 『대정신수대장경』 85권에 수록되어 있는 법상(法上)찬 『십지론의소(十地論義疏)』의 강독을 시작하였다. 2009년 8월에는 10명의 발표자와 함께 「지론사상의 형성과 수용」이라는 주제로 제3회 국제학술대회를 개최하였고, 그 당시의 논고와 함께 새로운 7명의 기고를 받아 『지론사상의 형성과 수용』을 출판하였다.

이러한 활동을 통하여 우리들은 지론사상 연구의 발전을 위하여 지론종 문헌 일문(逸文)의 집성이 불가결하다는 인식에 이르렀다. 그런데 마침 이 방면에서 선구적인 활동을 해오신 이시이 코세이(石井公成) 선생님과 아오키 타카시(青木隆) 선생님으로부터 좋은 제안을 받았다. 그것은 1995년부터 1999년에 걸쳐서 일본 교토대학 인문과학연구소의 「북조 후반기불교사상사연구(北朝後半期佛教思想史研究)」반에서 작성한 S.613과 S.4303의 번각 데이터가 있으니 그것을 게재하는 것이 어떤가 하는 것이었다. 운이 좋게도 당시 대표자인 아라마키 노리토시(荒牧典俊) 선생님으로부터도 허가를 받을 수 있었다. 그 이외 이미 번각이 공표되어 있는 것도 포함하여 필요한 것은 새롭게 번각하고, 선행연구에 의해서 지론종 문헌이라고 지적된 것을 가능한 한 수록하는 것을 기본 방침으로 삼았다.

편집에 있어서는, 본서가 국내외에 넓게 활용되기를 바라며 한자 및 중국어 표기를 기본으로 하였다. 국제적인 학술서를 표방한다면 영어를 채용해야 하지만, 유럽과 미국의 많은 불교학자가 중국어도 습득하고 있고, 한문 문헌이 갖는 분위기를 그대로 전달하고자 함을 중시한 결과이다. 다만, 보다 자세한 연구성과를 한국학계에 환원한다는 목적으로 해제는 한국어 번역본을 부가하였고, 본서의 대부분이 일본인 연구자의 집필이므로 원어를 게재한다는 의미로 일본어역도 게재하였다. 복수의 언어가 혼재하므로 다소 복잡한 구성으로 되어 있지만, 이상과 같은 취지에 의한 것이므로 독자들의 이해를 바란다.

서명에 대하여

본서의 제목인『장외지론종문헌집성(藏外地論宗文獻集成)』에서 특히「장외(藏外)」와「지론종(地論宗)」이라는 용어에 대한 우리들의 인식에 대해 먼저 설명하고자 한다.

먼저「장외」란 이미『장외불교문헌(藏外佛教文獻)』총서에서 따온 것이다. 그 주편인 팡구앙창(方廣錩) 선생님의 서문에 의하면,「장외」란 역대 대장경에 포함되지 않은 모든 문헌을 의미하고, 넓게는 현대어 연구문헌 등도 포함한다. 본서에서는 보다 구체적으로「대장경에 수록되지 않은 고전 불교문헌」이라는 의미로 「장외」라는 말을 사용하였다.

다음 「지론종」에 대해서는 다양한 논의가 있다. 먼저, 역사적으로 지론종이라는 학파의 존재 유무에 대한 논의이다. 문헌에 등장에 등장하는 것은 오직 「십지론사(十地論師)」 「지론사(地論師)」 등의 호칭이다. 이를 역사 기록에서 살펴보면 그 집단은 『십지경론』의 번역사업에 종사한 학승을 기원으로 하는 계보로, 오늘날 우리들이 생각하는 종파로서의 실태는 인정되지 않는다는 것이다. 최근 이러한 실태를 반영하여 「지론학파」라는 호칭을 많이 사용하기도 한다. 그러나 이것도 현대적인 「학파」라는 개념을 적용한 것으로 그대로 따르기는 어렵다.

「지론종」이라는 호칭의 유래는 일본 교넨(凝然, 1240-1321) 의 『삼국불법전통연기(三國佛法傳通緣起)』 「진단불법유전(震旦佛法流傳)」에서 13종을 열거하며 그 6번째로 지론종을 언급한 것으로 거슬러 올라간다. 이후, 최근에 이르기까지 지론종은 중국불교사에서 보통 화엄종의 전신으로 위치지어졌다. 이러한 흐름에서 사용된 지론종이라는 호칭에 대하여 현재도 그 의문은 남아 있지만 지금까지의 연구 흐름을 답습한다는 의미에서 본서에서는 「지론종」을 채용하였다. 한편, 「지론종」뿐만 아니라 「종(宗)」이라는 개념을 중국불교사에서 어떻게 사용해야만 하는가에 대해서도 금후 논의되어야 할 과제로서 유의하지 않으면 안 될 것이다.

수록문헌과 목차의 배열에 대하여

본서는 위에서 언급했듯이, 지금까지 대장경에 수록되지 않았던 지론종에 관련한 문헌을 번각하고 소개한다는 사명을 갖고 있다. 그 중 대부분은 돈황에서 발견된 사본으로 모두 단간(斷簡)이기 때문에 저자는 물론이고 서명도 확실하지 않다. 정보가 매우 부족하여 문헌의 출처를 밝히는 것이 무척 곤란하였다. 하지만 과거 20여 년 동안, 특히 일본에서

연구가 진전되면서 지론종 교학의 특징이 조금씩 밝혀졌다. 이러한 선행 연구에 의해, 지론종 문헌의 판단 기준이 확정되었던 것이다.

그 구체적인 기준이란 3종교판설(三種教判說, 즉 三乘別教·通教·通宗)과 연집설(緣集說, 즉 有爲緣集·無爲緣集·自體緣集)등 지론종 고유 교리의 유무이다. 이러한 기준을 통해 본서는 문헌의 내용이나 성질에 따라 크게 5장으로 나누어 구성하였다.

먼저 「一 教理集成文獻」은 이른바 강요서 종류를 모은 것으로, 본서에 수록된 대부분의 문헌을 담당한 이케다 마사노리(池田將則)선생에 따라 명명하였다. 모두 단간이기 때문에 원제는 불분명하고, 확실히 지론종 문헌이라고 확정되지 않은 것도 포함하고 있지만, 주요한 불교용어를 들어 해석하고 있는 이들 문헌은 북조기 교학의 실상을 전하는 매우 귀중한 자료이다. 이것들을 한 책에 수록한 것으로 인해 문헌 간의 상호 관련성이나 사상의 추이도 보다 명확하게 드러날 것이다.

「二 『華嚴經』 注釋書」에는 근본적인 소의경론인 『화엄경』의 주석서를 배치하였다. 지론종은 후반기에 『대집경』을 중시하는 그룹이 등장하는데, 그 근원은 『십지경론』 및 그 주석 대상인 『십지경』과 『화엄경』에 대한 탐구에 있었다고 할 수 있으므로 그 점을 고려하여 새롭게 장을 나누었다.

「三 "五門" 文獻」은 최근 지론교학의 특색적인 교리로 주목되는 5문설(五門說, 즉 佛性門·衆生門·修道門·諸諦門·融門)에 관련한 문헌을 모았다. 이들 중에는 강요서 종류의 것부터 특정 경문의 주석까지 형식이 다른 문헌들이 포함되어 있지만, 5문설이 사용된 시기, 그것을 사용한 그룹은 어느 정도 한정되어 있었다고 생각되므로 문헌 간의 상호 관련성을 중시하여 이 장을 따로 설정하였다. 한편, 본서에서는 이들 문헌의 상호관련성을 고려하여 배열하였으나 반드시 성립시기의 선후관계를 반영하였다고 할 수는 없다.

「四 "法界圖"文獻」은 수행계위설을 항목별로 논한 것으로 지론종 후기에 성립한 것이라고 생각된다. 돈황 사본들에는 많은 단간이 확정되어 있고, 또한 최근 연구에서는 천태교학에서의 원용(援用)도 지적되고 있는데, 이것은 이 문헌들이 당시 폭넓게 참조되었음을 시사한다. 이에 문헌으로서의 특이성 및 그 영향력을 감안하여 다른 문헌과는 구별하고자 따로 배치하였다.

「五 逸文」은 독립 문헌으로서는 현존하지 않지만, 그 일부가 다른 문헌 안에서 인용되어 현재 그 내용의 일단을 알 수 있는 자료이다. 그 내용은 대장경 수록 문헌을 살펴보아야 알 수 있지만, 일문(逸文)을 추출함으로써 단적으로 본래의 모습을 파악할 수 있다. 인용이 되었다는 것 자체가 당시 어느 정도의 영향력을 가진 문헌이라는 것의 증좌가 되는 것이고, 그 중요성에 비추어 특별히 이 장을 설정하였다.

각 장 안에서의 배열은 문헌의 내용으로 판별하여 최대한 시대적인 선후관계를 반영하고자 노력하였다. 위에서 언급했듯이, 사본의 서지적 정보가 너무 부족해서 시대적인 판정이 매우 어려웠다. 잠정적이기는 하지만 이러한 방침에 의해 배열함으로써 본서에 수록한 자료에 의해 지론사상의 진전 양상을 보다 구체적으로 제시할 수 있다고 생각한다.

지론종 문헌 연구의 남겨진 과제

본서의 결점은 지론종 문헌 연구의 남아 있는 과제이기도 하다. 그래서 여기서 먼저 확인하고 넘어가고자 한다.

그 첫 번째는 본서 수록의 대부분이 사본을 직접 보지 못하고 번각한 점이다. 이것은 제대로 된 사본 연구로서의 질타를 면하지 못할 것이다. 그러나 처음부터 본서가 목표한 것은 사본 하나 하나의 완전한 연구성과의 공표에 있는 것은 아니었다. 단지 잘 다듬어지지 않고 부족한 면은 있지만, 우선적으로 지론종 문헌이 가지고 있는 다양한 사상적 측면을 학계에 제시하여 이러한 문헌들이 중국불교사상사에서 가지는 의의를 환기시키고자 하는 것이었다. 따라서 개개의 자세한 서지학적 점검에 대해서는 장래의 전문가에 맡기기로 하였다.

두 번째, 본서에서는 『화엄경』 이외의 경소류를 수록하지 않은 점이다. 원래는 『십지경론』 『승만경』과 『열반경』의 주석도 포함하여 수록할 예정이었지만, 시간적 제약과 지면 관계상 이것은 별책으로 출판하기로 하였다(본서 권말의 게재문헌 일람을 참조바람). 이에 대해서는 전력을 다해 최대한 빠른 시일 내에 공표함을 약속드린다.

세 번째, 정영사 혜원의 문헌이나 『대정신수대장경』 85권에 수록된 지론종 문헌은 일단 대장경에 수록되어 있으므로 대상외로 하였다. 하지만 장외문헌을 세상에 알리는데 급한 나머지, 오히려 대장경에 수록된 문헌의 검토가 늦어진 점은 참 아이러니한 일이라고 할 수 있다. 대장경에 수록되었다는 것은 그 중요성이 하루 빨리 인정되었음에는 틀림없다. 하지만 혜원의 문헌조차 아직 주석 연구가 제대로 되지 않고 있고, 그 사상의 전체상을 해명하기 위해서는 아직 많은 노력이 필요하다. 이후 지론종 문헌의 중요성이 인지되어 이런 문헌들에 대한 많은 관심과 종합적인 지론종 사상의 연구가 이루어질 것을 기대한다.

본서에 수록된 대부분의 문헌은 단편이고, 각각의 문헌으로부터 알려진 정보는 그렇게 많지 않다. 그러나 선학의 부단한 노력에 의해서 지론종이라는 이름으로 연결된 문헌들이 우리들의 앞에 드러난 오늘날, 중국불교사상사에 있어서 그 전환기라고 할 수 있는 남북조, 수당대의 많은 공백이 채워졌으리라 기대한다.

끝맺으며

본서는 기획부터 약 2년의 세월에 걸쳐 출판에 이르기까지 정말 많은 분들의 협력을 받아 왔다.

먼저, 매우 바쁘신 일정에도 불구하고 귀중한 연구 성과를 기고해 주시며 지대한 관심을 가지고 협력해주신 많은 선생님들께 진심으로 감사를 전한다. 특히 아라마키 노리토시(荒牧典俊) 선생님, 이시이 코세이(石井公成) 선생님, 아오키 타카시(青木隆) 선생님 등 일본에서 지론종 연구의 시작을 알린 석학들이 본서 기획의 초기단계부터 참여해 주신 것은 우리들에게 그 무엇보다도 큰 힘이 되었다. 또한 팡구앙창(方廣錩)선생님은 본서의 중점이 되는 번각 작성에서 많은 지도와 함께 필요한 자료를 아낌없이 제공해주셨다. 이케다 마사노리(池田將則) 선생님은 정력적으로 가장 많은 자료를 담당해주셨고, 그 인연으로 2012년 3월부터는 본 연구소 HK연구교수로 부임하셔서 많은 조언을 얻고 있다.

또한 고려대장경연구소, 고려대학교 민족문화연구소, 영국국립도서관의 협력을 받아 필요한 화상 자료를 모두 얻을 수 있었던 것은 정말 행운이었다. 그리고 본서의 출판에 한국정부 지원의 HK사업과 본학의 조성비 등의 비용이 지원되었다. 관계자 여러분의 수고와 노력에 다시 한번 감사드린다.

마지막으로 편집에는 본 연구소 전 HK교수 야마구치 히로에(山口弘江)씨, 출판교정에는 석길암 HK교수, 번역에는 일본 국제불교학대학원대대학 대학원생 양팅팅(楊婷婷)씨, 일본 동경대박 대학원생 박현진씨, 하유진 HK연구 교수가 담당해 주셨다. 모든 분들의 수고에 다시 한 번 감사드린다. 또한 여러 언어가 공존하는 난해한 출판사업을 맡아 주신 도서출판 씨아이알 김성배 사장님께 감사의 말씀을 전한다.

序

金剛大學校佛教文化研究所 所長
金 天鶴

本書編纂的經緯及目的

本書是大韓民國金剛大學校佛教文化研究所HK項目研究計畫的一環，是繼論文集《地論思想的形成和變容》(韓語版由CIR出版，日語版由國書刊行會出版）之後地論思想研究的第二彈。

本研究所在“佛教古典語言及古典文獻所見文化的形成、發展及接受過程的研究”這一整體的課題下，著眼於中國南北朝至唐初隆盛的地論思想，2008年開始對收錄於《大正新脩大藏經》第85卷中被認爲是法上撰述的《十地論義疏》進行講讀。此後，於2009年8月舉辦了由10名發表者組成的第三屆國際學術大會“地論思想的形成的变容”，竝在大會發表論文的基礎上增加了7篇新論，出版了上述《地論思想的形成和變容》一書。

通過此一系列活動，我們認識到進一步發展地論思想研究須要對地論宗文獻的佚文做進一步的蒐集。日本京都大學人文科學研究所“北朝後半期佛教思想史研究”班在1995年至1999年間，已對S.613和S.4303進行過錄文。石井公成先生和青木隆先生兩位提議是否可以將這些錄文資料收入其中。所幸我們得到了當時的研究代表者荒牧典俊先生的許可。除此之外，我們還將對必要的文獻進行重新錄入整理，其中亦包括已經公開的錄文資料。總而言之，我們以盡可能最大限度的收集在先行研究中被定爲地論宗文獻的資料爲基本方針。

本書希望能夠在國內外得到廣泛的使用，因而在編輯上主要使用中文。以國際性的學術書爲目標的本書本應使用英語，但是現在歐美佛教學者們多習漢語，竝且我們也力圖保留漢語文獻原有的氛圍，因此最終採用了上述方式。但是，在題解等問題上，爲了將詳細的研究成果傳達給韓國學界，所以附加了韓語題解。又由於本書的執筆者多數爲日本學者，我們亦收錄了日語原文。總之，由於混合了多種語言，本書在構成上頗爲複雜，還望讀者諸君諒解。

關於書名

我們想在這裡對《藏外地論宗文獻集成》這一書名，尤其“藏外”及“地論宗”這兩個詞彙進行一下說明。

首先，《藏外佛教文獻》叢書中已經採用“藏外”一詞。根據主編方廣錩先生的序文,“藏外”是指未被收入歷代大藏經的文獻，廣義上亦包括了現代語的研究文獻。本書中具體是指未被收入大藏經的古典佛教文獻。

其次，關於“地論宗”一詞，大概會產生各種各樣的議論。首先是歷史上是否存在地論宗這一宗派的問題。出現在文獻中的只有“十地論師”“地論師”等稱呼。此外，從史傳來看，這一集團起源於與《十地經論》的翻譯活動相關的學僧。基於如上兩點，其竝不存在我們今天理解的意義上的宗派的實態。近年，爲了反映這一情況，學者多使用“地論學派”這一稱呼。但是，由於這也是借用了現代的“學派”概念，我們亦無法直接沿用。

“地論宗”這一稱呼的由來，可以追溯到日本的凝然（1240－1321）的《三國佛法傳通緣起》。此書在“震旦佛法流傳”中例舉了十三宗，其中第六宗即爲地論宗。此後直至近年,“地論宗”在中國佛教史上一般被定位爲華嚴宗的前身。對於在這一過程中被使用的“地論宗”這一稱呼，我們亦抱有疑義，但是爲了遵從前人的研究，本書仍然採用了這一稱呼。其實，不單單是“地論宗”，“宗”這一概念在中國佛教史上應如何使用，也是今後需要留意竝應加以討論的課題。

關於收錄文獻及目錄的分配

如前所述，本書以對未被收入大藏經中的地論宗相關文獻進行錄文和介紹爲使命。其中大多數是於敦煌發現的寫本。由於多爲斷簡，著者及書名竝不明確。要從極少的信息中確認文獻的出處是非常困難的。但是近20年中，特別是在日本，研究取得了相當的進展。地論宗教學的特質日漸明瞭。根據這些先行研究，我們才得以確定這些地論宗的文獻。

判斷是否屬於地論宗文獻的具體標準，主要是看是否存在三種判教說（三乘別教、通教、通宗），緣集說（有爲緣集、無爲緣集、自體緣集）等地論宗固有的教義。在此基礎上，根據文獻的內容及性質，本書將收錄文獻分爲五個部分。

“一　教理集成文獻”，即集成了綱要書一類的文獻。這一名稱來自本部分的主要負責人池田將則先生。由於此部份文獻均爲斷簡，原題不明。其中亦包含了尚未能確定是否屬於地論宗文獻的部分。但是例舉了主要的佛教用語竝加以解釋的這些文獻，是傳達了北朝期教學的實像的極爲重要的原始資料。將這些資料一同收入本書，或許可以逐漸明確其相互的關聯性以及思想的推移。

“二　《華嚴經》注釋書”。這部分包括了根本所依經論《華嚴經》的注釋書。正如後期出現了以《大集經》爲中心的集團一樣，地論宗其根源仍是對《十地經論》以及作爲注釋對象的《十地經》與《華嚴經》的探究。此項正是考慮到這點而設立的。

“三　‘五門’文獻”。這一部分集成了近年來備受注目的地論教學的特色理論——“五門說”（佛性門、衆生門、修道門、諸諦門、融門）相關的文獻。其中包含了綱要書類以及特定的經文注釋等不同形態的文獻。五門說的使用時期及使用集團大致可以確定。考慮到這些文獻之閒的關聯性，我們單獨列出此項。在文獻的排序的問題上，本書主要考慮到其之閒的關聯性，文獻排序竝不反映其成立順序。

“四 ‘法界圖’文獻”。由於這類文獻逐條對修行階梯說加以論述，可以將其認定爲地論宗後期的文獻。在敦煌寫本群中存在衆多斷簡。近年的研究也指出天台教學對此也頗有引用。由此可知這類文獻在當時頗具影響。由於其文獻特點及影響力，我們特別將其與其他文獻區別開來另設一項。

“五 逸文”。這部分文獻已不作爲獨立的經典現存於世，但由於爲其他文獻所引用，使我們得以窺知其部分內容。雖然其內容均出自藏內文獻，但對逸文的整理輯錄，讓我們更能接近原文的形態。這些文獻被諸多典籍所引用，說明了它們在當時具有一定的影響力。鑒於其重要性，此次特別加入此項。

各項目內文獻的排列順序，我們盡量根據由內容判別的時代先後而定。但如前所述，由於寫本本身的情況不甚明了，故時代判斷亦十分困難。儘管本書中是暫定的順序，但按照這一排序的方針，我們仍可以從本書中收錄的資料中相對具體的獲知地論思想的展開模式。

地論宗文獻研究的展望

在這裡我們要對本書的不足之處予以說明。這些不足之處也正是以後地論宗文獻研究的課題所在。

其一，本書收錄的文獻基本上都是在沒有看到原寫本的情況下進行的錄文。作爲寫本研究，這一欠點難免遭到非議。然而本書的目標也不是公佈對每個寫本的完全的研究成果，而是致力於將這些爲數不多但有著多樣的思想側面的地論宗文獻提供給學界。我們希望通過這樣的努力來喚起這一文獻群在中國佛教思想史上的意義。至於對每個具體文獻的書誌學研究，則還寄望於諸方家。

第二，本書未能實現對《華嚴經》以外的經疏類文獻的收錄。最初的計畫是一併收入《十地經論》、《勝鬘經》以及《涅槃經》的注釋書，但由於時間和篇幅的限制，這部分內容將收錄於別冊（參照書末揭載文獻一覽）。這部分內容，我們將盡快發表刊行。

第三，淨影寺慧遠的著述以及《大正新脩大藏經》85卷中收錄的地論宗文獻，由於已經入藏而不收入本書。著力於推廣藏外文獻的同時，反而延後了對入藏文獻的研究，不得不說是有些汗顏。本來作爲入藏文獻，其重要性早已得到認可。但即使是慧遠的著述，現在對其的注釋研究亦未取得進展，更遑論對其思想的全體相的解明。今後，我們期待在充分瞭解地論宗文獻的重要性的基礎上，亦同樣重視藏內文獻，對地論思想予以綜合的研究。

本書中收錄的文獻多爲斷簡，每個文獻所能提供的信息竝不多。但是在前輩們的不斷努力下，如今，這些可以以地論宗的名義整合起來的文獻群被提供給我們。通過對這些資料的研究，我們可以進一步推進被喻爲中國佛教思想史轉換期的南北朝至隋唐代的思想史研究。

結語

本書從策劃至今歷經兩年終於成型。這期間得到了各方人士的支持與幫助。

首先，要感謝在百忙之中將貴重的研究成果提供給我們的諸位學者。在對他們不懈的努力和協助表示衷心感謝的同時，我們也要對這一期間給他們添了諸多麻煩而表示歉意。荒牧典俊先生，石井公成先生，青木隆先生，衆位支撐了日本地論宗研究創成期的碩學，在企畫的初期階段的加入對我們來說是極爲重要的鼓勵。方廣錩先生，對本書重要的錄文部分提供了諸多指導，竝慷慨的向我們提供了所需的資料。池田將則先生，負責了本書的大部分內容，竝藉此機緣，從2012年3月開始成爲本研究所的HK研究教授，更提供了諸多建議。

此外，我們還得到了高麗大藏經研究所，高麗大學校民族文化研究所，英國國立圖書館的大力協助，有幸獲得了錄文所需的圖像資料。竝且，本書的出版費用來自韓國政府支援HK事業以及本校的補助金。在此對各方的大力協助表示衷心的感謝。

最後，對負責編輯的本研究所前HK教授山口弘江，負責出版校正的石吉岩HK教授，以及負責翻譯的日本國際佛教學大學院大學博士生楊婷婷、日本東京大學碩士生朴賢珍、河由真HK研究教授諸位表示感謝。同時對接受了本書使用別國語言出版的CIR金成培社長表示感謝。

序

金剛大学校仏教文化研究所 所長
金 天鶴

本書編纂の経緯と目的

本書は、大韓民国金剛大学校仏教文化研究所 HK (Humanities Korea) プロジェクトの研究計画の一環として、論文集『地論思想の形成と変容』(韓国語版はCIR, 日本語版は国書刊行会より刊行）に続く地論思想研究の第二弾として企画編集されたものである。

本研究所は、「仏教古典語・古典文献の研究を通して見た文化の形成と変容及び受容過程の研究」という全体テーマの下、中国南北朝から唐代初までに隆盛した地論思想に着目し、2008年から大正新脩大蔵経85巻収録の法上撰とされる『十地論義疏』の講読を開始した。そして、2009年８月には10名の発表者による第三回国際学術大会「地論思想の形成と変容」を開催し、その時の論攷に加えて新たに7名の寄稿を得て、前述の『地論思想の形成と変容』は出版された。

このような活動を通じ、我々は地論思想研究の更なる発展のために地論宗文献の逸文の集成が不可欠であるとの認識に至る。そして、この方面で先駆的な活動をしてこられた石井公成先生と青木隆先生より、1995年から1999年にかけて日本の京都大学人文科学研究所の「北朝後半期仏教思想史研究」班によって作成されたS.613とS.4303の翻刻データがあるので、それを掲載してはどうかとの提案を受けた。幸い当時の代表者である荒牧典俊先生より許可を得ることができ、その他、既に翻刻が公表されているものも含め、必要のあるものは新たに翻刻して、先行研究において地論宗文献であることが指摘されたものを可能な限り収録することを基本方針としたのである。

編集にあたっては、本書が国内外に広く活用されることを願って、漢字及び中国語による表記を基本とした。国際的な学術書を標榜するならば英語を採用すべきであるが、多くの欧米の仏教学者が中国語も習得している現況に加え、漢語文献の有する雰囲気を極力そのままに伝えることを重視した結果である。ただ、解題等に関しては、より詳しい研究成果を韓国学界に還元するという目的より韓国語を付し、本書の多くが日本人研究者による執筆によることから原語を掲載するという意味合いで日本語も掲載した。複数の言語が混在するため、本書はいささか複雑な構成となっているが、以上のような趣旨によることをご諒解いただきたい。

書名について

さてここで、『蔵外地論宗文献集成』と題した書名のうち、特に「蔵外」と「地論宗」という用語に対する、我々の認識を述べておきたい。

まず「蔵外」とは、既に『蔵外仏教文献』の叢書に代表されるごとくである。その主編である方廣錩氏の序によれば、「蔵外」とは歴代大蔵経に入蔵されないあらゆる文献を意味し、広義には現代語の研究文献なども含む。本書ではより具体的に、大蔵経の収録にもれた古典仏教文献との意においてこれを用いている。

次に「地論宗」であるが、これについては様々な議論を呼ぶところではあろう。まず、歴史的に地論宗なる宗派が存在したのか、という問題がある。文献に登場するのはもっぱら「十地論師」「地論師」などといった呼称であること、また史伝などから見るかぎり、その集団は『十地経論』

の翻訳事業に携わった学僧を起源とする系譜であるため、今日的な意味での宗派としての実態は認められないことなどである。近時、その実態を反映して「地論学派」という呼称が用いられることも多い。しかし、これも現代的な「学派」という概念を適用したものであって、直ちには従い難い。

「地論宗」との呼称の由来は、日本の凝然 (1240−1321) が『三国仏法伝通縁起』において「震旦仏法流伝」に十三宗を挙げ、その第六に地論宗を加えたことに遡ることができる。以後、近年に至るまで「地論宗」は、中国仏教史においては華厳宗の前身として位置づけられることが常であった。このような流れで使用されてきた「地論宗」という呼称に対し、今、疑義を全く持たないわけではないが、これまでの研究の流れを踏襲するという意味合いにおいて、本書では「地論宗」という語を採用している。一方で、「地論宗」のみならず「宗」という概念を中国仏教史でどう用いるべきかについては、今後一層議論されるべき課題として、留意し続けなければならないであろう。

収録文献と目次の配列について

本書は前述のとおり、これまで大蔵経に収録されなかった地論宗に関連する文献を翻刻し紹介するということを使命としている。その多くは、敦煌より発見された写本であり、いずれも断簡であるため、著者はおろか書名も明らかではない。数少ない情報から、文献の出自を割り出すことは、本来極めて困難である。しかし、過去20年ほどの間に、特に日本において研究が進展し、地論宗教学の特質が徐々に明らかにされた。そして、先行研究により、これらが地論宗文献であることが認定されたのである。

その具体的な基準とは、三種教判説（三乗別教·通教·通宗）や、縁集説（有為縁集·無為縁集·自体縁集）など地論宗固有の教義の有無である。その上で、本書は、文献の内容や性質により五つに大別してこれらを配列した。

まず、「一　教理集成文献」は、いわゆる綱要書の類を集めたもので、今回この大部分の文献を担当する池田将則氏に従って命名した。いずれも断簡であるため原題は不明で、地論宗文献と確定するに至らないものも含まれるが、主要な仏教用語を挙げて解釈を加えるこれらの文献は、北朝期の教学の実像を伝える極めて貴重な原資料であり、それらを一書に収録したことで、相互の関連性や思想の推移もより明確に現れてくることであろう。

「二　『華厳経』注釈書」は、根本的な所依経論である『華厳経』の注釈書を配している。地論宗では、後に『大集経』を重視するグループが登場するが、その根源は『十地経論』及びその注釈対象である『十地経』や『華厳経』への探究にあったと言い得るので、その点を考慮し項を立てている。

「三　“五門”文献」は近年、地論教学の特色的教理として注目される五門説（仏性門·衆生門·修道門·諸諦門·融門）に関連する文献を集めている。これらの中には、綱要書の類のものから特定の経文の注釈まで、形式の異なる文献が含まれるが、この五門説が用いられた時期やそれを用いたグループは、ある程度範囲が限られていると考えられるので、文献相互の関係性を重視し項を別に改めた。なお、本書ではこれらの文献を相互の関連性を鑑みて配列しており、必ずしも成立の前後を反映したものではない。

「四　“法界図”文献」は、修行階梯説を箇条書き的に論じたもので、地論宗の後期に成立したものと考えられている。敦煌写本群には多くの断簡が確認されており、また近年の研究では天台教学における援用も指摘されることから、当時広く参照された文献であることが知られる。文献としての特異性及びその影響力により、他の文献とは区別しこれらを配置した。

「五　逸文」は、独立した文献として現存していないが、その一部が他の文献の中で受け継がれ、今日その内容の一端を知ることができる資料である。内容そのものは入蔵文献を紐解くことにより得られるが、逸文を抽出することによってより端的に本来の姿に迫ることが可能となる。引用がなされたということ自体が、当時一定の影響力を持った文献であったことの証左に他ならず、その重要性を鑑み、今回特別にこの項を加えている。

各項目内での配列は、内容より判別して時代的な前後関係を反映することに努めた。前述のごとく、写本そのものの書誌的情報が極端に少ないため、時代的な判定は困難を極める。しかし、暫定的ながらもこのような方針により配列したことで、本書収録の一次資料によって地論思想の展開の様相がより具体的に提示され得たと考えている。

地論宗文献研究の今後

本書の欠点はすなわち地論宗文献研究の今後の課題でもある。そこで、予めここに認めておきたい。

その第一は、本書収録のほとんどが、写本を実見せずに翻刻されているという点である。これは写本研究としては不備との誹りを免れない事態であろう。しかし、そもそも本書の目指すところは、写本一点一点の完全なる研究成果の公表にあるのではない。むしろ、荒削りながらも地論宗文献の有する多様な思想的側面を学界に提示することにより、その文献群の中国仏教思想史における意義を喚起するところにある。したがって、個々の詳細な書誌学的な検討については、将来の専門家に委ねることとした。

第二に、本書には『華厳経』以外の経疏類の収録がかなわなかった。当初は、『十地経論』や『勝鬘経』、『涅槃経』の注釈も合わせて収録する予定であったが、時間的制約や紙面の都合上、これを別冊とすることにした（巻末の掲載文献一覧を参照)。これについては、極力時間をあけることなく公表することを、ここにお約束したいと思う。

第三に、浄影寺慧遠の文献や『大正新脩大蔵経』85巻に収録された地論宗文献は、一応ながら入蔵しているということで本書の対象外としたが、蔵外文献を世に広めることに急ぐあまり、逆に入蔵文献の検討が遅れてしまったことは、皮肉であったと言わざるを得ない。本来、これらが入蔵したのは、その重要性がいち早く認められたからに他ならない。しかし、慧遠の文献ですら、未だ注釈研究はほとんど進んでおらず、その思想の全体像を解明するにはほど遠い状況にある。今後、地論宗文献の重要性が認知されることにより、これらの入蔵文献にもより多くの関心が寄せられ、総合的な地論思想の研究が着手されることを期待したい。

本書に収録する文献のほとんどは断片であり、個々の文献より知られる情報はそれほど多くない。しかし、先学のたゆまぬ努力により地論宗という名のもとにつながれたこれらの文献群が我々の前に開示された今日、中国仏教思想史はその転換期ともいうべき南北朝、隋唐代における多くの空白が埋められることであろう。

結びにかえて

本書は、企画より約二年の歳月を経て上梓の日を迎えたが、この間には実に多くの方々の協力を得ている。

まず、ご多忙にもかかわらず、貴重な研究成果を寄稿いただいた先生方には、数々の迷惑をお詫すると同時に、絶えず篤い協力をいただいたことに衷心より御礼を申し上げたい。特に荒牧典俊先生、石井公成先生、青木隆先生という日本における地論宗研究の創成期を支えた碩学が企画の初期段階から加わってくださったことは、我々にとっては何よりの励みとなった。また、方廣錩先生は、本書の要となる翻刻の作成にあたって、多くのご教示とともに我々の必要とする資料を惜しみなく提供してくださった。池田将則先生には、精力的に最も多くの資料を担当いただいたが、そのご縁で2012年3月からは本研究所のHK研究教授として、更に多くの助言を得ている。

更に高麗大蔵経研究所、高麗大学校民族文化研究所、英国国立図書館の協力を得て、必要とする画像資料を得たことは僥倖であった。そして、本書の出版にあたっては、韓国政府の支援によるHK事業と本学の助成費より費用が捻出された。関係各位のご尽力に感謝の意を表したい。

最後に、編集にあたっては元本研究所HK教授の山口弘江氏、出版校正にあたっては石吉岩HK教授、翻訳にあたっては国際仏教学大学院大学博士課程楊婷婷氏、東京大学修士課程朴賢珍氏、河由真HK研究教授が担当した。各氏の労をここにねぎらいたい。また、多言語が共存するという難解な出版事業を引き受けていただいたCIR金成培社長に感謝を申し上げる次第である。

目 錄

二 《華嚴經》注釋書

三 "五門"文獻

四 "法界圖"文獻

五 逸文

일러두기

본서 전반에 관한 사항

1. 본서는 주언어로 중국어를 사용하지만, 독자의 편의를 고려하여 서문·일러두기·해제는 한국어·중국어·일본어의 3개 국어로 구성한다. 이 경우의 게재 순서는 항상 상기의 언어 순서로 한다.
2. 문장 중에 사용하는 괄호와 기호, 서식은 해당 언어의 표기법에 따른다.
3. 돈황사본에 붙여진 정리번호의 표기는 현재 인터넷 상에 공개된 국제 돈황 프로젝트(International Dunhuang Project) 표기법에 준거한다. 단, 주기 등에는 번잡함을 덜기 위해 ( ) 안에 제시된 약호를 사용한다.

S.	(S)	대영도서관장 스타인 콜렉션본
Pelliot chinois	(P)	프랑스 국립도서관장 페리오 한문 콜렉션본
BD	(B)	중국 국가 도서관 장본
F-	(F)	러시아 과학 아카데미 상트페테르부르그지국 동양학연구소 장본

4. 그 외 본서에서 사용하는 주요 약호는 이하와 같다.

T	대정신수대장경
Z	대일본속장경
IDP	국제 돈황 프로젝트

5. 목록재편 등에 의해 하나의 사본에 복수의 정리번호가 있을 경우, 초출은 IDP에 준거한 정리번호에 이어 ( ) 안에 과거의 정리번호를 표기한다.

예) 『融即相無相論』 BD05755 (奈55 / 北8420)

6. 문헌명이 저본의 題記 등에 의해 밝혀진 경우에는 『 』 및 《 》로 나타낸다. 또한 내용 등으로 추측한 경우에도 『 』 및 《 》로 나타내고, 이것을 擬題로 한다. 완전히 불분명한 경우에는 정리자가 부가한 호칭을 사용하고, 그 경우에는 書名號를 사용하지 않는다.

7. 인용 전거의 위치 표기는 아래와 같다. 번각의 주기도 이에 따른다.

   예) 대정신수대장경 제1권 제2페이지 상단부터 중단 → T1,2ab

   대일본속장경 제1편 제2투 제3책 제45페이지 뒷면 하단부터 제46페이지 표면 상단 → Z1.2.3,45d-46a

   S.123의 제123행부터 제124행 → S123,123-124

8. 해제에 수록되어 있는 「內容綱目」은 본서 이용의 편의를 고려하여 해당 문헌의 내용 구성을 요약한 것이다. 여기서 사용하는 넘버링은 사본에 남겨진 표제와 문맥으로 판단하여 계층화한 것이지만, 본서에서 다루고 있는 사본의 대다수는 단간이기 때문에 문헌 전체의 맥락에서 어떠한 위치의 내용인지 명확하지 않은 경우가 많다. 따라서 여기서 부가한 넘버링은 최종적으로는 정리자의 의한 것이다. 또한 항목 끝부분의 ( )는 해당 항목을 기재한 저본의 행수를 의미한다.

錄文에 관한 사항

1. 번각은 원문에 근거하는 것을 원칙으로 하지만, 기본은 正字로 표기한다. 원문의 이체자와 속자, 약자 등은 기본적으로 현재 통용되고 있는 正字로 고친다.

2. 假借字는 내용에 따라 적당하게 고치고, 주기를 하지 않는다.

   예) 惠 → 慧　耶 → 邪　脩 → 修　帝 → 諦　弁 → 辨·辯　或→惑

   知 ⟷ 智　相 ⟷ 想

3. 아래의 문자는 본래 다른 문자이지만, 관용에 따라 다음과 같이 고친다.

예) 廿 → 二十 卅 → 三十 卌 → 四十

4. 같은 문자가 반복되는 경우에 사용되는 「々」 등의 생략을 나타내는 문자나 기호는 원래의 문자로 고친다.

예) 佛々 → 仏仏

菩々薩々 → 菩薩菩薩

5. 번각을 할 때 저본에 보이는 衍字의 삭제 기호 및 문자의 錯簡을 바로잡는 轉倒記號와 補遺 등은 원칙적으로 그것에 따르고, 특별한 해설이 필요한 경우를 제외하고는 주기에 이를 각각 지적하지 않는다. 또한 명확한 오탈자가 인정되는 경우, 번각문에서는 이것을 바른 형태로 표기하고, 주기에서 저본의 오류를 지적한다.

6. 번각을 할 때 정리자의 이해에 따라 원문에는 없는 구두점 및 부호·괄호를 기본적으로 현대 중국어 용법에 따라 삽입한다. 단, 엄밀한 구분이 곤란할 경우에는 정리자 독자적 판단기준에 맡긴다.

7. 정리자의 이해에 따라 적당하게 改行한다.

8. 정리자의 이해에 따라 적당하게 [ ] 안에 표제를 삽입한다.

9. 본서에서 다루고 있는 저본의 대부분은 두루마리로 一紙의 행수나 문자수가 일정하지 않다. 그러므로 번각문에서 저본의 해당 개소 검색과 이동의 편의를 고려하여 번각 본문 위에는 저본 전체를 통한 행의 번호를 ( ) 안에 부가한다. 공백인 행에 대해서는 기본적으로 문자가 있는 부분을 1행으로 간주하지만, 사본에 罫線가 있는 경우에는 공백인 행도 1행으로 간주한다. 또한 세주는 본문의 改行을 1행으로 간주한다. 다만 저본이 巻子本이 아닌 경우는 제외한다.

10. 세주에 대해서는 〔 〕 안에 그 부분을 표기한다. 단, 세주가 많은 문헌에는 별도 서식을 만들 필요가 있다.

11. 저본의 일부가 결락되어 있는 경우, 위치에 따라서 「(首殘)」 「(中殘)」 「(尾殘)」을 삽입하여 나타낸다. 또, 저본의 일부가 서사 당시부터 미완성으로 결락되어 있는 경우, 위치에 따라 「(首缺)」 「(中缺)」 「(尾缺)」을 삽입하여 나타낸다.

12. 저본이 결락으로 문자가 결손되어 있는 경우, 殘痕에 의해서 문자 수가 확정될 경우에는 □를 사용하여 1문자임을 나타낸다. 殘痕이 없이 결손되어 문자 수가 불분명한 경우에는 ＊로 1문자임을 나타낸다. 문자에 결손이 없지만 문자를 판독할 수 없는 경우에는 ◇로 1문자임을 나타낸다.

13. 본서에서 사용하는 주요 기호의 사용법은 아래와 같다.

□	결락 문자 (殘痕 있음)
＊	결락 문자 (殘痕 없음)
◇	판독 불분명 문자
……	생략 및 문자 수 불분명
《 》	書名
〈 〉	인용문 중의 書名, 章名
“ ”	인용, 어구 강조
‘ ’	인용문 중의 인용
【 】	割注
[ ]	표제
( )	저본의 행 및 페이지, 또는 首殘 등의 표시

14. 위에서 언급한 사항 이외에 특별한 표기의 필요성이 있을 경우에는 주기의 첫 부분에서 개별적으로 보충한다.

凡例

一、本書在編成上主要使用中文，但考慮到讀者之便，於序文、凡例、題解分別附有韓文、中文、日文翻譯。揭載順序如上。

二、文章中使用的括號、標點、格式等，以該語言的標點法爲準。

三、敦煌寫本的編號，以現在因特網上公開的國際敦煌項目的編號爲準。但是，爲免文繁，統一採用“( )”內的簡寫。

S.	(S)	大英圖書館藏斯坦因收集品中的寫本
Pelliot chinois	(P)	法國國家圖書館藏伯希和漢文寫本
BD	(B)	中國國家圖書館藏本
F-	(F)	俄羅斯科學院東洋學研究所聖彼得堡分所藏本

四、除此之外，本書採用的簡寫如下所示。

T	大正新脩大藏經
Z	大日本續藏經
IDP	國際敦煌項目

五、有些寫本由於目錄再編等情況而存在多種編號。初次出現時，在標記IDP編號的同時，也對其他編號加以提示。

例：《融即相無相論》BD05755 (奈55/北8420)

六、關於文獻名，能夠根據底本的題記等判明者，以“『 』”及“《 》”表示。可根據內容等來推斷者，亦同樣以“『 』”及“《 》”表示，此時則爲擬題。文獻名完全不明者，由整理者對其加以命名，此時不加書名號。

七、引用文獻的出典標注如下，錄文脚注亦同此。

例　大正新脩大藏經1卷2頁上段至中段→T1,2ab

大日本續藏經第1篇第2套第3冊45葉第二面下至46葉第一面上→Z1.2.2,45d-46a

S.123的第123行至124行→S.123,123-124

八、題解中所附的"內容綱目"，是爲了便於使用而對該文獻加以提煉而成。使用的數字編號爲根據寫本中殘存的小標題或者文意進行判斷而成，但由於本書所使用的寫本多爲殘本，多數情況下，無法判斷該文本在文獻中的位置。因此，所使用的數字編號最終取決於整理者的判斷。項目末尾（　）中的數字用以標明該項目在底本的行數。

錄文相關事項

一、錄文以尊重原文爲原則，但基本上採用正字。因此，原文中的異體字、俗字、略字等，統一改爲現行正字。

二、通假字根據文意適當加以改訂，竝不一一注記。

例　惠→慧　耶→邪　脩→修　帝→諦　或→惑　弁→辨·辯

知⟷智　相⟷想

三、以下諸文字本爲別字，依慣用法改訂。

例　廿→二十　卅→三十　卌→四十

四、疊字符號"々"在錄文時改回原文字。

例　佛々→佛佛

菩々薩々→菩薩菩薩

五、底本有衍字刪除符號、倒勾符號以及行外補字者，錄文時一律依照改正，需要特別解說的情況以外，不一一注記。在底本有明確錯誤的情況下，錄文時對此加以更正，並在注記中說明。

六、錄文根據整理者的理解加入句讀點、符號、括號等。原則上以現代漢語的表記方法爲準，但亦存在難以嚴密區分的情況。實際操作上取決於整理者的判斷。

七、按整理者的理解，適當的加以改行。

八、按整理著的理解，適當的在“[ ]”中插入小標題。

九、本書使用的底本多爲卷軸裝，每紙行數、文字數不定。爲了錄文與底本對照之便，錄文時在行頭以“( )”標示行數。原則上空白行不算行數，但如底本存有罫線，則空白行亦作一行處理。雙行夾注的改行亦單作一行處理。底本非卷軸裝者，以葉數標明。

十、雙行夾注以“〔 〕”表示。但多數採用此種注釋格式的文獻，另以別途表示。

十一、底本殘缺者，根據位置以“首殘”“中殘”“尾殘”表示。如底本不殘，但因書寫未完成而使文獻殘缺者，根據位置以“首缺”“中缺”“尾缺”表示。

十二、因底本殘缺而使文字殘缺者，以“□”表示。根據殘痕可確定文字數者，一字一“□”。非殘缺但文字無法辨認者，以“◇”表示。

十三、錄文中使用的主要記號如下。

□	殘缺文字（有殘痕）
*	殘缺文字（無殘痕）
◇	無法辨認的文字
……	省略以及文字數不明
《 》	書名
〈 〉	引用文中的書名、章名
“ ”	引用、語句強調

‘ ’　引用文中的引用

〔 〕　雙行夾注

[ ]　標題

( )　首殘等、底本的行數以及頁碼

十四、如出現以上凡例中未包括的特別情況，隨文說明。

凡 例

本書全般にわたる事項

一、本書は、主言語として中国語を用いるが、読者の便を考慮し、序・凡例・解題については、韓国語・中国語・日本語の三カ国語を付す。その場合、掲載の順序は常に上記の言語の順とする。

二、文章中で用いる括弧や記号及び書式は、当該言語の表記法に準拠する。

三、敦煌写本に付された整理番号の表記は、現在インターネット上で公開される国際敦煌プロジェクト (International Dunhuang Project) の表記法に準拠する。ただし、注記等では煩を避けるため、(　) 内に示した略号を用いる。

S.	(S)	大英図書館蔵スタインコレクション本
Pelliot chinois	(P)	フランス国立図書館蔵ペリオ漢文コレクション本
BD	(B)	中国国家図書館蔵本
F-	(F)	ロシア科学アカデミーサンクトペテルブルグ支局東洋学研究所蔵本

四、その他、本書で用いる主な略号は以下のとおりである。

T	大正新脩大蔵経
Z	大日本続蔵経
IDP	国際敦煌プロジェクト

五、目録の再編などにより、一つの写本に複数の整理番号が存在してい

る場合、初出にはIDPに準拠する整理番号に続いて、過去の整理番号も表記する。

例 『融即相無相論』BD05755（奈55 / 北8420）

六、文献名について、底本の題記などにより明らかな場合には、『 』及び《 》によりこれを示す。また内容等により推測される場合には、『 』及び《 》により示し、これを擬題とする。全く不明の場合には、整理者により呼称を付し、その場合には書名号を用いない。

七、引用典拠の位置表記は、下記の例のとおりとする。翻刻の注記においても同様である。

例 大正新脩大蔵経第1巻第2頁上段から中段 → T1,2ab

大日本続蔵経第1篇第2套第3冊第45丁裏下から第46丁表上

→ Z1.2.3,45d-46a

S.123の123行目から124行目 → S123,123-124

八、解題に付記される「内容綱目」は、本書利用の便を鑑み、当該文献の内容構成を要約して示したものである。ここで用いられるナンバリングは、写本そのものに残る見出しや文脈より判断して階層化したものであるが、本書で扱う写本の大多数は断簡であるため、文献全体におけるどの位置の内容であるかは判然としない場合が多い。したがって、付されたナンバリングは、最終的には整理者の理解によるものとされたい。また項目の末尾に記された（ ）は、該当項目を記載する底本の行数もしくは葉数を表したものである。

録文に関する事項

一、翻刻は原文に基づくことを原則とするが、基本は正字により表記する。そのため、原文の異体字や俗字・略字等は基本的に現今通行の正字に改める。

二、仮借字は、内容に応じて適宜改め、注記をしない。

例　恵→慧　耶→邪　脩→修　帝→諦　或→惑　弁→辨・辯

知⟷智　相⟷想

三、以下の文字は、本来は別字であるが、慣用にあわせて置き換える。

例　廿→二十　卅→三十　卌→四十

四、同じ文字が繰り返される場合に見られる「々」などの省略を示す文字や記号は、これを元来の文字に置き換える。

例　佛々→佛佛

菩々薩々→菩薩菩薩

五、底本にみられる衍字の削除記号及び文字の錯簡を正す転倒記号や脱字の補遺などについては、翻刻にあたって原則としてそれに従い、注記には異同を個々に指摘しない。ただし、特別な解説が必要と認められる場合には、その限りではない。その他、明らかな誤脱が認められる場合には、翻刻文ではこれを正した形で表記し、注記において底本の誤りを指摘する。

六、整理者の理解に基づき、翻刻にあたっては、原文にはない句読点・符号・括弧を、基本的に現代中国語の用法に則り挿入する。ただし、厳密な使い分けが困難な場合があるため、実際の適用は整理者独自の判断基準に委ねた。

七、整理者の理解に基づき、適宜改行する。

八、整理者の理解に基づき、適宜［　］内に見出しを挿入する。

九、本書で用いる底本の大半は巻子本で、一紙ごとの行数や文字数は一定しない。そこで、翻刻文から底本の該当箇所に遡る便を図るために、翻刻本文の上には底本全体を通じた行番号を（　）内に示し、行頭にこれを付す。なお、空白の行について、基本的に文字のある部分をもって一行とみなすこととするが、写本に罫線がある場合には、空白行も一行とみなす。また、割注は、本文の改行をもって一行とみなす。ただし、底本が巻子本でない場合には、行数に代わり丁数を示す。

十、割注に関しては、〔　〕内にその部分を表記する。ただし、割注が多用される文献に関しては、別途書式を改めることがある。

十一、底本の一部が残欠している場合、位置により、「(首殘)」「(中殘)」「(尾殘)」を挿入してこれを示す。また、底本の一部が書写当時より未完成なため残欠である場合、位置により、「(首缺)」「(中缺)」「(尾缺)」を挿入してこれを示す。

十二、底本の残欠により文字が欠損しているものの、残痕により字数が確定される場合には、□によって一文字を示す。残痕がなく欠字の文字数が不明な場合には、＊によって一文字を示す。文字に欠損がないものの、文字の意味を確定できない場合には、◇によって一文字を示す。

十三、翻刻本文中で用いる主な記号は、以下のとおりである。

□	残欠字（残痕あり）
＊	残欠字（残痕なし）
◇	判読不明字
……	省略及び文字数不明
《　》	書名
〈　〉	引用文中書名、章名
“　”	引用、語句強調

‘ ’　　引用文中引用

〔 〕　　割注

[ ]　　見出し

( )　　首残などの表示、底本の行及び頁

十四、以上に該当しない特別な表記の必要が生じた場合には、注記の冒頭に個別に凡例を設けてこれを補う。

一　教理集成文獻

教理集成文獻

(Pelliot chinois 2183)

〈解斷伏義〉

(Pelliot chinois 2183 Verso)

整理者　池田 將則

敎理集成文獻

(Pelliot chinois 2183)

해제

본 문헌은 앞뒤가 모두 결락된 잔권으로 각 행 20자 전후로 348행이 현존한다. 중반부의 「此是法師恩許(이것은 恩法師가 허가한 것이다)」(P2183,324)라는 기술로부터 某恩法師의 인가(「許」)를 받은 텍스트임을 알 수 있지만 원제와 서사연대 등에 관한 정보는 기록되어 있지 않고, 恩法師에 대해서도 알 수 없다. 따라서 본 문헌의 성립지와 성립연대 등은 불분명하지만, 본문의 「僧者, 胡言僧伽, 魏以爲衆 (僧이란 胡語로는 승가라고 하고, 魏의 언어로는 衆이라고 한다)」(P2183,313-314)라는 기술로부터 北魏 내지 東西兩魏의 시대에 북지에서 성립한 문헌으로 추정된다. 여기서 설하고 있는 사성제와 사섭법에 대한 내용이 본서에 수록되어 있는 교리집성문헌(F-180)에 인용되고 있는 점도 본 문헌이 북조 성립임을 뒷받침하는 정황 증거라고 할 수 있다(錄文의 注70·77·143·159, 및 졸고 [2010]를 참조). 또한 원사본의 뒷면에는 다른 필체로 「解斷伏義」(P2183V)가 서사되어 있다 이 문헌도 본서에 수록되어 있으므로 참조하기 바란다.

본 문헌은 전체적으로 여러 불교교리에 대한 '章' 형식의 論을 집성한 불교교리집성문헌이라고 생각된다. 하지만 [1 四諦(一)]가 내용적으로 미완성인 채로 서사가 중단되어 있고(錄文의 注81을 참조), [2 別相三寶]도 처음 2행 정도에서 서사가 중단되며, [12 經明別相三寶]에서 다시 전체가 서사되고 있다. 이와 같이 완전한 형식을 갖추고 있지 않은 점으로부터(錄文의 注83을 참조) 본 문헌은 별도로 존재한 완본을 간략하게 서사한 것이 아닐까 생각된다(또한 『프랑스국립도서관소장 펠리오 장래 돈황 한문 문헌 목록』 제1권 〔*Catalogue des manuscrits chinois de Touen-houang* I, Bibliothèque Nationale, Paris, 1970〕에서는 [1 四諦(一)]와 [2 別相三寶] 이하의 모든 장을 별개의 문헌으로 간주하고 있는데, 양자가 설하고 있는 내용은 내용적으로 대응하는 부분이 있으므로 별개의 문헌으로 간주할 필연성은 인정되지 않는다. 錄文의 注16·44·74를 참조). 현존하는 모든 장의 제목이 어떤 경론에 근거하고 있는지는 다음과 같이 정리할 수 있다([2 別相三寶]은 생략).

1 四諦(一)———— 『成實論』四諦品(T32,250c-252a)?
3 經明五分法身—— 不詳(『成實論』 具足品 [T32,239b-240a]의 내용과는 일치하지 않는다)
4 一體三寶———— 『涅槃經』如來性品(T12,409c-410b; 南本如來性品 T12,650c-651a)
5 十二部經———— 『成實論』十二部經品(T32,244c-245b) 및 『涅槃經』梵行品(T12,451b-452a; 南本 T12,693b-694a)
6 十號———————— 『成實論』 十號品(T32,242a-c) 및 『涅槃經』梵行品(T12,468a-469c; 南本T12,710c-712b)
7 四諦(二)———— 『成實論』四諦品(T32,250c-252a)?
8 五陰———————— 『成實論』四諦品(T32,251a)
9 經明四攝———— 不詳(『成實論』四法品 [T32,250a]의 내용과는 별로 일치하지 않는다)
10 入道之法———— 不詳
11 經明四大———— 『成實論』色相品(T32,261a)

12 經明別相三寶——『涅槃經』如來性品(위의 [4 一體三寶]와 같다)
13 二十七賢聖———『成實論』分別賢聖品(T32,245c-246c)

아직 밝혀지지 않은 부분도 있지만, 현존하는 모든 장을 살펴본 결과, 제목의 대부분이 『성실론』과 『열반경』에 근거하고 있다. 다만 [1 四諦(一)]와 [7 四諦(二)]와 같이 동일 주제를 논하고 있다고 생각되는 장이 서로 다른 곳에 위치하고 있는 점, 『열반경』의 동일 부분에 근거하고 있다고 추정되는 [4 一體三寶]와 [12 經明別相三寶]의 두 장이 서로 떨어진 위치에 있어서 그 관련성이 명확하지 않은 점 등, 구성상의 의도나 각 장의 배열순서에 관해서는 아직 많은 의문이 남아 있다. 이것 또한 서사의 불완전함에 유래하는 것일지도 모르지만 확실한 것은 아니다. 하지만 본 문헌은 남북조 시대에 『성실론』『열반경』을 중심으로 한 불교 교리학의 귀중한 실록임은 틀림없고, 앞에서 말한 것처럼 교리집성문헌(F-180)에 영향을 주고 있는 점이 특히 주목된다. 본 문헌의 사상사적 위치를 확정하기 위해서는 돈황 사본으로 전해 내려오는 남북조 시대의 『성실론』 주석서의 연구가 불가결하지만 이것은 금후의 과제이다.

본 문헌은 유일한 판본으로 대교본은 존재하지 않는다. 그러므로 텍스트를 작성할 때는 주석대상과 인용의 출전, 전거 등을 가능한 한 확실히 밝히고 인용 문헌의 기술에 근거하여 원사본의 오자·탈자 등을 정정하고 본문을 확정하였다. 번인 작성을 위한 원본으로는 국제 돈황 프로젝트(International Dunhuang Project, http://idp.bl.uk/)의 웹사이트에 공개되어 있는 영상을 사용하였고, 더불어 上海古籍出版社·法國國家圖書館(編) 『法藏敦煌西域文獻』 8 (上海古籍出版社, 2002年) 수록의 사진판도 참조하였다.

題解

本文獻首尾殘缺，每行20字左右，現存348行。原寫本中寫有“此是法師恩許”(P2183,324)，據此可知本文獻乃是受到了某恩法師的認可而成。但是原題及書寫年代不明以外，此恩法師相關資料亦不明了。因此本文獻的成立地點以及成立年代亦不明確。根據文中“僧者，胡言僧伽，魏以爲衆”(P2183,313-314) 一文，大致可以推斷本文獻爲北魏乃至東西兩魏時期於北地成立的文獻。本文獻中關於四聖諦和四攝法的內容在本書所收的《教理集成文獻》(F-180) 中被引用一事，亦是本文獻乃是北朝成立的文獻的一個有力證明 (參見錄文脚注70·77·143·159，以及拙稿[2010])。此外，本寫本的紙背別筆寫有〈解斷伏義〉(P2183V)，關於該文獻的題解於另附別文。

本文獻的構成可參見後揭綱目。整體來看，本文獻是集成了各種關於佛教教理的以“章”形式出現的論的教理集成文獻。但是，[1 四諦(一)] 從內容上來看，竝未完成就書寫中斷 (參見錄文脚注81)，與此相繼，[2 別相三寶] 同樣在開頭的二行之後書寫中斷，此後於 [12 經明別相三寶] 處重新書寫全文。由於如此不規整的體裁方式 (參見錄文脚注83)，我們可以推測本寫本之外是否存在另一完本，而本寫本則爲該寫本的不完全抄出 (順帶一提，*Catalogue des manuscrits chinois de Touen-houang* I, Bibliothèque Nationale, Paris, 1970中將 [1 四諦(一)] 作爲別於 [2 別相三寶] 以下諸章的單獨文獻來處理。鑑於兩者所說在內容上相互對應，將其看作另一文獻是不可行的。關於這一點，參見錄文脚注16·44·74)。關於現存諸章的章題如何基於經論而成的問題，我們列示如下([2 別相三寶] 省略)。

1 四諦(一) ——— 疑爲《成實論》四諦品（T32,250c-252a）
3 經明五分法身——— 不詳（與《成實論》具足品〔T32,239b-240a〕所說不一致）
4 一體三寶———《涅槃經》如來性品（T12,409c-410b；南本如來性品T12,650c-651a）
5 十二部經———《成實論》十二部經品（T32,244c-245b）及《涅槃經》梵行品（T12,451b-452a；南本T12,693b-694a）
6 十號———《成實論》十號品（T32,242a-c）及《涅槃經》梵行品（T12,468a-469c；南本T12,710c-712b）
7 四諦(二)——— 疑爲《成實論》四諦品（T32,250c-252a）
8 五陰———《成實論》四諦品（T32,251a）
9 經明四攝——— 不詳（與《成實論》四法品〔T32,250a〕所說不一致）
10 入道之法———不詳
11 經明四大———《成實論》色相品（T32,261a）
12 經明別相三寶——《涅槃經》如來性品（同於［4 一體三寶］）
13 二十七賢聖———《成實論》分別賢聖品（T32,245c-246c）

雖然依舊存有不甚明了的部分，但是從現存諸章來看，我們可以說本文獻的章題基本上是基於《成實論》和《涅槃經》而成。但是，本文獻存在如［1 四諦(一)］和［7 四諦(二)］這樣討論同一主題的章節分列於不同位置的情況，以及以《涅槃經》的同一部分爲基礎的［4 一體三寶］和［12 經明別相三寶］二章亦被分開放置且關聯性不明的情況等等。從這些情況來看，關於本文獻在構成上的意圖以及各章的配列順序等問題，不明確的地方甚多。無論如何，本文獻作爲中國南北朝時期以《成實論》和《涅槃經》爲中心的佛教教理學的貴重的實錄文獻，對本書所收的《教理集成文獻》(F-180) 亦產生了重要影響這一點，特別值得我們注目。爲了進一步確定本文獻在思想史上的定位，對敦煌寫本中傳存的南北朝時期的《成實論》的注釋書的研究亦不可或缺，這一點也正是今後的課題。

本文獻爲孤本，不存在校本。因此在錄文的做成上，採用在盡可能明確注釋對象及引用文獻的出典的基礎上，依據出典文獻的記述對底本的誤字、脫字等加以訂正，從而確立正文這一方法。錄文的底本採用國際敦煌項目官方網站上公開的圖像，竝參考了上海古籍出版社·法國國家圖書館 (編)《法藏敦煌西域文獻》20 (上海古籍出版社，2002年)中所收的照片資料。

解題

本文献は首尾ともに欠けた残巻であり、各行20字前後で348行が現存する。原写本の中間に「此是法師恩許（これは恩法師が許可したものである）」（P2183,324）と記されていることから、本文献は某恩法師の認可（「許」）を受けたテキストであることが分かるが、原題や書写年代等に関する情報は書かれておらず、恩法師についても未詳である。したがって本文献の成立地・成立年代等は正確には不明だが、文中に「僧者、胡言僧伽、魏以為衆（僧とは、胡語では僧伽と言い、魏の言葉では衆という）」（P2183,313−314）との記述があるので、北魏ないし東西両魏の時代に北地において成立した文献であると推定することができる。四聖諦や四摂法に関する本文献の所説が本書所収の教理集成文献（F−180）に取り入れられていることも、本文献が北朝成立であることを裏付ける状況証拠といえよう（後掲の録文の注70・77・143・159，および拙稿［2010］を参照）。なお原写本の紙背には別筆で「解断伏義」（P2183V）が書写されているが、これについては別に解題を加えることとする。

本文献の構成は後掲の内容綱目のようにまとめることができる。本文献は全体として様々な仏教教理に対する「章」形式の論を集成した仏教教理集成文献であると考えられるが、［1 四諦（一）］が内容的に未完のまま書写が中断されていたり（録文の注81を参照）、続く［2 別相三宝］も冒頭の二行分のみで書写が中断され、後の［12 経明別相三宝］においてあらためて全体が書写し直されているといった不体裁がみられるので（録文の注83を参照）、現存の写本は別に存在した完本を不完全に抄写したものなのではないかと思われる（ちなみに『フランス国立図書館所蔵ペリオ将来敦煌漢文文献目録』第1巻〔*Catalogue des manuscrits chinois de Touen-houang* I, Bibliothèque Nationale, Paris, 1970〕は[1 四諦(一)] と [2 別相三宝] 以下の諸章とを別箇の文献とみなしているようだが、両者の所説は内容的に対応する部分があるので、別文献とみなす必然性は認められない。録文の注16・44・74を参照)。現存諸章の章題がいかなる経論に基づくかを例示すると次のようになる（[2 別相三宝] は省く)。

1 四諦（一）――――『成実論』四諦品（T32,250c–252a）か

3 経明五分法身―― 不詳（『成実論』具足品〔T32,239b–240a〕の所説とは一致しない)

4 一体三宝――――『涅槃経』如来性品（T12,409c–410b；南本如来性品T12,650c–651a)

5 十二部経――――『成実論』十二部経品（T32,244c–245b）および『涅槃経』梵行品（T12,451b–452a；南本T12,693b–694a)

6 十号――――――『成実論』十号品（T32,242a–c）および『涅槃経』梵行品（T12,468a–469c；南本T12,710c–712b)

7 四諦（二)――――『成実論』四諦品（T32,250c–252a）か

8 五陰――――――『成実論』四諦品（T32,251a)

9 経明四摂―――― 不詳（『成実論』四法品〔T32,250a〕の所説とはあまり一致しない)

10 入道之法――――不詳

11 経明四大――――『成実論』色相品（T32,261a)

12 経明別相三宝――『涅槃経』如来性品（上の [4 一体三宝] に同じ)

13 二十七賢聖———『成実論』分別賢聖品（T32,245c−246c）

不詳の部分も残るが、現存諸章をみる限り本文献の章題はほぼ『成実論』と『涅槃経』とに基づくものであったと考えてよいだろう。ただ［1 四諦（一）］と［7 四諦（二）］のように同一の主題を論じていると考えられる章が別箇に存在していたり、『涅槃経』の同じ箇所に基づくと考えられる［4 一体三宝］と［12 経明別相三宝］の二章が離れた位置に置かれていて関連性が明確でなかったりするなど、本文献の構成上の意図や各章の配列順序に関しては不審な点が多い。あるいはこれも書写の不完全さに由来するのかもしれないが、不明である。いずれにしても本文献は中国南北朝期における『成実論』『涅槃経』を中心とする仏教教理学の貴重な実録であり、上述のように本書所収の教理集成文献（F−180）に影響を与えている点が特に注目される。本文献の思想史的位置づけをさらに確定するためには敦煌写本中に伝存する南北朝期の『成実論』注釈書の研究が不可欠だが、これは今後の課題である。

本文献は孤本であり、対校本は存在しない。そのためテキストを作成するにあたっては、注釈対象や引用の出典、所説の典拠等を可能な限り明らかにした上で、それら所拠の文献の記述に基づいて原写本の誤字・脱字等を訂正し、本文を確定するという方法を採った。録文作成のための原本としては国際敦煌プロジェクト（International Dunhuang Project, http://idp.bl.uk/）のwebサイト上で公開されている画像を使用し、あわせて上海古籍出版社・法国国家図書館（編）『法蔵敦煌西域文献』8（上海古籍出版社、1998年）所収の写真版も参照した。

參考文獻

池田將則 [2010]〈敦煌出土 北朝後半期《教理集成文獻》(俄Φ180) について——撰述者は曇延か——〉(金剛大學校佛教文化研究所〔編〕《地論思想の形成と変容》〔金剛大學校外國語叢書2〕, 國書刊行會, 東京)

底校本

底本：Pelliot chinois 2183 (14紙；348行)

校本：無

內容綱目

1 四諦 (一)

1.1 章 (缺)

1.2 釋

1.2.1 (缺)

1.2.2 染淨因果分別 (前缺, 1-18)

1.2.3 道具隱顯 (18-26)

1.2.4 總會通四諦體有同異 (26-50)

1.2.5 廣明四諦

1.2.5.1 釋苦諦

1.2.5.1.1 置其名 (50-61)

1.2.5.1.2 明八苦名義廣略相攝 (61–100)

1.2.5.1.3 明性苦及具因有同異 (101–130)

1.2.5.1.4 明三苦攝五陰已論苦諦 (不完) (131–147)

1.2.5.1.5–7 (缺)

1.2.5.2 釋集諦 (缺)

1.2.5.3 釋滅諦 (缺)

1.2.5.4 釋道諦 (缺)

2 別相三寶 (不完) (148–149)

3 經明五分法身 (150–168)

4 一體三寶 (170–177)

5 十二部經 (178–197)

6 十號 (197–210)

7 四諦 (二) (211–228)

8 五陰 (228–241)

9 經明四攝 (242–258)

10 入道之法 (259–295)

11 經明四大 (296–302)

12 經明別相三寶 (303–324)

13 二十七賢聖 (後缺, 325–348)

錄文

[1 **四諦 (一)**]

[1.1 **章**] (缺)

[1.2 **釋**]

[1.2.1] (缺)

[1.2.2 **染淨因果分別**[1]] (前缺)

(首殘)(1) * * * * * * □何者□□□ * * * * * * * * * (2) * * * * * 滅[2]，理應若此。但八[3] * * * * * * * * (3)厭於初果[4]，欣於後苦，違物重□，* * * * * * * * (4)宜，創前聞[5]集，乖物輕起，厭義淺□，* * * * * * * (5)聽[6]滅道二諦，盡是可欣。但滅諦之[7] * * * * * * * (6)泯絶紛

※ 注記中出現的文獻名使用以下略稱。
《法華經》: 鳩摩羅什譯《妙法蓮華經》(大正262番)
《華嚴經》: 佛馱跋陀羅譯《大方廣佛華嚴經》(大正278番)
《勝鬘經》: 求那跋陀羅譯《勝鬘師子吼一乘大方便方廣經》(大正353番)
《涅槃經》: 曇無讖譯《大般涅槃經》(大正374番)
南本 : 曇無讖譯、慧嚴等再治《大般涅槃經》(大正375番)
《維摩經》: 鳩摩羅什譯《維摩詰所說經》(大正475番)
臺北 : 臺北國立中央圖書館所藏敦煌文獻
守屋本 : 京都國立博物館所藏守屋孝藏氏舊藏敦煌文獻

[1] "染淨因果分別"，此標題爲參考隋慧遠《大乘義章》四諦義、九門分別之第三"染淨因果分別"(T44,514a) 而加。

[2] "滅"，底本殘，據殘痕及文意補。

[3] "但八"，底本殘，據殘痕及文意補。

[4] "果"，底本作"菓"，通假，改訂。

[5] "前聞"，疑爲"聞前"之誤寫。

[6] "聽"，底本殘，據殘痕及文意補。

動之苦，爲至寂大安。雖同[8]＊＊＊＊＊＊＊(7)終迴在中，唱道諦無漏。亦是可＊＊＊＊＊＊＊＊(8)猶存。雖復[9]可欣，生欣義弱，□＊＊＊＊＊＊＊＊(9)輕重之差，起[10]欣強弱之別[11]，故言[12]＊＊＊＊＊＊＊＊。

(10)又復一解，世間因果，擧苦勸斷[13]＊＊[14]，＊＊＊＊＊[15](11)世之法，擧滅勸修其道[16]。因圓則果[17]＊＊＊＊＊＊＊，(12)始微終著，境不竝矚，先易後難。但果[18]＊＊＊＊＊＊(13)知。是故《經》云，"見著則知微"[19]。先後之趣[20]，＊＊＊＊＊＊。

(14)問曰，苦之與集，一念但有苦麁□＊＊＊＊＊＊。(15)答曰，苦具通者，以之爲麁，集不□＊＊＊＊。

＊＊[21]，(16)滅是無法，理應爲細，道是爲[22]法[23]，宜[24]是爲麁。而云"滅[25](17)麁道細"[26]，其故何也。答曰，滅無雖細，所滅通者，所以(18)麁

7 "之"，底本殘，據殘痕及文意補。
8 "同"，底本殘，據殘痕及文意補。
9 "雖復"，底本殘，據殘痕及文意補。
10 "起"，底本殘，據殘痕及文意補。
11 "別"，底本殘，據殘痕及文意補。
12 "言"，底本殘，據殘痕及文意補。
13 "斷"，底本殘，據殘痕及文意補。
14 "＊＊"，底本殘，或可推定爲"其集"等。
15 "＊"，底本殘，或可推定爲"出"等。
16 "世間因果……勸修其道"，參見下文"一者世間因果，是其可厭，二明出世因果，是其可崇"(P2183,214)。
17 "果"，底本殘，據殘痕及文意補。
18 "果"，底本殘，據殘痕及文意補。
19 "見著則知微"，參見法勝造《阿毘曇心論》契經品"若有無漏行，是說爲道諦，彼爲二事故，見著則知微"(T28,827b)。
20 "趣"，底本殘，據殘痕及文意補。
21 "＊＊"，底本殘，或可推定爲"問曰"等。
22 "爲"，疑爲"有"之誤寫。
23 "法"，底本殘，據殘痕及文意補。
24 "宜"，底本殘，據殘痕及文意補。

也。道不該人，謂爲細也。

[1.2.3 道具隱顯]

三道[27]具隱顯。

問曰，苦道(19)立具，集滅不明，義何許也。答曰，生苦之境，爲集(20)所招，同是報法，故彰是具也。發集[28]之緣，乃是果法，集(21)是其因，因果之別，故不立具。滅無階漸之殊，亦無相無相[29](22)別，滅雖大小，不顯其稱。道諦之性，其唯智慧，慧有增微(23)明昧之差。增解免相，以爲道體，微解相間，謂爲具也。

(24)總又[30]苦體唯心，心有所藉，故立境具[31]。集滅非心，故隱具(25)稱。道體唯慧，慧由戒定，故以戒定，名爲因具。終時大滅，(26)不由小滅，故無因具也。

[1.2.4 總會通四諦體有同異]

四總會通四諦體有同異。

(27)問曰，有作無作兩種四諦[32]，同異之狀，其義云何。答曰，(28)有作四諦，苦集一體，亦復有別。滅道異狀，都無同義。集(29)道殊分，苦解容一。無作四諦，苦集因道，三諦同論。果中滅道，(30)一體而

---

25 “滅”，底本殘，據殘痕及文意補。
26 “滅麁道細”，推定爲上文所述之內容，現缺。
27 “道”，底本殘，據殘痕及文意補。
28 “集”，底本殘，據殘痕及文意補。
29 “相”，底本殘，據殘痕及文意補。
30 “總又”，疑爲“又總”之誤寫。
31 “具”，底本殘，據殘痕及文意補。
32 “有作無作兩種四諦”，參見《勝鬘經》“……如是難知難解者，謂說二聖諦義。何等爲說二聖諦義。謂說作聖諦義，說無作聖諦義”(T12,221b)。

辨。

問曰，有作之說，集道異状，無作之教，何故(31)一體。答曰，感分段麁報，還異解重結，招變易細果，(32)用即心輕惑[33]。重即異状，輕即同體。

問曰，無作四諦，集(33)道既同，苦亦類集，備如向釋[34]。若有[35]作四諦，集既異道，(34)苦亦應爾，何故苦同而集異道[36]。答曰，感苦至難，要異(35)解之惑，爲無[37]作之集。酬因則易，即道有惱，爲有作之苦。

(36)問曰，兩教因道，與事盡之滅，有同體以不。答曰，事滅與道，(37)體有同異。結無事盡，與道殊分，即解之滅，於道無別。如(38)似有爲解脫、無爲解脫，滅亦類爾。滅雖同異，別者爲(39)滅，同則非也。

問曰，若即道之滅非滅[38]諦者，即集之苦(40)亦非苦諦。答曰，滅之與道，有因果之別，即道之滅，非(41)前道所剋。非剋之滅，理無因果，雖即[39]有滅，而非滅諦。苦(42)之與集，亦是因果，但即集之苦，前集所感。苦雖同(43)集，不違因果，就義不同，苦集兩分。

問曰，若即(44)集有苦，前集所[40]感者，即道之滅，何故不得前解所剋也。(45)答曰，解能無惑，以之爲滅，故即道之滅，非前道所證。集(46)感未苦，不招今惱，故即集之苦，前集所感。然始從性(47)地，終至法雲，有惑金剛，但除滅諦，餘三同體。若無(48)惑金剛，唯有苦道，二

---

33 “感分段麁……即心輕惑”，參見《勝鬘經》“分段死者，謂虛僞衆生。不思議變易死者，謂阿羅漢、辟支佛、大力菩薩意生身，乃至究竟菩提”(T12, 219c)。

34 “備如向釋”，參見上文“苦集因道，三諦同論”(P2183, 29)。

35 “若有”，底本殘，據殘痕及文意補。

36 “何故苦同而集異道”，參見上文“集道殊分，苦解容一”(P2183, 28-29)。

37 “無”，底本無，據文意補。

38 “滅”，底本無，據文意補。

39 “即”，底本殘，據殘痕及文意補。

40 “所”，底本無，據文意補。

諦一體。自前有三，果中滅道，(49)義說因果，亦得云二。然有作之說，即道而言，但有苦(50)諦而無集滅也。

[1.2.5 **廣明四諦**]

[1.2.5.1 **釋苦諦**]

[1.2.5.1.1 **置其名**]

五廣明四諦。初釋苦諦，略安七(51)門。初置其名。

問曰，三苦之名，爲從境制稱，爲[41]當體立(52)目也。答曰，釋苦苦有三。然三受教中，以明[42]苦受[43]，十二年(53)中，說爲苦諦[44]。以苦受爲苦諦，故云苦苦。又復一解，性(54)苦之上，更加事惱，事性兩論，故云苦苦[45]。雖復二教及與(55)性事，皆說苦體爲苦苦也。依上章釋，從境制名。是故(56)《論》言，"現在實苦，謂刀杖等，是名苦苦"[46]。從境制

---

41 "爲"，底本無，據文意補。

42 "明"，底本殘，據殘痕及文意補。"以明"，疑爲"明以"之誤寫。

43 "三受教中以明苦受"，參見敦煌出土《成實論義記》卷中"但聖人方便引汲，開三受門。……前之苦受，苦中之尤重，故與苦名，名苦苦也"(臺北131,84-86)。

44 "十二年中說爲苦諦"，參見敦煌出土《成實論義記》卷中"又一解，三受三苦，佛始出世，唯說'三界皆苦'，一苦受也。而群生迷惑，安情無地，'十善亦得苦受者，何◇也'。是故聖人開三受門，語其昇降也"(臺北131,98)。下文"依十二年教，……"(P2183,317)。

45 "性苦之上……故云苦苦"，參見《涅槃經》聖行品"善男子，苦受者，名爲三苦，所謂苦苦、行苦、壞苦。餘二受者，所謂行苦、壞苦"(T12,439c; 南本T12,681b)。敦煌出土《成實論義記》卷中"《泥洹經》所明'苦受備三苦'者，是錄其性分，當從苦緣邊，已四體生受，一受義有三苦矣。何者，苦受生苦中之尤重，名苦苦。此苦受生有壞，手足等是樂受具，必有離散壞緣，名壞苦。此苦有行緣則苦，名行苦。三苦備矣"(臺北131,89-91)。隋慧遠《大乘義章》四諦義"第二對緣就體辨者，心性是苦，依彼苦上，加以事惱，苦上加苦，故云苦苦"(T44,512b)。

46 "現在實苦……是名苦苦"，參見《成實論》苦想品"現在實苦，謂刀杖等，是名苦苦"(T32,348a)。

名，斯(57)文謂也。壞行二苦，各有兩種。一是從境，二[47]爲當體。緣壞(58)行生苦者，從境得名。是如《論》云，“若愛別離時，(59)有所[48]苦生，謂妻子等，是名壞苦。如[49]有爲法皆(60)悉侵惱，是名行苦”[50]。以此文證，壞行二苦，從境得(61)名。捨之與樂，即壞行苦[51]，當體置名也。

[1.2.5.1.2 明八苦名義廣略相攝]

第二明八苦(62)名義，廣略相攝。

問曰，何等爲八苦名義，而言(63)相攝也。答曰，數雖有八，得名有四。生之一苦，就時彰(64)名。老[52]病及死，從境立稱。愛別離苦、怨憎[53]會苦、求不得(65)苦，因緣得目。五盛陰苦，性具雙擧。

八苦之始，創云(66)生苦。生義有二，就位有三。生之言成，亦言爲起[54]。是故《論》(67)云“生名起成”[55]，復云“生者，本無今有，皆名爲生”[56]。就位三(68)者，識支始起，稱之爲生。初始出胎，亦名爲生。百年

---

47 “二”，底本無，據文意補。

48 “有所”，疑爲“所有”之誤寫。

49 “如”，疑爲“知”之誤寫。

50 “若愛別離……是名行苦”，參見《成實論》苦想品“若愛別離時，所有苦生，謂妻子等，是名壞苦。若得空無我心，知有爲法皆能侵惱，是名行苦”(T32,348a)。

51 “捨之與樂即壞行苦”，參見《成實論》辯三受品“以行苦故，一切諸行，應觀是苦。以壞苦故，應觀樂受爲苦”(T32,283c)。

52 “老”，底本作“先”，誤寫，改訂。

53 “憎”，底本作“增”，通假，改訂。

54 “起”，底本無，據文意補。

55 “生名起成”，參見《成實論》法聚品“能得真智，則不集諸業，諸業不集，則無有生。生名起成”(T32,253c)。

56 “生者本無今有皆名爲生”，參見《涅槃經》師子吼菩薩品“本無今有，本有今無，三世有法，無有是處。善男子，一切諸法，因緣故生，因緣故滅”(T12,531ab；南本T12,776a)。《大般涅槃經集解》卷三十三“僧亮曰，法從緣起。本無今有，是名生，已有還無，是爲滅也”(T37,490c)。本書所收

(69)一生，亦名爲生。是故《經》云，“現在世識，名未來生”[57]，“安住世(70)諦，初始出胎，是名不生生。世諦死時，是名生不生”[58]。生(71)位有三，此文良驗。識支爲生者，即體有壞行二苦，(72)當體得名。通名解生，非是八苦之中，別明生苦。百(73)年一生，苦亦無量，亦非生苦。出胎爲生苦者，八中名也。(74)生時有苦，名爲生苦[59]。乃緣餘境，非是緣生爲生苦也。(75)名非苦體，是苦苦。

凡言老者，形衰改變，稱之爲(76)老。老有二種[60]。一念念老，通名解義。二形衰髮白，別名(77)解老。八中之義，就麁彰名。若緣老追少，而生苦(78)者，從境得稱，壞苦收也。若老時視聽不明，觸事(79)不稱，爲老苦者，就時彰名，苦苦攝也。

病苦者，風(80)火互興，地水增損，四大不調，以之爲病[61]。病能生苦，苦(81)由病起，從境爲名，故云病苦。心病爲病苦者，就因(82)受名[62]。

死苦者，懼陰將盡，戀報生惱，以爲死苦。又(83)復一解，依因漸壞，名之爲死。死◇[63]其情，字之曰苦，不(84)必懼盡，戀報生惱也。

《教理集成文獻》三相義“有人言，本無今有，名之爲生”(P2908,754)。

57 “現在世識名未來生”，參見《涅槃經》師子吼菩薩品“現在世識，名未來生。現在名色六入觸受，名未來世老病死也”(T12,525c；南本T12,770b)。

58 “安住世諦……名生不生”，參見《涅槃經》光明遍照高貴德王菩薩品“安住世諦，初出胎時，是名不生生。……世諦死時，是名生不生”(T12,490b；南本T12,733b)

59 “苦”，底本無，據文意補。

60 “老有二種”，參見《涅槃經》聖行品“老有二種。一念念老，二終身老”(T12,435a；南本T12,676b)。

61 “風火互興……以之爲病”，參見《涅槃經》聖行品“病謂四大毒蛇，互不調適”(T12,435a；南本T12,676b)。

62 “心病爲病苦者就因受名”，參見《涅槃經》聖行品“心病亦有四種。一者踊躍，二者恐怖，三者憂愁，四者愚癡”(T12,435a；南本T12,676c)。

63 “◇”，疑爲“逼”。

愛以爲因，別離爲緣，而生其(85)苦，名愛別離苦。憎心爲因，怨會爲緣，而生於苦，爲(86)怨憎會苦。愛別離苦者，曾順境生樂，本合今(87)離。怨憎會苦者，當違緣生苦，本離今合。

求心(88)爲因，不得爲緣，而生其苦，名求不得苦。善法未(89)得苦，壞苦收也。惡法未離苦，苦苦攝之[64]。

五盛(90)陰苦者，總七爲體[65]。衆苦熾燃，稱爲盛也。身爲苦(91)器，盛受衆苦，亦名爲盛。

生之與病、怨憎會苦，攝(92)在苦苦。五盛陰苦，乃收三苦。自外有三，錄爲壞[66]苦[67]。

(93)問曰，緣己老病及死，爲老病死苦者，緣他老病死，(94)而生苦者，是老等苦不。答曰，緣己生苦者，在八(95)苦之例，緣他生者，八苦不攝。

問曰，若緣他老等，而生[68](96)於苦，八苦不攝者，然緣他憎，而生內惱者，三苦之中，亦(97)應不收。答曰，生死相對，若緣他生，乃起其樂，謂(98)兒息是也，要緣己生爲生苦。死對於生，亦緣己死，爲(99)死苦也。苦壞及行，名不相對。莫問自他，皆是壞苦也。(100)苦苦亦爾。若行苦者，己行爲境，他行則非也。

---

64 “善法未得……苦苦攝之”，參見《涅槃經》聖行品“求者，一切盡求。盡求者，有二種。一求善法，二求不善法。善法未得苦，惡法未離苦”(T12,439b；南本T12,680c)。

65 “五盛陰苦者總七爲體”，參見《涅槃經》聖行品“五盛陰苦者，生苦、老苦、病苦、死苦、愛別離苦、怨憎會苦、求不得苦，是故名爲五盛陰苦”(T12,435b；南本T12,676c-677a)。

66 “壞”，底本作“增”，誤寫，改訂。

67 “生之與病……錄爲壞苦”，“生”“病”“怨憎會苦”“五盛陰苦”“自外有三”，合計爲七苦，疑此處文有脫漏。

68 “生”，底本無，據文意補。

[1.2.5.1.3 明性苦及具因有同異]

(101)第三明性苦及具，因[69]有同異。

問曰，生苦之境，爲(102)當與苦同因、異業得也。答曰，性苦共因。不善感(103)境，得生內惱。善因所招，乃生樂受，不生苦也。他之色(104)陰，共業所得，得生己苦。彼人四陰，別業所招，不生我(105)惱。第一義諦、結盡、太虛[70]，非業所招，都不生苦。

又解，不(106)然。性苦及具，不必共因。如怨家生苦，彼善業感體，(107)如畜生生樂，彼惡行所招。不[71]但彼兩業感體，互(108)生苦樂，一因所招，亦迭生惱適。如衣食應時，而生(109)其樂，若此過增，還生於苦。然衣食等法，但善(110)行所招，雖善因所感，而苦樂兩生。是故《論》云，"是(111)緣不定，非受不定。如即一火，生於三受"[72]。以此文證，(112)生苦之緣，非唯惡感，善業招者，亦生其苦。不但共(113)業所感，生己苦受，彼別業得者，亦生我苦樂。(114)如衆僧中淨人，生彼此之樂，怨家之流，生眷屬(115)之苦。不但業感生於我苦，非業所招三無爲法，(116)亦得生苦。

故列生心之境，凡有四句。一共業所得，而不(117)共用。如日月之明，於有因之者，生視矚之益，於無(118)因之人，絶闚看之利[73]。二別業

---

69 "因"，底本作 "四"，誤寫，改訂。

70 "第一義諦結盡太虛"，參見本書所收《教理集成文獻》四諦義 "然'無'名雖衆，略有三稱，謂結盡、太虛、第一義無" (F180,296)。敦煌出土《涅槃經疏》卷第一"芭蕉、漿澤，此喩明生空。七葉一喩，明法空。七者，是謂五陰、結盡、太虛，此爲七也" (P2313,709-710)。

71 "不"，底本作"何"，誤寫，改訂。

72 "是緣不定……生於三受"，參見《成實論》受相品 "是緣不定，非受不定。所以者何。如即一火，或時生樂，或時生苦，或時能生不苦不樂" (T32,281c)。

73 "如日月之……闚看之利"，參見《維摩經》佛國品 "……佛知其念，即告之言，於意云何，日月豈不淨耶，而盲者不見。對曰，不也，世尊，是盲者過，非日月咎" (T14,538c)。

所感，同生苦樂。如淨(119)人、怨家也。三共業所招，彼此同用，如大地等也。四(120)非業所感，共生苦樂。如太虛空等也。如第六意識，(121)託前心爲因，藉虛空爲緣。託因藉緣，而生意(122)識，識次生想，想後生受，受次生行[74]。四心相應，因緣(123)太虛。以此理推，不但別業所得，生苦之境，太虛(124)空等非業所招，亦生苦之緣也。

問曰，有無(125)之法，俱生苦者，生苦既同，皆苦具攝不。(126)答曰，生苦雖同，“有[75]”爲集招，苦具中攝[76]。“無”非因感，(127)苦具不收[77]。

問曰，他人四陰，亦生我[78]苦。既是其(128)有，應屬己苦諦也。答曰，雖生我(129)惱，非己業感，是彼人苦諦，非我苦攝也。共業感(130)境，而生己苦者，收爲我苦諦也。

[1.2.5.1.4 **明三苦攝五陰已論苦諦**] (不完)

(131)第四明三苦攝五陰，已[79]論苦諦。

問曰，色等五(132)陰，何苦所攝而云苦也。答曰，色陰爲苦具，識(133)想二陰，行壞之苦，當體論之，非從境也。受行有三，(134)得云從境。色陰是具，餘四爲性，性及其具，皆苦諦攝。(135)以性具往論，無不收盡，故就五陰，以論苦諦。

(136)問曰，受行重惱，凡聖皆覺，可爲苦諦。識想輕苦，(137)物不能

---

74 “行”，底本殘，據殘痕及文意補。“託因藉緣……受次生行”，參見本文獻 [8 五陰] (P2183,237-241)。

75 “有”，底本作“不”，誤寫，改訂。

76 “苦具中攝”，底本作“具中苦攝”，誤寫，改訂。

77 “有爲集招……苦具不收”，參見本書所收《教理集成文獻》四諦義“‘無’非因感，苦具不收。……‘有’從集招，苦具攝也”(F180,296-298)。

78 “我”，底本殘，據殘痕及文意補。

79 “已”，通“以”。

覺，苦諦攝不。答曰，識惱雖微，三界(138)果報，莫不苦也。

問曰，識想輕惱，攝爲苦者，識想(139)無明，應收爲集也。答曰，感三界果報，要行中(140)之結。前三心無明，不招三有，故非集也。然識想輕苦，(141)酬三界之因，識想雖微，俱爲苦諦。

問曰，若識想(142)有苦，酬三界之因，三心無明，何故不感三有之果。(143)答曰，述因爲易，易通識想，辨報則難，難不該三也。

(144)問曰，夫苦之爲趣，以覺惱爲義，識想不覺，云何言(145)苦。答曰，夫識想涉緣，竭求勞慮，求不能達，不知爲(146)苦。是故《經》云"不知如來是常住法"[80]，是名爲苦。凡雖(147)不覺，聖人覺，故明知有苦。

問曰，識想不知，名爲[81]

[1.2.5.1.5-7] (缺)

[1.2.5.2 釋集諦] (缺)

[1.2.5.3 釋滅諦] (缺)

[1.2.5.4 釋道諦] (缺)

[2 別相三寶] (不完)

(148)別相三寶

夫旻光舒暈，則塵霧收惛，正道開明，(149)則邪[82]紛攝藹。故大覺珍

---

80 "不知如來是常住法"，參見《涅槃經》師子吼菩薩品"十住菩薩雖見一乘，不知如來是常住法。以是故言，十地菩薩雖見佛性，而不明了"(T12,525a；南本T12,769b)。

81 "爲"，此下書寫中斷。疑下文應接有"苦者"等。

82 "邪"，底本作"耶"，通假，改訂。下同。

時，奪天魔之貴，真範降[83]

[3 經明五分法身]

(150)經明五分法身[84]

(151)夫惛迷之徒，所以下沈生死，藉陰爲體，大聖之興，所以(152)超出方外，託法爲身。所託塵沙，一方化宜，略云五也。其(153)五者何。一戒，二定，三慧，四解脫，五解脫知見。夫戒以(154)止惡爲義，定以撿攝爲能，慧以觀照爲趣，解(155)□[85]以無累爲目，解脫知見徧照漏盡之緣。就此(156)五中，戒之一身，一向非色非心無作爲體[86]。自餘四(157)身，一靈智上，目義作四。合爲五分法身也。

又解，(158)爲對凡夫五陰之身，故說五分也。凡夫之色，廣(159)起殺盜犯戒之惡。聖人之戒，禁止諸惡，清持不(160)犯。故以[87]戒身對凡夫之色也。凡夫之受，妄[88]染苦樂，生(161)三煩惱。聖人之定，以妙淨適心，生如實解。故已(162)定身對凡夫之受。凡夫之想，謬執假名，以爲定(163)實。聖人智慧，夷亡執著，會悟空照。故以智慧對(164)凡夫之想。凡夫之行，造業結業，繫縛生死。聖人(165)解脫，斷除惑累，放散生死。故以解脫對凡夫(166)之行。凡夫之識，了別清莫[89]淺近之識緣。聖人(167)知

---

83 “降”，此下書寫中斷。本文獻 [12 經明別相三寶] (P2183,303-324) 中重新寫有此處全文。

84 “身”，底本此字之下空三字有“夫惛迷之”，衍文。

85 “□”，底本殘，疑爲“脫”。

86 “戒之一身……無作爲體”，參見《成實論》無作品“問曰，幾時從作生無作。答曰，從第二心生。隨善惡心強，則能久住，若心弱，則不久住。如受一日戒，則住一日，如受盡形，則盡形住” (T32,290b)。

87 “以”，底本無，據文意補。

88 “妄”，底本作“忘”，通假，改訂。

89 “清莫”，疑爲“靖漠”之通假。參見《太子瑞應本起經》卷上“端坐六年，形體羸瘦，皮骨相連，玄清靖漠，寂默一心” (T3,476c)。

見，悟達滅[90]盡、解脫之[91]遠緣。故以知見對凡夫識。(168)五分理深[92]，粗[93]標綱[94]目耳。(169)[95]

[4 一體三寶]

(170)一體三寶

(171)夫圓極靈智，體備萬德，道益群[96]品，可尊可重，目(172)之爲寶。寶德百千，一方化宜，略云三種。一曰佛寶，二曰(173)法寶，三曰僧寶。佛以覺了爲義，法以規則爲能，(174)僧以和合爲趣。

名義可爾，何者爲佛。夫靈智之體，(175)萬患斯亡，照窮理盡，以之爲佛。即此靈智有異，論(176)體是一。此一是三一，此三是一三。論三就名義，辨一(177)就恒[97]。一體三寶，略云如是也。

[5 十二部經]

(178)十二部經[98]

(179)夫理不自顯，藉教以宣[99]。宣理之教，前賢後聖，莫能改易，(180)故稱爲經[100]。部別不同，十二殊稱。教雖十二，有總有別。初修(181)

---

90 "滅"，底本作"戒"，誤寫，改訂。
91 "之"，底本無，據文意補。
92 "深"，底本作"淙"，誤寫，改訂。
93 "粗"，底本作"相"，誤寫，改訂。
94 "綱"，底本作"剛"，通假，改訂。下同。
95 此行寫有"之""提""法"等字，爲習字痕跡，不錄。
96 "群"，底本作"郡"，通假，改訂。下同。
97 "就恒"，底本作"恒就"，誤寫，改訂。"論三就名義辨一就恒"，參見《涅槃經》如來性品"善男子，汝今不應如諸聲聞凡夫之人，分別三寶。於此大乘，無有三歸分別之相。所以者何。於佛性中，即有法僧。爲欲化度聲聞凡夫，故分別說三寶異相"(T12,409c-410a；南本如來性品T12,650c)。
98 "經"，底本此字之下空四字有"十二部經"，衍文。
99 "理不自顯藉教以宣"，參見《論語》衛靈公"子曰，人能弘道，非道弘人"。

多羅是總，自餘十一，名之爲別。

初修多羅者，西域之音，此(182)音名爲經本。從初"如是"，盡乎"奉行"，盡爲經本，故稱修(183)多羅[101]。第二祇夜者，此名不等偈。上五下五，誦前長行者(184)是也[102]。第三和伽[103]羅那者，此音名爲授記[104]。捉未來花，先授(185)舍利[105]，名爲受[106]。記[107]說其國土名字好醜，以之爲記。故稱和伽(186)羅那。第四伽陀者，此音名等句。如上四下四，名爲等句，故(187)名伽陀[108]。第五憂陀那者，此音名爲無問而自說。無人諮問，(188)如來自說，故名憂陀那[109]。第六尼陀那者，此音言因緣經。諸(189)佛說法，要有因緣[110]，如因事制戒，名爲因緣。故名尼陀那。(190)第七名阿波陀那，此言譬[111]喻[112]。法相理深，非喻不曉，借近以(191)況遠，

---

100 "宣理之教……故稱爲經"，參見《注維摩詰經》卷一"肇曰，經者常也。古今雖殊，覺道不改，群邪不能沮，衆聖不能異，故曰常也"(T38, 327c)。

101 "從初如是……稱修多羅"，參見《涅槃經》梵行品"從如是我聞，乃至歡喜奉行，如是一切，名修多羅"(T12, 451b；南本T12, 693b)。《大般涅槃經集解》卷三十六"寶亮曰，……修多羅者，此稱法本，亦言經本。……若從如是我聞，下訖歡喜奉行，總於文理，通爲十一部作本。正以此義，名修多羅"(T37, 494b)。

102 "上五下五……行者是也"，參見《涅槃經》梵行品"……佛時知已，即因本經，以偈頌曰，……是名祇夜經"(T12, 451bc；南本T12, 693bc)。

103 "伽"，底本作"加"，通假，改訂。下同。

104 "此音名爲授記"，參見《涅槃經》梵行品"如有經律，如來說時，爲諸大人，受佛記別。……是名授記經"(T12, 451c；南本T12, 693c)。

105 "捉未來花先授舍利"，出典未詳。

106 "受"，通"授"。

107 "記"，疑爲衍字。

108 "如上四下……故名伽陀"，參見《涅槃經》梵行品"除修多羅及諸戒律，其餘有說四句之偈，……是名伽陀經"(T12, 451c；南本T12, 693c)。

109 "無人諮問……名憂陀那"，參見《涅槃經》梵行品"……如是諸經，無問自說，是名優陀那經"(T12, 451c；南本T12, 693c)。

110 "諸佛說法要有因緣"，參見《成實論》十二部經品"諸佛賢聖所說經法，要有因緣，……是名尼陀那"(T32, 245a)。

111 "譬"，底本作"辟"，通假，改訂。

故名阿波陀那[113]。第八伊帝目多伽，漢言本事[114]。因於現(192)在事，說往古事[115]，故曰本事經也。第九闍陀伽者，此方言本生。(193)曾[116]作轉輪聖王，作鹿作羆[117]，故名本生經[118]。第十毘佛略者，(194)此言方廣說。法相難明，要須廣辨，故名廣說經。第十(195)一阿浮陀達摩者，此言未曾有。如震動希奇神變，故(196)名未曾有[119]。第十二憂波提舍者，此言論義經。法相理玄，(197)要假往復，問答顯理，故名論義[120]經也[121]。

[6 十號]

十號

(198)夫德富之人，振[122]蓋世之名，名彰[123]之外，所以稱號。號(199)實

---

112 “此言譬喻”，參見《涅槃經》梵行品“如戒律中所說譬喻，是名阿波陀那經”(T12,451c；南本T12,693c)。

113 “法相理深……阿波陀那”，參見《大般涅槃經集解》 卷三十六“寶亮曰，此云譬喻經。理致虛玄，不可以真言取悟。若不假借外事，無以況所詮也”(T37,494c)。

114 “事”，底本作“士”，通假，改訂。下同。

115 “因於現在事說往古事”，參見《成實論》十二部經品“闍陀伽者，因現在事，說過去事”(T32,245a)。

116 “曾”，底本作“增”，通假，改訂。

117 “羆”，底本作“罷”，通假，改訂。

118 “曾作轉輪……名本生經”，參見《涅槃經》梵行品“我於過去，作鹿作羆，作麞作兎，作粟散王、轉輪聖王、龍、金翅鳥。諸如是等，行菩薩道時，所可受身，是名闍陀伽”(T12,452a；南本T12,694a)。

119 “如震動希……名未曾有”，參見《成實論》十二部經品“如說劫盡、大變異事、諸天身量、大地震動，有人不信如是等事，是故說此未曾有經”(T32,245ab)。

120 “義”，底本殘，據殘痕及文意補。

121 “法相理玄……論義經也”，參見《大般涅槃經集解》卷三十六“寶亮曰，此云論義經。夫理相幽微，若不假以往復，則於義不彰。故取論議之事，別爲一部也”(T37,495a)。

122 “振”，底本作“帪”，通假，改訂。

123 “彰”，底本作“障”，通假，改訂。

百千，一方化宜[124]，略云有十。

十名者何。一曰如來。乘(200)如實道，來成正覺，如實說法，故曰如來[125]。二曰應(201)供。煩惱永[126]亡，衆善斯備，惡盡善備，堪受供[127](202)養，故曰應供。三曰正遍[128]知。空理不邪，故名爲正。遍(203)智空理，故言正遍知。四曰明行足。明曰三明，行(204)曰六度[129]。明行體滿，故言明行足。五善逝。逝之言(205)去，入涅槃時，善盡衆生，故言善逝。六曰世間解[130]。(206)善解世間衆生心念，故曰世間解[131]。七無上調[132](207)御。御衆生，無過於佛，故曰無上調御。八天人(208)師。訓道匠化，以之爲師，所訓之者，唯天與人，(209)故名天人師[133]。九佛。自覺覺他[134]，故名爲佛[135]。十世尊。(210)具上九德，於天人中尊，故曰世尊[136]。十號名教[137]。

---

124 “宜”，底本作“亘”，誤寫，改訂。

125 “乘如實道……故曰如來”，參見《成實論》十號品“如來者，乘如實道，來成正覺，故曰如來。有所言說，皆實不虛”(T32,242a)。

126 “永”，底本作“不”，誤寫，改訂。

127 “供”，底本作“無”，疑爲“共”之誤寫，且“共”，通“供”，改訂。

128 “遍”，底本作“邊”，通假，改訂。

129 “明曰三明行曰六度”，參見《涅槃經》梵行品“行者名業，……業者名六波羅密，……又復明者，名爲三明”(T12,468c；南本T12,711b)。

130 “解”，底本無，據文意補。

131 “善解世間……曰世間解”，參見《成實論》十號品“如來自已功德具足，得正智，故能知世間一切心念”(T32,242c)。

132 “調”，底本次行行首重寫有“調”，衍字。

133 “訓道匠化……名天人師”，參見《涅槃經》梵行品“師有二種。一者善教，二者惡教。……諸衆生中，惟天與人能發阿耨多羅三藐三菩提心，……是故號佛爲天人師”(T12,469bc；南本T12,712ab)。

134 “他”，底本作“地”，通假，改訂。

135 “自覺覺他故名爲佛”，參見《涅槃經》梵行品“佛者名覺。既自覺悟，復能覺他”(T12,469c；南本T12,712b)。

136 “具上九德……故曰世尊”，參見《成實論》十號品“如是九種功德具足，於三世十方世界中尊，故名世尊”(T32,242c)。

[7 **四諦 (二)**]

(211)四諦

夫根行參差，致令聖教非一，故使三乘異(212)流，大小殊別。若爲上士[138]菩薩，爲說六度，中根緣覺，爲(213)說十二因緣，下德聲聞，爲說四諦[139]。諦雖有四，大判[140]有二。(214)一者世間因果，是其可厭，二明出世因果，是其可崇[141]。故(215)退明苦集可背，進明滅道可崇，故以此二 以爲四諦。

四名(216)者何。一苦，二集，三滅，四道。夫苦以遍[142]惱爲義，集以聚積(217)爲能，滅以寂泊爲趣，道以通物爲致[143]。

名義既爾，何者(218)爲苦體。下《論》文言，"五受陰"[144]。陰雖有五，心色收盡[145]。若色(219)在心存，大苦聚集，除心遣色，始會安樂。

---

137 "十號名教"，疑此句之下脫漏"略云如是"等一文。

138 "士"，底本作"事"，通假，改訂。

139 "若爲上士……爲說四諦"，參見《法華經》序品"爲求聲聞者，說應四諦法，度生老病死，究竟涅槃。爲求辟支佛者，說應十二因緣法。爲諸菩薩，說應六波羅蜜，令得阿耨多羅三藐三菩提，成一切種智"(T9,3c)。

140 "判"，底本作"泮"，通假，改訂。

141 "一者世間……是其可崇"，參見上文"世閒因果，擧苦勸斷＊＊，＊＊＊＊＊世之法，擧滅勸修其道"(P2183,10-11)。《涅槃經》聖行品"有漏果者，是則名苦，有漏因者，則名爲集。無漏果者，則名爲滅，無漏因者，則名爲道"(T12,435a；南本T12,676b)。

142 "遍"，疑爲"逼"之誤寫。下文"五陰莫非遍惱"(P2183,220)之"遍"字同此。

143 "苦以遍惱……通物爲致"，參見《涅槃經》聖行品"苦者逼迫相，集者能生長相，滅者寂滅相，道者大乘相"(T12,434c；南本T12,676b)。本書所收《教理集成文獻》四諦義"苦以逼迫爲義，集以聚積爲能，滅以寂怕爲趣，道以通物爲致"(F180,288-289)。隋慧遠《大乘義章》四諦義"逼惱名苦，聚積稱集，寂怕名滅，能通曰道"(T44,511a)。

144 "五受陰"，參見《成實論》色相品"實名四諦，謂苦、苦因、苦滅、苦滅道。五受陰是苦，諸業及煩惱是苦因，苦盡是苦滅，八聖道是苦滅道"(T32,260c-261a)。

145 "陰雖有五心色收盡"，參見下文"一者是色，二者是心"(P2183,230)。

故(220)知五陰[146]莫非遍惱，以爲苦體也。何者爲集。(221)業與煩惱。煩惱爲緣，業爲正因，因緣交遘，能使大苦雲積，(222)故爲集體也[147]。何者爲滅。夫滅體無二，逐所滅有三。三者何。(223)謂假名、實法及空心也。若三心竝存，則惱患未除，若三(224)慮永夷，則[148]凝然寂泊[149]。故以三念滅處，名爲滅也[150]。何者爲道。(225)夫道有無量，擧綱收要，不出定慧[151]。定能撿攝，慧能觀(226)達。定慧相資，津通行者，至于涅槃，故稱道也。

以何爲諦。諦(227)之言實。當名辨義，苦實是苦，集實是集，滅道同然，故(228)稱諦也[152]。

[8 **五陰**]

五陰[153]

夫長寢之徒，所以下沈生(229)死，良由五法積聚。覆弊明解，以之爲陰。陰別不同，(230)所以立五。就此五中，大判[154]有二。一者是色，

146 “陰”，底本作“除”，誤寫，改訂。

147 “業與煩惱……爲集體也”，參見《成實論》四諦品“集諦者，業及煩惱。……諸業煩惱，是後身因緣，故名集諦”(T32,251b)。

148 “則”，底本無，據文意補。

149 “泊”，底本作“伯”，通假，改訂。

150 “滅體無二……名爲滅也”，參見《成實論》四諦品“滅諦者，……謂假名心、法心、空心，滅此三心，故名滅諦”(T32,251b)。

151 “道有無量……不出定慧”，參見《成實論》定因品“道諦者，謂八直聖道，正見乃至正定。是八聖道，略說有二。一名三昧及具，二名爲智”(T32,334b)。

152 “苦實是苦……故稱諦也”，參見《涅槃經》聖行品“有苦有諦有實，有集有諦有實，有滅有諦有實，有道有諦有實”(T12,443c；南本T12,685b)。

153 “五陰”，參見《成實論》四諦品“五陰者，眼色爲色陰。依此生識，能取前色，是名識陰。即時心生男女怨親等想，名爲想陰。若分別知怨、親、中人，生三種受，是名受陰。是三受中，生三種煩惱，是名行陰。以此事起，受身因緣，名五受陰”(T32,251a)。

154 “判”，底本作“伴”，通假，改訂。

二者是心。色是(231)頑礙，但[155]能生苦，唯制其一。心之爲用，可重可貴，斷(232)惑生解，備起善惡，功由於心，所以立四。

陰教之興，本爲(233)除惑。惑而言之，不出即離之我。說此五法，因緣和會，以(234)成於人，何處有定我之可得。故說五陰，除其我也。

五(235)名者何。一曰色陰，二曰識陰，三曰想陰，四曰受陰，五曰行陰。(236)四大、五根、聲及四塵，此十四種，莫非形礙，以之爲色[156]。以色爲(237)陰，名爲色陰也。六識始起，了別六塵，以之爲識。以識爲陰，名(238)識陰也。識後起想，緣於假名男女怨親，作定實之解，以(239)之爲想。以想爲陰，名想陰也[157]。想後起受，領納假名，作苦樂之解，(240)以之爲受。以受爲陰，名受陰也。受後貪瞋及善惡業，造集生(241)死，以之爲行。以行爲陰，名行陰也。以此五法，能受後身，名五受陰。五陰綱目，粗[158]可如是。

[9 經明四攝]

(242)經明四攝[159]

(243)夫時皇好接，遠近歸焉[160]，大士汎慧，遐邇從化。收化(244)附己，謂之爲攝。攝雖塵沙，略云此四。布施、愛語、利行、(245)同事，

---

155 “但”，底本此字之下空二字。

156 “四大五根……以之爲色”，參見《成實論》色相品“色陰者，謂四大及四大所因成法，亦因四大所成法，總名爲色”(T32,261a)。敦煌出土《成實論義記》卷中“十四種色是質礙之法”(臺北131,108)。

157 “也”，底本殘，據殘痕及文意補。

158 “粗”，底本作“組”，通假，改訂。

159 “經明四攝”，本書所收《教理集成文獻》四攝義 (F180,235-244) 中有與此章相同的部分 (參見題解)。

160 “時皇好接遠近歸焉”，參見《論語》子路“上好禮，則民莫敢不敬。上好義，則民莫敢不服。上好信，則民莫敢不用情。夫如是，則四方之民，繈負其子而至矣”。

是其名也。

運心周普，謂之爲布，惙己惠物，名(246)之爲施。以施錄物，爲布施攝。夫宮商清巧，妙苑華(247)言，物情所翫，稱爲愛語。翫語附己，爲愛語攝。(248)檀等六度，德能被物，名之爲行。行沾群品，字爲(249)利行。彼修禪智，我習定慧，彼我共習，稱爲同(250)事。以同事錄物，爲同事攝。

然菩薩大士，萬(251)行竝修，豈有始末。且就化物，辨其次第。布(252)施有二，財之與法。財順近情，法稱高見，故財法(253)二施，建在初門。談法捨財，必由言詮，故次第二(254)明於愛語。雖有施語，若無其道，彼不歸人。內(255)備其德，物從其化，是故第三次論利行。雖(256)有其德，好同惡異，人之常情。同則易悟，異則(257)難化，是故第四明同事攝。施等攝益，內(258)解攝體。體從其益，故云四攝。

[10 **入道之法**]

(259)入道之法

(260)夫真原楷准，無虧盈之別，情有迷悟，而得失之(261)殊。失違宗本，求乖聖路，得順理原，稱曰入道。道之(262)爲義，通物遊履。履涉難分，交代有四。四難位識，其(263)義如何。一者乾[161]慧、性地，內外交代。二者背聞入思，(264)境差解異。三者思修二慧，現不現別。四者忍心、(265)見諦，凡聖分路。自爾以上，終于無生，非不少異，分(266)爲見、道。但境同解一，無大殊越。交代雖衆，略云(267)此四。

內外交代者，夫解不孤起，起藉諸定。定趣不同，(268)九地之別，或依電光，時憑色禪。正緣衆生，爲五所(269)成，以分生生不可得，緣生兼無，有爲之心。乘此而進，(270)遊志生空，照空兼有，無爲之解。解悟達

161 "乾"，底本作"干"，通假，改訂。下同。

觀，稱之爲慧。(271)慧非八正道水沾潤，名爲乾慧。聞慧觀行，藉定(272)發解，兼正之道，義同於前。但乾慧緣空，於空取(273)著，聞慧照理，於理不存。雖同緣生空，而取不取異。然乾(274)慧取著，未居理內，非內之識，爲外凡之終。聞慧不(275)存，解悟環[162]中，非外之智，爲內凡之始。此之第一內外交代。

(276)二釋背聞入思，境差解異。運思稠慮，以之爲思，思心觀達，(277)稱爲思慧。然思慧所緣，以念處爲境。始藉諸定，別觀五陰，(278)緣壞無常，兼知法空。自此而昇，契會無我，無我解起，思慧之體。(279)聞思緣空，雖俱不現，但聞慧觀假，以生空爲境，思慧照實，(280)以法空爲緣。然解有淺深，而增微之差，境有精麁，則生法(281)空異。境差解異，聞思別矣。

三解思修二慧，現不現異。現見踰[163](282)明，增進前解，稱爲修慧。此慧所緣，總觀五陰行苦無常，(283)始涉有爲，終履無我，無我現解，修慧之體。思修所觀，同緣法(284)空，二慧交途，如何取別。但思慧解劣，別觀五陰壞(285)苦無常，聞思緣空，未能現得。修慧解勝，總觀五陰行苦無常，(286)觀矚明白，現證無我。論境多途，總別之殊，壞行之異。語解不(287)同，優[164]劣之差，現不現別。思修分位，有此三異。

第四解凡聖(288)分路。忍心、見諦，法空修慧，境同解一，如何取別。但現忍之解，(289)漸觀四諦，相心簡起。見諦之智，頓緣四實，相不中生。所觀(290)之境，有漸頓之殊，能觀之解，有相無相別。但四現之人，(291)挾[165]相起惑，爲凡夫之終。見諦之士，懷[166]解達正，爲真聖(292)

162 “環”，底本作“還”，通假，改訂。參見《莊子》齊物論“彼是莫得其偶，謂之道樞。樞始得其環中，以應無窮”。

163 “踰”，通“愈”。

164 “優”，底本作“憂”，通假，改訂。

之首。凡聖分[167]路，事殊上釋[168]。

然聖位之中，曲分有二。始解明白，立(293)見諦之名，後解增進，制修道之稱[169]。＊＊解滿，二輪惑盡，(294)二惑解滿，昇於彼[170]岸。小乘入道，極[171]在於此。

既非證，寧究(295)真徑。且探遺文，粗標綱緒。

[11 經明四大]

(296)經明四大

夫[172]衆音遷變，群象萬殊。而遷變之音，生(297)滅觀其宗，萬殊之象，四大統其要。四名者何。謂地水火(298)風。地堅持爲義，水以潤漬爲能，火以熒[173]燒爲用，風以輕(299)動爲[174]業。

名義如是[175]，何者爲體。夫四塵和合，堅多色等，以之(300)爲地，濕[176]多爲水，熱多爲火，輕動爲風，故名四大體[177]。

何(301)者爲大。凡言大者，遍到爲大[178]。此之四大，遍到四塵。四

---

165 “挾”，底本作“俠”，通假，改訂。
166 “懷”，底本作“壞”，通假，改訂。
167 “分”，底本無，據文意補。
168 “事殊上釋”，“上釋”何指不詳。
169 “道之稱”，底本殘，據殘痕及文意補。
170 “彼”，底本作“波”，通假，改訂。又，底本此字之下有“塀（？）”，衍字。
171 “極”，底本殘，據殘痕及文意補。
172 “夫”，底本殘，據殘痕及文意補。
173 “熒”，疑爲“焚”之誤寫。
174 “動爲”，底本殘，據殘痕及文意補。
175 “如是”，底本無，據文意補。
176 “濕”，底本作“漯”，誤寫，改訂。
177 “四塵和合……名四大體”，參見《成實論》色相品“四大者，地水火風。因色香味觸，故成四大。……地者，色等集會，堅多故名地。如是濕多故名水，熱多故名火，輕動多故名風”(T32,261a)。

大(302)綱目，粗[179]標綱旨也。

[12 經明別相三寶]

(303)經明別相三寶

(304)夫旻光舒輝，則塵霧收昏，正道開明，則邪紛(305)攝藹。故大覺珍時，奪天魔之貴，真範降世，(306)奄浮僞[180]之則，聖衆興和，隱外道之諍。正通邪(307)塞，義在斯焉。然僞三處世，則邪徒歸奔，真依興(308)現，則修宗競湊。仗正翻邪，對僞說三。佛法與僧，三(309)之名也。

佛者，胡言佛陀，此言覺者。如來既獨秀重幽，(310)孤明炬夜，照盡有無，解窮真俗。昏境獨悟，名(311)之爲覺，得[181]覺之人，稱曰覺者。法者，天竺達摩，此方(312)稱法。法者軌也。十二部經教及其理皆軌，益于時流，(313)則萬代以斯軌則，謂之爲法。僧者，胡言僧伽，魏(314)以爲衆。抽簪之賢，縉[182]服之士，四人合成，樂和爲用。懷德(315)之人，人則非一，名之爲衆。

然此三寶，名爲楷梯，亦云別(316)相[183]。楷梯者，夫大不頓詣，藉小以至。由別得總，(317)故稱楷梯。別相者，體殊之位。依十二年教，以丈六(318)一形假名行，以爲佛體。具二和之衆，以爲僧寶。(319)因中虧僧，果上除佛，自佛僧已外，能爲物妙軌者，(320)稱之爲法。故僧不濫佛。以佛[184]法僧三體歴然，故稱別(321)相。

---

178 “遍到爲大”，參見《成實論》色名品“四大假名故有，遍到故名大”(T32, 261a)。

179 “粗”，底本作“祖”，通假，改訂。

180 “僞”，底本作“爲”，通假，改訂。

181 “得”，底本作“㥁”，通假，改訂。

182 “縉”，疑爲“緇”之誤寫。

183 “名爲楷梯亦云別相”，參見《涅槃經》如來性品“……佛亦如是，最爲尊上，非法僧也。爲欲化度諸世閒，故種種示現差別之相，如彼梯橙。是故汝今不應受持如凡愚人所知三歸差別之相”(T12, 410a；南本如來性品T12, 651a)。

寶者，外喩爲言。夫瓊瑤[185]可軌[186]，所以稱[187]◇[188]，佛(322)等可重，悉名爲寶。然三寶功利，則竝治群品。(323)違背之徒，則沈溺生死，修信之士，則清[189]昇累(324)表。三寶之義，略標綱旨。

此是法師恩許。

[13 **二十七賢聖**] (後缺)

(325)二十七賢聖

(326)夫真宗凝湛，非淺識能究，玄原虛寂，而深智方契。(327)契玄會正，故名爲聖，和直之行，謂之爲賢。三九雖殊，皆(328)備斯二。故《經》成言，“因外凡夫，亦名聖人”[190]，“賢者阿難、舍(329)利弗等”[191]。以此文證，賢通始末，聖該[192]前後。

賢聖名差，數(330)寧一准，廣有塵沙，略則唯八。進不擧廣，退不就略，折中(331)之宜，制斯三九。始從信行，終至不退，是其名數。雖制[193]三九，(332)推本唯八。八名如何。謂四向四得。雖存得向，二十有七。

開合[194]不同，(333)義要三差者，何謂。初果之向，後二之[195]得[196]，一

---

184 “佛”，底本無，據文意補。

185 “瓊瑤”，底本殘，據殘痕及文意補。

186 “軌”，底本殘，據殘痕及文意補。

187 “所以稱”，底本殘，據殘痕及文意補。

188 “◇”，疑爲“珍”。

189 “清”，底本作“青”，通假，改訂。參見敦煌出土《成實論章》(擬題)十二因緣“夫迷因謬果，則生死沈輪（→淪），返迷順觀，則清昇累表”(守屋本，66-67)。

190 “因外凡夫亦名聖人”，參見《成實論》智相品“是內凡夫，亦名聖人，亦名凡夫。因外凡夫，故名聖人，因見諦道，故名凡夫”(T32,362a)。

191 “賢者阿難舍利弗等”，參見隋慧遠《大乘義章》賢聖義“三通局分別。賢通聖局。以賢通故，從始至終，皆名爲賢，故《經》說言‘賢者舍利弗’‘賢者須菩提’等”(T44,788ab)。

192 “該”，底本作“賅”，通假，改訂。

193 “制”，底本無，據文意補。

向唯顯別稱，(334)隱于通目。初二之得，二三之行[197]，此二果行，但存總稱，汲其別(335)號。羅漢一行，總別俱廢。

果行理均，開合應等。總別不類，(336)其故何也。但須陀之行，始背凡識，初登聖位。論(337)解多差，三慧之殊，辨境不同，生法空異。解差境異，(338)利鈍義顯，故彰別三人，隱于通一。那含之得，下結皆(339)盡，上業未亡，隨業受生。八地之異，語情向背，厭樂(340)之殊[198]。性結雖盡，事障未窮，遣障修定，差分爲九。中(341)二得向[199]，退絶始行，解差境異，進闕上果。求禪之行，中(342)無地異，厭樂之殊。故仍其通稱，不立別目。羅漢行廢，(343)其義何趣。然欲收學地，盡是上行，故《論》成文，“是等(344)皆名行羅漢者，以斷結同故”[200]。又置那含果，僉[201]因盡，(345)故羅漢一行，總別俱廢。開合廢興，義在□[202]斯焉。

憑(346)師必然，名爲信行[203]。悟陰之解，稱曰法行[204]。信法進趣，(347)同入見諦，絶於相簡，名無相行[205]。須[206]名無漏，陀洹爲(348)修習[207]，

194 “合”，底本無，據文意補。

195 “之”，底本殘，據殘痕及文意補。

196 “初果之向後二之得”，“初果之向”爲須陀洹向，“後二之得”爲阿那含果及阿羅漢果。

197 “初二之得二三之行”，“初二之得”爲須陀洹果及斯陀含果，“二三之行”爲斯陀含向及阿那含向。

198 “殊”，底本無，據文意補。

199 “中二得向”，“得”爲須陀洹果及斯陀含果，“向”爲斯陀含向及阿那含向。

200 “是等皆名……斷結同故”，參見《成實論》分別賢聖品“是等皆名行阿羅漢者，以斷結同故”(T32，246b)。

201 “僉”，底本作“食（？）”，誤寫，改訂。“僉”，通“斂”。

202 “□”，底本此處有一字空白，疑脫漏“於”等字。

203 “憑師必然名爲信行”，參見《成實論》分別賢聖品“信行者，若人未得空無我智，信佛法，故隨佛語行。故名信行”(T32，245c)。

204 “悟陰之解稱曰法行”，參見《成實論》分別賢聖品“法行者，是人得空無我智，在煖、頂、忍、第一法中，隨順法行，謂空無我等。是名法行”(T32，245c)。

修習[208]無漏[209]，名須陀洹[210]。(尾殘)

205 “信法進趣……名無相行”，參見《成實論》分別賢聖品“是二行人，入見諦道，見滅諦，故名無相行”(T32,245c-246a)。

206 “須”，底本殘，據殘痕及文意補。

207 “習”，底本作“集”，通假，改訂。

208 “習”，底本作“集”，通假，改訂。

209 “漏”，底本殘，據殘痕及文意補。

210 “名須陀洹”，底本殘，據殘痕及文意補。“須名無漏……名須陀洹”，參見《涅槃經》迦葉菩薩品“須名無漏，陀洹名修習。修習無漏，名須陀洹”(T12,577c；南本T12,825a)。

〈解斷伏義〉

(Pelliot chinois 2183 Verso)

해제

본 문헌은 앞에서 살펴 본 교리집성문헌(P2183)의 뒷면에 다른 필체로 서사되어 있는 단편이다. 뒷부분은 결락되어 있고, 각 행 26자 전후로 56행이 현존한다. 앞 부분에 「解斷伏義」라는 제목이 있지만, 찬술자와 서사 연대 등에 관한 정보는 기록되어 있지 않아 본 문헌의 성립지, 성립 연대 등에 대해서는 불분명하다. 주목되는 것은 끝부분에 「衍師」에 대한 해석으로 「依通教, 地前斷四住之□……」(P2183V,53), 「通宗之中, 異心之惑, 種性前斷。種性＊＊, ……」(P2183V,54)이라고 하며 통교에서의 단혹과 통종에서의 단혹이 대비되어 있는 것이다. 전후 부분이 결락되어 전체의 문맥 안에서의 위치를 명확하게는 알 수는 없다. 하지만 이러한 「衍師」의 해석이 지론종의 전통적 교판인 三乘別教·通教·通宗의 3교판을 전제하고 있는 것은 확실하므로, 적어도 이 한 가지 점에 있어서는 본 문헌이 지론종 사상의 일단을 전하는 문헌이라고 볼 수 있다 (「衍師」가 인명인지 또는 「(摩訶)衍師」와 같은 일반적 호칭인지는 불분명하다. 혹시 인명이라면 『속고승전』 권8, 「義解篇四」의 釋曇衍(503-581)인지, 또는 4종 교판을 세웠다고 하는 「齊朝大衍法師」, 즉 『속고승전』 권22 「明律篇上」의 「齊鄴東大衍寺釋曇隱」〔坂本幸男 『華嚴教學の研究』 平樂寺書店, 1956年, p.217을 참조〕 일 가능성이 있지만 모두 억측에 지나지 않는다).

본 문헌은 아마 어떤 경론에 근거하여 번뇌의 斷과 伏을 주제로 하는 「章」형식의 일부이며, 매우 짧은 단편으로서만 현존하고 있는 당시 단혹설의 일례를 전하는 아주 귀중한 자료이다.

본 문헌도 교리집성문헌(P2183)과 같이 유일한 판본으로 대교본은 존재하지 않는다. 번인 작성의 방침과 저본에 대해서는 교리집성문헌(P2183)의 해제를 참조하기 바란다. 필자가 조사한 바에 의하면, 본 문헌에 대한 선행연구는 아직까지 없다.

題解

本文獻是別筆寫於前載教理集成文獻(P2183)紙背的斷片，首存尾欠，現存56行(每行26字左右)。開頭處寫有“解斷伏義”，但與撰述者和書寫年代相關的情況未有記載。因此本文獻的成立地點以及成立年代亦不明確。值得注目的是，先存寫本的末尾處所引的“衍師”的相關解釋中有對“通教”與“通宗”中“斷惑”的對比，如“依通教、地前斷四住之□……”(P2183V,53) 與“通宗之中，異心之惑，種性前斷。種性＊＊，……”(P2183V,54)。由於前後的紙張缺落，此部分在整體行文中的地位竝不明確。但可以確定的是，這裡所提到的“衍師”的解釋是以“地論宗”的傳統判教——三乘別教、通教、通宗爲前提而成的。因此，從這一點來看，我們可以說本文獻傳達了“地論宗”思想的一部分 (至於“衍師”是具體的人名，還是如“(摩訶)衍師”一樣爲一般性的稱呼，這點無法確認。如若是具體的人名，有如下幾種可能性可以考慮。《續高僧傳》卷八、義解篇四中存有傳記的釋曇衍(503-581)，或者是據傳建立了四宗判教的“齊朝大衍法師”，即在《續高僧傳》卷二十一、明律篇上中存有傳記的“齊鄴東大衍寺釋曇隱”〔參考坂本幸男《華嚴教學の研究》平樂寺書店，1956年，p.217〕。但如上幾種可能性尚均爲臆測)。

本文獻的構成可參見後揭綱目。本文獻很有可能是以某一經論爲基礎的，以煩惱的斷、伏爲主題的“章”形式的論的一部分。雖然現存只有一少部分的斷片，但作爲傳達了當時的“斷惑說”的一個例子，是極爲貴重的資料。

與紙面的教理集成文獻 (P2183) 一樣，本文獻亦爲孤本，不存在校本。關於錄文的方針以及本文獻的底本，請參考教理集成文獻 (P2183) 的題解。目前尚未有關於本文獻的先行研究。

解題

本文献は前掲の教理集成文献（P2183）の紙背に別筆で書写されている断片であり、首存尾欠で56行が残存する（各行26字前後）。冒頭に「解断伏義」という首題を存するが、撰述者や書写年代等に関する情報は書かれていない。したがって本文献の成立地・成立年代等は正確には不明だが、注目されるのは、現存の写本の末尾に引かれる「衍師」の解釈において「依通教、地前断四住之□……」（P2183V,53）・「通宗之中、異心之惑、種性前断。種性＊＊、……」（2183V,54）というように「通教」における断惑と「通宗」における断惑とが対比されていることである。前後の料紙が欠落しているため本文献全体の文脈のなかでの位置づけが明確ではないが、この「衍師」の解釈がいわゆる「地論宗」の伝統的教判である三乗別教・通教・通宗の三教判を前提としていることは確かだと考えられるので、少なくともこの一点において本文献は「地論宗」の思想の一端を伝える文献であると言うことができる（「衍師」が人名であるのか、あるいは「〔摩訶〕衍師」のような一般的呼称であるのかは不明である。もし人名であるとすれば、『続高僧伝』巻八、義解篇四に伝のある釈曇衍〔503−581〕か、あるいは四宗の教判を立てたと伝えられる「齊朝大衍法師」、すなわち『続高僧伝』巻二十一、明律篇上に伝のある「齊鄴東大衍寺釈曇隠」〔坂本幸男『華厳教学の研究』平楽寺書店、1956年、p.217を参照〕である可能性が考えられるが、いずれにしろ憶測の域を出ない）。

本文献の構成は後掲のシノプシスのようにまとめることができる。本文献はおそらく何らかの経論に基づいて煩悩の断と伏とを主題とする「章」形式の論の一部であり、ごく僅かな断片として残存するのみであるとはいえ、当時の断惑説の一例を伝える貴重な資料である。

表の教理集成文献 (P2183) と同様、本文献も孤本であり、対校本は存在しない。録文作成の方針と底本とについては教理集成文献 (P2183) の解題を参照のこと。管見の限り、本文献を取り上げた先行研究はないようである。

底校本

底本：Pelliot chinois 2183 Verso (3紙；56行)

校本：無

內容綱目

解斷伏義

1 辯解

  1.1 就理明 (1-14)

  1.2 依文解 (14-21)

2 伏義不同

  2.1 第一家 (後缺, 21-56)

  2.2 第二家 (缺)

錄文

解斷伏義

[1 辯解]

[1.1 就理明]

(1)解斷伏義

(2)辯解有二。一就理明，二依文解。

若通論斷伏，大有二義。一無礙，二解脫。無礙(3)除現惑令還無，解脫斷未來令不有。

若別明斷伏，各有二義。伏二義(4)者，一依俗諦有漏道，破煩惱。解惑相與是有漏，而有相遮制用名伏。(5)非性相違，不與斷名。故解有可退，惑有可起。二無漏道，斷下(6)伏上。於上非正治道，有損力，故名爲伏。似□義言真。解行[1](7)後惑，上曰伏也。次斷亦有兩義。一見真，如得理解，惑究竟(8)不起，解究竟不退曰斷。二最勝之解，傾惑根本曰斷，如金剛智也。

(9)更約位示之，有六義。一十信爲伏，十解爲斷。此惑永除不永除爲(10)論。二地前爲伏，登地爲斷[2]。此就解圓未圓爲論。三皮肉爲枝葉，末[3](11)傾根本曰伏，心滅方名斷。四七地已下爲伏[4]，八地已上爲斷。此就行如(12)如有極未極爲論。五十地已前併[5]爲伏，唯金剛心爲

---

[1] “行”，底本殘，據殘痕及文意補。

[2] “斷”，底本無，據文意補。

[3] “末”，底本次行行首重寫有“末”，衍字。

[4] “伏”，底本無，據文意補。

[5] “併”，同“并”。

斷。此就傾根(13)本究竟爲論。六金剛心已下皆曰伏，佛未來惑業永都不復起曰(14)斷。

[1.2 **依文解**]

就文不錄。

起伏難明，非喻不曉，故寄風水波浪[6]，然後(15)悟。水以譬心，風況塵境，煩惑喻浪。以塵境之風，鼓扇心水，煩惑之波，於(16)茲而起。生死之根，因是而生。

起浪之體，先□[7]後著，浪滅之方，先著後(17)微。論惑亦爾。起必先輕而後重，滅亦先重而後輕。微識無明，至行方(18)重，智慧滅惑，逮識方明。

又論浪起，始微不能兼著，終著必也兼微。(19)談惑亦然。識想之微，不兼四住之重，行地重執，必兼無明之輕。故順(20)忍除行地分段之重結，無生斷四心之輕患。金剛既窮心水之微(21)波，後心所以靜照也。

[2 **伏義不同**]

[2.1 **第一家**]（後缺）

又伏義不同，有二家之說。

一者三十心伏三途之惑。(22)信忍正斷三途，兼伏思惟及三途之習。順忍正斷思惟及三途習氣[8]，伏思惟[9]習氣，兼(23)伏[10]色心無知也。

---

[6] “寄風水波浪”，參見求那跋陀羅譯《楞伽阿跋多羅寶經》卷一“譬如巨海浪，斯由猛風起，洪波鼓冥壑，無有斷絶時。藏識海常住，境界風所動，種種諸識浪，騰躍而轉生”(T16,484b)。

[7] “□”，底本此處有一字空白。疑脫漏“微”等字。

[8] “及三途習氣”，底本無，據文意補。

[9] “惟”，底本無，據文意補。

七地正斷思惟之[11]習，兼伏[12]色心集[13]起。八地已上，唯斷而不伏。

三(24)途復有三階。初十心伏於地獄，中十心伏於畜生，後十心伏於鬼道。

信(25)忍亦三品。初地正斷地獄，伏思惟潤欲界人天之惑，兼伏地獄習氣。二地(26)正斷畜生，伏思惟色界之惑，兼伏畜生習氣。三地正斷鬼道，伏思惟無(27)色之惑，兼伏[14]鬼道習氣。

順忍有三品。四地正斷欲界人天思惟之惑及地獄習氣[15]，并伏(28)三界思惟之習氣。五地正斷色界思惟之惑及畜生習氣，伏色塵(29)無知。六地正斷無色界思惟、餓鬼習氣，兼伏心塵無知。

七地并斷思(30)惟三品之習，伏色心集起無知。

八地正斷色塵無知。九地斷心塵無知。(31)十地斷色心集起無知。色心因果，盡於此矣。

◇問答解斷結三(32)種。

一者除異心煩惱，厭樂心中，作有無諦觀，得於人空。此(33)是智外空有[16]兩品之惑。此則善惡互起，解惑不俱，明闇不竝。如《經》所(34)說，“此是二乘凡夫見觀之解，相違對治”[17]。習種性初住，斷之都盡。

(35)二者作中道諦觀，非有非無，無厭無樂，斷治心無明，恒沙煩惱(36)是。即說功德智慧，以爲煩惱。是故解惑同體，亦凡亦聖，亦明

10 “伏”，底本無，據文意補。
11 “之”，底本作“々”，誤寫，改訂。
12 “伏”，底本無，據文意補。
13 “集”，底本作“習”，通假，改訂。
14 “伏”，底本無，據文意補。
15 “及地獄習氣”，底本無，據文意補。
16 “有”，底本無，據文意補。
17 “此是二乘……相違對治”，出典未詳。

亦闇，(37)體存義謝。地前三十心菩薩是也。

三者證得無相中道，斷除三界煩(38)惱，逍然都盡，五陰永滅。唯有真如無漏妙解，都無自利功德分別(39)之相。是故《經》云，“無漏心中，無煩惱也”[18]。初地已上，十二人聖人是。

問曰，初地斷欲(40)界見諦，二地斷色界[19]見諦，三地斷無色見諦[20]，四地斷欲界思惟，五地斷色(41)界思惟，六地斷[21]無色思惟，七地斷三界習氣，八地斷色塵無知，九地斷[22](42)心塵無知，十地斷色心難盡。此是應時[23]之義，何爲乃說“習種性以[24](43)斷四住惑盡”[25]。若習種性已斷異心煩惱[26]者，何故《經》云“初地始過凡夫(44)地”[27]。違經妄說，難可信。

答曰，若三＊＊＊＊＊＊＊＊＊＊＊(45)初，何故名須陀洹。縱使三地已還，統束＊＊＊＊＊＊＊，＊＊＊＊[28](46)《瓔珞》兩經云，“四地名須陀洹，五地名斯陀[29]＊，＊＊＊＊＊＊，＊＊[30](47)名阿羅漢”[31]。若言“諸

---

18 “無漏心中無煩惱也”，出典未詳。

19 “界”，底本無，據文意補。

20 “諦”，底本作“斷”，誤寫，改訂。

21 “斷”，底本無，據文意補。

22 “斷”，底本殘，據殘痕及文意補。

23 “應時”，底本殘，據殘痕及文意補。

24 “以”，通“已”。

25 “習種性以斷四住惑盡”，參見上文“習種性初住，斷之都盡”(P2183V,34)。

26 “心煩惱”，底本殘，據殘痕及文意補。

27 “初地始過凡夫地”，參見《華嚴經》十地品“……菩薩發如是心，即時過凡夫地，入菩薩位”(T9,544c)。

28 “＊＊＊＊”，底本殘，或可推定爲“何故《仁王》”等。

29 “陀”，底本殘，據殘痕及文意補。

30 “＊＊＊＊＊＊＊＊＊”，底本殘，或可推定爲“含，六地名阿那含，七地”等。

31 “四地名須……名阿羅漢”，參見《仁王般若經》受持品“復次爾焰聖覺達菩薩，……住須陀洹位。……復次勝達菩薩，……即入斯陀含位。……復次常現真實住順忍中，……證阿那含位。……復次玄達菩薩，……住第十地阿羅漢梵天位”

經異說，各自爲□”，＊＊＊＊＊＊＊＊＊＊＊＊(48)乃是化於二乘，小行事相中說。非菩薩[32]＊＊＊＊＊＊＊。

＊＊＊＊[33]。(49)一者異心五住，習種性初心，斷之都盡。二＊＊＊＊＊[34]，＊＊＊＊＊。(50)三者即智五住，妙覺斷盡。三界亦然[35]。＊＊＊＊＊＊，＊＊＊＊＊＊，＊[36](51)者即智三界。四果亦然。一者異心四果，＊＊＊＊＊＊＊＊＊＊＊(52)人，遍學法相。三者即智四果，隨用[37]□＊＊＊＊＊＊＊＊＊＊＊

(53)衍師解，依通[38]教，地前斷四住之□＊＊＊＊＊＊＊＊＊＊＊。(54)通宗之中，異心之惑，種性前斷。種性＊＊[39]，＊＊＊＊＊＊＊＊(55)恒沙[40]□□斷恒沙[41]□。初地已上，斷前恒[42]＊＊＊＊＊＊＊＊＊＊(56)＊＊＊＊＊＊＊＊＊＊□彰異[43]□□□（尾殘）

[2.2 第二家]（缺）

(T8,831c-832a)。《菩薩瓔珞本業經》賢聖名字品“須陀洹〔秦言觀明炎地〕，斯陀含〔秦言度障難勝地〕，阿那含〔秦言薄流現前地〕，阿羅漢〔秦言過三有遠行地〕”(T24,1011b)。

32 “薩”，底本殘，據殘痕及文意補。

33 “＊＊＊＊”，底本殘，或可推定爲“五住有三”等。

34 “＊＊＊＊＊”，底本殘，或可推定爲“者即心五住”等。

35 “然”，底本殘，據殘痕及文意補。

36 “＊＊＊＊……＊＊＊＊”，底本殘，或可推定爲“一者異心三界，二者即心三界，三”等。

37 “隨用”，底本殘，據殘痕及文意補。

38 “通”，底本殘，據殘痕及文意補。

39 “＊＊”，底本殘，或可推定爲“已上”等。

40 “恒沙”，底本殘，據殘痕及文意補。

41 “斷恒沙”，底本殘，據殘痕及文意補。

42 “恒”，底本殘，據殘痕及文意補。

43 “彰異”，底本殘，據殘痕及文意補。

敎理集成文獻

(Pelliot chinois 2908)

整理者　池田 將則

해제

본 문헌은 앞부분이 결락된 잔권으로 각 행 27자 전후로 801행이 현존한다. 끝부분에 「略爲校之, 未必見了」 (P2908,801)라는 校語 이외에 제목 등의 기록이 없어서 원제와 서사연대 등은 불분명하지만, 본문 중 다음의 3가지 기술과 인용으로부터 북위 낙양기 불교 교리학의 실록임을 추정할 수 있다.

먼저 본문에는 번뇌의 斷·伏에 대한 「南方法師」의 학설이 언급되고 있는데, 이러한 남방법사의 설은 『大般涅槃經集解』 권15에서 보이는 劉宋末부터 梁初까지의 남조 교리학의 단혹설에 입각하고 있다. 여기서 「남방」이라고 하는 것은 분 문헌이 북방에서 성립한 것을 시사한다(錄文의 注60를 참조).

다음으로 본문의 2곳에서 「故猛都」의 학설이 인용되고 있는데, 「故猛都」란 틀림없이 孝文帝(재위 471-499) 시대부터 宣武帝(재위 499-515) 시대에 걸쳐 활약한 북위의 명승 惠猛이다(錄文의 注448·487를 참조). 혜맹의 전기자료로 「魏故照玄沙門都維那法師惠猛之墓誌銘」이 존재하는데, 이것에 의하면 혜맹은 효문제·선무제에게 그 인격과 능력 등을 인정받아 洛陽昭玄曹의 沙門都維那에 임명되었다. 정확한 몰년은 알 수 없지만 선무제의 재위 중으로 추측된다. 본 문헌에서 「故」를 붙여 「猛都」(惠猛都維那)의 설을 인용하고 있는 것은 본 문헌이 혜맹이 죽고 난 뒤 얼마 지나지 않은 시기에 북위에서 성립한 것을 시사한다.

또한 「招法師」의 학설도 인용되고 있다. 이것은 돈황출토 照法師 『勝

鬘經疏』(擬題, Stein 524; 大正 2762번) 에서 이와 일치하는 설을 발견할 수 있는데, 「招法師」는 『勝鬘經疏』(S524)의 찬술자 「照法師」라고 생각된다(錄文의 注453를 참조). 조법사의 전기는 불분명하지만, 識語에 의하면 『勝鬘經疏』(S524)는 北魏延昌四年(515)에 낙양의 永明寺에서 서사되었으므로(S524,850-851; T85,278b) 조법사는 당시 북위를 대표하는 義學僧의 한 사람이었다고 생각된다. 본 문헌에서 照(招)法師의 학설을 인용하고 있는 것 또한 본 문헌이 북위 낙양기 불교 교리학의 실록임을 시사하고 있는 것이다. 이상 3가지의 예증으로 본 문헌은 북위 낙양기에 성립되었다고 판단된다.

본 문헌은 전체적으로 여러 불교 교리에 대한 「章」 형식의 論을 집성한 교리집성문헌이라고 할 수 있고, 내용과 형식으로 전체를 크게 Ⅰ, Ⅱ, Ⅲ의 3부분으로 분류할 수 있다.

Ⅰ은 [1 顚倒義]부터 [9 解經之威力義]까지의 9장으로 『열반경』에 근거한 주제를 「章」 형식으로 논하고 있다. 각 장의 논술 내용에는 『大般涅槃經集解』에 집성되어 있는 남조계 『열반경』 교리학의 영향이 현저하게 드러난다(錄文의 注77·88·99·192 등을 참조). 또한 [8教迹義]에서 설하고 있는 돈점2교판에 대해서는 劉宋 내지 南齊에 북위로 온 智誕(430頃-490頃?)의 교판을 전하는 자료일 가능성이 지적되었다(아라마키 노리토시〔荒牧典俊〕의 논고를 참조).

Ⅱ는 [10 四相義(二)]부터 [13 四依義(三)]까지의 4장이다. 이 부분 또한 『열반경』에 근거하여 주제를 논하고 있고, 남조계 『열반경』 교리학의 영향이 현저하게 드러나지만(錄文의 注194·236·242 등을 참조), 모든 장에 제목이 없는 점이 Ⅰ과 다르다.

Ⅲ은 [14 相續義(三)]부터 마지막 [18 三相義]까지의 5장으로 『열반경』 『승만경』 『성실론』에 근거한 주제를 「章」과 「釋」으로 구성하여 논

하고 있다.

이상과 같이 본 문헌은 특징이 다른 3부분으로 구성되어 있고, 각 부분의 사이에는 사상적인 발전단계가 발견된다. 여기서는 Ⅰ의 [2四依義(一)]와 Ⅱ의 [13 四依義(三)], Ⅰ의 [3相續義(一)]와 Ⅲ의 [14 相續義(三)]의 각 1절을 살펴보고 사상적 전후 관계에 대해서 약술하고자 한다.

먼저 [2 四依義(一)]와 [13 四依義(三)]의 2장은 완전히 같은 논술 구성으로 되어 있고 2장 모두 『열반경』「四依品」(남본)에 근거하여 보살의 수행도를 논하고 있다. 하지만 분량적으로 후자가 대폭 증광되었고, 사상적으로도 확실히 발전되어 있음을 확인할 수 있다. 예를 들어 양자의 無垢地(第十一地)의 정의를 비교해 보면 다음과 같다.

[2 四依義(一)]
寂滅忍中品，名無垢地。無明煩惱能垢淨心，金剛心菩薩隣佛之解，能斷奄理無知盡，故名無垢。(P2908,80-82)
[13 四依義(三)]
寂滅中品，名無垢地。所以名無垢地，若作無惑解，斷五住地惑，逍然都盡，亦就所除制名，名無垢地。若作有惑解，所以名無垢地，雖復有惑，此將盡，斷之不難，故名無垢地。(P2908, 349-351)

한 눈에도 알 수 있듯이, 전자가 無明住地를 "완전히 끊으므로 무구지라 한다"고 간단하게 정의하고 있는데 반하여, 후자는 無惑·有惑이라는 2가지 해석을 모두 무구지라고하는 이유를 정의하고 있는데, 이것은 후자가 확실히 사상적으로 발전한 것이라 할 수 있다. 또한 무혹·유혹이라는 해석은 Ⅲ의 [15 金剛心義]에서 중심 논제로 논의되고 있고, 또한 무

혹의 설명 중에 나오는 五住地惑은 [16 五住地惑義]의 주제이므로 Ⅱ의 논술과 Ⅲ의 논제와의 사이에 사상적 관련이 있음을 확인할 수 있다.

다음으로 Ⅰ의 [3 相續義(一)]와 Ⅲ의 [14 相續義(三)]의 2장은 동일한 제목으로 모두 『열반경』「如來性品」(남본)에 근거하여 無常인 중생이 불도를 수행하여 常住의 부처가 된다는 「相續」의 진리를 논하고 있다. 하지만 후자에서 「釋」의 최초의 문답에 「又問, 向解相續, 云道常無常雖異, 相續爲一, ……」 (P2908,437)이라고 언급되어 있는 先行說은 아마 전자의 논술 중의 「常無常別, 得言有異。……大明種智續無明衆生, 始終是一, 故名爲續」 (P2908,115-117)의 구절을 가리키는 것으로 후자는 전자의 논술에 의거하여 논의를 한층 더 심화시키고 있다고 생각된다.

이상, 여기서는 단지 2가지 예만을 살펴보았지만 본 문헌을 구성하는 3부분은 Ⅰ → Ⅱ → Ⅲ의 순서로 성립하였고, 이 순서대로 사상적인 발전이 인정된다. 또한 처음에 언급했던 본 문헌의 성립지와 성립연대에 관한 3가지의 예증 중에, 「南方法師」의 학설의 언급이 보이는 곳은 Ⅰ이고, 「故猛都」 및 「招法師」의 설이 인용되고 있는 곳은 Ⅲ이다.

위에서 언급했듯이 「남방법사」의 설은 남조 교리학에 의거하고 있고, 「故猛都」는 북위 낙양기의 沙門都維那이며, 「招法師」도 동시기의 義學僧이라고 생각되므로 본 문헌은 북위 낙양기 불교 교리학이 남조 교리학을 수용하여 발전시킨 것을 볼 수 있는 매우 귀중한 실록이다.

본 문헌의 성립지와 성립연대, 전체적 성격과 사상사적 위치 등에 대한 자세한 내용은 다음 기회에 서술할 예정이다.

본 문헌은 유일한 판본으로 대교본은 존재하지 않는다. 그러므로 텍스트를 작성할 때는 주석대상과 인용의 출전, 전거 등을 가능한 한 확실히 밝히고 인용 문헌의 기술에 근거하여 원사본의 오자·탈자 등을 정정하고 본문을 확정하였다. 번인 작성을 위한 원본으로는 국제 돈황 프로젝트(International Dunhuang Project, http://idp.bl.uk/)의 웹사이트에 공개되어 있는 영상 데이터를 사용하였고, 더불어 上海古籍出版社·法國國家圖書館(編)『法藏敦煌西域文獻』20(上海古籍出版社, 2002年) 수록의 사진판도 참조하였다.

題解

本文獻首尾殘缺，每行27字左右，現存801行。除末尾處存有“略爲校之，未必見了”一文以外，竝無其他題記。因此原題及書寫年代不明。但根據以下三點的記述及引用，大致可以推斷本文獻爲北魏洛陽時期佛教教理學的實錄。

首先，文中提到了有關煩惱之斷、伏的“南方法師”的學說。這裡的“南方法師”之學說，應該是指可見于《大般涅槃經集解》卷十五的源于劉宋末至梁初的南方教理學的斷惑說。而稱其爲“南方”，則暗示了本文獻成立於北方一事（參見後揭錄文脚注60）。

第二，文中兩處引用“故猛都”的學說。這位“故猛都”基本上可以確定指的是活躍於孝文帝（471–499在位）時期至宣武帝（499–515）時期的北魏名僧惠猛（參見錄文脚注448·487）。關於惠猛的傳記資料，現存有“魏故照玄沙門都維那法師惠猛之墓誌銘”，據此可知惠猛受知於孝文、宣武二帝，出任洛陽昭玄曹之沙門都維那，卒年不詳，應卒于宣武帝在位年中。本文獻中將“猛都”(惠猛都維那）的學說附以“故”字加以引用，暗示了本文獻應成立于北魏惠猛卒後不久的時期。

第三，文中可見對“招法師”的學說的引用，此學說與敦煌出土的照法師《勝鬘經疏》(擬題，斯坦因524；大正2762）中所說一致。據此，本文獻的“招法師”應爲《勝鬘經疏》的撰述者“照法師”(參見錄文脚注453)。關於照法師的傳記不詳，但根據題記，《勝鬘經疏》爲北魏延昌四年（515）於洛陽永明寺書寫。據此，照法師或爲北魏當時極具代表性的義學僧之一。本文獻中引用了“照（招法師)”的學說，可以說暗示了本文獻爲北魏洛陽時期的佛教教理學的實錄。由以上三點，我們可以認爲本文獻成立於北魏洛陽時期。

本文獻的構成結構可參考後揭內容綱目。整體來看，本文獻是集成了各種關於佛教教理的以“章”形式出現的論的教理集成文獻。從內容和形式來看，全體可分爲三部分。第一部分由開頭的 [1 顛倒義] 至 [9 解經之威力義] 九章構成。以“章”的形式論述了源於《涅槃經》的主題。集成於《大般涅槃經集解》中的南朝系《涅槃經》教理學對各章論述的內容影響顯著 (參見錄文脚注77·88·99·192等)。此外，關於 [8 教跡義] 中所說的頓漸二教判，被指出極有可能爲傳承了劉宋至南齊時代北上北魏的佛教者智誕 (430頃-490頃?) 的判教說的資料 (參見後揭荒牧典俊氏的論考)。第二部分由 [10 四相義(二)] 至 [13 四依義(三)] 四章構成。亦論述了基於《涅槃經》的主題，且南朝系《涅槃經》教理學的影響顯著 (參見錄文脚注194·236·242等)。但是，本部分每章竝沒有添加章題，這點與第一部分大相徑庭。第三部分包括了 [14 相續義] 至最後的 [18 三相義] 五章。以由“章”及“釋”構成的“章”的形式論述了基於《涅槃經》《勝鬘經》《成實論》的主題。

本文獻由以上特徵迥異的三部分構成，且各部分之閒存在思想性的發展。這裡僅以第一部分 [2 四依義(一)] 和第二部分 [13 四依義(三)]，以及第一部分 [3 相續義(一)] 和第三部分 [14 相續義(三)] 中的各一小節爲例，對這三部分思想的先後關係加以簡要論述。首先，[2 四依義(一)] [13 四依義(三)] 兩章的論述構成完全一致，均根據《涅槃經》(南本) 四依品對菩薩的修行道加以論述。但是，後者不僅在文量上大幅增加了論述內容，在思想上亦較前者有明顯的發展。現以兩者關於無垢地 (第十一地) 的定義爲例，比較如下。

[2 四依義(一)]

寂滅忍中品，名無垢地。無明煩惱能垢淨心，金剛心菩薩隣佛之解，能斷奄理無知盡，故名無垢。(P2908,80-82)

[13 四依義(三)]

寂滅中品，名無垢地。所以名無垢地，若作無惑解，斷五住地惑，逍然都盡，亦就所除制名，名無垢地。若作有惑解，所以名無垢地，雖復有惑，此將盡，斷之不難，故名無垢地。(P2908,349-351)

一目了然，前者將定義爲無垢地的理由單純歸爲完全斷滅了無名住地。相對於此，後者從無惑、有惑兩個角度對命名爲無垢地的理由進行了說明，明顯在思想上較前者有所發展。而且，此無惑、有惑的解釋作爲中心論題在第三部分 [15 金剛心義] 中被論述，同時在對無惑的說明中出現的“五住地惑”又是 [16 五住地惑義] 的主題。據此，我們可以確認第二部分的論述和第三部分的論題之閒存在着思想上的關聯性。

此外，第一部分 [3 相續義(一)] 和第三部分 [14 相續義(三)] 兩章的章題一致，兩者均根據《涅槃經》(南本)，對無常衆生通過修行佛道成爲常住佛這一“相續”的真理加以論述。但是，後者的“釋”的部分開篇有“又問，向解相續，云道常無常雖異，相續爲一，……”(P2908,437)。其中提到的內容，應指的是前者的論述中出現的“常無常別，得言有異。……大明種智續無明衆生，始終是一，故名爲續”(P2908,115-117)一節。據此我們可以認爲，後者是在前者的論述的基礎上進一步深化了對內容的議論。

以上僅舉兩例爲例。我們從中可以看出構成本文獻的三個部分是以第一→第二→第三的順序成立，竝以此爲序在思想上亦有所展開。

此外，最初關於本文獻的成立地點、成立年代的三個例證，提到了“南方法師”的學說的爲第一部分，對“故猛都”以及“招法師”的學說加以引用的是第三部分。如上所述，“南方法師”的學說與南朝教理學不無關聯，“故猛都”則爲北魏洛陽時期的沙門都維那，“招法師”亦很有可能是同時期的義學僧。據此，我們可以認爲本文獻是展現了北魏洛陽時期的佛教教理學對南朝教理學的受容和發展這一事實的極爲貴重的資料。關於本文獻的成立地點、成立年代以及文獻整體的性格、在思想史上的位置等問題，預定在別稿加以闡述。

本文獻爲孤本，不存在校本。因此在錄文的做成上，採用在盡可能明確注釋對象、引文以及內容的出典的基礎上，依據出典文獻的記述對底本的錯字、漏字等加以訂正，從而確立正文這一方法。錄文的底本採用國際敦煌項目官方網站上公開的圖像，竝參考了上海古籍出版社·法國國家圖書館（編）《法藏敦煌西域文獻》20（上海古籍出版社，2002年）中所收的照片資料。

解題

本文献は首欠尾存の残巻であり、各行27字前後で801行が現存する。末尾に「略為校之、未必見了」(P2908,801) という校語がある以外に題記等はない。したがって原題や書写年代等は不明だが、本文中の次の三点の記述・引用により、本文獻は北魏洛陽期における仏教教理学の実録であると推定することができる。

まず文中に煩悩の断・伏に関する「南方法師」の学説への言及があり、この「南方法師」の説はおそらく『大般涅槃経集解』巻十五等にみられる劉宋末から梁初にかけての南朝教理学における断惑説をふまえていると考えられるが、それがここで「南方」と称されていることは、本文献が北方において成立したことを示唆する (録文の注60を参照)。

次に文中、二箇所に「故猛都」の学説が引用されるが、この「故猛都」とは、ほぼ間違いなく孝文帝 (在位471−499) 期から宣武帝 (在位499−515) 期にかけて活躍した北魏の名僧、恵猛のことである (録文の注448・487を参照)。恵猛の伝記資料としては「魏故照玄沙門都維那法師恵猛之墓誌銘」が存在し、それによれば恵猛は孝文・宣武両帝の特別な知遇を受けて洛陽昭玄曹の沙門都維那に任じられ、正確な卒年は不明だが宣武帝の在位中に亡くなったようである。本文献がその「猛都」(恵猛都維那) の説を「故」と附したうえで引用していることは、本文献が恵猛の没後間もない時期の北魏において成立したことを示唆する。

またさらに本文中に「招法師」の説の引用がみられるが、これは敦煌出土の照法師『勝鬘経疏』(擬題、Stein 524；大正2762番) に一致する説を見出すことができるので、本文献の「招法師」はすなわち『勝鬘経疏』(S524) の撰述者「照法師」であると考えてよい (録文の注453を参照)。照法師の伝は未詳だが、識語によれば『勝鬘経疏』(S524) は北魏延昌四年 (515) に洛陽の永明寺で書写されているから (S524,850−851；T85,278b)、照法師は当時の北魏を代表する義学僧の一人であったのではないかと思われる。本文献にこの照 (招) 法師の説の引用がみられることは、やはり本文献が北魏洛陽期における仏教教理学の実録であることを示唆していよう。以上三点の例証により、本文献は北魏洛陽期の成立であると考えられる。

本文献の構成は後掲の内容綱目のようにまとめることができる。本文献は全体として様々な仏教教理に對する「章」形式の論を集成した教理集成文献であると考えられ、内容と形式の面から、全体を大きく三部分に分類することができる。第一部分は冒頭の [1顛倒義] から [9解経之威力義] までの九章であり、『涅槃経』に基づく主題を「章」形式で論じている。各章の論述内容には『大般涅槃経集解』に集成されている南朝系の『涅槃経』教理学の影響が顕著であり (録文の注77・88・99・192等を参照)、また [8教迹義] に説かれる頓漸二教判については、劉宋ないし南齊から北魏に渡った仏教者、智誕 (430頃−490頃？) の教判を伝える資料である可能性が指摘されている (後掲の荒牧典俊氏の論考を参照)。第二部分は [10四相義 (二)] から [13四依義 (三)] までの四章であり、やはり『涅槃経』に基づく主題を論じ、南朝系の『涅槃経』教理学の影響が顕著にみられるが(録文の注194・236・242等を参照)、どの章にも章題が加えられていない点が第一部分と相違する。第三部分は [14相続義 (三)] から最後の [18三相義] までの五章であり、『涅槃経』

『勝鬘経』『成実論』に基づく主題を、「章」と「釈」とから成るはっきりとした「章」形式で論じている。

本文献は以上のように特徴の異なる三つの部分から構成されているが、各部分の間にはさらに思想的な発展段階も認められる。ここでは第一部分［2 四依義 (一)］と第二部分［13 四依義 (三)］、第一部分［3 相続義 (一)］と第三部分［14 相続義 (三)］の各一節を取り上げ、三部分の思想的前後関係について略述する。まず［2 四依義 (一)］と［13 四依義 (三)］の両章はまったく同じ論述構成を持ち、どちらも『涅槃経』四依品 (南本) の所説に基づいて菩薩の修行道を論じているが、分量的に後者のほうが大幅に増広されているだけでなく、思想的にも後者のほうが明らかに発展していることを確認することができる。例として両者の無垢地 (第十一地) の定義を比較すると次のとおりである。

［2 四依義 (一)］

寂滅忍中品、名無垢地。無明煩悩能垢浄心、金剛心菩薩隣仏之解、能断奄理無知尽、故名無垢。(P2908,80−82)

(伏忍·信忍·順忍·無生忍·寂滅忍という五忍の第五) 寂滅忍の中品を、無垢地と名づける。無明煩悩 (無明住地) は清浄な心を汚染する (「垢」) ものであるが、(第十一地の) 金剛心菩薩は仏の悟りを得る直前の位にあり、奄理無知 (真理を覆い隠す無知＝無明住地。後文に「十地断三界外奄理無知惑尽」〔P2908,111〕とあるのを参照) を断じ尽くすことができるので、無垢地と名づけるのである。

［13 四依義 (三)］

寂滅中品、名無垢地。所以名無垢地、若作無惑解、断五住地惑、逌然都尽、亦就所除制名、名無垢地。若作有惑解、所以名無

垢地、雖復有惑、此将尽、断之不難、故名無垢地。(P2908, 349–351)

寂滅忍の中品を、無垢地と名づける。無垢地と名づける理由は、無惑（第十一地の菩薩には煩悩はない）という解釈によれば、(かの菩薩は) 五住地惑（見一処・欲愛・色愛・有愛・無明住地）を断じ、(煩悩が) 跡形もなく完全に尽きているので、(第二地の離垢地と) 同様、除去する対象（垢＝煩悩）に基づいて名称を定めて、無垢地と名づけるのである。有惑（第十一地の菩薩にも煩悩はある）という解釈によれば、無垢地と名づける理由は、煩悩があるとはいえ、この〔煩悩〕はすでに尽きかけており、容易に断ずることができるので、無垢地と名づけるのである。

一見して明らかなように、前者が単に無明住地を完全に断ずるから無垢地と名づけると定義するのみであるのに対し、後者は無惑・有惑という二つの解釈をもとに無垢地と名づける理由を定義しており、後者のほうが明らかに思想的に発展している。なお、この無惑・有惑という解釈は第三部分［15 金剛心義］において中心的論題として議論されており、また無惑の説明のなかに出る五住地惑は同［16 五住地惑義］の主題であるから、第二部分の論述と第三部分の論題との間に思想的連関があることが確認される。

次に第一部分［3 相続義 (一)］と第三部分［14 相続義 (三)］の両章は同一の章題を持ち、どちらも『涅槃経』如来性品(南本) の所説に基づいて、無常である衆生が仏道を修行して常住の仏となるという「相続」の真理を論じているが、後者の「釈」の最初の問答に「又問、向解相続、云道常無常雖異、相続為一、…… (さらに問う。〔法師は〕さきに相続の教義を解説して、「如来が常住であることと衆生が無常であることとは異なっているけれども、相続するから両者は一体である」と言われたが、……)」(P2908,437) と言及される先行説は、おそらく前者の論述のなかの「常無常別、得言有異。……大明種智続無明衆生、始終是一、故名為続（如来が常住であることと衆生が無常であることとは別箇の事柄であるから、両者は異なっていると言うことができる。……〔しかし仏道修行の結果として得られる〕仏の大明なる一切種智は無明の衆生と一続きであり、両者は断絶することなく一体であるので、相続と名づけるのである)」(P2908,115–117) という一節を指すと考えられるので、後者は前者の論述をふまえたうえでさらに議論を深めているのだと考えることができる。

以上、ここでは僅かに二例を挙げたにすぎないが、本文献を構成する三部分は第一→第二→第三の順に成立し、この順に思想的に発展していると考えてよいだろう。なお、初めに挙げた本文献の成立地・成立年代に関する三つの例証のうち、「南方法師」の学説への言及がみられるのは第一部分であり、「故猛都」および「招法師」の説が引用されるのは第三部分である。上述のように「南方法師」の説は南朝教理学をふまえると考えられ、また「故猛都」は北魏洛陽期の沙門都維那であり、「招法師」もおそらく同時期の義学僧であったと考えられるから、本文献は北魏洛陽期の仏教教理学が南朝教理学を受容してそれをさらに発展させていたことを示すきわめて貴重な実録であるということができよう。以上、本文献の成立地・成立年代や全体的性格・思想史的位置づけ等の詳細については、稿をあらためて論ずる予定である。

本文献は孤本であり、対校本は存在しない。そのためテキストを作成するにあたっては、注釈対象や引用の出典、所説の典拠等を可能な限り明らかにした上で、それら所拠の文献の記述に基づいて原写本の誤字・脱字等を訂正し、本文を確定するという方法を採った。録文作成のための底本としては国際敦煌プロジェクト (International Dunhuang Project, http://idp.bl.uk/) のwebサイト上で公開されている画像データを使用し、あわせて上海古籍出版社・法国国家図書館(編)『法蔵敦煌西域文献』20 (上海古籍出版社、2002年) 所収の写真版も参照した。

參考文獻

荒牧典俊 [2000]〈北朝後半期佛教思想史序說〉(同 [編著]《北朝隋唐中國佛教思想史》法藏館, 京都)

ARAMAKI Noritoshi [2007] “The Huayan Tradition in its Earliest Period” (*Reflecting Mirrors: Perspectives on Huayan Buddhism*, ed. Imre HAMAR, Wiesbaden)

底校本

底本：Pelliot chinois 2908 (30紙；801行)

校本：無

內容綱目

1 顚倒義

  1.1 凡夫十六

    1.1.1 常見之人有八倒 (前缺, 1-3)

    1.1.2 斷見之人亦有八倒 (3-23)

    1.1.3 一人得具十六種倒 (23-33)

  1.2 聖人十六

    1.2.1 聖人十六習倒 (33-43)

    1.2.2 爲當現起, 爲當不起 (43-62)

錄文

[1 顛倒義]

[1.1 凡夫十六]

[1.1.1 常見之人有八倒] (前缺)

(首殘)(1)我[1]＊＊＊＊＊＊＊＊＊＊＊＊＊＊＊□是豈樂[2]＊＊＊＊＊(2)相翻，故言事不倒[3]也。是以佛地計有神我常樂，正名心倒，不名(3)事倒。

此是常見之人，因中有四，果中有四。因果通收，所以有八。

[1.1.2 斷見之人亦有八倒]

常(4)見之人有此八倒，斷見之人亦有八倒。云何有八。

※ 注記中出現的文獻名使用以下略稱。
《大品般若經》：鳩摩羅什譯《摩訶般若波羅蜜經》(大正223番)
《法華經》：鳩摩羅什譯《妙法蓮華經》(大正262番)
《華嚴經》：佛馱跋陀羅譯《大方廣佛華嚴經》(大正278番)
《勝鬘經》：求那跋陀羅譯《勝鬘師子吼一乘大方便方廣經》(大正353番)
《涅槃經》：曇無讖譯《大般涅槃經》(大正374番)
南本：曇無讖譯、慧嚴等再治《大般涅槃經》(大正375番)
《維摩經》：鳩摩羅什譯《維摩詰所說經》(大正475番)
杏雨書屋 ：武田科學振興財團 杏雨書屋所藏敦煌文獻

1 "我"，底本殘，據殘痕及文意補。

2 "是豈樂"，底本殘，據殘痕及文意補。

3 "倒"，底本作"到"，通假，改訂。下同。"事不倒"，參見《成實論》八種語品"八種語，四種不淨、四種淨。四不淨者，若人見言不見。不見言見。不見謂見，問言不見。見謂不見，問則言見。如是事倒心倒，故名不淨"(T32,304a)，十不善道品"若於見事中生不見想，問言不見，是人想不倒，故不欺衆生。雖爲事倒，亦名爲實。若不見事而生見想，問言不見，是人想倒，欺誑衆生。事雖不倒，亦名妄語"(T32,305a)。

斷見之人計有一神我，(5)與彼五陰[4]冥然是一[5]。五陰若亡，神我亦滅，謂我五陰畢竟永(6)滅，盡在於此，更無後續。若無後續，即是斷滅無常。若是無(7)常，安得有彼適意之樂，所以計苦。苦無皦[6]潔，所以不淨。不淨(8)故無其自在，無自在故，所以無我。是以於此有漏法中，橫計苦(9)空無常，是名心倒事不倒。

所以名心倒，此五陰雖復無常，正是(10)緣假無常。此之緣假，雖復壞故非常，續故所以非斷。可言無常，意[7](11)謂性實無常，畢竟斷滅，更無後續，所以是倒。此之五陰雖復是苦，(12)正是緣假苦。雖復不淨，正是緣假不淨。雖復無我，正是緣假無(13)我。可言是苦，證爲性實之苦。可言不淨，意謂性實不淨。可(14)言無我，意謂性實無我。實無其性實無我，妄[8]執爲性[9]，故名心倒。

(15)所以事不倒者，此五陰實是苦空無常，此人亦計苦空無常。(16)邪正雖殊，莫非苦空，非正相翻，故名事不倒也。是以凡夫五陰(17)計爲苦空，名心倒事不倒。

此斷見之人亦計有一神我，與彼佛地(18)五陰冥然是一。無漏五陰既謝，此我亦亡，橫計如前。是故斷(19)見之人，復於佛地起苦空無常倒。此名迴境轉心，心事俱倒。

---

[4] “陰”，底本作“蔭”，通假，改訂。下同。

[5] “冥然是一”，參見《莊子》養生主“安時而處順，哀樂不能入也”，郭象注“今玄通合變之士，無時而不安，無順而不處，冥然與造化爲一，則無往而非我矣”。

[6] “皦”，底本作“激”，通假，改訂。參見謝惠連〈雪賦〉(《文選》卷十三)“至夫繽紛繁鶩之貌，皓旰皦絜之儀”。道恒〈釋駁論〉(《弘明集》卷六)“其中自有德宇淵邃，器標時望。或翹楚皦潔，棲寄清遠，或禪思入微，澄神絶境”(T52, 36a)。

[7] “意”，通“憶”。下同。

[8] “妄”，底本作“亡”，通假，改訂。

[9] “性”，底本作“姓”，通假，改訂。

云何(20)迴境。佛地實是常樂我淨，計爲苦空，迴彼常樂以爲苦空。(21)乃無苦空，可以當心，此心乖理，故名心倒。是以於彼佛地起苦空無常，(22)名心事俱倒。

此是斷見之人，亦因中有四，果中有四。因果通收，復有(23)其八。

[1.1.3 **一人得具十六種倒**]

向者是常見之人有八，此斷見之人亦有其八，始終斷常，通(24)有十六。云何名爲一人得具十六種倒。

此斷常之人，即時雖復不具，(25)始終相續，亦得言具十六。何以得知。下經文云，“修一切法常者，墮(26)於斷見，修一切法斷者，墮於常見。如步屈蟲[10]，要因前脚，得移後[11]足，斷常(27)亦爾”[12]。計斷者，要已計常不得所，還起於斷，計斷不得所，復起於常。始終(28)相續，亦得言道“一人十六倒”。

如似言道“凡夫現在具足十使[13]”。凡夫之人，何必(29)能得一切時中起於十使。如似邪見，要索世智辯[14]聰。利根之人，求法(30)相證一切萬法皆悉是空，若言有，癡故言有。鈍根之人不必能爾。是以(31)一人現在不能得具起十使，要始終相續，方得言見。今言有者，但成就有，(32)故得說言。斷常亦爾，雖復一人現在時中不能具起，但[15]成就有，故亦得言有。

---

10 “步屈蟲”，參見《方言》卷十一“蠀蝛，謂之尺蠖”，注“又呼步屈”。

11 “後”，底本無，據文意補。

12 “修一切法……斷常亦爾”，參見《涅槃經》如來性品“修一切法常者，墮於斷見，修一切法斷者，墮於常見。如步屈蟲，要因前脚，得移後足。修常斷者，亦復如是，要因斷常”(T12,410b；南本如來性品T12,651b)。

13 “十使”，參見《成實論》雜問品“十使者，貪、恚、慢、無明、疑及五見”(T32,323a)。

14 “辯”，底本作“辨”，通假，改訂。

15 “但”，底本作“俱”，誤寫，改訂。

[1.2 聖人十六]

[1.2.1 聖人十六習倒]

此是(33)凡夫十六也。聖人十六，何者是。

或時解，聖人起惑，即離難分，但有八倒。凡聖始終，(34)正有二十四倒。

今時解，聖人亦有十六。聖人所以有十六倒，然聖人重結雖亡，細習猶[16]存。(35)凡夫之時有十六倒，今成聖人，雖復斷麁曲備，麁寂[17]細餘，習十六倒。是以凡夫執性心(36)中起其八倒，三學人慢心中起其八倒，無著之人習心中起其八倒。是以聖人(37)雖復即離難分，猶有凡夫家習，亦復得言有十六倒。

人或時解，二乘之人(38)正觀心中仰觀佛地，作苦無常解，苦是緣假而解，無常亦作緣假而知，空(39)作如空如[18]解。此解雖非是性，但正翻前境，亦得言倒。若通，此聖人多於(40)凡夫四倒，凡聖通有三十六倒。

又時不作此解，凡論倒本，要以執性爲原。向者(41)無常等解，雖復翻前境，然是不存之性，能斷煩惱。若是倒心，焉(42)能斷惑。是以此之佛上無常等解，雖翻前境，非性心故，不名爲倒。要(43)索出觀緣有，心中率爾起性，方名爲倒。是以正得有彼三十二倒。

[1.2.2 爲當現起，爲當不起]

然此聖人(44)十六習倒，爲當現起，爲當不起。

然人解不同。若作安法師[19]解，聖人現在不(45)能起彼十六種倒。何以得知。聖人終日有彼苦行現前，而當於佛地起非(46)苦法中計以爲

---

16 “猶”，底本作“指”，誤寫，改訂。

17 “寂”，底本作“家”，誤寫，改訂。

18 “如”，同“而”。

19 “安法師”，未詳。

苦，那得於此實苦之中起彼樂倒。現前有苦無常解，(47)當於佛地計常爲無常解，那得於此無常法中起於常倒。但成(48)就有，故得說言有。何以得知。天下道理，要索識非苦，識苦(49)方盡，識真常深，識於無常。聲聞終[20]日不識非苦，所以識苦不明，不識真常，故識(50)無常猶昧。是以聲聞現在雖不起，然未得無漏，相違纂故，故得有之。

又示(51)義法師[21]解，聖人現在亦得起十六習倒。何以得知。然解心之起，要順理而(52)生，惑倒之起，違理而發[22]。是以惑乖理故，起無次第[23]，或時起解，或時起惑。何以得(53)知。下經文云，“聲聞之人有煩惱餘氣，亦言‘我說我聽，我來我去’”[24]，亦是常見家(54)習。復言“如來畢竟入涅槃[25]，身智永盡[26]，蘊滅無餘[27]”，此即斷見家習。是(55)以聲聞亦得起彼十六種習倒。聲聞云何起。如來始從鹿苑[28]，終至雙林，說苦(56)無常空以[29]無我。聲聞之人順如來教，聞苦無常，習觀既久，出觀聞(57)說《大雲[30]》《法鼓》《勝鬘》等經，文略義隱，理猶未顯。習無常來久，始聞

---

20 “終”，底本作“衆”，通假，改訂。

21 “義法師”，未詳。

22 “解心之起……違理而發”，參見下文“夫解順理起，惑迷理生”(P2908,578)。

23 “第”，底本作“弟”，通假，改訂。下同。

24 “聲聞之人……我來我去”，參見《涅槃經》光明遍照高貴德王菩薩品“云何名爲煩惱習氣。聲聞緣覺有煩惱氣。所謂我身我衣，我去我來，我說我聽，諸佛如來入於涅槃，涅槃之性無我無樂，唯有常淨。是則名爲煩惱習氣”(T12,502b；南本T12,746a)。

25 “如來畢竟入於涅槃”，參見《涅槃經》光明遍照高貴德王菩薩品“如來畢竟入於涅槃。聲聞、緣覺、諸佛如來所得涅槃，等無差別。以是義故，二乘所得，非大涅槃”(T12,502b；南本T12,746a)。

26 “身智永盡”，參見《涅槃經》如來性品“如佛所說，畢竟安樂，名涅槃者，是義云何。夫涅槃者，捨身捨智。若捨身智，誰當受樂”(T12,396a；南本四相品T12,636b)。

27 “蘊滅無餘”，參見《成實論》五智品“陰滅無餘，故稱泥洹”(T32,368c)。

28 “苑”，底本作“宛”，通假，改訂。

29 “以”，同於“及以”“以及”。

說(58)“常住”，心不生信，以下類上，謂“是相續常。若相續常，不免[31]念念無常[32]。無常(59)故苦，以苦故空，空故無我，無我故所以不淨”。遂於佛上起苦空無常倒，此(60)是斷見家習。聞說“有漏五陰無常”，非不率爾[33]心中起性苦、性無常，亦是(61)斷見家習。聞說“佛地真常我淨”，亦率爾心中起性常樂我淨，此是(62)常見[34]家習。是以聲聞出觀心，率爾心中起彼斷常二見。是凡聖二人，通有三十二[35]倒。

[2 **四依義**]

[2.1 **五忍、四忍**]

(63)四依義[36]

(64)依《瓔珞[37]經》解，有五忍[38]。住前有伏忍，有三品。下品習種

30 “雲”，底本作“云”，通假，改訂。下同。

31 “免”，底本作“勉”，通假，改訂。

32 “常”，底本此下有“無常”，衍文。

33 “率爾”，參見《論語》先進“子路率爾而對曰，……”。

34 “見”，底本此下有“常見”，衍文。

35 “二”，底本作“六”，誤寫，改訂。

36 “四依義”，參見《涅槃經》如來性品“善男子，是大涅槃微妙經中，有四種人，能護正法，建立正法，憶念正法，能多利益，憐愍世間，爲世間依，安樂人天。何等爲四。有人出世，具煩惱性，是名第一。須陀洹人、斯陀含人，是名第二。阿那含人，是名第三。阿羅漢人，是名第四”(T12,396c；南本四依品T12,637a)。

37 “瓔珞”，底本作“嬰落”，通假，改訂。下同。

38 “依瓔珞經解有五忍”，參見下文“若依《仁王波若》《瓔珞經》解，凡有五忍”(P2908,304-305)。《仁王般若波羅蜜經》菩薩教化品“大王，五忍是菩薩法。伏忍上中下，信忍上中下，順忍上中下，無生忍上中下，寂滅忍上中下，名爲諸佛菩薩修般若波羅蜜”(T8,826b)。《菩薩瓔珞本業經》賢聖學觀品“佛子，是三十心，入一乘信。……三阿僧祇劫行伏道忍，方始滿足”(T24,1014b)，釋義品“佛子，光慧信忍，……故名明地。佛子，大順無生起忍，……故名焰地。佛子，順忍修道，……故名難勝地。佛子，上順諸法觀，……故名現前地。佛子，無生忍諸法觀，……故名遠行地。佛子，……入中忍無相慧，……故名不動地。佛子，復入上觀，光光佛化，無生忍道，現一

性。何故名習。始從發心住，終(65)至灌[39]頂住[40]，此十心仰習檀等六度萬行功德，故名習。以習爲菩提因，故名習(66)種性。伏忍中品，名性種性。何故名性種性。萬行但自能成名性，與菩提作(67)因名種，不退起二乘心名性。伏忍上品，名道種性。何故名道。萬行能導行(68)人名道[41]，能生菩提名種。

初住至三住，名信忍，亦有三品。下品名歡喜(69)地。何故名歡喜。離五怖畏，慶有所除，慶有所得，故生歡喜。信忍(70)中品，名離垢地。何故名離垢。能離十惡垢，故名離垢。信忍上品，名明地。得十(71)二門禪觀，智慧明照，故名明地。

四地至六地，名順忍。下品名炎地。廣修三十(72)七品，智慧炎熾，愈[42]朗前明，故名炎地。順忍中品，名難勝地。何故名難勝地。依(73)《瓔珞經》解，作十六諦觀[43]，依《地經》，作十四諦觀[44]。善達世間，醫方針灸[45]，刺繡(74)輔方，彫文刻[46]鏤，無事不達，世無與等[47]，故名難

切佛身，故名妙慧地。佛子，菩薩爾時入中道第一義諦，大寂忍下品中行，……故名法雲地。佛子，菩薩爾時住大寂門中品忍觀，……故名無垢地。佛子，妙觀上忍大寂無相，……故名佛藏”(T24,1017c-18b)。

39 “灌”，底本作“觀”，通假，改訂。

40 “始從發心住終至灌頂住”，參見《菩薩瓔珞本業經》賢聖學觀品“所謂習種性中，有十人。其名發心住菩薩，修行菩薩，治地菩薩，生貴菩薩，方便具足菩薩，正心菩薩，不退菩薩，童真菩薩，法王子菩薩，灌頂菩薩”(T24,1012c)。

41 “萬行能導行人名道”，參見牟子〈理惑論〉(《弘明集》卷一)“牟子曰，道之言導也。導人致於無爲”(T52,2a)。孫綽〈喻道論〉(《弘明集》卷三)“夫佛也者，體道者也。道也者，導物者也”(T52,16b)。

42 “愈”，底本作“餘”，通假，改訂。下同。

43 “十六諦觀”，參見《菩薩瓔珞本業經》賢聖學觀品“佛子，五入法界智觀，所謂十六諦。有諦，無諦，中道第一義諦，苦諦，集諦，滅諦，道諦，相諦，差別諦，視成諦，說諦，事諦，生起諦，盡無生諦，入道諦，如來智諦”(T24,1015a)。

44 “十四諦觀”，參見《菩薩地持經》住品“住此住者，智慧增進，於四聖諦有十種如實知。如修多羅說”(T30,943a)。

45 “灸”，底本作“疚”，通假，改訂。

勝。順忍上品，名現在地。(75)作十種逆順，觀十二因緣，波若現在，故名現在地。

七地至九地，名無生忍，亦(76)有三品。下品名遠行地。何故名遠行地。越過凡聖之近，故名遠行地，亦可遠取[48](77)佛果。無生中品，名不動地。觀空緣有，初無第觀[49]，不爲有無第觀所動，故(78)名不動。無生上品，名善慧地。天下難知，莫過於心[50]而能深知，故名善慧(79)地。

滅忍亦有三品。下品名法雲地。第十地菩薩，能一念心中能含納十方諸(80)佛說法雲雨，復能說法備物，其由[51]雲雨，故名法雲。寂滅忍中品，名無(81)垢地。無明煩惱能垢淨心，金剛心菩薩隣佛之解，能斷奄理無知(82)盡，故名無垢。佛寂滅忍上品，名妙覺地。此通名解義[52]，佛亦名忍。

若依《地(83)經》解，唯有四忍[53]。無生忍分爲四品，闕無垢，佛名爲智。此優[54]劣解義[55]。

若(84)依五忍解義，一中有三，有十五地，若依四忍，有十四地。

---

46 “刻”，底本作“剋”，通假，改訂。

47 “世無與等”，參見《勝鬘經》“如來妙色身，世閒無與等”(T12,217a)。

48 “取”，疑爲“趣”之通假。

49 “觀空緣有初無第觀”，參見下文“八地以上，空有雙照，初無第觀”(P2908,99)。

50 “天下難知莫過於心”，參見《莊子》列御寇“孔子曰，凡人心險於山川，難於知天。天猶有春秋冬夏旦暮之期，人者厚貌深情”。

51 “由”，通“猶”。

52 “通名解義”，參見下文“五忍通名解義，智名下通金剛以還，忍名上通佛地”(P2908,363-364)。

53 “四忍”，參見下文“若《地經》解，正有四忍。前之三忍，亦同五忍前三。有上一忍，名無生法樂忍，有其四品，下配七地，乃至上配法雲地”(P2908,356-357)。

54 “優”，底本作“憂”，通假，改訂。下同。

55 “優劣解義”，參見下文“佛地不名爲忍，更作勝名，名一切智，欲明忍智優劣”(P2908,360)。

依《瓔珞[56]經》解，四十二賢聖[57]，(85)住前有三十人，住上通佛地爲十二人，并四十二賢。若取作依，依《瓔珞經》解，取(86)十三地爲依，依《地經》解，取十二地[58]。習種性契理處微，不堪爲依。爲取未(87)來弘法之人，復截去佛。要取性地以上，終於法雲，制以爲依。

[2.2 **就斷惑以制四依**]

性(88)地、解行二十心，現得生法二空，能深伏煩惱，制爲初依。從初地至六地，得(89)真空無漏，能永斷三界見諦、修道二輪[59]煩惱，制爲第二依。七地斷愛(90)佛功德，八地斷色塵無知，九地斷心塵無知，名那含菩薩，制爲第三(91)依。十地斷色心集起無知，名阿羅漢菩薩，制爲第四依。

若依南(92)方法師[60]解，習種性伏欲界見諦。性地伏色界見諦。解行地伏無色(93)界見諦。初地斷欲界見諦，伏欲界修道。二地斷色界見諦，(94)伏色界修道。三地斷無色界見諦，伏無色界修道。四地斷欲界修道，(95)伏七地愛佛功德惑。五地斷色界修道，伏八地色塵無知。六地斷無色界修道，伏(96)九地心塵無知。七地斷愛佛功德，伏十地色心集起無知習。八地斷色塵無(97)知。九地斷心塵無知。十地斷色心集起無知。住前三十心菩薩，唯伏不斷。從初(98)地至七地，亦斷亦伏。八地以上，唯斷不伏。

---

56 “瓔珞”，底本作“嬰略”，通假，改訂。

57 “四十二賢聖”，參見《菩薩瓔珞本業經》賢聖名字品“爲菩薩者，得佛不久，必諦受學四十二賢聖名門決定了義”(T24,1011b)。

58 “依瓔珞經……取十二地”，參見下文“此十五地，唯取中閒十三地，以之爲依，不取前後二地。十四地時，唯取中閒十二地，亦不取前後二地”(P2908,367-368)。

59 “輪”，底本作“論”，誤寫，改訂。

60 “南方法師”，參見《大般涅槃經集解》卷十五 (T37,436bc)中諸師之解釋。

若論觀行，從初地至六地，空有第觀。(99)七地雖復第觀，時復入雙。八地以上，空有雙照，初無第觀。

又復一解，初地以(100)上，皆空有雙觀。若爾，十地云何取異。又解，從初地至六地，第觀多，雙觀(101)少。七地前心第觀，後心雙照。八地以上，唯有雙，無有第觀。此就斷惑以制四(102)依。

[2.3 就解以制四依]

第二就解以制四依，下自有文[61]。四恒得一分義，唯得上品弟子，未堪爲依。五恒(103)行道，得八分義，爲第一依。六恒行道，得十二分義，爲第二依。七恒行道，得十四分義，(104)爲第三依。八恒行道，得十六分義，爲第四依。

[2.4 就功德以制四依]

第三就功德以制四依，義有(105)文無。初依菩薩，仰習檀等六度，而檀未成。何故然。初依菩薩，亦能捨(106)頭目髓腦[62]，曲成不慳，一切時能，爲相所閒[63]，時復不能。從初至六地，成(107)就六波羅密。七地成

---

61 "下自有文"，參見《涅槃經》如來性品"善男子，若有衆生，於熙連河沙等諸佛所發菩提心，乃能於是惡世受持如是經典，不生誹謗。善男子，若有能於一恒河沙等諸佛世尊發菩提心，然後乃能於惡世中不謗是法，愛樂是典，不能爲人分別廣說。善男子，若有衆生，於二恒河沙等佛所發菩提心，……亦不能爲他人廣說。若有衆生，於三恒河沙等佛所發菩提心，……雖爲他說，未解深義。若有衆生，於四恒河沙等佛所發菩提心，……爲他廣說十六分中一分之義，雖復演說，亦不具足。若有衆生，於五恒河沙等佛所發菩提心，……廣爲人說十六分中八分之義。若有衆生，於六恒河沙等佛所發菩提心，……爲他廣說十六分中十二分義。若有衆生，於七恒河沙等佛所發菩提心，……爲他廣說十六分中十四分義。若有衆生，於八恒河沙等佛所發菩提心，……具足能解，盡其義味，所謂如來常住不變，畢竟安樂，廣說衆生悉有佛性"(T12, 398c-399a；南本四依品T12,639ab)。

62 "腦"，底本作"惱"，通假，改訂。

63 "閒"，底本作"聞"，誤寫，改訂。

就方便波羅密。巧能觀空，亦能涉俗，故名(108)方便。八地成就願波羅密。八地稱因中之願，因中之時，願得八地以(109)上法身位中，一念心中備法界衆生，今以得之，稱遂本意，故名願(110)波羅密。九地成就力波羅密。何名力。能摧天魔，制伏外道。十地成就智波羅(111)密。六地斷三界惑盡，與波若爲名，十地斷三界外奄理無知惑盡，與智爲稱。

[3 相續義（一)]

相續義

(112)相續理深，非近情能測[64]。且依經文，略列名數。

今解相續中道，衆生與佛性始終不異，(113)得辨相續。若法定一，亦無續義，若法定異，亦無續義。如穀芽[65]亡豆，亦無相續。

今解(114)相續，正說一爲二，說二爲一，方得辨相續。何法是也。衆生與佛性非定一，復非定二，衆生(115)有佛性，離衆生更無佛性，故得言一。常無常別，得言有異。金剛前無明衆生，次第(116)修行，不斷不滅，終至金剛，變彼無明衆生，作大明種智。大明種智續無明衆生，(117)始終是一，故名爲續。

今[66]解相續，就二有以辨續。衆生是現有，佛性是當有，正以(118)現在衆生修道進德，會彼當有，爲一實性。是以經文言，“爾時大善見王，我身是(119)也”[67]。本日是凡王，修道進德，今日道成於聖佛。故王、今佛，始終是一，通爲一者。此解相作(120)相續。

---

64 “測”，底本作“側”，通假，改訂。

65 “芽”，底本作“牙”，通假，改訂。

66 “今”，底本作“金”，通假，改訂。

67 “爾時大善見王我身是也”，參見《涅槃經》師子吼菩薩品“……善男子，欲知爾時善見聖王，則我身是”(T12,540a；南本T12,785a)，迦葉菩薩品“……善男子，爾時善見，豈異人乎。莫作斯觀。即我身是”(T12,566b；南本T12,812c)。

又復一解，剃南[68]相續，義復云何。始從初地，終至法雲，修十地無漏，明解滿(121)足，金剛心逝[69]，種智續起現前，又不絶前，故名相續。非相作相續。若爾，云何經言“變無明(122)衆生，以爲大明”[70]。亦得言變。若爲許變。金剛後心有一念無明，變更招後，第(123)二無明起，正由種智大明現前，第二無明應起而不起，變後應起無明作(124)大明種智，變後不變前，故得言“變無明，爲大明種智”。

今解相續，爲就者(125)以辨續，爲就心以辨續。一解，就者以辨續。心是實法，不得辨續，要就者以(126)辨續。金剛前無明者，修無漏道，變無明者，作大明中者。

又解，就心亦得辨(127)續。色法止在一念，心有續義，不同於色。何以得知。經言“心死心生，心縛心解”[71]，故(128)知心有續義。正是無明中慮，變作大明中慮，始終而言，通爲一慮，故名相續。

[4 真應二身義]

(129)真應二身義

解真應二身，凡有三種解。

一解，即真有應。如似何等。其由[72]如月，即月上見大(130)小[73]，月

---

68 “剃南”，疑爲“荊南”之誤寫。

69 “逝”，底本作“誓”，通假，改訂。下文中有同例（P2908,703)。“金剛心逝”，參見下文“久積妙因，十地行滿，金剛心謝，畢常顯現”(P2908,430)。

70 “變無明衆生以爲大明”，參見《涅槃經》如來性品“是諸衆生，以明無明業因緣，故生於二相。若無明轉，則變爲明。一切諸法善不善等，亦復如是，無有二相”(T12,411a；南本如來性品T12,652a)，“善男子，明與無明亦復如是。若與煩惱諸結俱者，名爲無明，若與一切善法俱者，名之爲明。是故我言，無有二相”(T12,411b；南本如來性品T12,652b)。

71 “心死心生心縛心解”，參見《成實論》一心品“心死心生，心縛心解，本所更用，心能憶念，故知心一”(T32,278c)。

72 “由”，通“猶”。

73 “月上見大小”，參見《涅槃經》如來性品“復次善男子，喻如滿月一切悉現，

上見長短[74]。真應亦然，即真以見應。於何處見大小。我正真上見大小。長短亦然，真身(131)無丈六，即真見丈六。真身無色，即真見色，其由[75]如月。如似中浪化因緣[76]，見草爲針，(132)離草更無針，離真無別應也。

又一解，離真有應。真極法身，出於百非之表[77]，在於萬(133)類[78]之外，何處有長短，何處有大小。但隨感不同，現有大小，感長現長，感短故現短。應(134)身有大小，真身無大小，長短亦然。若爾，真應道殊，云何即真有應。雖爾，亦無相(135)違。明應不自應，由真故應，非本無以垂迹，非迹無以顯本[79]。應是誰家應，正是真(136)家應，真是誰家真，正是應家真。本迹不相離，故得道"即真有其應"也。

又復一解，二家所說，皆當(137)於理。云何。衆生基感不同，自有宜即真以見大小者，真身亦能使即真以(138)見大小，自有宜離真而見大

在在處處，城邑聚落，山澤水中，若井若池，若瓮若鍑，一切皆現。……善男子，如來亦爾。……或有衆生見如來身廣大無量，有見微少"(T12,416b；南本月喩品T12,657bc)。

74 "月上見長短"，參見《涅槃經》如來性品"復次善男子，如人知月六月一蝕。而上諸天，須臾之間，已見月蝕。何以故。彼天日長，人間短故。善男子，如來亦爾。天人皆謂如來壽短。如彼天人須臾之間，頻見月蝕，如來又於須臾之間，示現百千萬億涅槃"(T12,417a；南本月喩品T12,658a)。

75 "由"，通"猶"。

76 "如似中浪化因緣"，文意未詳。

77 "真極法身出於百非之表"，參見《涅槃經》金剛身品"善男子，汝今當知，如來之身，無量億劫堅牢難壞。非人天身，非恐怖身，非雜食身，……"(T12,383a；南本T12,622c)。《大般涅槃經集解》卷十"寶亮曰，……如來以法性爲體，無有無無。百非所不及，絶有相之境也"(T37,421a)。

78 "類"，疑爲"累"之通假。參見《大般涅槃經集解》卷一"僧宗曰，……今明法身般若，在乎衆累之外"(T37,378b)，卷十三"敬遺記僧宗曰，圓德妙體，居萬累之表，故稱解脫"(T37,434b)。

79 "非本無以……無以顯本"，僧肇〈維摩詰經序〉(《出三藏記集》卷八)"然幽關難啓，聖應不同。非本無以垂迹，非迹無以顯本。本迹雖殊，而不思議一也"(T55,58b)。

小長短者，真身亦能使異真見大小及以丈六，方(139)表真身有於多能相。

[5 **四相義**]

四相義[80]

解四相，凡有三種。一解真身四相，二解應身(140)四相，三解菩薩四相。

真身四相者，即體無邪，稱曰自正。真有冥力，能使(141)前人受悟，名爲正他。如似維[81]摩入定，能使二比丘自識宿命，曾於五百佛所，(142)殖衆德本[82]。八地以上法身菩薩[83]，位居學地，恒有行成之心，至極法身有冥(143)心轉授，名隨問答也。至極法身善鑑物[84]基，名爲善解因緣也。

(144)應身四相云何。應身體無邪疑，名爲自正。始從鹿苑[85]，終至雙林，說常無常八修(145)正理，除衆生八倒邪疑，名爲正他。世有無方之問，聖者善能巧答，故云能隨問答也。(146)應雖有四，皆爲表真身能

---

80 “四相義”，參見《涅槃經》如來性品“善男子，菩薩摩訶薩分別開示大般涅槃，有四相義。何等爲四。一者自正，二者正他，三者能隨問答，四者善解因緣義”(T12,385b；南本四相品T12,625b)。

81 “維”，底本作“唯”，通假，改訂。

82 “維摩入定……殖衆德本”，參見《維摩經》弟子品“時維摩詰即入三昧，令此比丘自識宿命。曾於五百佛所，植衆德本，迴向阿耨多羅三藐三菩提。即時豁然，還得本心”(T14,541a)。

83 “八地以上法身菩薩”，參見上文“八地以上法身位中，一念心中備法界衆生”(P2908,108-109)。《注維摩詰經》卷一“肇曰，維摩詰，秦言淨名，法身大士也”(T38,327c)。吉藏《維摩經義疏》卷一“有人言，‘七地雖復竝觀，未能常竝，至於八地，始得全竝。淨名即是八地已上人也’。此江左河右諸師之所同釋也”(T38,915a)。

84 “物”，底本作“勿”，通假，改訂，下同。

85 “苑”，底本作“宛”，通假，改訂。

相，如似有人善於書疏，要假紙筆，得由文翰，乃表己能。(147)真應亦然，非本無以垂迹，非迹莫由顯本[86]，要假應身，方顯真身有於多能相，應(148)身如來能隨機[87]布教，有淺有深，善識根機差殊，故制有總別，是名善解因緣。

(149)菩薩仰學於佛，亦分具四相[88]。

[6 經解佛性義]

經解佛性義

(150)然佛性理深，非近識能達。是以遺法弟子，卜度非一。

有一人解，以性空爲佛性。引下經(151)爲證，下經言"佛性者，名第一義空"[89]，又復言"諸佛所師，所諮[90]法也。以法常故，諸佛亦(152)常"[91]。以性空爲常，故以性空爲佛性。

又復一人解，以衆生爲佛性。何以得知。下經言(153)"正因者，謂諸[92]衆生"[93]。以此驗知，得衆生爲佛性。

---

86 "非本無以……莫由顯本"，參見前注79.

87 "機"，底本作"幾"，通假，改訂。下同。

88 "菩薩仰學……分具四相"，底本此十一字書寫與次章章題之下。參見《大般涅槃經集解》卷十一"智秀曰，六卷《泥洹》云'菩薩化衆生，說法有幾種'，此經云'願佛開教（聖語藏本作"微"）密'，問旨雖殊，而所顯之理一也。故六卷云（衍字?）釋解脫竟云，'是名菩薩成就四法'也"(T37,426bc)。敦煌出土《涅槃經疏》(擬題)"佛得涅槃，即備此理。菩薩仰習，亦得言具"(北6613,33-34)。

89 "佛性者名第一義空"，參見《涅槃經》師子吼菩薩品"善男子，佛性者，名第一義空。第一義空，名爲智慧"(T12,523b；南本T12,767c)，"佛性者，即第一義空。第一義空，名爲中道"(T12,524b；南本T12,768c)。

90 "諮"，疑爲"謂"之誤寫。

91 "諸佛所師……諸佛亦常"，參見《涅槃經》如來性品"復次迦葉，諸佛所師，所謂法也。是故如來恭敬供養。以法常故，諸佛亦常"(T12,387c；南本四相品T12,627c)。

92 "諸"，底本作"法"，誤寫，改訂。

又一人解，神慮爲佛性。神慮有其三(154)義。一無始造終滅，二畢固相續，三不爲非知之所易奪[94]。神慮從本來有，不同(155)無明。依心而有故非始，一有常有[95]故非終。第二畢固相續，神慮通於善惡之[96]相，通以(156)不斷，故明知是佛性。第三不爲非知易奪者，神慮雖復千轉萬化，不可同於木石[97]。以(157)神慮與惑共俱，名爲無常，惑盡行備，故所以常住，更無別佛性。正指此神慮爲佛(158)性。

又復一人解，以當常爲佛性。正以凡有心者，始終不斷，修無漏道，作彼常佛。當常(159)佛屬無明衆生，不可令差，故以當常爲佛性也[98]。

[7 會通四依]

會通四依[99]

(160)先解昔日四依。論依體唯三，隨根說四。體三者，理教及智。隨根說者[100]，一明依法不依人。依法者[101]，依苦無(161)常楷定之法，不依

---

93 “正因者謂諸衆生”，參見《涅槃經》師子吼菩薩品“善男子，衆生佛性亦二種因。一者正因，二者緣因。正因者，謂諸衆生，緣因者，謂六波羅蜜”(T12,530c；南本T12,775b)。

94 “奪”，底本作“集”，誤寫，改訂。

95 “一有常有”，參見下文“一有常有，畢竟常住，體備四相”(P2908,251-252)。

96 “之”，底本作“不”，誤寫，改訂。

97 “神慮雖復……同於木石”，參見《毛詩》邶風、柏舟“我心匪石，不可轉也。我心匪席，不可卷也”。《涅槃經》迦葉菩薩品“非佛性者，所謂一切牆壁瓦石無情之物。離如是等無情之物，是名佛性”(T12,581a；南本T12,828b)。

98 “正以凡有……爲佛性也”，參見《涅槃經》師子吼菩薩品“衆生亦爾，悉皆有心。凡有心者，定當得成阿耨多羅三藐三菩提。以是義故，我常宣說，一切衆生悉有佛性”(T12,524c；南本T12,769a)。

99 “會通四依”，參見《涅槃經》如來性品“如佛所說，是諸比丘，當依四法。何等爲四。依法不依人，依義不依語，依智不依識，依了義經不依不了義經”(T12,401b；南本四依品T12,642a)。《大般涅槃經集解》卷十六 (T37,443ab) 中僧宗之解釋。

人者，不依無恒虛僞之人[102]。上根之人聞說第一，通解下三。法語是(162)其總，中根未悟，第二爲說依了義經[103]莫依不了義經[104]。中根之人聞說第二，通解(163)下二。下[105]根之人執語惑義，爲說第三依義莫依語。下根之人聞說第三，通解下一。極(164)鈍之人存義定實，復爲說第四依智莫依識，四說方悟。若當聞四不悟者，附之(165)後賢。

今經之中，不但有人，亦有其法。依法者，依大涅槃法，不依人者，不依聲聞人，(166)以知菩薩之人所以可依。今經既爾，昔經[106]亦然。依法者，依[107]苦無常法，不依人者，不(167)依外道人，以知聲聞人是可依。依了義經不依不了義經者，詮常之教是可(168)依，名了義，無常契經教不盡理，名不了義。昔經之中，詮苦無常是了義，(169)說三十三天常樂我淨[108]是不了義。依義不依語者，依大涅槃義，不依(170)語者，不依聲聞苦無常語，以知常樂之語是可依。今經既爾，昔經亦然。依(171)義者，依苦無常義，不依語者，不依外道之人語，以知苦無常語所以(172)可依。依智不依識者，會常之解爲智，不依識者，不依聲聞存執苦無常(173)識也。昔經會苦無常爲智，存三十三天[109]爲識。

---

100 "隨根說者"，底本無，據文意補。

101 "依法者"，底本無，據文意補。

102 "依法者依……虛僞之人"，參見《注維摩詰經》卷十"肇曰，……法有定楷，人無常則。所以行者依法不依人也"(T38,417a)。

103 "經"，底本作"住"，誤寫，改訂。

104 "經"，底本作"住"，誤寫，改訂。

105 "下"，底本無，據文意補。

106 "經"，底本無，據文意補。

107 "依"，底本無，據文意補。

108 "說三十三天常樂我淨"，參見《涅槃經》嬰兒行品"若有衆生，欲造衆惡，如來爲說三十三天常樂我淨，端正自恣，於妙宮殿受五欲樂，六根所對無非是樂。衆生聞有如是樂，故心生貪樂，止不爲惡，勤作三十三天善業。實是生死，無常無樂無我無淨，爲度衆生，方便說言常樂我淨"(T12,485c；南本T12,729a)。

今經之中，人法俱有，昔經之(174)中，亦人法俱有。所以昔經之中遺人存法，今經之中人法竝明者，昔經理淺，假如(175)來一說，得理關心，更無所假，故不論人。今經理深，雖現生解，得理處淺，又必(176)發意[110]，更假四依，重爲說，方乃得悟。是故今經人法俱存。

又復一解，昔經教不盡(177)理，遺人存法。今經教盡於理，故人法俱依。

昔日白黑不定。依法不依人，法以爲白，人以爲黑。義以(178)爲白，語以爲黑。今經四依，唯白無黑也。

[8 **教迹義**]

[8.1 **釋**]

[8.1.1 **漸教**]

教迹義

(179)然衆生神識，莫不依性[111]。〈性起品〉云，"衆生身中，有如來性，與衆生[112]不異。正由惑倒，(180)故不得大用"[113]。《涅槃》云，"身中寶藏"[114]。《勝鬘》云，"生死依如來藏"[115]。《楞伽》云，"性是善惡之原"[116]。(181)《瓔

---

109 "天"，底本作"無"，誤寫，改訂。

110 "意"，底本作"忘"，誤寫，改訂。

111 "衆生神識莫不依性"，參見上文"又一人解，神慮爲佛性"(P2908,153)。

112 "衆生"，疑爲"佛"之誤寫。

113 "衆生身中……不得大用"，參見《華嚴經》寶王如來性起品"佛子，如來智慧，無相智慧，無礙智慧，具足在於衆生身中。但愚癡衆生，顛倒想覆，不知不見，不生信心。……我當教彼衆生，覺悟聖道，悉令永離妄想顛倒垢縛，具見如來智慧在身內，與佛無異"(T9,624a)。

114 "身中寶藏"，參見後注171.

115 "生死依如來藏"，參見《勝鬘經》"世尊，生死者，依如來藏。以如來藏，故說本際不可知"(T12,222b)。

116 "性是善惡之原"，參見求那跋陀羅譯《楞伽經》卷一"以性自性第一義心成就如來，世間出世間出世間上上法，聖慧眼，入自共相建立，如所建立不與

珞經》云，“性是第一義[117]。迷性故起惑[118]，順性故生解[119]”。

大聖成道，爲衆生說十二部經。釋(182)迦一應，衆生見則不同。近見之徒，見釋迦從白淨王家生，見在木樹下土地，草坐上成(183)道，世界名娑婆，人名釋迦。在樹王成道，一七日不說，二七日後爲提謂波利說五(184)戒十善，三七日後爲阿若居隣五人等說四諦法輪訖，十二年後破計斷常(185)患。第二三十年中說空宗波若，破執相患。第三三十年後說一乘，破執三之患。第(186)四說大涅槃，破衆生計生滅之患。此乃爲小根衆生，說漸教法輪。中間爲凡夫(187)說常住經，如《勝鬘》等經，不落[120]漸教中。

[8.1.2 頓教]

頓教中，衆生見釋迦從波羅門家(188)生[121]，見金銀地、七寶樹、金銀師子坐[122]。世界名蓮華藏，此是淨土，在摩竭道場(189)成道，佛號盧

外道論惡見共。……大慧，愚癡凡夫，性無性，自性第一義作二見論”(T16,483b)。上文“神慮通於善惡之相，通以不斷，故明知是佛性”(P2908,155-156)。

117 “性是第一義”，參見《菩薩瓔珞本業經》佛母品“佛子，所謂有諦、無諦、中道第一義諦，是一切諸佛菩薩智母。乃至一切法，亦是諸佛菩薩智母”(T24,1018b)。上文“下經言，佛性者，名第一義空”(P2908,151)。

118 “惑”，底本無，據文意補。

119 “迷性故起惑順性故生解”，參見《菩薩瓔珞本業經》大衆受學品“順第一義諦起名善，背第一義諦起名惑”(T24,1021c)。下文“夫解順理起，惑迷理生”(P2908,578)。

120 “落”，底本作“洛”，通假，改訂。

121 “從波羅門家生”，參見《涅槃經》梵行品“佛世尊常不變易，具足十力四無所畏，大師子吼，名大沙門大婆羅門”(T12,710c)。

122 “見金銀地……銀師子坐”，參見《華嚴經》世間淨眼品“如是我聞，一時佛在摩竭提國寂滅道場，始成正覺。其地金剛，具足嚴淨，衆寶雜華以爲莊飾。……其菩提樹高顯殊特，清淨瑠璃以爲其幹，妙寶枝條，莊嚴清淨。……不可思議師子之座，猶如大海，衆妙寶華而爲嚴飾”(T9,395a)。

舍那[123]。初成正覺，不起道樹，威神加備，普賢菩薩爲一生補[124]處(190)說〈世間淨眼〉〈盧舍那品〉[125]。此是第一會。

普光法堂，文殊承佛神力，說〈如來名號〉(191)等六品[126]。此是第二會。

須彌頂，法慧菩薩承佛神力，說〈十住品〉[127]。十住者，第一發心住，(192)第二持地住，第三修行住，第四生貴住，第五方便住，第六正心住，第七不退住，第八童真住，(193)第九法王子住，第十灌頂住[128]。此是第三會，亦說六品經。

炎摩天，功德聚林菩薩承(194)佛神力，爲諸[129]菩薩說〈十行〉至〈一生無盡〉四品[130]。十行者，一歡喜行，二饒益行，三無迷行，(195)四無盡行，五離癡亂行，六善現前行，七無著行，八尊重行，九善法行，(196)

---

123 "世界名蓮……號盧舍那"，參見《華嚴經》盧舍那佛品"彼諸菩薩見此光已，得覩蓮華藏莊嚴世界海。佛神力故，於光明中而說偈言，……盧舍那佛成正覺，……"(T9,405c)。

124 "補"，底本作"甫"，通假，改訂。

125 "威神加備……盧舍那品"，參見《華嚴經》盧舍那佛品"爾時普賢菩薩，承佛威神力，……普告菩薩大衆海言，……"(T9,409a)。

126 "普光法堂……號等六品"，參見《華嚴經》如來名號品"佛在摩竭提國寂滅道場，初始得佛，普光法堂坐蓮華藏師子座上，……"(T9,418a)，"是時文殊師利菩薩，承佛神力，觀察大衆，歎曰，……"(T9,419a)。

127 "須彌頂法……說十住品"，參見《華嚴經》佛昇須彌頂品"爾時世尊，威神力故，不起此座，昇須彌頂，向帝釋殿"(T9,441b)，菩薩十住品"爾時法慧菩薩，承佛神力，入菩薩無量方便三昧正受，……"(T9,444c)。

128 "十住者第……十灌頂住"，參見《華嚴經》菩薩十住品"諸佛子，菩薩摩訶薩十住行，去來現在諸佛所說。何等爲十。一名初發心，二名治地，三名修行，四名生貴，五名方便具足，六名正心，七名不退，八名童真，九名法王子，十名灌頂"(T9,444c-445a)。

129 "諸"，底本作"請"，誤寫，改訂。

130 "炎摩天功……無盡四品"，參見《華嚴經》佛昇夜摩天宮自在品"爾時世尊，威神力故，不離道樹及帝釋宮，向夜摩天寶莊嚴殿"(T9,463a)，功德華聚菩薩十行品"爾時功德林菩薩摩訶薩，承佛神力，入菩薩善伏三昧，……"(T9,466b)。

十真實行[131]。此是第四會說法。

兜率天宮，金剛幢菩薩承佛神力，爲諸菩薩(197)說〈十迴向〉三品[132]。十迴向者，一救護一切衆生相迴向，二不壞迴向，三等一切佛迴向，(198)四至一切處迴向，五無盡藏迴向，六隨順平等善根[133]迴向，七觀一切衆生相迴向，八如相迴向，(199)九無縛無著解脫迴向[134]，十法界無盡迴向[135]。此是第五會說。

他化自在天王宮，金剛藏菩(200)薩，爲解月菩薩說〈十地〉[136]。一歡喜地，二離垢地，三明地，四炎地，五難勝地，(201)六現前地，七深遠地，八不動地，九善慧，十法雲地[137]。此是第六會說法。

---

131 "十行者一……十真實行"，參見《華嚴經》功德華聚菩薩十行品"菩薩有十行，三世諸佛之所宣說。何等爲十。一者歡喜行，二者饒益行，三者無恚恨行，四者無盡行，五者離癡亂行，六者善現行，七者無著行，八者尊重行，九者善法行，十者真實行"(T9,466bc)。

132 "兜率天宮……迴向三品"，參見《華嚴經》如來昇兜率天宮一切寶殿品"爾時如來，以自在神力，不離菩提樹座及須彌頂妙勝殿上夜摩天宮寶莊嚴殿，趣兜率天宮一切寶莊嚴殿"(T9,478c)，金剛幢菩薩十迴向品"爾時金剛幢菩薩，承佛神力，入菩薩明智三昧正受，……"(T9,488a)。

133 "根"，底本作"相"，誤寫，改訂。

134 "解脫迴向"，底本作"迴解向說"，誤寫，改訂。

135 "十迴向者……無盡迴向"，參見《華嚴經》金剛幢菩薩十迴向品"菩薩摩訶薩迴向有十，去來今佛悉共演說。何等爲十。一者救護一切衆生離衆生相迴向，二者不壞迴向，三者等一切佛迴向，四者至一切處迴向，五者無盡功德藏迴向，六者隨順平等善根迴向，七者隨順等觀一切衆生迴向，八者如相迴向，九者無縛無著解脫迴向，十者法界無量迴向"(T9,488bc)。

136 "他化自在……薩說十地"，參見《華嚴經》十地品"爾時世尊，在他化自在天王宮摩尼寶殿上，與大菩薩衆俱"(T9,542a)，"爾時金剛藏菩薩摩訶薩，承佛威神，入菩薩大智慧光明三昧，……"(T9,542b)，"金剛藏菩薩，說諸菩薩十地名已，默然而住，不復分別。……時大菩薩衆中有菩薩，名解脫月，……"(T9,543a)。

137 "一歡喜地……十法雲地"，參見《華嚴經》十地品"菩薩摩訶薩智地有十，過去未來現在諸佛，已說今說當說。爲是地故，我如是說。何等爲十。一曰歡喜，二曰離垢，三曰明，四曰焰，五曰難勝，六曰現前，七曰遠行，八曰不動，九曰善慧，十曰法雲"(T9,542c-543a)。

(202)經云“摩竭，菩薩說種種法”[138]，當是普光法堂六品[139]。何以得知。准後四說皆言(203)兩處說[140]，向來二十二[141]品皆言兩處說，人中、天上。從〈十明品〉，訖至〈小相[142]〉，此中八品，(204)經無指[143]當說處。〈菩薩行品〉〈如來性起品〉，皆摩竭說[144]。〈離世間品〉，經言“摩(205)竭道場普光法堂說”[145]。依上經文，這道六會，佛在摩竭道場，不起本坐，說《華(206)嚴》一部。

祇桓精舍，普賢菩薩爲善財[146]童子說[147]〈入法[148]界品〉[149]。時祇桓林中，悉(207)是淨土[150]，如來放光，召集十方菩薩[151]。此會有五百聲聞，先

---

138 “摩竭菩薩說種種法”，參見《華嚴經》佛昇須彌頂品“爾時如來威神力故，十方一切諸佛世界諸四天下一一閻浮提皆有如來，坐菩提樹下，無不顯現。彼諸菩薩各承佛神力，說種種法，皆悉自謂在於佛所”(T9,441b)。《華嚴經》佛昇夜摩天宮自在品 (T9,462c-463a)，如來昇兜率天宮一切寶殿品 (T9,478c)。

139 “普光法堂六品”，參見上文“普光法堂，文殊承佛神力，說〈如來名號〉等六品”(P2908,190-191)。

140 “後四說皆言兩處說”，參見前注127·130·132·136.

141 “二”，底本作“三”，誤寫，改訂。

142 “相”，底本作“根”，誤寫，改訂。

143 “指”，底本作“旨”，通假，改訂。

144 “菩薩行品……皆摩竭說”，出典未詳。

145 “摩竭道場普光法堂說”，參見《華嚴經》離世間品“爾時世尊在摩竭提國寂滅道場普光法堂，坐蓮華藏寶師子座，成等正覺，……”(T9,631b)，“爾時普賢菩薩摩訶薩，告普慧等諸菩薩言，……”(T9,632c)。

146 “財”，底本作“才”，通假，改訂。

147 “說”，底本作“設”，誤寫，改訂。

148 “法”，底本作“世”，誤寫，改訂。

149 “祇桓精舍……入法界品”，參見《華嚴經》入法界品“爾時文殊師利菩薩，如象王迴，觀察善財而告之曰，吾當爲汝說微妙法，……”(T9,688b)，“爾時普賢菩薩，即伸右手，摩善財頂。摩已，善財復得一切世界微塵等諸三昧門”(T9,785a)。

150 “時祇桓林中悉是淨土”，參見《華嚴經》入法界品“爾時佛神力故，令祇洹林忽然廣博，與不可說佛剎微塵數世界等。……如此祇樹給孤獨園，見嚴淨佛剎”(T9,677ab)。

住於此，不聞不見[152]。(208)以此驗知，向來七處是頓教說。

《瓔珞經》，釋迦如來重來摩竭道場[153]，初爲娑(209)婆土田十四那由他人說，後爲十方恒沙說[154]，《瓔珞》是第八會說。(210)《華嚴》中七會，菩薩勸教，弟子受行。前《華嚴》七會是我廣說，今日《瓔珞》(211)略[155]說[156]，此等皆是頓教。

[8.2 章]

(212)夫曦景流曜，以照世爲功，聖明誕應[157]，以曉時爲務。曉時之要，形[158]言是也。非形無以(213)通化，非言莫由宣理。然通化之形，緣感而起，宣理之言，隨機而發。是以形緣感(214)起，故現應塵沙，教隨機發，亦敦化多範。範雖殊唱，要則漸頓，機雖異發，(215)略唯大小。

---

151 “如來放光召集十方菩薩”，參見《華嚴經》入法界品“爾時世尊，欲令諸菩薩安住師子奮迅三昧故，放眉間白毫相光，……普照十方一切世界海，……如是等一切世界諸大菩薩現坐道場”(T9,683c-684a)。

152 “此會有五……不聞不見”，參見《華嚴經》入法界品“復與五百大聲聞俱”(T9,676c)，“……如是等諸大聲聞，在祇洹林，而悉不見如來自在，如來莊嚴，如來境界，……”(T9,679c)。

153 “重來摩竭道場”，參見《菩薩瓔珞本業經》集衆品“如是我聞，一時佛重遊於洴沙王國道場樹下成正覺處，復坐如故”(T24,1010b)。

154 “初爲娑婆……方恒沙說”，參見《菩薩瓔珞本業經》賢聖名字品“爾時釋迦牟尼佛，以金剛口告敬首菩薩，……今當爲此大衆十四那由他一切人根，開瓔珞本業”(T24,1011ab)，大衆受學品“時釋迦牟尼佛，頂髻放一切佛光一切菩薩光，復集十方各百億佛土，其中佛及菩薩。……”(T24,1020b)。

155 “略”，底本無，據文意補。

156 “前華嚴七……瓔珞略說”，參見《菩薩瓔珞本業經》賢聖學觀品“佛子，吾於焰天爲諸天說凡夫十行，今於此衆略說法要”(T24,1014a)，“佛子，吾先於第四天中廣開此凡夫十向法，今在此樹下略說法要”(T24,1014c)，“佛子，吾先第六天說十地，導化天人，今故略開，汝等受行”(T24,1015b)，“佛子，吾先在此樹下說法界海時，有八萬無垢菩薩現身得佛，故今爲此大衆略開佛果行處，汝應頂受”(T24,1015c)。

157 “應”，底本此下有“應（々）”，衍字。

158 “形”，底本作“刑”，通假，改訂。下同。

夫玄光映像，則先峯後隰，潤教備物，則始大終小[159]。聖心無偏，垂(216)化應均，所以布教津殊，人差先後者，斯有以也。菩薩大士署德深遠，縣期(217)極果，若聞妙法，便能功慧竝修。因強意廣，所以在先。二乘小德殖因淺薄，志(218)居近果，若聞勝化，不能智德俱習。行弱心狹[160]，所以在後。然頓教被大，無隱(219)義之說，漸化訓小，有覆相之言。

所以云頓者，謂如來初成正覺，在寂[161](220)滅道場，七處八會，說六忍十地。此經文抱衆淵，義貫群籍，文旨圓備，(221)故云頓教法輪。

所言漸者，夫智深易化，識淺[162]難悟。故菩薩解明，契玄(222)於初唱，二乘識昧，不達於初說。故使如來移光道樹，降儀鹿苑[163]，十二年中(223)發唱二乘，誘令漸進。小德易盈，得少爲足[164]，執固鏗然，謂爲定極。故使(224)如來十二年後三十年中，說《大品》等經通教典籍、《維[165]摩》《思益》二輪虛典。(225)此經所明三乘同悟，使知有大可御，小可恤也。二乘諸人，始疑三乘，觀(226)空既同，亦應有中得果處齊。所以棄

---

159 “玄光映像……始大終小”，參見《華嚴經》寶王如來性起品“復次佛子，譬如日出，先照一切諸大山王，次照一切大山，次照金剛寶山，然後普照一切大地。……如來應供等正覺亦復如是。戒 (→成) 就無量無邊法界智慧日輪，常放無量無礙智慧光明，先照菩薩摩訶薩等諸大山王，次照緣覺，次照聲聞，次照決定善根衆生，隨應受化，然後悉照一切衆生，乃至邪定，爲作未來饒益因緣”(T9,616b)。

160 “狹”，底本作“俠”，通假，改訂。

161 “寂”，底本作“家”，誤寫，改訂。

162 “淺”，底本無，據文意補。

163 “苑”，底本作“宛”，通假，改訂。

164 “小德易盈得少爲足”，參見吳質〈在元城與魏太子牋〉(《文選》卷四十)“小器易盈，先取沈頓，醒寤之後，不識所言”。《法華經》五百弟子受記品“既得阿羅漢道，自謂滅度，資生艱難，得少爲足”(T9,29a)。敦煌出土《法花義記》第三“道成羅漢，要求心息，名‘若少有所得，便以爲足’，此是小器易盈也”(S2733,130-131；S4102,39-40；T85,172c)。

165 “維”，底本作“唯”，通假，改訂。

小情愨，如得濟捨船[166]，御大心固，如(227)未度思舫。是以如來三十年後七年之中，敦一乘妙致。明萬善同歸，若百川赴海[167]，辯三非真，(228)明一是實。實教雖章[168]，義猶纖隱。何者，但明萬善爲正因，未顯佛性爲正因，雖明(229)壽倍塵沙[169]，不論命無遷化。是以如來降駕雙林，明稟氣含靈皆有當[170]我至樂(230)之性，喻若貧女地中伏隱金藏[171]，金[172]剛力士額上寶珠[173]，轉輪聖王甘露之泉[174]。懷情抱識竝有(231)凝[175]照

---

166 “得濟捨船”，參見《成實論》三無色定品“行者深厭色故，亦捨色治法。如人渡河已，亦棄船去”(T32,344a)。

167 “百川赴海”，參見楊雄《法言》學行“百川學海，而至于海，丘陵學山，不至于山。是故惡夫畫也”，李軌注“畫，止”。《涅槃經》如來性品“一切菩薩聲聞緣覺，未來之世，皆當歸於大般涅槃。譬如衆流，歸於大海”(T12,423a；南本菩薩品T12,664b)。

168 “章”，同“彰”。下同。

169 “壽倍塵沙”，參見《法華經》如來壽量品“是諸世界，若著微塵及不著者，盡以爲塵，一塵一劫，我成佛已來，復過於此，百千萬億那由他阿僧祇劫”(T9,42b)，“諸善男子，我本行菩薩道所成壽命，今猶未盡，復倍上數”(T9,42c)。

170 “當”，疑爲“常”之誤寫。

171 “藏”，底本無，據文意補。“貧女地中伏隱金藏”，參見《涅槃經》如來性品“善男子，如貧女人，舍內多有真金之藏，家人大小無有知者。時有異人，善知方便，……是人即於其家，掘出真金之藏（‘真金之藏’，南本作‘金藏’）。……善男子，衆生佛性亦復如是，一切衆生不能得見。如彼寶藏，貧人不知”(T12,407b；南本如來性品T12,648b)。

172 “金”，底本無，據文意補。

173 “金剛力士額上寶珠”，參見《涅槃經》如來性品“善男子，譬如王家有大力士，其人眉閒有金剛珠。與餘力士較（三本宮本作‘捔’）力相撲，而彼力士以頭抵觸，其額上珠尋沒膚中，都不自知是珠所在。……善男子，一切衆生亦復如是。不能親近善知識，故雖有佛性，皆不能見”(T12,408a；南本如來性品T12,649a)。

174 “轉輪聖王甘露之泉”，參見《涅槃經》如來性品“復次善男子，譬如雪山有一味藥，名曰樂味，其味極甜。在深叢下，人無能見。……過去往世有轉輪王，於此雪山，爲此藥故，在在處處，造作木筒，以接是藥。……善男子，如來秘藏，其味亦爾。爲諸煩惱叢林所覆，無明衆生不能得見”(T12,408b；南本如來性品T12,649b)，迦葉菩薩品“善男子，我又復說，衆生佛性，猶如貧女宅中寶藏，力士額上金剛寶珠，轉輪聖王甘露之泉”(T12,568c；南本T12,

之果，命若淵海，無增無損[176]，身若金剛，物莫能沮[177]。理窮於斯，義無遺隱。然受化(232)之徒始御三權，終悟一實，初馮[178]無常，後剋常樂，故云漸也。然教雖漸頓，修益理同，(233)機雖大小，悟成極一。

[8.3《維摩經》開題]

夫教不自闡，闡必待人[179]，理無獨朗，朗必有致。是以法身大士理淨心(234)原，行超覺表，達觀則境智雙冥，悟極則妙盡環中[180]。情存漸益，故殊[181]域[182]竝濟。所以(235)捨彼淨土，現此穢國，助聖揚暉，敦弘道化。

“維[183]摩”者，天竺胡，此方云淨無垢稱。外權俗華，(236)內[184]實道素，故云無垢。法身虛凝，無染若空，謂之爲淨。布通群籍，稱曰“所

815c)。

175 “凝”，底本作“疑”，通假，改訂。

176 “命若淵海無增無損”，參見《涅槃經》壽命品“迦葉，如是一切人中、天上、地及虛空壽命大河，悉入如來壽命海中。是故如來壽命無量”(T12,381bc；南本長壽品T12,621b)。

177 “沮”，底本作“俎”，通假，改訂。“身若金剛物莫能沮”，參見《涅槃經》金剛身品“善男子，如來身者，是常住身，不可壞身，金剛之身，非雜食身，即是法身”(T12,382c；南本T12,622c)，如來性品“夫金剛者，所有刀斧，不能破壞。善男子，衆生佛性亦復如是”(T12,408c；南本如來性品T12,649c)。

178 “馮”，同“憑”。

179 “教不自闡闡必待人”，參見《論語》衛靈公“子曰，人能弘道，非道弘人”。

180 “妙盡環中”，參見《莊子》齊物論“彼是莫得其偶，謂之道樞。樞始得其環中，以應無窮”。僧肇〈維摩詰經序〉(《出三藏記集》卷八)“什以高世之量，冥心真境，既盡環中，又善方言”(T55,58b)。《注維摩詰經》卷五“肇曰，……若能空虛其懷，冥心真境，妙存環中，有無一觀者，雖復智周萬物，未始爲有，幽鑑無照，未始爲無”(T38,372c)。

181 “殊”，底本作“珠”，通假，改訂。

182 “域”，底本作“城”，誤寫，改訂。

183 “維”，底本作“唯”，通假，改訂。

184 “內”，底本無，據文意補。

說”。說(237)軌難改，故言“經”也。

“一名不可思議[185]”，上明弘經之人，此辨所弘之事。事別三差，謂境智與(238)迹。智冥真寂，二乘豈能[186]思其照。境趣潑[187]漠，小德豈能契其極。迹現希奇，下人何能思(239)議[188]其故[189]。雖有三，一[190]不思議[191]也。

[9 解經之威力義]

解經之威力義[192]

(240)一解，有此必常理，故感諸天善神，現爲羅刹。如似國王威力，爲民守護，若無國王，則無(241)守護。經力亦然，若無此理，何所守護。

又復一解，現常爲羅刹。若現常爲羅刹，(242)云何名性力。猶故得名性力。由當常有現常，由現常有羅刹，以未取本，得言性力。(243)物貴其本，欲使以現類當，現既如此，當性亦然。

---

185 “議”，底本作“儀”，通假，改訂。“一名不可思議”，參見《維摩經》經題“維摩詰所說經〔一名不可思議解脫上卷〕”(T14,537a)。

186 “豈能”，底本無，據文意補。

187 “潑”，疑爲“澄”之誤寫。

188 “議”，底本作“儀”，通假，改訂。

189 “故”，底本此下有“何能”，衍文。

190 “三一”，底本作“一三”，誤寫，改訂。

191 “議”，底本作“儀”，通假，改訂。

192 “解經之威力義”，參見《涅槃經》如來性品“佛告迦葉，若有聞是《大涅槃經》，言‘我不用發菩提心’，誹謗正法，是人即於夢中見羅刹像，心中怖懅。羅刹語言，‘咄，善男子，汝今若不發菩提心，當斷汝命’。是人惶怖，覺已即發菩提之心。……以是義故，是《大涅槃》威神力故，能令未發菩提心者，作菩提因”(T12,417c；南本菩薩品T12,658c-659a)。《大般涅槃經集解》卷八“僧宗曰，……經有此能，未發心人，強令發心。如或從諸佛菩薩邊聞，而不生信，將成闡提。以經威力，夢見惡相，即便發心，作菩薩也”(T37,413c)。敦煌出土《法華經文外義》“又復《涅槃經》言，正以經之威力，便令夢睹羅刹，墮於地獄，加怖發心，永隔闡提。故知所詮爲經也”(方廣錩〔主編〕《藏外佛教文獻》第二輯，宗教文化出版社，北京，1996年，p.306)。

又復一解，如似性空之理不能與(244)人罪，但有此理，故謗言“無”者便墮地獄。佛性亦爾，但必有此理，順而生解者得福，違而(245)生惑[193]者得罪。

[10 **四相義（二）**]

(246)有餘無餘難，凡有三種。一有難無答。二有答無問。三問答俱無，推義應有。

第一引有餘(247)無餘，成無[194]難[195]。

第二難辭，云何從如來有真常法身，冥心真境[196]，可不生煩惱，體是(248)常住。後時遇緣，應還生結，若結還生，便是無常，焉得有常具四相義[197]。

第三難辭，(249)云何從令有身，丈六是也。現丈六如來，始生王宮，終滅雙樹，焉得有其法身常住，體(250)備四相[198]。

答意云何。明如來今日所會，異昔所得二種涅槃。如來因中之

---

193 “惑”，底本作“感”，誤寫，改訂。

194 “無”，疑爲“五”或者“四”之誤寫。參見《大般涅槃經集解》卷十二“僧亮曰，此下始答第五問也。開昔口密，略爲五難。第四第五擧無餘涅槃也，第一二三擧有餘也”(T37, 430b)，“僧宗曰，此中諸難而解者不同，亦四亦五，竝無所在。俱是執有餘無餘，但使滅無之義耳”(T37, 430b)，“寶亮曰，此下作四難也。第一第三引有餘爲難，此第一難也”(T37, 430b)。

195 “引有餘無餘成無難”，參見《涅槃經》如來性品“佛告迦葉，若有善男子善女人作如是言，如來無常。……迦葉，若有人作如是難者，名爲邪難”(T12, 387bc; 南本四相品T12, 627bc)。

196 “冥心真境”，參見前注180.

197 “云何從如……具四相義”，參見《涅槃經》如來性品“迦葉復言，如鐵赤色滅已，還置火中，赤色復生。如來若爾，應還生結，若結還生，即是無常”(T12, 387c; 南本四相品T12, 627c)。

198 “云何從令……體備四相”，參見《涅槃經》如來性品“迦葉復問，如佛言曰，我已久度煩惱大海，若佛已度煩惱海者，何緣復納耶輸陀羅，生羅睺羅，……”(T12, 388a; 南本四相品T12, 628a)。

時，修十地無(251)漏，明解得金剛三昧，照窮法性，滅惑盡原，畢常理顯，會於本有[199]。一有常有[200]，畢竟(252)常住，體備四相[201]。

答第二難意，凡夫之人入定伏結，出定還生，可如彼鐵出火則滅，入火還(253)生赤色。明如來不同凡夫，如來以真法爲體，妙解爲心，一斷煩惱，更不生結。體極常(254)住，具四相義[202]。

答第三難，明如來有真常法身爲本。但衆生有感，應生王宮，衆生感(255)盡，權滅雙樹。迹雖生滅，真處常住，具四相義也[203]。

[11 四依義（二）]

[11.1 就解]

(256)就解者，一解，聞見爲弟子，現見爲師。

又復一解，四恒得一分深義，修慧爲深，思慧爲淺，現見下(257)品爲弟子，上品爲師。如似同但受戒先者爲師，後者爲弟子，此亦如是。五恒人得八分，擬(258)煖頂忍四品善根，一中作二，終至世第一法心。若思慧爲弟子，世[204]第一法心唯得一分，此未(259)爲初依。六恒得

199 “因中之時……會於本有”，參見上文“始從初地，終至法雲，修十地無漏，明解滿足，金剛心逝，種智續起現前”(P2908,120−121)。下文“久積妙因，十地行滿，金剛心謝，畢常顯現”(P2908,430)。

200 “一有常有”，參見上文“依心而有故非始，一有常有故非終”(P2908,155)。

201 “明如來今……體備四相”，參見《涅槃經》如來性品“謂諸如來煩惱滅已，不住五趣，是故如來是常住法，無有變易”(T12,387c；南本四相品T12,627c)。

202 “凡夫之人……具四相義”，參見《涅槃經》如來性品“迦葉，如鐵冷已，可使還熱。如來不爾，斷煩惱已，畢竟清涼，煩惱熾火更不復生”(T12,388a；南本四相品T12,628a)。

203 “明如來有……四相義也”，參見《涅槃經》如來性品“我今此身即是法身，隨順世間，示現入胎。善男子，此閻浮提林微尼園，示現從母摩耶而生”(T12,388b；南本四相品T12,628c)，“善男子，我雖在此閻浮提中，數數示現入於涅槃，然我實不畢竟涅槃”(T12,389b；南本四相品T12,629b)。

204 “世”，底本此下有“一”，衍字。

十二分義，七恒得十四分義，八恒得十六分義，理無分數，以解有明昧，故爲(260)分也。果中得有十六分者，正因中亦有十六，性空亦得有十六。

又復一解，四恒得一分者，識其應身(261)爲一分，五恒人識常住果中法身、解脫[205]、波若[206]、常樂我淨以爲七分，通應爲八分。復就(262)正因中爲八者，十地去果近爲一分，九地八地復作一分，七地爲一分，六地至初地復作一分，住前(263)三十心復作一分，忿結寶珠人作一分，由由[207]凡夫復作一分，一闡提復作一分。第二依人，知住上四(264)分義。第三[208]依人，知住前三十心人及忿[209]結寶珠人佛性。第四依人十地菩薩，方知闡提凡夫佛(265)性。

又復一解，五恒得八分，終至八恒得十六，未爲初依。更作十六行道，更深解(266)十六爲第二。乃至四依，皆亦如之。

又復一解，八恒得十六爲第四，嫌爲少解者言亦復(267)無妨。何故然。若供養釋迦八十年佛以爲八恒，此乃可少。如無量壽佛住世八十億劫[210]，(268)如此之流亦可，不能至八恒便得菩提。復有佛住世無量億劫。今言八恒，不(269)知依何以爲准。若傍供養八恒，蓋不足言，如似賢劫中有千賢出世[211]。若爾，去果(270)愈遼[212]愈遠，要◇供養八恒沙佛，

---

205 “脫”，底本作“說”，誤寫，改訂。

206 “法身解脫波若”，參見《涅槃經》壽命品“何等名爲秘密之藏。猶如伊字三點。……解脫之法亦非涅槃，如來之身亦非涅槃，摩訶般若亦非涅槃，三法各異亦非涅槃。我今安住如是三法，爲衆生故，名入涅槃，如世伊字”(T12, 376c；南本哀歎品T12,616b)。

207 “由由”，參見《孟子》公孫丑章句上“故曰，爾爲爾，我爲我，雖袒裼裸裎於我側，爾焉能汚我哉。故由由然與之偕，而不自失焉”。

208 “三”，底本作“二”，誤寫，改訂。

209 “忿”，底本無，據文意補。

210 “無量壽佛住世八十億劫”，出典未詳。

211 “賢劫中有千賢出世”，參見《賢劫經》千佛名號品“是賢劫中，有斯千佛，興現出世，度脫十方一切衆生”(T14,50a)。

恒聞說常，若少一沙，亦不得滿。若作九河配(271)三慧，具聞思修，方堪爲依。

[11.2 第五善男子]

(272)第五善男子[213]，明從令有解，加己望解者多。衆生於何時中，加己望解。要在正法末、象[214](273)法初，爾時衆生道識不明[215]。所以然，去聖彌久，薄福鈍根。爲欲流通大乘《大涅槃經》故，是(274)以加已望解，貧法薄談，如加水乳[216]。

何處人加。一解，四恒人，十六分中得一分之義，方具足得(275)《涅槃》文句十分義，爲三恒人說，但得八分，爲欲具足流通此經，加己二分望解，以爲十分。終至熙連，加(276)八分望解，二是真義，此大深。

又復一解，熙連得十分，爲外凡夫[217]說，但得八分，外凡夫爲於名聞(277)利養，加己二分望解，以爲十分。轉相爲說，終加八分望解，唯二分正義，法轉薄淡，如(278)城中女人加水之乳[218]，此解大淺。

---

212 "遼"，底本作"尞"，通假，改訂。

213 "第五善男子"，或爲接續四依菩薩，"第五善男子"之意。

214 "象"，同"像"。

215 "道識不明"，參見曇影〈中論序〉(《出三藏記集》卷十一) "流至末葉，象教之中，人根膚淺，道識不明"(T55,77a)。

216 "如加水乳"，參見《涅槃經》如來性品"復次善男子，如牧牛女，爲欲賣乳，貪多利故，加二分水，轉賣與餘牧牛女人。彼女得已，復加二分，轉復賣與近城女人。彼女得已，復加二分，轉復賣與城中女人。彼女得已，復加二分，詣市賣之。……雖復無味，於苦味中千倍爲勝。何以故。乳之爲味，諸味中最。善男子，我涅槃後，正法未滅，餘八十年，爾時是經，於閻浮提當廣流布。是時當有諸惡比丘，抄略是經，分作多分，能滅正法色香美味。……是大乘典《大涅槃經》亦復如是，展轉薄淡，無有氣味。雖無氣味，猶勝餘經，足一千倍"(T12,421c-422a；南本菩薩品T12,663ab)。

217 "外凡夫"，參見後注490.

218 "城中女人加水之乳"，參見前注216.

又復一解，三恒人得文句十分義，未得理中一分深義，爲(279)二恒人說，但得八分，不得其二。爲欲具足[219]流通，加二分望解，以之爲十分。終[220]至熙(280)連，爲外凡夫，薄福鈍根，但得二分正義，復加八[221]分望，以之爲十分。八分是水，雖復(281)能多正少，由[222]勝苦無常經，足一千倍也。

[12 相續義（二）]

(282)“今此純陀，猶有疑心”[223]，云何許疑。

一解，純陀歸家辦[224]供，不聞〈性品〉[225]，故所以有疑。於何(283)更生疑。聞五難[226]中，如來答言“未見佛性者，名煩惱身。菩薩爾時入金剛三昧，(284)此食消已，即見佛性，成無上道”[227]，純陀意謂“未見是無，

219 “足”，底本作“是”，誤寫，改訂。

220 “終”，底本此下有“終（々）”，衍字。

221 “八”，底本作“二”，誤寫，改訂。

222 “由”，通“猶”。

223 “今此純陀猶有疑心”，參見《涅槃經》如來性品“爾時文殊師利白佛言，世尊，今此純陀，猶有疑心。唯願如來，重爲分別，令得除斷”(T12,422c；南本菩薩品T12,663c)。

224 “辦”，底本作“辯”，通假，改訂。

225 “純陀歸家辦供不聞性品”，參見《涅槃經》壽命品“爾時純陀及其眷屬，愁憂啼泣，圍遶如來，燒香散花，盡心敬奉。尋與文殊，從座而去，供辦食具”(T12,375b；南本純陀品T12,615a)，一切大衆所問品“爾時世尊，從其面門（南本作‘前’），放種種色青黃赤白紅紫光明，照純陀身。純陀遇已，與諸眷屬，持諸餚膳，疾往佛所”(T12,423c；南本T12,665a)。

226 “五難”，參見《涅槃經》壽命品“爾時純陀即白佛言，如佛所說，二施果報無差別者，是義不然。何以故。先受施者，煩惱未盡，……後受施者，煩惱已盡，……。先受施者，直是衆生，後受施者，是天中天。先受施者，是雜食身，……後受施者，無煩惱身，……。先受施者，未能具足檀波羅蜜乃至般若波羅蜜，……後受施者，已得具足檀波羅蜜乃至般若波羅蜜，……。先受施者，受已食噉，入腹消化，……後受施者，不食不消，……。云何而言，二施果報，等無差別”(T12,372a；南本純陀品T12,611c)。

227 “未見佛性……成無上道”，參見《涅槃經》壽命品“善男子，如來已於無量

見方始有。爾乃[228]佛性本無今有，(285)已有還無，便是無常”[229]。純陀疑心，意在於此。

又復一解，純陀疑心，凡有五種。

(286)第一疑，上請如來受供，因明常，詶其上請[230]言“我施汝常命色力”[231]。純陀所爲之(287)人，聞常謂“丈六是常。先是無常，今方始常，便是本無今有，已有還無。便是無常”[232]，(288)故作五句無常之難[233]。如來下答，“我於無量劫來是常，非是始得”[234]。

除第一疑，復(289)生第二疑。上來〈純陀〉〈哀歎[235]〉二章[236]，明釋迦如來所得現果常住。有無窮之壽，經劫不遷[237]，物(290)不能沮[238]，不可

無邊阿僧衹劫，無有食身、煩惱之身，無後邊身，常住法身、金剛之身。善男子，未見佛性者，名煩惱身、雜食之身，是後邊身。菩薩爾時受飲食已，入金剛三昧，此食消已，即見佛性，得阿耨多羅三藐三菩提。是故我言，二施果報，等無差別”(T12,372ab；南本純陀品T12,611c)。

228 “乃”，底本作“爲”，誤寫，改訂。

229 “未見是無……便是無常”，參見《涅槃經》如來性品“文殊師利言，純陀心疑如來常住，以得知見佛性力故。若見佛性而爲常者，本未見時，應是無常。若本無常，後亦應爾。何以故。如世間物，本無今有，已有還無。如是等物，悉是無常”(T12,422c；南本菩薩品T12,663c)。

230 “請”，底本此下有“上請”，衍文。

231 “我施汝常命色力”，參見《涅槃經》壽命品“汝今於我欲求壽命，色力安辯(‘安辯’，元明宮本作‘安樂無礙辯才’)。我當施汝常命色力，安無礙辯”(T12,372a；南本純陀品T12,611b)。

232 “丈六是常……便是無常”，參見前注229.

233 “五句無常之難”，參見前注226.

234 “我於無量……非是始得”，參見前注227.

235 “歎”，底本作“難”，誤寫，改訂。

236 “純陀哀歎二章”，南本《涅槃經》之品名。

237 “有無窮之壽經劫不遷”，參見《涅槃經》壽命品“……如是五通，尚得如是隨意神力。豈況如來於一切法得自在力，而當不能住壽半劫、若一劫、若百劫、若百千劫、若無量劫。以是義故，當知如來是常住法，不變易法”(T12,381c；南本長壽品T12,621bc)。

238 “沮”，底本作“俎”，通假，改訂。

敗壞，同若金剛[239]。未知此果何由而得。如來下答，“修慈悲不殺業因(291)緣，故得彼常果”[240]。

即除第二疑，復生第三疑。昔修萬善，得無常佛，今修萬善，得彼(292)常果，未知云何所修善一而得報有異，故伺“云何作善業，大仙今當說”[241]。下答“一切衆生(293)皆有當覺常住佛性。依當佛性，造萬善業，緣正因備，得彼常佛”[242]。

除三疑，復生第四[243]。聞(294)“衆[244]生佛性[245]，如貧女人舍中寶藏，轉輪聖王甘露之泉”[246]，便謂“佛性離衆生有”，復聞“衆生(295)佛性住五陰中[247]，如彼力士額上寶珠[248]”，便謂“即衆生有”。是以如來下廣明中道相續一(296)實性[249]，借乳酪[250]爲說[251]。乳望於酪[252]，非自非他，非即非

---

239 “物不能沮……同若金剛”，參見前注177.

240 “修慈悲不……得彼常果”，參見《涅槃經》壽命品“菩薩亦爾，欲得長壽，應當護念一切衆生，同於子想。生大慈大悲，大喜大捨，授不殺戒，教修善法。……以如是等業因緣，故菩薩則得壽命長遠”(T12,380bc；南本長壽品T12,620b)。

241 “云何作善業大仙今當說”，參見《涅槃經》壽命品“云何作善業，大仙今當說法。……以如是等業因緣，故菩薩則得壽命長遠”(T12,380bc；南本長壽品T12,379c；南本長壽品T12,619c)。

242 “一切衆生……得彼常佛”，參見《大般涅槃經集解》卷十八“法瑤曰，從此訖‘若我住者，不離於苦’，答‘云何作善業’也。上〈四依〉以來，大意明行者修善護法，是善業也。今明善業所由生者，即佛性。佛性是生善之理，理若無者，善何由生。是則佛性是作善業之根本也。佛性是正因，善業是緣因也法。……以如是等業因緣，故菩薩則得壽命長遠”(T12,380bc；南本長壽品T37,447c)。

243 “四”，底本無，據文意補。

244 “衆”，底本作“果”，誤寫，改訂。下同。

245 “佛性”，底本無，據文意補。

246 “衆生佛性……甘露之泉”，參見前注171·174.

247 “衆生佛性住五陰中”，參見《涅槃經》如來性品“善男子，衆生佛性，住五陰中。若壞五陰，名曰殺生”(T12,408c；南本如來性品T12,649c)。

248 “如彼力士額上寶珠”，參見前注173.

249 “中道相續一實性”，參見上文“今解相續中道，衆生與佛性始終不異，得辨相

離。衆生佛性[253]亦復如是，非即非離。(297)無明衆生有當佛性，修十地無漏，明解變彼無明衆生，作金剛以後大明種智。大明種智、(298)無明衆生，始終是一[254]。

除第四疑，復生疑。聞說"若刹利婆羅門，斷除煩惱，即見(299)佛性，成無上道"[255]，純陀意謂"未見時是無，見時方有。此性便是本無今有，應是無(300)常"[256]。上來四以[257]遣，此一疑未除，故言"猶有疑心"[258]。若疑不除，四疑還生。如來引本有今(301)無偈[259]來答，五疑相與俱喪也。

[13 四依義（三）]

[13.1 五忍、四忍]

續"(P2908,112–113)，"正以現在衆生修道進德，會彼當有，爲一實性"(P2908,117–118)。

250 "酪"，底本作"略"，通假，改訂。

251 "借乳酪爲說"，參見《涅槃經》如來性品"如我先於《摩訶般若波羅蜜經》中說，我、無我無有二相。如因乳生酪，因酪得生酥，因生酥得熟酥，因熟酥得醍醐。如是酪性，爲從乳生，爲從自生，從他生耶。乃至醍醐，亦復如是。……"(T12,411a；南本如來性品T12,651c)。

252 "酪"，底本作"略"，通假，改訂。

253 "佛性"，底本無，據文意補。

254 "無明衆生……始終是一"，參見上文"金剛前無明衆生，次第修行，不斷不滅，終至金剛，變彼無明衆生，作大明種智。大明種智續無明衆生，始終是一，故名爲續"(P2908,115–117)。

255 "若刹利婆……成無上道"，參見《涅槃經》如來性品"所謂佛性，非是作法，但爲煩惱客塵所覆。若刹利、婆羅門、毘舍、首陀能斷除者，即見佛性，成無上道"(T12,411bc；南本如來性品T12,652b)。

256 "未見時是……應是無常"，參見前注229.

257 "以"，通"已"。

258 "猶有疑心"，參見前注223.

259 "本有今無偈"，參見《涅槃經》如來性品"爾時世尊即說偈言，本有今無，本無今有，三世有法，無有是處。善男子，以是義故，諸佛菩薩聲聞緣覺亦有差別，亦無差別"(T12,422c；南本菩薩品T12,663c–664a)。

(302)所以名依，此四種人，如來滅後，能流通如來無上法實，安樂人天[260]，明羅大衆，爲作(303)歸馮[261]，故稱爲依[262]。然此四人，乃是菩薩行地，理玄事奥，幽趣難解。且順先師，略(304)列名數。

此之四依，取何處人，以之爲依。若依《仁[263]王波若》《瓔[264]珞經》解，凡有(305)五忍[265]。何等五忍。之一[266]伏忍，二名信忍，三名順忍，四名無生忍，五名寂滅忍。何等爲伏忍。住(306)前三十心，名伏忍。然此三十心菩薩，未得真無漏解，始得相似波若[267]，不能永(307)斷，正能深伏。從伏[268]制名，故名伏忍。二名信忍。何以名信忍。此非是玄信必然，(308)名之爲信，正是現信[269]畢然，是名爲信[270]。從信[271]制名，名爲信忍。三名順忍。所以名(309)順忍，解心轉明，順於無生，是名爲順。從順制名，名爲順忍。四名無(310)生忍。既順無生，觀一切法，從本以來，性相空寂，無生無滅。從無生制(311)名，故名無生忍。五名寂滅忍。既見諸[272]法有生有滅，則爲動亂，若無生(312)滅，故無紛擾，名寂滅忍[273]。從寂滅制名，名[274]寂滅忍。

---

260 “天”，底本作“無”，誤寫，改訂。

261 “馮”，同“憑”。

262 “此四種人……故稱爲依”，參見前注36.

263 “仁”，底本作“人”，通假，改訂。

264 “瓔”，底本作“嬰”，通假，改訂。

265 “若依仁王……凡有五忍”，參見前注38.

266 “之一”，疑爲“一名”之誤寫。

267 “相似波若”，參見後注488.

268 “從伏”，底本無，據文意補。

269 “信”，底本無，據文意補。

270 “此非是玄……是名爲信”，參見隋慧遠《大乘義章》五忍義“信有兩種。一者證信，從前伏後，觀心轉深，分證法性。於所證法，證信清淨，故名信忍。二者玄信，以己所得，仰類上法，信解不疑，故曰信忍”(T44,701b)。

271 “信”，底本無，據文意補。

272 “諸”，底本作“請”，誤寫，改訂。

就伏忍[275]中，分爲三品。伏忍下品，名爲(313)習種性。此初十心菩薩，發意仰習一切佛法學地行，乃行無量波若，皆欲修[276]習，故(314)名[277]爲習。即此習心能與阿耨菩提作其種子，故名爲種。然此習心與菩提(315)作種，不可改脫，名之爲性[278]，故名習種性[279]也。伏忍中品，爲性種性。所以名性種性，(316)習種轉強，內故難改，故名爲性。即此性心與菩提作種，名爲種。然此性心與菩(317)提作種，不可改喪，復稱爲性，故名性種性。伏忍上品，名道種性。何故。性(318)解轉強，能除雍[280]通物，稱之爲道。然此道心能與菩提作種，以道(319)爲種，名爲道種。此道作種，不可改喪失壞，稱之爲性，故名道種性。

第二(320)信忍之中，亦分作三品。信忍下品，名歡喜地。所以名歡喜地，此初地菩薩，(321)以逕三大阿僧祇劫行道，今日時中方得越此凡地[281]，登彼聖位，慶除有(322)德。從所慶[282]制名，名爲歡喜地。若論地體，隨以緣常明空，二種波若以爲地體。(323)何名地。地有二種。一[283]安故不動，二能生萬物。此二波若，一不可頃[284]敗，二能生萬善，(324)有此二義，稱之爲地。然得地名不同，或就所除得名，或從慶心得稱，或(325)有存地體爲目。初歡喜地，要出正觀心中，緣於世諦。就所

---

273 “忍”，疑爲衍字。
274 “名”，底本無，據文意補。
275 “忍”，底本此下有“忍（々）”，衍字。
276 “修”，底本作“略”，誤寫，改訂。下同。
277 “名”，底本無，據文意補。
278 “性”，底本無，據文意補。
279 “性”，底本無，據文意補。
280 “雍”，同“壅”。
281 “地”，底本此下有“所”，衍字
282 “慶”，底本作“度”，誤寫，改訂。
283 “一”，底本無，據文意補。
284 “頃”，同“傾”。

慶得名，不(326)就地體[285]立稱。信忍中品，名離[286]垢地。所以名離垢地，常離彼戒破之稱，安心淨(327)禁。是以經云，“二住菩薩修十善，離十惡”[287]。就所除制名，名離垢地。信忍上品，名(328)爲明地。所以名明地，三地菩薩緣常修空，二種波若愈[288]朗前明。就解(329)制名，名爲明地，依[289]體立稱。

第三順忍，亦作三品。順忍下品，名爲炎地。所以名爲(330)炎地，四地菩薩二種般[290]若愈暉[291]愈猛，轉勝於前。如似炎之衝熾，其明(331)愈上。從喻制名，名爲炎地。順忍中品，名難勝地。所以名難勝地，五住菩薩(332)學五明論，醫[292]方藥石，刺灸鎮厭，功巧奇彫，所爲之事，世之絶倫，無能勝(333)常。就功能制名，名難勝地。順忍上品，名現前地。六住菩薩逆順觀十二(334)因緣，達觀縱任，照境顯然，無所隱障。從地解制名，名現前地。

第四無(335)生忍中，亦分品。無生下品，名遠行地。所以名遠行地，大士以逕二大阿僧劫行道，行行來久，故名(336)遠行地。亦可猶有一大阿僧祇劫行道，能到彼在，得阿耨菩提，遠取[293]佛果，故名(337)遠行地。《瓔珞[294]經》中，三阿僧祇劫行行，方登初地[295]。爲准前後，六

---

285 “地體”，底本作“體地”，誤寫，改訂。

286 “離”，底本作“利”，通假，改訂。

287 “二住菩薩修十善離十惡”，參見《華嚴經》十地品“菩薩住離垢地，自然遠離一切殺生，捨棄刀仗，無瞋恨心，有慚有愧，於一切衆生起慈悲心，常求樂事。尚不惡心惱於衆生，何況加害。……”(T9,548c)。

288 “愈”，底本作“喻”，通假，改訂，下同。

289 “依”，底本作“衣”，通假，改訂。

290 “般”，底本作“槃”，通假，改訂。下同。

291 “暉”，底本作“暈”，通假，改訂。

292 “醫”，底本作“依”，通假，改訂。

293 “取”，疑爲“趣”之通假。

294 “瓔珞”，底本作“纓絡”，通假，改訂。下同。

295 “三阿僧祇……方登初地”，參見《菩薩瓔珞本業經》賢聖名字品“佛子，修

阿僧祇劫行道，方登七地。若(338)依《地經》，一阿僧祇行道，得登初地，二阿僧祇劫行道，方登七地[296]。位地既同，行行久近，亦應齊(339)等。所以劫數多少非一，名雖相違，理則相順。何以故然。《瓔珞經》云，“亦有十里石，乃至有(340)萬里石。以梵天衣重三銖[297]，三年一拂，至此石[298]盡，方爲一大劫”[299]。劫名雖同，大小有異。若爾，似當(341)《地經》“一阿僧祇劫”[300]當[301]是其中劫，《瓔珞[302]經》云“住前三阿僧祇劫”[303]當[304]是其小劫。多少雖殊，久近(342)無二，故言“二阿僧祇劫行道，是名遠行地”[305]。或時復解，六地以還，所爲之事，間聲聞，所以住(343)前同凡夫二果。凡夫非久積德，皆是近行。既登七地，越彼凡二之近，故名遠行地。無生中品，名(344)不動地。八地菩薩，一心二業，初無出入迭觀之異，無相續，不爲相心所動。從地體制(345)名，名[306]不動地。無生

行是心，若經一劫二劫三劫，乃得入初住位中”(T24,1011c)。

296 “一阿僧祇……方登七地”，參見《菩薩地持經》住品“初阿僧祇大劫，解行住過，得歡喜住。五行勝進，第二阿僧祇大劫，歡喜住乃至有開發無相住過，得無開發無相住，此即決定淨心菩薩”(T30,945a)。

297 “銖”，底本作“殊”，通假，改訂。

298 “石”，底本作“不”，誤寫，改訂。

299 “亦有十里……爲一大劫”，參見《菩薩瓔珞本業經》佛母品“佛子，汝先言‘一切菩薩行道，劫數久近’者，譬如一里二里乃至十里石，方廣亦然。以天衣重三銖，人中日月歲數，三年一拂，此石乃盡，名一小劫。若一里二里乃至四十里，亦名小劫。又八十里石，方廣亦然。以梵天衣重三銖，即梵天中百寶光明珠爲日月歲數，三年一拂，此石乃盡，名爲中劫。又八百里石，方廣亦然，以淨居天衣重三銖，即淨居天千寶光明鏡爲日月歲數，三年一拂，此石乃盡，故名一大阿僧祇劫”(T24,1019a)。

300 “一阿僧祇劫”，參見上文“一阿僧祇行道，得登初地”(P2908,338)。

301 “當”，底本作“常”，誤寫，改訂。

302 “瓔珞”，底本作“嬰絡”，通假，改訂。下同。

303 “住前三阿僧祇劫”，參見上文“三阿僧祇劫行行，方登初地”(P2908,337)。

304 “當”，底本作“常”，誤寫，改訂。

305 “二阿僧祇……名遠行地”，參見上文“大士以逕二大阿僧劫行道，行行來久，故名遠行地”(P2908,335-336)。

上品，名善慧地。照心難知[307]，九地菩薩知衆生心有若干[308]，馳騁是非[309]，所緣(346)美惡，皆能善知。就能制名，名善慧地。

第五寂滅忍中，亦作三品。寂滅下品，名法雲地。(347)所以名法雲地，十方諸佛法，如雲注雨，十地菩薩能一時傾受。亦可十方衆[310]生一時有[311](348)感，十地菩薩能降大法雨，一時著法十方衆生。亦從喻制名，名法雲(349)地。寂滅中品，名無垢地。所以名無垢地，若作無惑解，斷五住地惑[312]，逍[313]然都盡，亦就(350)所除制名，名無垢地。若作有[314]惑解，所以名無垢地，雖復有惑，此將盡，斷之不難，(351)故名無垢地[315]。此無垢地，正分十地終心，以爲無垢。入地、住地，制此二心，以爲法雲。(352)離則爲二地，合則爲一地。此之二地是學地心，猶有生滅紛動。但紛動將盡，與(353)寂滅境相隣，與作勝名，故名寂滅忍。如似十地羅漢，實非羅漢，亦與作勝名，名爲(354)羅漢[316]。若見前境寂滅，名寂滅忍，亦復無傷。寂滅上品，名妙覺地，名爲佛地。(355)真常如來無明永盡，朗然大悟，故名爲覺[317]。覺中精勝，稱之爲妙。

---

306 “名”，底本無，據文意補。

307 “知”，底本作“故”，誤寫，改訂。下同。

308 “九地菩薩……心有若干”，參見下文“本願雖遂，不能得善知心有若干”(P2908, 422-423)。

309 “馳騁是非”，參見《注維摩詰經》卷一“肇曰，衆生形往來於六趣，心馳騁於是非，悉知之也”(T38,334a)。

310 “衆”，底本作“亦”，誤寫，改訂。

311 “有”，底本此下有“衆生一時有”，衍文。

312 “五住地惑”，參見本文獻 [16 五住地惑義]。

313 “逍”，底本作“肖”，通假，改訂。

314 “有”，底本作“爲”，誤寫，改訂。

315 “若作無惑……名無垢地”，參見本文獻 [15 金剛心義]。

316 “十地羅漢……名爲羅漢”，出典未詳。

317 “無明永盡……故名爲覺”，參見《成實論》十號品“坐道場時，除無明睡，得一切智，朗然大悟，故名覺者”(T32,242c)。

從覺制名，故名妙(356)覺地。此之五忍，三通有十五地。

若《地經》解，正有四忍。前之三忍，亦同五忍前三。後[318]之(357)一忍，名無生法樂忍[319]，有其四品，下配七[320]地，乃至上配法雲地。所以第四獨分爲四，前之三忍(358)但各有三，欲明前三是易顯三，後一轉難，所以彰四。何以得知。要索先索有(359)其信，然後方順，順故方能深無生，故知無生是難，難故離之爲四，前三易故，但各分爲(360)三。佛地不名爲忍，更作勝名，名一切智，欲明忍智優劣。何以得知有其優劣。然(361)學地之人雖悟實相，始悟能受，未能容豫[321]，所以但與忍名，不與種智之稱。既(362)登無學，照彼實相，縱任自在，容豫而知，是以沒其忍名，彰更智稱。此優(363)劣解義，是以忍止金剛，智在佛地。五忍通名解義，智名下通金剛以還，忍(364)名上通佛地，是以《成實論》云“見智[322]得達了，證正是一義”[323]，《成實論》順於《瓔珞》。《毘(365)曇》亦解，智名爲勝，忍名不如，順於《地經》。此《毘曇》解義，亦有順修多羅處。

若依(366)《地經》，有十四地，依《瓔珞》解，有十五地。今解四依，

---

318 “後”，底本作“有”，通假，改訂。

319 “無生法樂忍”，參見《仁王般若波羅蜜經》護國品“復有十八梵王，得無生忍，得無生法樂忍”(T8,830c)。敦煌出土《義記》第二、中寺法安法師解十地義“其第七一地，對治二因中閒之惑。二因中閒惑，即愛樂果地功德之情也。治此惑地之解，謂之無生法樂忍。謂之法樂者，從所治受名也。體深於順忍，有同於無生，故復以無生言之。此忍所以不開爲三，但爲一地者，以愛法之心，本非正結，猶是前惑餘引，不勞多行。所以不足爲三，但爲一地”(杏雨書屋271,268-271)。

320 “七”，底本作“十”，誤寫，改訂。

321 “始悟能受未能容豫”，參見下文“然此金剛最後學心，非不照理周盡，但企求而知，未能同如種知，容豫而知”(P2908,492-493)。

322 “見智”，底本作“故見”，誤寫，改訂（故見→知見→見知→見智）。

323 “見智得達了證正是一義”，參見《成實論》見智品“答曰，若見智得解了，通證皆是一義”(T32,366b)。

爲當十五地盡以不[324]，爲當亦有不取之(367)是[325]。解意，此十五地，唯[326]取中閒十三地，以之爲依，不取前後二地。十四地時，唯取中閒(368)十二地，亦不取前後二[327]地。所以不取前後二地者，初習種性菩薩未能達根知(369)性，末代通代無礙流通，化緣不具，所以不取爲依。後之一地，所[328]以不取者，(370)然釋迦如來親自在世，爲人天[329]大衆、三乘諸子，始宣無常，終顯常樂，雖有四(371)依，功用不顯。四依功用，在於未來，要索釋迦如來將終之運，寄積雙林，以明(372)常無常十二沖[330]典，委附四依。四依菩薩，如來滅後像正時，功用方顯，是以妙覺地(373)人亦不取爲四依。正取中閒十二地，常[331]前不同習種性人化緣不具，後不同妙覺地人功(374)用在現，無後代通化之能，是以不取爲依。

[13.2 **就斷惑制四依**]

然就此十三地[332]中制有四依，不過有三。一就(375)斷惑制四依，二就解制四依，三就功德制四依。

云何就斷惑制四依。初性種道(376)種，得相似般若，同斷三界見諦煩惱，唯能深伏，未能永斷。同是伏惑，是以(377)制爲初依。

同得相似般若，亦得有相似惑不。解意，得有相似般若，不得有(378)相似惑。何以得知。然解難生，不可頓起，要索久供諸佛，深殖[333]

324 "不"，底本無，據文意補。
325 "是"，疑爲"地"之誤寫。
326 "唯"，底本作"雖"，誤寫，改訂。
327 "二"，底本作"三"，誤寫，改訂。
328 "所"，底本作"何"，誤寫，改訂。
329 "天"，底本作"無"，誤寫，改訂。
330 "沖"，底本作"仲"，通假，改訂。參見釋曇積〈諫周祖沙汰僧表〉(《廣弘明集》卷二十四)"豈責其得失於一人之上，置不恒之式於十二沖典"(T52,279b)。
331 "常"，疑爲"當"之誤寫。
332 "十三地"，參見上文"此十五地，唯取中閒十三地，以之爲依"(P2908,367)。

德[334]本，於二諦(379)理方能髣髴生解。是以解不頓生，得知有相似般若。所以得知無相似惑(380)者，然衆生廣劫以來，恒習諸惡，習利順情，不起則以[335]，起則頓發。是以得知(381)無相似惑，正得有相似般若、名字見諦，名聖種性聖人。

信忍菩薩，名須陀洹。始(382)從初地，終至三地，皆修習無漏空[336]，更無得、向之別，盡名須陀洹。小乘經中，(383)始入無相盡於見業無漏，金剛心以還，盡名須陀洹行，不名須陀洹也。要索(384)解脫心起，更無進趣息舊之心，方名須陀洹。所以小乘經中，要標果心爲須(385)陀洹。

大乘中，何以不標果心爲須陀洹。解意，然小乘之人不能亡果行因，積(386)情其處近，是以標果爲須陀洹，欲令希果行因，進修心速，是以無相行中沒(387)果，不章果名，要解脫心起，方顯須陀洹之稱。然菩薩大士亡果行因，唯(388)與進行之務，不須標果行因，但使修習[337]無漏，皆須陀洹[338]，不復標果爲須陀洹。

又(389)問，何以羅漢行中得章果名，如來行中何以不彰息舊之稱。解意，不得小德(390)之人機根是鈍，不能一切時中精懃[339]行之，不能不有暫◇[340]之時。是故稱彼小(391)心羅漢行，章其果名。然菩薩大士根機是利，行之心猛，不得無上菩提，要(392)不止息。是以聖人忘彼大心如

333 “殖”，底本作“値”，通假，改訂。

334 “德”，底本作“得”，通假，改訂。

335 “以”，通“已”。參見照法師《勝鬘經疏》(擬題)“神識不起則已，起則託境”(S524,453-454；T85,270b)。

336 “修習無漏空”，參見《涅槃經》迦葉菩薩品“善男子，須名無漏，陀洹名修習。修習無漏，名須陀洹”(T12,577c；南本T12,825a)。

337 “習”，底本作“集”，通假，改訂。

338 “修習無漏皆須陀洹”，參見前注336.

339 “懃”，同“勤”。

340 “◇”，疑爲“憩”。

來，因中不章數息之日。

然須陀洹人是信忍菩(393)薩，信忍下品斷欲界見諦，信忍中品斷色界見諦，信忍上品斷無色界見諦。(394)斷三界見諦，如須陀洹菩薩。

斯陀含人是順忍菩薩，順忍下品斷欲界(395)思惟，順忍中品斷色界思惟，順忍上品斷無色界思惟，名斯陀含菩薩。須陀洹斯(396)陀含[341]，同斷三界見諦、修道二種煩惱，制爲第二依人。

那含菩薩，名無生忍。無生(397)下品是七地菩薩，由[342]有順道之憂，憂佛愛菩薩，樂涅槃果，心斷愛佛功德盡。無(398)生中品是八地大士，斷色塵[343]無知，知十方世界爲爾許微塵成，知十方衆生所有色(399)身爾許微塵成。於此塵數，多少皆知，故八地大士斷色塵無知。九地菩薩斷(400)心塵無知。此那含人[344]菩薩，同斷三界外遠果無知，制爲第三依。

阿羅漢(401)者，是寂滅忍中、下品，斷色心絶因無知，制爲第四依。此國[345]就惑斷制四依。

[13.3 就解制四依]

第(402)二復就解制四依。性種道種，同得彼《涅槃》文下之旨八分義，制爲初依。從初地至六地，同得《涅槃》文下之旨[346]十二分義，制爲第二依。始從(403)七地，終至九地，同得《涅槃》文下之旨十四分義，制爲第三依。始從十地，盡十一地，同(404)得《涅槃》文下之旨十六分義，制

---

341 “含”，底本無，據文意補。

342 “由”，通“猶”。

343 “塵”，底本作“歷”，誤寫，改訂。

344 “含人”，底本作“人含”，誤寫，改訂。

345 “國”，疑爲“剋”之通假。參見下文“國成不悋”(P2908,411)。

346 “八分義制……文下之旨”，底本無，據文意補。參見上文“五恒行道，得八分義，爲第一依。六恒行道，得十二分義，爲第二依”(P2908,102-103)。

爲第四依。

然初依菩薩得八分之解，正名作(405)相似般若、名字見諦、名字無漏，未是真空無漏。始從初地，終至六地，不能(406)一念雙緣二諦。七地菩薩厲心則雙，容豫則隻。八地以上，一切時中雙照二諦。

(407)若爾，云何得辨優劣[347]。雖人小，猶得辨優劣。云何得知。初地至六[348]地，雖復雙(408)照二諦，欲入雙時，百心五十心，然後[349]方乃得入。七地菩薩前心在隻，後心即能入(409)雙。八地以上，一切時雙，初無出入之異。此復一種就解制四依。

[13.4 就功德制四依]

第三就功德制四(410)依。性種道種，亦行十波羅密，但[350]未能成就。行施檀度之時，雖一切時頭目髓腦，(411)國[351]成不悋，亦有暫時不能。餘度亦爾。是以不得與其波羅密名，制爲初(412)依。

初地以上[352]，亦行十波羅密，亡相心中，時行皆能成就，無有暫時不能，是以得(413)彼波羅密名。雖具行十度，然檀度是易，制與初地，持戒轉難，制與二地。何(414)以得知。世閒[353]雖能捨財，不必能得修持淨戒。但[354]能持戒，必能捨財，故知衆生持(415)戒是難。是以◇引經爲證，《大品經》云，“龍受八戒，乃至身乾命終，果不犯戒”[355]。(416)

347 “若爾云何得辨優劣”，此問之前，文中應有如上文中“又復一解，初地以上，皆空有雙觀”(P2908,99-100)等一文的存在。

348 “六”，底本作“無”，誤寫，改訂。

349 “後”，底本作“役”，誤寫，改訂。

350 “但”，底本作“俱”，誤寫，改訂。

351 “國”，疑爲“剋”之通假。參見上文“此國就惑斷制四依”(P2908,401)。

352 “上”，底本無，據文意補。

353 “閒”，底本作“聞”，誤寫，改訂。

354 “但”，底本作“俱”，誤寫，改訂。

355 “龍受八戒……果不犯戒”，參見《大智度論》卷十四“如菩薩本身，曾作大力必能持戒之心，是其難辨。若以頭目髓腦，亦復不易。雖爾，易於持戒。何(417)以得知。有人雖捨頭目，不必修持淨戒，一切無犯。但持淨戒，必能捨於頭目，(418)是以持戒是難，制以二地。雖[356]能持戒，不必能忍，是以忍度制以三地。雖復(419)能忍，不必能得一切時中策進其行，精進是難，制以四地。雖[357]能精進，未必能得具諸禪(420)定，制與五地。雖能具八禪定，不必能得成般若，是以慧度制以六地。雖(421)具般若，不必能具無方善巧，是以方便制與七地。雖以無方善巧，然◇(422)由[358]未備滿稱，遂本所求願，是以願度制爲八地。本願雖遂，不能得善知(423)心有若干[359]，自不明解，餘何能窮達，其唯九地，是以力度制與九地。雖[360]與力度，(424)不必能得歷緣無方別故，是以智度制[361]與十地。是以第三就功德制四依，此功(425)德不常[362]福業，亦通慧業。福之以慧，盡爲功德。

就解制四依，文義俱(426)有。就斷惑制四依，亦文義備有。就功德制四依，義有文無。

毒龍。……是龍受一日戒，出家求靜，入林樹閒，思惟坐久，疲懈而睡。……獵者見之，……便以杖按其頭，以刀剥其皮。龍自念言，……我今以持戒故，不計此身，當從佛語。……爲持戒故，一心受剥，不生悔意。既以失皮，赤肉在地。……見諸小蟲，來食其身。爲持戒故，不復敢動，自思惟言，今我此身，以施諸蟲。……如是誓已，身乾命絶（三本宮本作‘終’），即生第二忉利天上”(T25,162a)。《成實論》七善律儀品“問曰，餘道衆生，得此戒律儀不。答曰，經中說，諸龍等亦能受一日戒。故知應有”(T32,303a)。

356 “雖”，底本無，據文意補。

357 “制以四地雖”，底本無，據文意補。

358 “由”，通“猶”。

359 “不能得善知心有若干”，參見上文“九地菩薩知衆生心有若干”(P2908,345)。

360 “雖”，底本作“唯”，誤寫，改訂。

361 “制”，底本無，據文意補。

362 “常”，疑爲“當”之誤寫。

[14 相續義 (三)]

[14.1 章]

相續義

(427)夫至寂之明，以惑心爲本，大覺之照，以未識爲基。是以大士樹德遐[363]代，方證(428)常樂妙果，高明累劫，方契我淨之宗。然實法運遷，無得無證，因圓果就，(429)必據相續。是以合抱之樹，起於豪端[364]，莫不始小終大，初淺後深。衆生修行，其(430)致亦爾。要須久積妙因，十地行滿，金剛心謝，畢常顯現。爾乃變惑成智，轉(431)識爲解。是以經言“衆生作佛，佛續衆生”[365]。

但自相續理深，不可頓解，指事況玄，(432)易可求解。故借乳[366]酪因果[367]，喻之遠趣云何。若以五味條殊，則藉酪無(433)別，因果住論，則[368]始終莫二。故經言，“置毒乳[369]中，酪則殺人”[370]。行者相續，義亦均(434)此。若語衆生與佛，雖[371]復明昧有別，若以者慮通望，則無常行人終爲不遷(435)綰御，轉凡微之[372]識，成大果之照。故經云，“本時鹿王，我身是也”[373]。但自論[374]相續，則虛(436)實同體，辨真僞，則[375]二諦

---

363 “遐”，底本作“暇”，通假，改訂。

364 “合抱之樹起於豪端”，參見《老子》第六十四章“合抱之木，生於毫末。九層之臺，起於累土。千里之行，始於足下”。

365 “衆生作佛佛續衆生”，出典未詳。參見敦煌出土《法華經文外義》“又問，衆生作佛，佛續衆生者，涅槃是假以不”(上揭《藏外佛教文獻》第二輯，p.297)。

366 “乳”，底本作“浮”，通假，改訂。

367 “乳酪因果”，參見前注251.

368 “則”，底本無，據文意補。

369 “乳”，底本作“浮”，通假，改訂。

370 “置毒乳中酪則殺人”，參見《涅槃經》如來性品“若言乳中定無酪者，乳中何故不生兎角。置毒乳中，酪則殺人。是故不可說言，乳中定無酪性”(T12, 411b；南本如來性品T12,652a)。

371 “雖”，底本作“唯”，誤寫，改訂。

372 “之”，底本無，據文意補。

區分。是以成情抱迷，執一[376]爲二，聖達玄通，以二爲一。相(437)續實性，略列如此。

[14.2 釋]

又問，向解相續，云道“常無常雖異，相續爲一”[377]，未識此(438)一爲[378]是無常家一，爲是常住家一。又解，常無常雖分，一義權[379]通。

(439)又問，若當一義權[380]通因果者，便是常無常外，別有第三法起。若爾者，此(440)之一義二諦不攝，若不攝，應有第三諦起。答，則不然。若當二外別(441)有，一如向難。欲明此一更不別有體，說二以爲一，云何得有第三法起。

(442)又問，若更無第三法起者，是爲凡夫謂二，應是會理，智者了達，但(443)應望緣。答，則不然。凡夫闇情，妄執定實，執一爲[381]定一，執二爲定二，求(444)於一二。是以雖作一二解，亦不如一二而知，故凡夫非是會理之解。欲(445)明聖智明練，虛心玄會，終日緣二以爲

373 “本時鹿王我身是也”，參見《大智度論》卷十六“如說，波羅柰國梵摩達王，遊獵於野林中，見二鹿群。群各有主，一主有五百群鹿。一主身七寶色，是釋迦牟尼菩薩，一主是提婆達多。……”(T25,178b)。敦煌出土《成實論章》(擬題) 十號“是故經言，本時鹿王，我身是也”(S2463,525)。同《法華經文外義》“故經言，本時鹿王，今則我身是也”(上揭《藏外佛教文獻》第二輯，p.298)。

374 “論”，底本作“倫”，通假，改訂。

375 “則”，底本無，據文意補。

376 “執一”，底本此二字重疊，誤寫，改定。

377 “常無常雖異相續爲一”，參見上文“常無常別，得言有異。……大明種智續無明衆生，始終是一，故名爲續”(P2908,115-117)。

378 “爲”，底本無，據文意補。

379 “權”，底本作“灌”，通假，改訂。

380 “權”，底本作“灌”，通假，改訂。

381 “爲”，底本無，據文意補。

一，終日緣一以[382]爲二。是以一邊恒據(446)始終論，二邊[383]就曲分而語。是以聖人緣一，無妄念之過，失境之愁。

(447)又問，得知一義權[384]通因果，聖人心緣無爲，無妄緣之咎者，由[385]未識此一(448)爲當是假，爲當是實。答言，非假。何以得知。若有體[386]所成，可得言(449)假。欲明此一不爲二所成，故非假。

又問，若一義非爲是假者，亦應非續。(450)既云“是續”，寧爲非假。又答，不然。續以不斷爲義，假以重虛爲義，是(451)故此續一而非假。

又問，得知此續一而非假。未識此續爲復同時論(452)續，爲是前後論也。答言，常無常不竝，是故相續要是前後。

(453)又問，常無常既得相續，亦應相待。答，則不然。常住妙果，出待之法，云何相待。

(454)又問，若爾者，出待之法亦不應明續。答意，續他後起，名之爲續。

又問，若(455)爾，梯他後起，亦應是待。答，則不然。不斷解續，續義亘通因果。凡爲相待，(456)本要是不足，故須相待。欲明常住萬德滿足，云何有待。

又一解，待本要(457)是同時有，得論相待。何以得知。如長短同時，得有相待，青黄亦然。(458)欲明常無常不得同時，辨相續故，不得相待也。

又問，轉、變、續，此三爲異。(459)解，體一義殊。

---

382 “以”，底本無，據文意補。

383 “邊”，底本無，據文意補。

384 “權”，底本作“灌”，通假，改訂。

385 “由”，通“猶”。

386 “體”，底本此下有“成”，衍字。

問意，“若無明轉，則變爲明”[387]，此爲當就續中以辨變，爲當指續(460)以爲變。答家言，續中以辨變。

又問，若爾者，金剛心不足，故可改換種智，(461)佛果凝然，云何得有改換變義。解意，佛果常住，滅改換都盡，故我(462)體始是大改換法。何以知之。生滅永盡，故便轉變自在，無方應化，(463)豈非大改換也。

又問，若“以者[388]慮權[389]通，相續爲一”[390]者，果中更無異體，因(464)成綰御，云何有者。解意，雖不同下地，因成綰御，無常行者，欲明常住真(465)體，體備衆義，義以爲別，體以爲總。總別有殊，義中得說綰御，故有者(466)義。

又問，若以二者相望，得有相續時，爲是生因中辨續，爲是習因中明(467)續。又答，因中者，以非色非心爲體。體是報法，無有習因之義。乃可丙他習(468)因，名者爲習，者體非習。

又問，若爾者，亦可丙他續故名(469)續，者上無續。解意，備如向解，續義通上下，是故二者相望，得有續義。習因本(470)惟據心道，故者上不得論習。乃可生名爲有[391]義，是寬得就生因中辨(471)續。若就無明識慮辨續時，此就習中明續。

又問，行人作佛時，爲一中辨(472)作佛，爲異中作也。解意，佛與衆生若一，亦無作佛之義，若定異，亦無作(473)佛之義。今言“行者成佛”時，一異中辨作佛義也。

又問，者爲色、心、無色[392]所成，(474)此行者相續成佛之時，爲當

---

387 “若無明轉則變爲明”，參見前注70.

388 “者”，底本無，據文意補。

389 “權”，底本作“灌”，通假，改訂。

390 “以者慮權通相續爲一”，參見上文“若以者慮通望，則無常行人終爲不遷綰御，轉凡微之識，成大果之照”(P2908,434-435)。

391 “有”，疑爲“者”之誤寫。

392 “色心無色”，參見《成實論》法聚品“色法者，色聲香味觸也。無色法者，

唯者慮相續，無作與色亦有續義。答意，(475)亘通因果，無作與色，不通因果。何[393]以故然。色本但是頑固[394]，往至有(476)頂、四空則無，三界外亦無。若論無作，隨心乃至金剛心滅，無作亦謝，(477)是故固一。

又問，爲當行者成佛竟，方有續義，未作佛時亦有續義也。(478)答意，未成佛時，常無常不竝，乃可畢有續用。要待修行向佛，至金剛心(479)時，慧見佛性，爾乃[395]續義方顯。

又問，爲一有一無，論其相續，爲是兩有，以辨(480)相續。答意，有無不相續。衆生作佛，二有以相續。行人望佛，此是現有(481)續當有，據佛望衆生，此是現有續曾有。若論金剛以下，有無容有(482)相續。何者是。如無餘涅槃，續身智後起，此是世諦，亦續亦假[396]。若論佛(483)與衆生，續而非假也。

[15 **金剛心義**]

[15.1 **章**]

金剛心義

(484)夫惑違理起，出自妄[397]情，解生悟空，聖者所剋。若語惑之生，妄取法實，論(485)解之起，與惑相翻。觀空正解，能斬煩惱，惑不能沮[398]，故稱金剛。若就(486)理而言，得金剛名者，要是如來一人。是

心及無作法也”(T32,252b)，“色法者，色等五法也。心法者，如上說也。心不相應行者，無作業也”(T32,252bc)。

393 “何”，底本作“所”，誤寫，改訂。下同。

394 “色本但是頑固”，參見下文“色本頑固”(P2908,727)。

395 “乃”，底本作“有”，誤寫，改訂。

396 “假”，底本作“彼”，誤寫，改訂。

397 “妄”，底本作“望”，通假，改訂。參見下文“若語惑之生，妄取法實”(P2908,484)，“堅執之惑，出自妄情”(P2908,541-542)。

398 “沮”，底本作“徂”，通假，改訂。

以經言“金剛喻者，是第一義智”[399]。(487)《涅槃》中言，“如來身者，是金剛身”[400]。若爾，今所以就學地終心，制金剛(488)之名者，爲欲引於下流，使不自絶。以是義故，就十地最後一念解心，作(489)金剛名。

然金剛之名，就喻爲況云何。世之金剛，有其二義。一能摧外(490)物，而體無損。二沙礫不礙，徹到金剛方止[401]。此之最後學心，亦有二義。一(491)者[402]能碎惑體，不爲惑沮[403]。二者此心所觀，徹到初住所觀。具此二義，故稱(492)金剛。

[15.2 **釋**]

[15.2.1 **無惑金剛**[404]]

然此金剛最後學心，非不照理周盡，但企求而知，未能同如種(493)智，容豫而知[405]。

又解[406]，體雖非惑，而斷障種智之闇，是故劣於種智。

---

399 “金剛喻者是第一義智”，參見《勝鬘經》“世尊，金剛喻者，是第一義智”(T12,221a)。

400 “如來身者是金剛身”，參見《涅槃經》金剛身品“善男子，如來身者，是常住身，不可壞身，金剛之身，非雜食身，即是法身”(T12,382c；南本T12,622c)。

401 “沙礫不礙徹到金剛方止”，參見《涅槃經》如來性品“復次善男子，譬如有人，善知伏藏，即取利钁，斸（南本作‘掘’）地直下。磐石沙礫，直過無難，唯至金剛，不能穿徹。夫金剛者，所有刀斧，不能沮壞”(T12,408c；南本如來性品T12,649c)。

402 “者”，底本無，據文意補。

403 “沮”，底本作“徂”，通假，改訂。

404 “無惑金剛”，參見上文“所以名無垢地，若作無惑解，斷五住地惑，肖然都盡，亦就所除制名，名無垢地。若作有惑解，所以名無垢地，雖復有惑，此將盡，斷之不難，故名無垢地”(P2908,349-351)。亦可參見隋慧遠《大乘義章》金剛三昧義（T44,639c-640c)。

405 “未能同如種智容豫而知”，參見上文“然學地之人雖悟實相，始悟能受，未能容豫。所以但與忍名，不與種智之稱。既登無學，照彼實相，縱任自在，容豫而知。是以沒其忍名，彰更智稱”(P2908,360-362)。

406 “又解”，疑此前脫漏提問之句。

又復(494)一解，未免[407]生故，劣於種智。以此義惟[408]，障金剛之惑，用金剛前心除，乃至(495)障初住之惑，用前解行終心伏斷。

若爾者，金剛心中，竟無闇(496)可斷。又解，體雖無闇，本凡夫時，曾有[409]障種智之惑，是故金剛心乃斷。(497)乃至初住解空之心，尚無惑可斷。所以然。欲明解中無惑，解惑不竝。而[410](498)所以言“空心斷結”者，此乃斷凡夫時所起異心之惑。初住空心，尚無(499)其惑，況復二住以上，乃至金剛，空解而有惑也。初住空心雖明，由故(500)不如金剛大明。雖然，明闇不竝，解惑不俱，理均無二。如似火炷，大(501)小俱無冷，但有[411]照所不及處。乃是力不敵，非是即解有惑故不及也。如此(502)義推[412]，非謂一心亦明亦闇。

如此解時，無惑金剛，都不辨無礙、解脫雙(503)道滅結[413]。是故此無惑金剛，唯有生滅，苦諦所收。體上無惑，非是集諦。

[15.2.2 有惑金剛]

(504)有惑金剛家，即體照理邊，名之爲解，朴境不違，即體是惑。是故(505)一念金剛，體亦解亦惑。是故此即體之惑，敵對相當，正障金剛，遠(506)而言之，亦障種智。是以用金剛爲無礙道[414]，種智爲解脫道。無礙、(507)解脫，相續不斷，共除金剛心中同體惑。是以經云“雙道滅結，大仙(508)之所說”[415]。

---

407 “免”，底本作“勉”，通假，改訂。
408 “惟”，疑爲“推”之誤寫。
409 “有”，底本無，據文意補。
410 “而”，底本次行行首重寫有“而”，衍字。
411 “有”，底本無，據文意補。
412 “推”，底本作“雖”，誤寫，改訂。
413 “無礙解脫雙道滅結”，參見後注415.
414 “道”，底本無，據文意補。

又問，金剛心中，解之與惑俱同一念，生滅[416]處齊。何以此(509)惑不能障於金剛，而爲金剛所斷。又解，雖復解惑同體，(510)一念處齊，但以金剛空解，緣理而生，牽後種智義強。何[417]者，一念之(511)惑由迷理起，極勢盡此，更無有後可牽。是故金剛能斷此即體(512)之惑，不爲惑障。如世閒樸之人，一時俱到，力大者體捍。此義亦然，(513)解惑同體[418]，(514)俱共生滅，但以金剛力大故體捍[419]，斬惑不續。如此解(515)時，類下乃至初住空心，解惑同體，亦明亦闇，皆亦如是。

如此解時，(516)六地終心以來，唯斷異心之惑，七地以上乃至金剛，唯斷即心惑。若(517)論即心惑細遍[420]，解惑俱有。是故三界內，雖有即心之惑，細故不(518)彰。六地以下，一向不斷即心之惑，七地以去乃至金剛，方斷此即心(519)惑。

又問，一念解中得論亦解亦惑者，一念之火亦應冷熱俱有。又解，不(520)類。解本從習故有，不可頓生，是故[421]解體由故有惑。欲明一(521)念之火，正以熱觸爲體，非是習故方有，是故一念元火中不得有(522)冷。

又問，金剛心中，惑與亂同體以不[422]。又解，三界內異煩惱，與

---

415 "雙道滅結大仙之所說"，參見《雜阿毘曇心論》賢聖品"謂彼雙道滅，世尊之所說者，此三界煩惱，當知無礙解脫道滅。無礙道能斷煩惱，得解脫道得解脫（宮本聖語藏本無'道得解脫'四字）證。無礙道斷煩惱，解脫道不失所作，故說雙道滅"(T28,913b)。

416 "滅"，底本作"或"，誤寫，改訂。

417 "何"，底本作"向"，誤寫，改訂。

418 "體"，底本此下有"明亦闇，皆亦如此。如此解時，六地終心以來，唯斷異心之(514)惑，七地以上，乃至"等二十九字，衍文。

419 "捍"，底本無，據文意補。

420 "遍"，疑爲"邊"之通假。

421 "故"，底本此下有"是故"，衍文。

422 "不"，底本無，據文意補。

亂同體，三(523)界外惑，不與亂同體。何以知之。亂本境中紛動，體是其麁，故(524)與三界內異麁惑同體。欲明金剛心中惑細，是故即心惑中無其亂。

(525)又一解，性惑是長，亂以爲短。何以知之。若論執性，遍通識想，(526)論亂不通，故知此亂爲短。故金剛心中唯有性惑，無其亂也。

若爾(527)者，金剛心中不應有定。若有定，云何無亂。又解，但理中定心，亦(528)除性惑。

又問，得有八地定不。又解，萬行備足，何爲無。

又問，若有八地，焉爲(529)不得有亂可除。又解，備如向釋[423]。亂短故，不得至金剛中斷。六地終心(530)時，以[424]斷盡也。

又一解，若論窮禪定理原，唯佛一人。故知金剛心中亦(531)性[425]亂兩習。

又解，一念剛心，常無常雙照，空有竝緣。緣有義邊，(532)不能斷結，非是金剛。如似煖心後空比忍，此心背觀，不能斷結，亦(533)非煖心也。金剛中，定慧二義，都能除結也。

[16 **五住地惑義**]

[16.1 **章**]

五住地惑義[426]

---

423 "備如向釋"，參見上文"又一解，性惑是長，亂以爲短。……故金剛心中唯有性惑，無其亂也"(P2908,525-526)。

424 "以"，通"已"。

425 "性"，底本此下有"亦性"，衍文。

426 "五住地惑義"，參見《勝鬘經》"煩惱有二種。何等爲二。謂住地煩惱及起煩惱。住地有四種。何等爲四。謂見一處住地、欲愛住地、色愛住地、有愛住地。此四種住地，生一切起煩惱。起者，刹那心刹那相應。世尊，心不相應無始無明住地"(T12,220a)。

(534)夫衆生所以可重者，尚其有心，所以可貴，以能了境。理而言之，無有不可知之(535)境，無不能知之心。然境所以不可知盡，心所以不能知者，由惑故爾。惑而言之，(536)名有塵沙，擧綱[427]收要，唯有即異之別。

論惑之起，莫不由心，非即如(537)何。即義可爾，異復云何。解言，惑不離心，實有此理。始言即者，直守不(538)知之心，解惑俱有，體通想識，復遍貪瞋，故言即也。語異之◇[428]，不(539)但不知，乃更生異解。作意愛緣，名之爲貪，起念怒物，目之曰瞋。染(540)恚各別心，見慢各[429]別意，故言異也。

即心之惑，更無作意，仍守本名，(541)故爲無明住地。異心煩惱，由開作意，有堅柔[430]之殊，凡聖之別。堅執之(542)惑，出自妄情，以見爲主，生餘[431]煩惱。一會空理，相與頓遣[432]，是以爲見一(543)處住地。輭柔[433]之患，起由聖心，生有增微，斷有前後。思惟四使，生斷(544)應類。以愛能潤生，功長用顯，上下階降，爲三住地。故三界凡聖，合(545)爲四住。前能生後爲地，同類不移曰住。

[16.2 釋]

[16.2.1 二種煩惱]

然即異之惑，尋經[434]證之，(546)莫識前後。經但言[435]"無[436]始無

427 "綱"，底本作"剛"，通假，改訂。
428 "◇"，疑爲"談"。
429 "各"，底本無，據文意補。
430 "柔"，底本作"濡"，通假，改訂。
431 "餘"，底本作"余"，通假，改訂。
432 "遣"，底本作"遺"，誤寫，改訂。
433 "柔"，底本作"濡"，通假，改訂。
434 "經"，底本作"逕"，通假，改訂。

明”[437]，不言“四住無始”。似若有初趣之(547)定位，其致難解。

解言，有衆生畢有無明，衆生既莫測[438]其初，無明寧(548)識有始，故經言“無始無明住地”[439]。惑要由識想，然後乃成義，似(549)於後言無始。

又解，二惑之生，同莫知其原，但必藉起於四住，終不假(550)四住，有此無明。是故四住沒無始之稱。四住煩惱，起由識想，至行(551)方成，四心應和，同緣一境，故曰“相應”[440]也。無明而言，四心俱齊，不知處(552)一，無有心異境殊。既無別意，寧辨相應，故言“心不相應”[441]。四住煩惱，(553)內心爲功，能作多故，貪瞋各稱，疑見別目也。無明之惑，從境立號，(554)故有障禪智之名，穫止觀等名字也。

[16.2.2 **昔教、今教**]

二種煩惱，麁判[442]於上。然諸(555)人多執昔教，故言“四住煩惱，起有增微，惑有輕重”，疑今故言(556)“無明之惑，同昔說，麁細起斷應類”。解云，經教不同，布唱有異，那(557)得以彼類此也。昔辨惑異心，故起有增微，乃至除遣，先重後輕。今(558)說即念，無知不知准一，何有麁細。如似何等。且據一事，如似佛性、種(559)智。始見性明滿，最後金剛，解心未了，竝可遂現，解境之難(560)易，明衆惑漸少，厚薄之趣，如似可解。欲使今惑麁細准同，實(561)慨嘆之，解惑不俱，明來闇

435 “但言”，底本作“言但”，誤寫，改訂。
436 “無”，底本此下有“但無”，衍文。
437 “無始無明”，參見前注426.
438 “測”，底本作“側”，通假，改訂。
439 “無始無明住地”，參見前注426.
440 “相應”，參見前注426.
441 “心不相應”，參見前注426.
442 “判”，底本作“泮”，通假，改訂。下同。

謝，而言即念，金剛由有今昔渾波[443]，(562)何可取別。解惑既不同，金剛亦異心惑，故解時無惑，雙道有明文[444]。(563)今除即念，力能牽後，功由金剛，種智起時，照理明滿，真得斷(564)名。是以經言，“唯佛菩提智斷”[445]。未達之徒[446]謂二教一種，典[447]悟之士知(565)今昔異說。兩經有別金剛，灼然別矣。

若依故猛都[448]解時，凡夫識想受(566)中無明[449]，由故不斷。何以故然。欲明凡夫三心[450]中無明細，故障三(567)界外七地以上勝解。是以七住以上，方斷此三心中即心無明。在六住以下，雖有(568)即心無明，一向[451]不斷，但斷行陰中異心惑。是故小乘中兩輪煩惱，都(569)就行中異心惑中，判此二輪惑也。

又解，聖人有空解在心，能開導(570)識想，是以聖人三心中無明細[452]。凡夫無解開導，故三心中無明麁。(571)是以觀假實空，斷三界三輪惑時，非不除三心麁無明也。細者(572)三界外，七地以去方斷也。

依招法師[453]解時，三界外一念神識，忽爾(573)而起，莫知所從，更

443 “波”，疑爲“成”之誤寫（渾成＝混成）。

444 “雙道有明文”，參見前注415.

445 “唯佛菩提智斷”，參見《勝鬘經》“如是無明住地力，於有愛數四住地，其力最勝。恒沙等數上煩惱依，亦令四種煩惱久住。阿羅漢辟支佛智所不能斷，唯如來菩提智之所能斷”(T12,220a)。

446 “徒”，底本作“途”，通假，改訂。

447 “典”，底本作“洪”，通假，改訂。

448 “故猛都”，參見《魏書》釋老志“世宗以來，至武定末，沙門知名者，有惠猛”。〈魏故照玄沙門都維那法師惠猛之墓誌銘〉（端方《陶齋藏石記》卷九，趙萬里《漢魏南北朝墓誌集釋》卷六等）。

449 “明”，底本此下有“想無明”，衍文。

450 “三心”，識、想、受陰。參見下文“前之三心不得人名”(P2908,789)。

451 “向”，底本作“伺”，誤寫，改訂。

452 “細”，底本無，據文意補。

453 “招法師”，參見照法師《勝鬘經疏》（擬題）“‘世尊，心不相應’者，解三界外煩惱。‘無始’者，神識不起則已，起則託境，託境不了，名曰無明。更無有

無始於我者，故曰無始。不了法相，即是無明。(574)體能生後名地。後來依前曰住。故言“無明住地”[454]。於此地上起者[455]，(575)名“起煩惱”[456]。漸漸轉麁，隣於無色，修道門中第九最後微品(576)結。如是漸漸轉[457]麁，乃至欲界惑，十使重惑，況輪生死無窮。種苦(577)既爾，後時思善代惡，返流盡原，還次第斷惑之時，從麁至細。

[17 **解惑兩判義**]

[17.1 **章**]

(578)解惑兩判義

夫解順理起，惑迷理生。解順理故，有定慧之異，惑迷理(579)故，有性事之別[458]。是故法雖無量，以解惑住收，無有不盡。

直自解(580)有二種。一是事中之解，八地定是也。二是空中真解，聞思以上是也。

(581)障有二種者，一是性障，貪瞋十使[459]是。二者事障，造動之心及以不知之(582)事是。若論事障，正有近遠二障[460]，遠障聞思。若論性障，正(583)障空解，兼障八地定。障雖無量，不出事性二障。是故論

先，故曰無始。尅此一念無明，能生後惑名地。後生煩惱不斷名住。與住爲地，故曰無明住地。後煩惱從此上生，名爲起煩惱。……如是相續，展轉漸麁，隣近三界，始起非相一念之惑，即以爲有愛住地。後從此一念背上生者，名爲起煩惱。……”(S524,453-458；T85,270b)。

454 “無明住地”，參見前注426.

455 “者”，底本次行行首重寫有“者”，衍字。

456 “起煩惱”，參見前注426.

457 “轉”，底本作“輪”，誤寫，改訂。

458 “解順理故……性事之別”，參見敦煌出土《法華經文外義》“有解言，八禪之定，以之爲事，性空之理，稱之爲性。亂惑障定，以爲事惑，煩惱障理，名爲性惑也”(上揭《藏外佛教文獻》第二輯，p.327)。

459 “貪瞋十使”，參見前注13.

460 “障”，疑此下脫漏“近障八地定”等一句。

言，“有(584)二種無明。一障禪定，二起煩惱”[461]。以此故知，二種無明，收惑皆盡。

[17.2 釋]

[17.2.1 二種無明解義]

如此解，(585)障通無明亦落[462]在障禪無明中。何以得知。然同是事中障也。若(586)爾者，用定發通，但應伏亂得通，不應斷障通無知。若更(587)斷障通[463]無知者，故知障定無明不收障通無知。又解，定以爲(588)因，通以爲果，因果位別，論障亦別。是以定時唯能伏亂，不得通故，更須斷障。(589)若論相收時，同是事上所起，俱障事中之解，是故相收。

又一種解，(590)二種無明解義，俱收性亂二相，不收障通無知。何以如此。得定伏(591)亂，不必得通，故知障定無明不收障通無明。是故羅漢人(592)得八地定，而不得[464]五通。

又問，叵有[465]性障，不與亂同體以不。解意，但(593)今解性障者，無不與亂同體。

若爾，定心伏亂時，亦應通其性(594)障。又解，如是。何以知之。凡夫得八地定伏亂，亦不起貪瞋，故知得(595)定伏亂[466]，亦通伏性。但靜亂相對，但道“定心除亂，慧斷貪瞋”。

(596)又問，得知性障其必與亂同體，未知叵得有一亂，與性不同體

461 “有二種無……二起煩惱”，參見《成實論》具足品“慧品具足者，有二種無明。一障禪定，二起煩惱。如來悉斷”(T32,239c)。

462 “落”，底本作“洛”，通假，改訂。

463 “通”，底本無，據文意補。

464 “得”，底本此下有“不”，衍字。

465 “叵有”，底本作“有叵”，誤寫，改訂。“叵”，通“頗”。

466 “伏亂”，底本作“亂伏”，誤寫，改訂。

(597)以不。有[467]解，亦有。何者是也。小乘經中，慧解脫人性結雖亡[468]，由[469]有八地亂在，故(598)知此不與性同體。如此解[470]時，羅漢不修五通時，障通無知亦(599)不與性障同體。若依大乘中解，九地大士空不終，由見法有性，故(600)知天下無有一事之中無明，不與性同體。

又問，伏亂之時，爲用定邊(601)伏亂，爲用分別邊伏。又解，即定心有分別義邊伏亂，直爾緣(602)心一境，不能亂。

若爾者，何以言"定能除亂"[471]。又解，相對中語。依如(603)此解，障之亂及以障通無知，雖復同是事中無明，而復有異。(604)在何處。亂亦造動爲能，無知以不識爲性，如此義分有異也。

[17.2.2 煖心受生]

煖心受生體用，(605)一師言，"煖心是理解之心，永斷煩惱，散滅生死，不受三有果報。而(606)經所以言'是法報得色界五陰'[472]者，此出觀失念，起初禪煩惱，(607)爲失業所牽，受色地果報"。

如此解時，聞思慧中唯伏不斷。是(608)以論言"行者從煖等，漸次斷結"[473]，不論從聞思來斷。故知聞(609)思中伏而不斷。

又問，若聞思中不斷結者，論經[474]何以言"假名心，或[475](610)以多聞

---

467 "有"，通"又"。

468 "亡"，底本作"妄"，通假，改訂。

469 "由"，通"猶"。

470 "解"，底本作"類"，誤寫，改訂。

471 "定能除亂"，參見上文"是以定時唯能伏亂"(P2908,588)。

472 "是法報得色界五陰"，參見《涅槃經》迦葉菩薩品"世尊，如是煖法，亦是有法，亦是有爲。是法報得色界五陰，是故名有。是因緣故，復名有爲"(T12,577a；南本T12,824b)。

473 "行者從煖等漸次斷結"，參見《成實論》一時品"行者從煖等法，漸次見諦滅諦。最後見滅諦，故名爲得道"(T32,257b)。

474 "經"，疑爲衍字。

因緣智滅，或以思惟因緣智滅”[476]。又解，此言“滅”時，伏中說滅，(611)非永滅也。《大經》亦言“煖心是智慧”[477]，一不云“聞思”。故知大小(612)乘中皆道“聞思慧中，伏而不斷，煖心以去，方斷結”。以此故知，正觀(613)空煖心及以空中比忍，都不受生死。從今出觀，如名用假解，此(614)有中解，雖不斷結，亦不受生。後時失念起愛，方受生也。

(615)又問，此之愛心，爲障煖心，爲障頂忍。又解，煖心所斷之結，終不更起。今愛者，此(616)起頂心惑。

又問，若煖頂以上永斷惑者，何以復道(617)“失念起惑”[478]，言自相違。又解，從須陀洹以上，乃至那含，三學(618)聖人亦永斷惑，而有失念受生。以此故知，煖頂忍中，雖復斷結，(619)受生何怪。

又問，若煖心斷結不受生者，經何以言“是法報得(620)色界五陰”[479]。依此文時，正應道“煖心報生色地”。又解[480]，經言“是法”者，不(621)道“煖法”。直以丙煖法，出觀失念，報生色地，始終長望而言，故(622)得道“煖家種類”。故經言，“是法報得色地五陰”。理實而言，正(623)觀煖心不受生也。煖心既爾，頂、忍、第一，類亦同然。

如此解時，煖(624)頂忍中是真道家體，道諦所收。所[481]斷惑無處，是真滅諦[482]。(625)涉緣行苦，即是苦諦。此之煖心具有四諦。聞思慧中

---

475 “心或”，底本作“或(610)心”，誤寫，改訂。

476 “假名心或……因緣智滅”，參見《成實論》立假名品“假名心，或以多聞因緣智滅，或以思惟因緣智滅”(T32,327a)。

477 “煖心是智慧”，參見《涅槃經》迦葉菩薩品“善男子，夫煖法者，即是智慧。何以故。觀四諦故。是故名之爲十六行，行即是智”(T12,577a；南本T12,824b)

478 “失念起惑”，參見上文“此出觀失念，起初禪煩惱”(P2908,606)。

479 “是法報得色界五陰”，參見前注472.

480 “解”，底本無，據文意補。

481 “所”，疑爲衍字。

482 “諦”，疑此下脫漏關於集諦之說明。

唯是道具，(626)非真道也。此中不具四諦。

又時一解，從聞思以去，得一豪[483]理解，(627)皆能斷結，散滅生死，不受三有果報。然經中煖心，所以報(628)得色界[484]者，此是毘曇人，出經義狹[485]。毘曇也言，“見諦道前，(629)未得八忍八智[486]，但用有漏善等智，情數煩惱。雖復情數，數不(630)得方，後時起惑，遍生三界”。

故猛都[487]解云，此之煖心是世閒上善，(631)非不髣髴觀理，擧體存空定。是以經言，“此是相似無漏，(632)相似般若”[488]。十智[489]中判作名字智，亦是名字聖人。所以〈智相品〉(633)中言，“因見諦道，名爲凡夫，因外凡夫，名作聖人”[490]。以此故知，煖頂忍(634)中乃是名字聖人，非真聖人。既非[491]真智，用此上上善心偃伏煩惱，(635)伏三界麁惑，遍生三有。即用此煖心作業，招三界報。若用電(636)光心作煖，受六欲報，若用四禪心作煖，報生色界。四空亦爾，(637)但自四空心，作之則難。是以論云，“如燒筋羽，心不通暢”[492]。所以然者，四(638)空地中，空多慧

483 “豪”，同“毫”。

484 “報得色界”，參見前注472.

485 “狹”，底本作“俠”，通假，改訂。

486 “八忍八智”，參見《雜阿毘曇心論》賢聖品“世閒第一法，次生苦法忍，忍次生於智，俱觀於下苦”(T28,910ab)，“謂色無色苦，集滅道亦然，此法無閒等，說是十六心”(T28,910b)。

487 “故猛都”，參見前注448.

488 “此是相似無漏相似般若”，參見《大智度論》卷十一“菩薩雖未斷結，行相似無漏般若波羅蜜，是故得名行無漏般若波羅蜜。譬如聲聞人，行暖法、頂法、忍法、世閒第一法。先行相似無漏法，後易得生苦法智忍”(T25,139b)。上文“然此三十心菩薩，未得真無漏解，始得相似波若，不能永斷，正能深伏”(P2908,306-307)。

489 “十智”，參見《成實論》十智品“十智，法智、比智、他心智、名字智、四諦智、盡智、無生智”(T32,371c)。

490 “因見諦道……名作聖人”，參見《成實論》智相品“若不得達分善根，名外凡夫。得，名爲內。是內凡夫，亦名聖人，亦名凡夫。因外凡夫，故名聖人，因見諦道，故名凡夫”(T32,362a)。

491 “非”，底本無，據文意補。

少。是以四空之定，非不作煖，作之則難。未若(639)四禪地定，定慧均平，作煖則易。要是久習想解，人根機利者，方能(640)用電光心，發於煖心。是故欲界慧多定少，作煖則難。是故隨用(641)何地定心，發彼煖心上善，(642)遍生三有。雖[493]有限量，不同外凡生死無際，是故論云，“得世間上正見，(643)往來百千世，終不墮惡道”[494]。故知煖頂忍中，極不過受百千生死，畢道成(644)無著。

又問，受百千生時，爲力不制故生，爲是情樂。又解，力不制故生，(645)非爲情樂。如似須陀七生[495]，豈可情樂，但自力所不制故受生，人天[496]往(646)返。何以知之。欲明聖人有彼理解，能背生死，是以終不樂生也。

(647)又問，若聖人情能背[497]生死，都不樂生者，何以那含之人樂五淨居[498]。又(648)解，此人非貪三界報，故生五淨居，但以此人情悕論議，故生五淨。

(649)又問，聖人能背生死，畢故不造新[499]，何以言“用煖心作業，報

492 “如燒筋羽心不通暢”，參見《成實論》無邊空處品“問曰，是行者離色相，云何能緣欲色衆生。答曰，是行者能緣色，但於色中心不通暢，不樂不著。如經中說，‘若聖人深見憶念五欲，於中不樂不通不著，畏沒退還，如燒筋羽。若念泥洹，心則通暢’。此人如是亦能緣色，但不貪樂”(T32,343b)。

493 “雖”，疑爲“唯”之誤寫。

494 “得世間上……不墮惡道”，參見《成實論》三業輕重品“又說，若人得世間上正見，雖往來生死，乃至百千歲，終不墮惡道”(T32,307b)，智相品“又偈中說，得世上正見，雖往來生死，乃至百千世，常不墮惡道”(T32,360c)。

495 “須陀七生”，參見《雜阿毘曇心論》賢聖品“彼須陀洹修道種未盡，彼極滿當知七有，七生人間中陰、生陰及欲界天。……如七步蛇所螫，四大力故至七步，毒力故不至八。如是業力故七生，道力故不至八”(T28,911b)。

496 “天”，底本作“無”，誤寫，改訂。

497 “背”，底本無，據文意補。

498 “那含之人樂五淨居”，參見《成實論》賢聖品“從初禪，至廣果天，是名決定。到廣果已，若生淨居，是人不復到無色處，以樂慧故”(T32,246b)。

499 “聖人能背……故不造新”，參見《成實論》不退品“……如偈說，畢故不造新。

生色地”[500]。(650)若爾者，聖人亦得造業。又解，聖人不造業時，但道“見諦以上(651)出世聖人，不造業求生”，不論見諦以前名字聖人。是故得煖(652)法人，造善業，受生三界。

又問，樂三有人，與此第三住人何異。又解，(653)雖同生三界，但以煖心解力微弱，不制故生，非是樂也。欲明第(654)二人貪樂三有故生。如此樂不樂別，故有異也。

又一解，第二人是外(655)凡[501]，生無限齊，欲明煖人是內凡夫，生死有限。是以雖同生三有，故得(656)有異。

又問，煖心作業時，此得有解惑兩義不。又解，髣髴觀理，(657)非不有解。未能亡[502]相，擧體是惑。

爲異解義邊招生，爲用惑(658)邊受生。又解，此是想解，非是真解與惑同體。是故莫問解(659)惑相與牽生。

又問，若爾者，唯愛無業[503]。解意，道言“業”時，解雖(660)非真，習來逕久，雖[504]起業受生，但自想解相資，冥傳不息，後(661)時理觀，發彼真解，斷結成聖。如此義邊，故得有業。

又問，業時，(662)爲當生色界，理心在觀，斷結成道，如此言業。爲當上界命終，生(663)於欲界，發解成聖，如此言業。又解，要生在欲地，方有業也。何以(664)得知。上界是難地，何由發解成聖。要上地報

於諸有中，皆得厭離。滅諸結使，更無生相。是諸健人，猶如燈滅”(T32, 257c)，三報業品“又經中說，斷罪福業，名阿羅漢。是人不集罪業、福業及不動業。故業受畢，新業不造”(T32,297c-298a)。

500 “用煖心作業報生色地”，參見上文“即用此煖心作業，招三界報。若用電光心作煖，受六欲報，若用四禪心作煖，報生色界”(P2908,635-636)。

501 “外凡”，參見前注490.

502 “亡”，底本作“望”，通假，改訂。

503 “業”，底本作“策”，誤寫，改訂（以下，第659行至第665行之間，七例同此，不一一標注)。

504 “雖”，疑爲“離”之誤寫。

盡，來生欲地，方得(665)有業，斷結成道。

又一解，上地尚無須陀洹生，何由煖人在彼得(666)發真解，道成無著。

又問，上地無須陀洹者，云何得有那含人(667)在彼生也。又解，那含生者，斷欲界九品結盡，故生上界。須陀洹人(668)欲地九品合自未斷，何由越生上界。是故上界無須陀洹。

又問，若(669)爾，煖心以上，亦合未斷結，云何得生上界。又解，此是內凡夫人，伏結故(670)生。須陀洹人終更不復伏結受生，要斷故生。是以欲地九品未斷，故不(671)生上界。

[17.2.3 **煖心伏結**]

又問，煖心伏結云何。又解，伏結方法，與斷相似。何以得知。就煖(672)頂忍中，雖有四品善根，大判不出三種之心。煖心是下品，頂心是中，(673)忍心是上。就忍之中，最◇[505]者，離出上上。煖心是下品善心，故知(674)伏彼三界見諦最上品麁惑，是以遍生三界。若命終時起(675)愛，此愛非先所伏愛，今時還起。此乃別更起愛，障其頂心，(676)都不障煖心。頂心是中品善，故伏三界麁結，是以亦遍生三(677)界。忍心是上品，故伏彼三界見諦最微下品結，是以亦遍生三(678)界。世第一法是上上善，伏彼非想見諦微微品結，是以亦遍生(679)三界。此世第一法心所伏微微者，障於無想行心，不障世第一法也。(680)是以煖頂忍中伏結，亦以下下善伏上上結[506]，亦以上上善伏下下結[507]。如(681)此解時，唯定心伏亂，義亦同然。

又問，爲是暫伏，爲是永伏[508]。

---

505 “◇”，疑爲“稱”。

506 “結”，底本將此字訂正爲“能”，疑爲誤訂。

507 “結”，底本將此字訂正爲“能”，疑爲誤訂。

508 “伏”，疑此下脫漏“又解，永伏”等同答文句。

(682)又問，容有起不。解意，乃可來就，名具足煩惱，所伏之惑，(683)永必不起。

又問，不起者，與永斷何異。又解，此煖頂忍心是有(684)漏上善，非出世閒心。雖能偃伏，使令不起，體非真解無漏火，故不(685)能永斷。如似方楔押人，人雖不死，終不能起。所以不起者，楔重(686)故不能起。又時更以刀來斬首，方斷玄命。煖頂伏結[509]，義亦同(687)此。善心強故，押惑不起，後時更以無相解刀，方能永斷。

[17.2.4 住前三十心人]

又問，煖(688)心伏結，備如向解。未知大乘經中，初住以前三十心人，法用云何。又解，(689)有異。若論伏結，觀行同涉假實二空，俱伏三界麁結，如此義同。(690)三十心人有解常之旨[510]，煖頂忍無此常解，故所以異也。

若論受生，亦(691)復不同。何以知之。欲明大士三界生時，及以入三塗生，皆能迴業，爲物(692)受生。小乘煖頂中人，不能如此。後十長養心[511]，亦是道種性人，與他小乘(693)中，煖心以上，第一以來，階[512]降相當。若論中之十心，是性種性人，雖復(694)發金剛心，由[513]不如常種性人，與他小乘中，思真地中別相四憶(695)正人相當。初十心是習種性人，與他小乘中，思真地中別聞[514]真相當。就中細分，復(696)有小異。

---

509 “結”，底本作“能”，誤寫，改訂 (以下，第688行至第689行之閒，三例同此，不一一標注)。

510 “旨”，底本作“皆”，誤寫，改訂。

511 “十長養心”，參見《梵網經》卷上“從是十發趣心，入堅法忍中，十長養心向果”(T24,997c)。

512 “階”，底本作“皆”，通假，改訂。

513 “由”，通“猶”。

514 “聞”，底本作“閒”，誤寫，改訂。

十心中第七深廣心[515]以後，此是行不退人，正與他小乘中聞[516]真(697)相當。前[517]之六心，行有其退，乃可階位相當，行處不同。何以得知。小乘(698)中，聞[518]思以上，名作性地[519]，終不起五逆重罪。大乘中，前六心以來[520]，後之三(699)心，亦退爲聲聞，或作弱毛菩薩[521]。初之三心，雖逕二恒佛所修行，猶不能堅(700)固，失解起惑，作三種罪。如此邊異。

若習種十心中，由[522]有起逆罪者，不(701)應名內凡夫。又解，此是位內故名內，非是行內。

[18 三相義]

[18.1 章]

三相義

(702)夫四序[523]流邁，運運而[524]遷[525]，六氣[526]漂移，新新而非故。是以

---

515 “第七深廣心”，參見《菩薩瓔珞本業經》賢聖學觀品“佛子，七廣正法，……住不退位故”(T24,1013b)。敦煌出土《法華經文外義》“就大乘中，習種性深廣心以上，得爲乘體”(上揭《藏外佛教文獻》第二輯，p.299)。

516 “聞”，底本作“閒”，誤寫，改訂。

517 “前”，底本作“別”，誤寫，改訂。

518 “聞”，底本作“閒”，誤寫，改訂。

519 “性地”，參見《大智度論》卷七十五“性地者，聲聞人從煖法，乃至世閒第一法”(T25,586a)。《大般涅槃經集解》卷十五“僧宗曰，……第二從得四念處以上，至世第一法，信根立者，名之性地”(T37,436c-437a)。

520 “來”，底本此下有“不”，衍字。

521 “弱毛菩薩”，參見《仁王般若波羅蜜經》受持品“善男子，習忍以前，行十善菩薩，有退有進。譬如輕毛，隨風東西”(T8,831b)。

522 “由”，通“猶”。

523 “四序”，參見《魏書》律曆志上“然四序遷流，五行變易，帝王相踵，必奉初元”。

524 “而”，底本無，據文意補。

525 “遷”，疑此下脫漏“流”或“易”等一字。

抱闇之情，莫曉其(703)過，情[527]明之能，乃照其速。故所以宣尼臨行[528]，歎於時流，喻之逝[529]。若真(704)論其運，則難[530]以垂範，指事語化，易以悟物。是故就彼一念之慮，以明(705)三相之法，欲道“神明不竝，起則先後”[531]。

其三者何。謂生住滅義。以生名爲有(706)者，一切萬法，無不有生義。以滅名爲無者，盡滅之處，莫不是無念。念(707)言生滅者，念慮始起，待於前無，名之爲生，不通住滅。據念伏謝，不(708)感後續，名之爲滅，亦不同生住。生滅兩盈逕亭[532]，名之爲住，亦不合(709)生滅。

若論其生，生無非前，但能感後。若論其住，亦後[533]赴前，復能(710)感後。若論其滅，但可赴前，亦無感後。若以細收三相，生相中亦有住滅(711)之義。但住滅義微，闕而不論。生相既爾，滅同然。

攬三相來念，生相(712)起時，住滅未有是無，無來念義。滅相起時，生住以[534]謝是無，無(713)不來念。如此解時，據實法而談，不辨來念。念言來念者，要以生(714)能[535]感後住，住有赴前生，住能感後滅，

---

526 “六氣”，參見《春秋左氏傳》昭公元年“天有六氣，降生五味，發爲五色，徵爲五聲，淫生六疾。六氣，曰陰、陽、風、雨、晦、明也。分爲四時，序爲五節”。《莊子》在宥“天氣不和，地氣鬱結，六氣不調，四時不節”，成玄英疏“陰、陽、風、雨、晦、明，此六氣也”。

527 “情”，疑或爲“積”之誤寫。

528 “行”，疑爲“川”之誤寫。

529 “逝”，底本作“誓”，通假，改訂。“宣尼臨行……流喻之逝”，參見《論語》子罕“子在川上曰，逝者如斯夫，不舍晝夜”。

530 “難”，底本作“雖”，誤寫，改訂。

531 “神明不竝起則先後”，參見下文“但以色本頑固，起則竝生，是故不就色以明三相。欲明神慮之生，起則前後，故就解以辨三相”(P2908,727-729)。

532 “亭”，同“停”。

533 “後”，疑爲“能”之誤寫。

534 “以”，通“已”。

535 “能”，底本此下有“生能”，衍文。

滅有赴前住。如此始終，(715)相續不絶，方來假念。念有了別之能，謂之爲識。

然此三所以(716)言相者，夫言相者，表彰爲用。欲明生住與滅彰念，有虛假(717)不實，是故名之爲相。故經云，“見法變異相，故皆無有實”[536]。指三(718)相之因，因來一念之果，故一念具有三相。是以論云，“三有爲相，皆(719)是現在”[537]。三相名目，略列如此。

[18.2 **釋**]

又問，三相成念，念有了別，自三相以前(720)有了別義。又答，無。何以知之。三相以前，都不論善惡苦樂之能，(721)是以論云，“汝觀阿難，髣像是義”[538]。欲明阿難雖知三相所成一(722)念苦樂，有其適惱，三相以前細苦，一向不知。《大經》亦言，“如是三相以(723)前微細之義，我於彼經亦不說之”[539]。故知三相以前，都不論(724)善惡苦樂及以了別。乃可理中非無，但以此義細微，聖人不判。

(725)又問，三相中得有慮用以不。又答，三相中得有細慮之義。神慮(726)之[540]慮，非是作意慮境之慮。

又問，有人言“色中有三相。還以色中三相，(727)相對相緣”，此義

---

536 “見法變異相故皆無有實”，參見《涅槃經》聖行品“文殊師利，彼二乘者，亦實不實。聲聞緣覺斷諸煩惱，則名爲實，無常不住是變易法，名爲不實”(T12,444a；南本T12,685c)。

537 “三有爲相皆是現在”，參見《成實論》無相品“又佛說，有爲法，三相可得，生、滅、住異。生者，若法先無，今現有作。滅者，作已還無。住異者，相續故住，變故名異。是三有爲相，皆在現在，非過去未來”(T32,255b)。

538 “汝觀阿難髣像是義”，參見《成實論》立論品“又如阿難，爲三摩提，說諸所受，皆名爲苦。爾時佛語諸比丘言，汝觀阿難，髣像是義”(T32,247c)。

539 “如是三相……亦不說之”，參見《涅槃經》聖行品“善男子，知色壞相，是名中智。分別諸色有無量相，悉是諸苦，非諸聲聞緣覺所知，是名上智。如是等義，我於彼經亦不說之”(T12,442c；南本T12,684b)。

540 “之”，底本無，據文意補。

云何。又答，亦有此義。但以色本頑固[541]，起則竝生，(728)是故不就色以明三相。欲明神慮之生，起則前後，故就解以辨三(729)相。雖然，不必以成念生相，還對色中生相，乃至以成念滅相，還(730)對色中滅相。何以故然。三相之中，乃至刹那以前微微[542]細慮，聖人不(731)判，但可得有慮義。

又問，若[543]玄黃之色，理有三相，聖人不說者，(732)未知一念眼根亦有三相以不。又答，理有文[544]無，聖人不說。

又問，爲當(733)以生相成住，以住成滅，如此相成，云得[545]成念。爲當三相不待相成，當分(734)成念。又答，三相當分成念，不待[546]成念。如似五陰亦當分成人，界入亦然。此豈(735)可以陰成入，方有成人。此之三科，各自當分成人，三相成念，義亦准(736)此。

又一解，以四塵成大，以大成根，方以根成人。故知三相之中，亦以生相成住，(737)以住成滅，然後方成一念。

又復一解，三相成念，同是神慮，是故三相(738)當分成念。假名人，本爲色心無作，異類因成。是以不得四塵(739)成大及以諸根，當分成人。要須次第，方成人也。

又問，人本爲異類因(740)成，要須四塵成大成根，然方後成人者，我陰界入中，小有異類。云何(741)不以陰[547]成界，以界成入，然後成人。又答，界入解義，直明根塵相(742)涉及以掌性，不辨性成。是故不得用界入[548]成人[549]。

---

541 “色本頑固”，參見上文“色本但是頑固”(P2908,475)。
542 “微”，疑爲衍字。
543 “若”，底本作“前”，誤寫，改訂。
544 “文”，底本作“不”，誤寫，改訂。
545 “云得”，疑爲“得云”之誤寫。
546 “待”，底本此下有“不”，衍字。
547 “陰”，底本作“除”，誤寫，改訂。

又問，若三相中(743)各自有生住滅者，得言以細生成麁生，細住細滅皆成生相以不。(744)又答，理中有之。此義是微，故不論也。

又問，若生相中得有細(745)生住滅者，亦應有微細一[550]念，成於生相。又答，理有。微故不明也。

(746)又問，若生相中得有微念者，亦可言以一[551]念成念以不。答意，(747)生中雖有細念，都束作生相，以生相成念，不言以念成念。

又問，若爾者，(748)一念識中亦應有微相，都束作識陰，以陰成人。又答，不然。五(749)陰解義，辨神明得境有淺深，識得境淺，相得境深。是故一(750)念識中不得有相。乃可通名解時，可有此義。欲明三相成念，(751)直明虛假[552]，不論得境深淺。是以生相中有於微念，都束作(752)生相也。

又問，三相之慮，爲當作意慮境，爲是義中說慮。(753)又答，三相中無有作意慮義。但可言體是神明，對境說慮。

(754)有人言“本無今有，名之爲生”[553]，此解指無爲本，此是虛空無。若爾(755)者，無中有本，亦應有末，若有本末，亦應非無。今時解意，“本無(756)今有”者，指生以爲本，與性爲本，與住爲本。道言“無”者，非是虛空無，(757)此是法體未有名無。“今有”者，生相始起也。達公[554]解云，“念慮始(758)起，待於前無，名之爲生”。此所待之無，正是法

548 “入”，底本作“又”，誤寫，改訂。

549 “人”，底本作“決”，誤寫，改訂。

550 “細一”，底本作“一細”，誤寫，改訂。

551 “以一”，底本作“一以”，誤寫，改訂。

552 “假”，底本作“暇”，通假，改訂。

553 “本無今有名之爲生”，參見《涅槃經》師子吼菩薩品“本無今有，本有今無，三世有法，無有是處。善男子，一切諸法，因緣故生，因緣故滅”(T12,531ab；南本T12,776a)。《大般涅槃經集解》卷三十三“僧亮曰，法從緣起。本無今有，是名生，已有還無，是爲滅也”(T37,490c)。本書所收《教理集成文獻》四諦（一）“復云，生者，本無今有，皆名爲生”(P2183,67)。

體未有名無也。

(759)又問，生相待於前無，名爲生者，未知所待之無，爲當指無爲無，(760)爲當指有爲無。解[555]意，此無是法體未有名[556]無。故知指無爲無[557]，(761)不指有爲無。

若爾者，滅相起時，薄言[558]指無爲滅，不得指(762)有作滅。又解，滅名乃可，是無故指有作滅。

若爾者，向言“所待(763)之無”[559]，無名雖可，是無亦應指有作無。又解，不類[560]。何以故然[561]。(764)經云“三有爲相，皆是現在”[562]，是故不復指無作滅。是以必滅名作(765)滅，指有作滅，攬滅成念。向者生相所待之無，不攬此無成(766)於假念。是故生相所待之無，以無爲無，不指有作無也。

又問，若(767)必滅名作滅者，亦可必生名作生。解，則不然[563]。生極其始，義以爲微。(768)是故要待生相已生，此名作生，不得言必生故名作生。滅本據其(769)終，終以爲著。是故必滅名作滅，指有作滅。

自有人解，“三相中慮亦(770)緣青黄來相，三相中慮亦緣假名來空解，三相中慮亦能緣空”。(771)依此解時，來相得於假名，然[564]一念識心緣[565]有名。用一念解(772)心，止緣有不著，兼緣其空，來此一念有中

---

554 “達公”，未詳。
555 “解”，底本作“體”，誤寫，改訂。
556 “名”，底本無，據文意補。
557 “無”，底本次行行首重寫有“爲無”，衍文。
558 “薄言”，參見《毛詩》周南、芣苢“采采芣苢，薄言采之”，毛傳“薄，辭也”。
559 “所待之無”，參見上文“此所待之無，正是法體未有名無也”(P2908,758)。
560 “類”，底本作“累”，通假，改訂。
561 “然”，底本作“能”，誤寫，改訂。
562 “三有爲相皆是現在”，參見前注537.
563 “然”，底本作“能”，誤寫，改訂。
564 “然”，底本作“能”，誤寫，改訂。

解，三相亦有不著兼(773)緣之義。今時不存此解。

又一解，一念識，爲三相因來。

未知一念識(774)果上亦有三相[566]者，亦可言“以三相來三相[567]”，不應言“三相來一念”。又解，不然。相(775)義是細，念爲麁，是故但得“以三相來念”。麁細中語，不得言“以(776)三相來三相”。

又問，識上三相生滅，麁細成念三相生滅。又解，生滅(777)義均邊，法有其麁細，一念識果體麁，故生滅亦麁。成念三相中，(778)慮體是細，故生滅亦細。

又問，得言以三相中細生滅，成一念識上麁生(779)滅以不。又解，不得。

又問，若爾者，亦不應以三相細慮，成一念細慮。(780)又解，不類。神明相續，從微至著，是故得以細慮成麁慮。生滅是(781)報，體非知解，是故不得以細成麁。

又問，若識上有三相者，相以表(782)彰爲義[568]，一念[569]之識體不自表，云何名相。又解[570]，體狀外彰爲相，不(783)以表彰成解。

又問，得念之名，爲生相上得，爲住滅上得。解意，要至(784)滅相起時，三相因備，攬始終前後，此成假念，故知念名念[571]上得也。

(785)又問，若爾者，經中何以言“如得識種故，亦名得[572]人相”[573]。

---

565 “緣”，底本此下有“識心緣”，衍文。

566 “一念識果上亦有三相”，參見上文“指三相之因，因來一念之果，故一念具有三相”(P2908,717-718)。

567 “三相”，底本無，據文意補。

568 “相以表彰爲義”，參見上文“夫言相者，表彰爲用”(P2908,716)。

569 “念”，底本此下有“義一念”，衍文。

570 “解”，底本無，據文意補。

571 “念”，疑爲“滅”之誤寫。

572 “名得”，底本作“得名”，誤寫，改訂。

573 “如得識種故亦名得人相”，參見《成實論》九智品“行者得苦智時，餘苦智種，若依向解，正應(786)老死時，此得人名。又解，不類。人據始終，◇◇[574]一報，始終義長，是以識(787)種起時亦爲人。念據當時，了境爲用，義以爲斷，是故生相起時，不(788)彰念慮。至滅相起時，三相因備，是以念名滅相上得也。如是解時，五(789)陰成人，義亦如此。要至行中，因義備足[575]，此得人名，前之三心不得人名[576]。

(790)又一解，初生相起，因雖未是成念家因，因中說果，亦名爲念。是故論(791)云，"如得人種，亦名得人相"[577]。如此解[578]時，五陰成人，不待至行，初一念時亦(792)名爲人。

又問，《經[579]》中明四相，生住異壞[580]。與三解義，云何有別。又解，四相(793)解義，直明迭相拉遷，生滅不亭[581]，不論成念[582]。三相解義，爲成假(794)念，是故明義意異也。然[583]四相中壞相，故是三相中滅，住中亦爾。論(795)中亦云，"言住異者，相續故住，變故名異"[584]。

又問，此之異義，爲當指生(796)作異，爲指住滅作異。又解，變故名異，異義亘通三相。是故《大經》中(797)明四相時，直明諸法生滅不

皆名爲得。如得人種故，名得人相，亦不名於念念中漸得人相"(T32,371b)。

574 "◇◇"，據文意或爲"名曰"。

575 "足"，底本作"是"，誤寫，改訂。

576 "要至行中……不得人名"，"行"爲行陰，"前之三心"爲識、想、受陰。參見上文"凡夫三心中無明細"(P2908,566)。

577 "如得人種亦名得人相"，參見前注537.

578 "解"，底本作"類"，誤寫，改訂。

579 "經"，底本作"逕"，假借，改訂。

580 "經中明四相生住異壞"，參見後注582.

581 "亭"，同"停"。下同。

582 "四相解義……不論成念"，參見《涅槃經》光明遍照高貴德王菩薩品"善男子，以性故，生住異壞，皆悉是常。念念滅故，不可說常。是大涅槃能斷滅故，故名無常"(T12,490c；南本T12,733c)。

583 "然"，底本作"能"，誤寫，改訂。

584 "言住異者……變故名異"，參見前注537.《成實論》不相應行品"生者，五陰在現在世名生。捨現在世名滅。相續故住，是住變故，名爲住異"(T32,289b)。

亭，不辨成念[585]。

又問，三相中住相，與一念(798)識上住相有異以不。解意，三相中住，細於念上住相。雖然，相續(799)逕亭解住，多成念住相，不論念上住相。是以論云[586]"相續故住，變(800)故名異"[587]，此解成念住相也。

又解[588]，相續故住，即住變故名異。故知(801)此變異住上得名也。

[校語]

略爲校之，未必見了。

585 "大經中明……不辨成念"，參見前注582.

586 "云"，底本無，據文意補。

587 "相續故住變故名異"，參見前注584.

588 "又解"，疑此前脫漏提問之句。

教理集成文獻

(S.4303)

整理者　池田 將則

해제

본 문헌은 앞뒤가 모두 결락된 잔권으로 각 행 25자 전후로 417행이 현존한다. 사본을 서사한 인물의 이름을 기록한 것이라고 생각되는 「記」가 원사본의 3곳에 존재하지만(S4303,32; 394; 412), 원제와 서사연대 등에 관한 정보는 기록되어 있지 않다. 본 문헌의 성립지와 성립연대 등은 불분명하지만 이미 선행연구에 의해 지적된 것처럼, 지론종의 전통적 교판인 三乘別教·通教·通宗의 3교판이 본 문헌의 전체에 걸쳐 의론의 전제가 되고 있고(S4303,55-60 이외), 지론종 독자의 연기설인 有爲·無爲·自體의 3종 연집설(S4303,202-205)과 법계연기 사상이 여러 곳에서 발견되는 것으로 보아(S4303,82-83; 118-119 이외) 본 문헌은 특히 지론종이라고 호칭되는 시기인 東魏·北齊 내지 西魏·北周 불교사상의 귀중한 실록이라고 생각된다(아오키 타카시〔青木隆〕의 논고를 참조). 현존하는 章 중, 3개의 장의 제목이 확실히 『십지경론』에 근거하고 있는 점(錄文의 注29·268·379를 참조), 본문의 2곳에서 「十地論師」의 주장을 들어 논의하고 있는 점도 주목해야 할 사항이다(S4303,3-4; 60-61. 이시이 코세이〔石井公成〕[2010]를 참조).

원사본의 뒷면에는 다른 필체로 『維摩經疏』(擬題, S4303V)가 서사되어 있다(앞면과 뒷면은 서사의 방향이 거꾸로 되어 있다). 이도 역시 앞뒤가 모두 결락된 잔권으로 원제와 찬술자도 불분명하지만, 구마라집역 『유마힐소설경』「佛國品」"一時佛在……"(T14,537a)에서 「佛」에 대하여 주해하는 중에 현장역 『불지경론』(唐太宗貞觀二十三年〔649〕譯)

권1의 「薄伽梵六義」(T26,292ab)가 인용되어 있으므로 『불지경론』 역출 이후의 성립인 것은 틀림없다. 뒷면에 필사된 이 문헌은 본서에서는 다루지 않는다.

본 문헌은 전체적으로 여러 불교교리에 대한 「章」형식의 論을 집성한 불교교리집성문헌이라고 생각된다. 하지만 [10 廣六種正見 第十]의 다음이 [16 廣一乘義 第十六], 그 다음이 [30 廣大乘教門入道四證 第三十]인 것처럼, 중간에 누락된 부분이 있으므로 현존 사본은 별도로 존재한 원본의 내용을 간추린 간략본이라고 할 수 있다.

본 문헌의 사상사적 위치를 고찰하는데 특히 주목되는 것은 다음과 같다. 선행연구에 의해 지적되었듯이, 본 문헌 각 장의 제목 및 논술내용과 역시 지론종의 교리를 전하는 실록이라고 생각되는 또 하나의 교리집성문헌 Stein 613사본 사이에 부분적인 대응관계가 발견되는 것이다(錄文의 注83·261·380·443 외 및 아라마키 노리토시〔荒牧典俊〕[2000]·프레데리크 지라드〔Frédéric GIRARD〕[2010]를 참조). 하지만 두 문헌의 대응부분의 내용이 모두 일치하는 것은 아니다. 예를 들어 본 문헌 [9廣四量義 第九]와 S.613사본[四量義]·[又解四量]에서의 名·相·用·體라는 四法相과 四量과의 대응관계, 그리고 보살의 수행계위와 四量과의 대응관계 이외에도 일부 서로 다른 내용을 발견할 수 있다(錄文의 注341·346·347를 참조). 단순히 한쪽이 다른 한쪽에 의거하고 있다고는 할 수 없지만, 양자가 밀접한 관계에 있다는 것은 확실하다. 두 문헌의 성립 배경을 밝히는 것은 금후의 중요한 과제이다.

또한 본 문헌의 교리내용에 대해서는 『대승기신론』과의 관계가 주목된다. 본 문헌이 법신·보신·응신이라는 부처의 3신을 각각 체·상·용으로 정의하고 있는 것이 『기신론』의 철학(특히 三大義)의 전제가 된다는 것과(S4303,193-194. 아라마키 노리토시〔荒牧典俊〕[1997][2000]·프레

데리크 지라드〔Frédéric GIRARD〕[2010]를 참조), 본 문헌에서 인용하고 있는 「三藏」(『금강선론』의 대응으로부터 북위의 보리유지라고 생각된다)의 설에서 「種性菩薩亦能八相成道(종성의 보살=地前의 보살도 八相成道하는 것이 가능하다)」라고 하는 점은 『기신론』이 信成就發心한 보살이 八相成道한다는 설과 일치한다는 것이 선행연구에 의해서 지적되었다(錄文의 注271·272·274 및 오오타케 스스무〔大竹晉〕[2004]를 참조). 본 문헌과 『기신론』과의 관계를 밝히는 것도 금후의 중요한 과제 중 하나이다.

본 문헌은 유일한 판본으로 대교본은 존재하지 않는다. 그러므로 텍스트를 작성할 때는 우선 주석대상과 인용의 출전, 전거 등을 가능한 한 확실하게 밝히고, 인용 문헌의 기술에 근거하여 원사본의 오자·탈자 등을 정정하여 본문을 확정하였다. 번인을 작성하기 위한 원본으로는 方廣錩씨로부터 제공받은 마이크로필름의 화상 데이터를 사용하고, 더불어 黄永武(主編)『敦煌寶藏』(新文豐出版公司, 臺灣, 1981-86年) 수록의 복사판도 참조하였다. 또한 본 문헌에 대해서는 아라마키 노리토시(荒牧典俊) 선생을 반장으로 하는 교토대학 인문과학연구소 「北朝後半期佛教思想史研究」반에서도 전문의 해독이 이루어지고 있어서(『北朝隋唐 中國佛教思想史』 p.4를 참조) 이 연구성과(미발표)를 참조하며 많은 도움을 받았다. 다만 말할 것도 없이 본고의 최종적인 책임은 필자 한 사람에게 있음을 밝힌다.

題解

本文獻首尾殘缺，每行25字左右，現存417行。寫本中存有三處可被認爲是記錄了書寫者的名字的“記”字（S4303,32；394；412），但原題及書寫年代等相關情報未有記錄。因此，本文獻的成立地點、成立年代等不明。先行研究中已經指出，本文獻整體上是以“地論宗”的傳統判教，即三乘別教、通教、通宗之三判教爲議論的前提（S4303,55-60等），而且“地論宗”獨自的緣起說，即有爲、無爲、自體之三種緣集說可見於文中（S4303,202-205）。同時“法界緣起”的思想在文中亦隨處可見（S4303,82-83；118-119等），由此三點我們可以認爲，本文獻是反映了尤其被稱爲“地論宗”時期的東魏、北齊乃至西魏、北周時期佛教思想的貴重的資料（參見後揭青木隆先生的論考）。本文獻現存諸章中，有三章的章題明顯基於《十地經論》而來（參見錄文脚注29·268·379），同時，文中亦有兩處以“十地論師”的主張進行問難的內容（參見S4303,3-4；60-61，以及石井公成［2010］）。這些都是值得我們注目的。

寫本的紙背別筆寫有《維摩經疏》（擬題，S4303V），與表面天地倒置。首尾殘缺，原題及撰述者不明。根據文中在對鳩摩羅什《維摩詰所說經·佛國品》開篇處“一時佛在……”（T14,537a）中“佛”語的注解中，引用了玄奘譯《佛地經論》（唐太宗貞觀二十三年〔649〕譯）卷一中的“薄伽梵六義”（T26,292ab）一事，本文應成立于《佛地經論》譯出之後。本書中不對此紙背文獻加以收錄。

本文獻的構成結構可參考後揭內容綱目。整體來看，本文獻是集成了各種關於佛教教理的以“章”形式出現的論的教理集成文獻。但［10 廣六種正見 第十］之後爲［16 廣一乘義 第十六］，此後爲［30 廣大

乘教門入道四證 第三十]，中閒章題存在跳躍。據此可認爲此寫本是從其他的完本中摘錄節選而成的略本。

就本文獻在思想史上的位置而言，特別值得注目的是，本文獻的章題及論述的內容與另一部傳承了“地論宗”教理的教理集成文獻——寫本斯坦因613的章題及論述內容之閒，其中的一部分相互對應。這一點在先行研究中也已被指出（參見錄文脚注83·261·380·443等，及荒牧典俊[2000]，Frédéric GIRARD[2010]）。兩文獻相對應部分的內容竝不完全一致，例如，本文獻 [9 廣四量義 第九] 與寫本S.613 [四量義]、[又解四量] 中的名·相·用·體之四法相與四量的對應，以及菩薩的修行階位與四量的對應，兩文獻的內容亦有所相異（參見錄文脚注341·346·347）。雖然不能單純的將其認爲是一方依用了另一方，但可以確定的是兩者之閒有着極爲密切的關係。進一步明確兩文獻的成立背景，是今後重要的課題之一。

本文獻的教理內容方面，値得注意的是其與《大乘起信論》之閒的關係。如本文獻將佛的三身，卽法身、報身、應身，分別以體、相、用加以定義。這一點或爲《起信論》的哲學思想（特別是三大義）的前提（S4303,193-194. 參見荒牧典俊[1997][2000]，Frédéric GIRARD [2010]）。以及如先行研究中所指出的，本文獻中引用的“三藏”(因與《金剛仙論》的內容相對應，應爲北魏的菩提留支）的學說中“種性菩薩亦能八相成道（種性菩薩＝地前菩薩)”一說，與《起信論》中所說的“信成就發心菩薩八相成道”相一致（參見錄文脚注271·272·274，以及大竹晉[2004]）。進一步明確本文獻與《起信論》之閒的關係，亦是今後重要的課題之一。

本文獻爲孤本，不存在校本。因此在錄文的做成上，採用在盡可能明確注釋對象、引文以及內容的出典的基礎上，依據出典文獻的記述對底本的錯字、漏字等加以訂正，從而確立正文這一方法。錄文的底本採用由方廣錩先生提供的微縮膠卷照片，竝參考了黄永武主編《敦煌寶藏》(新文豐出版公司，臺灣，1981-86年)中所收的複寫本。此外，以荒牧典俊先生爲代表的京都大學人文科學研究所“北朝後半期佛教思想史研究”班的成員對本文獻作了全文解讀 (參見後揭《北朝隋唐中國佛教思想史》p.4)，此次，亦參考了同研究班的研究成果 (未發表)，竝得到了珍貴的啓示。但是，筆者對此稿負最終責任。

解題

本文献は首尾ともに欠けた残巻であり、各行25字前後で417行が現存する。写本を書写した人物の名を記したものと思われる「記」が原写本の三箇所に存在するが（S4303,32；394；412)、原題や書写年代等に関する情報は書かれていない。したがって本文献の成立地・成立年代等は正確には不明だが、すでに先行研究によって指摘されているとおり、いわゆる「地論宗」の伝統的教判である三乗別教・通教・通宗の三教判が本文献のほぼ全体にわたって議論の前提とされていることや(S4303, 55−60ほか)、「地論宗」独自の縁起説である有為・無為・自体の三種縁集説がみられること（S4303,202−205)、また「法界縁起」の思想が随処に用いられていることなどからみて（S4303,82−83；118−119ほか)、本文献は特に「地論宗」と呼称されるところの東魏・北齊ないし西魏・北周仏教思想の貴重な実録であると考えてよいだろう(後掲の青木隆氏の論考を参照)。本文献の現存諸章のうち三章の章題が明らかに『十地経論』に基づくことや（後掲の録文の注29・268・379を参照)、文中、二箇所に「十地論師」の主張を挙げての問難がみられることも注目すべき事柄である（S4303,3−4；60−61．石井公成［2010］を参照)。

原写本の紙背には別筆で『維摩経疏』(擬題、S4303V) が書写されている（表とは天地逆)。表と同様、首尾ともに欠けた残巻であり、原題も撰述者も不明だが、鳩摩羅什訳『維摩詰所説経』仏国品冒頭の「一時仏在……」(T14,537a) の「仏」の語に対する注解のなかで玄奘訳『仏地経論』(唐太宗貞観二十三年〔649〕訳) 巻一の「薄伽梵の六義」(T26,

292ab) が引用されているので、同論訳出以後の成立であることは間違いない。この紙背文献は本書では取り上げない。

本文献の構成は後掲の内容綱目のようにまとめることができる。本文献は全体として様々な仏教教理に対する「章」形式の論を集成した仏教教理集成文献であると考えられるが、[10 広六種正見 第十] の次が [16 広一乗義 第十六]、その次が [30 広大乗教門入道四証 第三十] というように途中、章題が飛んでいる部分があるので、現存の写本は別に存在した完本の内容を摘録した節略本とみなすべきであろう。

本文献の思想史的位置づけを考察するうえで特に注目されるのは、これも先行研究によって指摘されているとおり、本文献の章題および論述内容と、やはり「地論宗」の教理を伝える実録と考えられるもう一つの教理集成文献、Stein 613 写本の章題および論述内容とのあいだに、部分的な対応関係が認められるということである (録文の注83・261・380・443ほか、および荒牧典俊 [2000]・Frédéric GIRARD [2010] を参照)。両文献の対応部分の内容がすべて一致するわけではなく、たとえば本文献 [9 広四量義 第九] とS.613写本 [四量義]・[又解四量] とにおける名・相・用・体という四法相と四量との対応付けや菩薩の修行階位と四量との対応付けのように、両文献の所説が一部異なる箇所もあるので (録文の注341・346・347を参照)、単純に一方が他方を依用していると言うことはできないが、しかし両者が密接な関係にあることは確かであろう。両文献の成立背景を明らかにすることは今後の重要な課題である。

また本文献の教理内容については『大乗起信論』との関係が注目されており、本文献が法身・報身・応身という仏の三種身はそれぞれ体・相・用であると定義していることが『起信論』の哲学 (特に三大義) の前提になるであろうということや (S4303,193–194. 荒牧典俊 [1997] [2000]・

Frédéric GIRARD [2010] を参照)、本文献が引く「三蔵」(『金剛仙論』の所説との対応から、北魏の菩提留支であると考えられる) の説に「種性菩薩亦能八相成道 (種性の菩薩＝地前の菩薩も八相成道することができる)」とあるのは『起信論』が信成就発心した菩薩が八相成道すると説くことと合致するということなどが先行研究によって指摘されている(録文の注271・272・274, および大竹晋 [2004] を参照)。本文献と『起信論』との関係を明らかにすることも、今後の重要な課題の一つであろう。

本文献は孤本であり、対校本は存在しない。そのためテキストを作成するにあたっては、注釈対象や引用の出典、所説の典拠等を可能な限り明らかにした上で、それら所拠の文献の記述に基づいて原写本の誤字・脱字等を訂正し、本文を確定するという方法を採った。翻印作成のための底本としては方広錩氏より提供していただいたマイクロフィルムの画像データを使用し、あわせて黄永武 (主編)『敦煌宝蔵』(新文豊出版公司、台湾、1981–86年) 所収の複写版も参照した。なお、本文献は荒牧典俊氏を班長とする京都大学人文科学研究所「北朝後半期仏教思想史研究」班においても全文の解読がなされており (後掲『北朝隋唐 中国仏教思想史』p.4を参照)、今回、同研究班の研究成果 (未発表) を参照させていただくことによって種種貴重な教示を得ることができた。ただし言うまでもなく本稿の最終的な責任は筆者一人にある。

参考文獻

青木隆 [1997]〈天台大師と地論宗教學〉(《天台大師研究》〔天台大師千四百年御遠忌記念〕, 天台學會, 東京、滋賀)

荒牧典俊 [1997]〈中國佛教とは何か——《祖師西來意》の意味するもの——〉(中國社會文化學會《中國社會と文化》第12號, 東京, pp.18-19)

青木隆 [2000]〈地論宗の融即論と緣起說〉(荒牧典俊〔編著〕《北朝隋唐中國佛教思想史》法藏館, 京都)

荒牧典俊 [2000]〈北朝後半期佛教思想史序說〉(上揭《北朝隋唐 中國佛教思想史》所收)

石井公成 [2000]〈隨緣の思想〉(上揭《北朝隋唐 中國佛教思想史》所收)

石井公成 [2002]〈元曉の和諍思想の源流——《楞伽經》との關連を中心として——〉(日本印度學佛教學會《印度學佛教學研究》第51卷第1號, 東京)

大竹晉 [2004]〈《大乘起信論》の引用文獻〉(筑波大學哲學·思想學會《哲學·思想論叢》第22號, 茨城)

青木隆 [2010]〈敦煌寫本にみる地論教學の形成〉(金剛大學校佛教文化研究所〔編〕《地論思想の形成と變容》〔金剛大學校外國語叢書2〕, 國書刊行會, 東京)

石井公成 [2010]〈地論宗研究の現状と課題〉(上揭《地論思想の形成と變容》所收)

Frédéric GIRARD [2010] "The trinomial substance (*ti* 體), signs (*xiang* 相) and activity (*yong* 用) in some Dunhuang manuscripts related to the Dilun school and the Treatise on the act of faith in the Great Vehicle (大乘起信論)" (上揭《地論思想の形成と變容》所收)

底校本

底本：S.4303 (417行)

校本：無

內容綱目

1-4 (缺)

5 十地義 (前缺, 1-15)

6 廣明三道義 第六

  6.1 同相三道

    6.1.1 章 (16-32)

    6.1.2 問答 (33-60)

  6.2 別相三道 (60-76)

7 廣涅槃義 第七

  7.1 章 (76-108)

  7.2 次釋有餘無餘 (108-123)

  7.3 次解二滅體有同異 (124-133)

  7.4 次明涅槃總別之義 (133-137)

  7.5 問答 (137-191)

8 廣佛三種身 第八

  8.1 章 (192-220)

  8.2 次明知衆生 (220-223)

  8.3 次明三身之因 (223-225)

錄文

[1-4] (缺)

[5 **十地義**] (前缺)

(首殘)(1)＊＊＊＊＊＊＊＊＊＊＊＊＊＊＊＊＊＊＊＊＊＊＊＊＊＊＊□(2)＊＊＊＊＊＊＊＊＊＊＊＊＊□[1]地菩薩始出三界。《十地經》文亦(3)＊＊＊＊＊＊＊＊＊＊＊＊＊[2]薩[3]出過二乘[4]。何故十地論師[5]皆言"初(4)＊＊＊[6]出於[7]三界"。答曰,《地持經》云,"□[8]煩惱障淨,非智障淨。菩薩種性(5)具足二淨,是故出過二乘之上"[9]。二乘之人尚[10]出三界,何況種性二

※ 注記中出現的經典名使用以下略稱。
《大品般若經》: 鳩摩羅什譯《摩訶般若波羅蜜經》(大正223番)
《法華經》: 鳩摩羅什譯《妙法蓮華經》(大正262番)
《華嚴經》: 佛馱跋陀羅譯《大方廣佛華嚴經》(大正278番)
《勝鬘經》: 求那跋陀羅譯《勝鬘師子吼一乘大方便方廣經》(大正353番)
《涅槃經》: 曇無讖譯《大般涅槃經》(大正374番)
南本 : 曇無讖譯、慧嚴等再治《大般涅槃經》(大正375番)

1 "□",疑爲"初"。

2 "＊＊＊＊……＊＊＊＊",底本殘,或可推定爲"云,初地菩薩遠離惡趣,七地菩"等。參見下文"人者引《經》文'初地離惡趣,七地過二乘'者,……"(S4303, 7),"'初地離惡趣,七地＊＊乘'者,……"(S4303,13-14)。

3 "薩",底本殘,據殘痕及文意補。

4 "初地菩薩……出過二乘",參見《十地經論》初歡喜地"斷一切惡道,故生歡喜心"(T26,136b),遠行地第七"是菩薩,……過聲聞辟支佛地"(T26,177a)。

5 "十地論師",參見下文"問曰,十地論師皆言,……"(S4303,60)。

6 "＊＊＊",底本殘,或可推定爲"地菩薩"等。參見下文"種性菩薩尚出三界,何況初地"(S4303,6-7)。

7 "出於",底本殘,據殘痕及文意補。

8 "□",底本殘,此字未詳。但依所引之《菩薩地持經》,此處應有"二乘種性"四字。

障清淨而不出(6)也。種性菩薩尚出三界，(7)何況初地。人[11]者[12]引《經》文[13]"初地離惡趣，七地過二乘"者，此是地[14](8)相，非地體也。

問曰，地體地相，有何差別[15]。答曰，言地體者，如(9)〈本[16]分〉[17]地[18]中說，"菩薩十地，具六決定。一者無雜，二者不可見，三者廣(10)大如法界，四者究竟如虛空，五者盡未來際，六者遍覆一切衆(11)生界，入三世諸佛智地"[19]。此是諸地體實，平等勝妙，不可得說。(12)言地相者，如言"初地檀，二地戒"乃至"十地智波羅蜜[20]"[21]。豈可初(13)地唯[22]有一檀。

---

9 "二乘種性……二乘之上"，參見《菩薩地持經》種性品"菩薩成就種性者，出過一切聲聞辟支佛上。何以故。有二種淨。一者煩惱障淨，二者智障淨。二乘種性煩惱障淨，非智障淨。菩薩種性具足二淨，是故一切最勝最上"(T30,888b)。

10 "尚"，底本殘，據殘痕及文意補。

11 "人"，底本殘，據殘痕及文意補。

12 "人者"，參見下文"人者何得小小比決"(S4303,76)，"人者乘此作解脫等相應，豈不妄說"(S4303,159-160)，"人者意復云何"(S4303,190-191)，"人者乃執通教之中，……"(S4303,408-409)。

13 "文"，底本殘，據殘痕及文意補。

14 "是地"，底本作"地(8)是"，誤寫，改訂。

15 "別"，底本殘，據殘痕及文意補。

16 "本"，底本殘，據殘痕及文意補。

17 "本分"，參見《十地經論》初歡喜地"十地法門，初地所攝八分。……五本分"(T26,123b)。

18 "地"，疑爲衍字。

19 "菩薩十地……諸佛智地"，參見《十地經論》初歡喜地"諸佛子，是諸菩薩，願善決定，無雜，不可見，廣大如法界，究竟如虛空，盡未來際，覆護一切衆生界。佛子，是諸菩薩乃能入過去諸佛智地，乃能入未來諸佛智地，乃能入現在諸佛智地"(T26,126bc)。

20 "蜜"，底本作"密"，通假，改訂。

21 "初地檀二……智波羅蜜"，參見《十地經論》初歡喜地"是菩薩，十波羅蜜中，檀波羅蜜增上，餘波羅蜜非不修集，隨力隨分"(T26,143b)，離垢地第二"十波羅蜜中，戒波羅蜜增上，餘波羅蜜非不修集，隨力隨分"(T26,152c)，法雲地第十"是菩薩，十波羅蜜中，智波羅蜜增上"(T26,200a)。

22 "地唯"，底本殘，據殘痕及文意補。

此乃隱顯標相，□彰優[23]劣耳。“初地離惡趣，七地(14)＊＊[24]乘”者，乃是寄見道，明差別之[25]相。金剛藏菩薩正不肯(15)□[26]，＊□不正信，蓋爲此等執相之[27]人[28]。

[6 廣明三道義 第六]

[6.1 同相三道]

[6.1.1 章]

(16)廣明三道義第六[29]

同相[30]＊＊，＊＊[31]地之體也。論體雖衆，略(17)要有四。四者是何。謂行、德[32]、道、乘。＊[33]＊＊□，德語成益，道就圓通，(18)乘則本末平等，難可取別。方＊＊＊＊行極，故據圓道，以彰[34]地(19)狀。

---

23 “優”，底本作“憂”，通假，改訂。下同。

24 “＊＊”，底本殘，或可推定爲“過二”等。參見上文“人者引《經》文‘初地離惡趣，七地過二乘’者，……”(S4303,7)。

25 “之”，底本殘，據殘痕及文意補。

26 “□”，疑爲“說”。參見《十地經論》初歡喜地“爾時金剛藏菩薩言，……其餘樂小法者，聞是甚深難思議事，多生疑惑，是人長夜受諸無利衰惱。我愍此等，是故默然”(T26,129bc)。

27 “之”，底本殘，據殘痕及文意補。

28 “人”，此字之下，空一字有“□□□(記？)”三字(因底本破損不明)。

29 “廣明三道義第六”，參見《十地經論》不動地第八“總明方便作集地分者，七地總故，同相及別相。云何同相。同相有三種。一者二種無我上上證故。二者不住道清淨故。三者彼方便智行所攝，滿足助菩提分法故。……云何別相。善起大願力等，初地等諸地，如《經》‘善起大願力’故。……”(T26,179ab)。隋慧遠《大乘義章》同相三道義(T44,672a-c)，別相三道義(T44,672c-673b)。

30 “相”，底本殘，據殘痕及文意補。

31 “＊＊＊＊”，底本殘，或可推定爲“三道，是諸”等。參見下文“向者擧宗，言‘是諸地之體’”(S4303,46)。

32 “德”，底本殘，據殘痕及文意補。

33 “＊”，底本殘，或可推定爲“行”等。

34 “彰”，底本作“障”，通假，改訂。下同。

道有二種。一者行相，行相則＊＊。＊□[35]修相，則有前後之□。(20)一時則同，前後則異。是以見、修[36]、＊＊，＊□[37]位而辨，名爲別相三道。(21)證、助、不住，據行實而論，名爲同[38]＊[39]三[40]道。

言同相者，諸地相同，故曰(22)同相。體寂內融，名之爲證。方□[41]＊＊＊，故名爲助。於二無礙，名(23)爲不住。三皆圓通，目之爲道。道絶＊[42]別[43]，緣[44]起平等。

言緣起者，若非無(24)礙方便，則寂非圓寂。若離方便，則[45]無礙非實。若非圓寂無礙，(25)則方便不巧。是以三道一而是三，三而[46]是一。可恒一恒三，而不爲一(26)三之所易[47]。融相之義，無名之旨[48]，類同前章，不煩曲辯。

不住(27)道者，凡有二相。一據修遣累[49]，二當體[50]辯能[51]。據修遣累

---

35 “＊＊＊□”，底本殘，或可推定爲“一時。二者”等。

36 “修”，底本殘，據殘痕及文意補。

37 “＊＊＊□”，底本殘，或可推定爲“無學，據修”等。參見下文“問曰，小乘三道，無學道在阿羅漢。……”(S4303,69)。

38 “同”，底本殘，據殘痕及文意補。

39 “＊”，底本殘，或可推定爲“相”等。

40 “三”，底本殘，據殘痕及文意補。

41 “□”，疑爲“便”。

42 “＊”，底本殘，或可推定爲“差”等。

43 “別”，底本殘，據殘痕及文意補。

44 “緣”，底本殘，據殘痕及文意補。

45 “則”，底本無，據文意補。

46 “而”，底本殘，據殘痕及文意補。

47 “易”，底本此處加有鈎印。

48 “無名之旨”，參見下文“涅槃無名，義在於此”(S4303,90)，“無名之旨，雖復玄曠，而於向來所辨，聊可寄意”(S4303,136-137)。

49 “累”，底本殘，據殘痕及文意補。

50 “體”，底本殘，據殘痕及文意補。

51 “能”，底本無，據文意補。

者，不住世間，(28)故能捨生死之滯，成涅槃無爲之德。不住涅槃，故能◇大(29)悲，不捨衆生。當體辯能者，不住涅槃，(30)故雖處無[52]爲，而不爲寂滅之所隱。不(31)住世[53]間，故雖處六趣，而不[54]爲[55]生滅之所遷[56]。是以至極圓道，寂而當用，(32)用而□寂，無礙無著，故稱不住。

三道之義，略辨如是。

◇記。

[6.1.2 問答]

(33)問曰，證助二道，復有幾種。答曰，大判各二。一者因道，二者果道。言(34)因道者，以因剋果，因果冥扶，故曰證道。此則通說三道皆是證(35)道。以因成果，資助菩提，故名助道。此亦通說三種皆是助(36)道。言果道者，自體內融，妙絶虛通，故曰證道。方便殊能，無(37)障無礙，顯發自體，故目助道。

就[57]因道，名有二(38)種。證道二者，一是緣證，二是體證。

問曰，何者是也。答曰，昔聞(39)思時，信有如已，今至修道，自能證如[58]。□唯[59]自覺，不可示人，故曰(40)證道。此是緣證。言體證[60]□[61]，一切[62]衆生，皆以如[63]來藏法界爲體。但(41)以六識七識煩惱覆，故

---

52 “無”，底本殘，據殘痕及文意補。
53 “住世”，底本殘，據殘痕及文意補。
54 “不”，底本殘，據殘痕及文意補。
55 “爲”，底本無，據文意補。
56 “遷”，底本殘，據殘痕及文意補。
57 “就”，底本殘，據殘痕及文意補。
58 “能證如”，底本殘，據殘痕及文意補。
59 “唯”，底本殘，據殘痕及文意補。
60 “證”，底本殘，據殘痕及文意補。
61 “□”，疑爲“者”。
62 “切”，底本殘，據殘痕及文意補。

自體□[64]顯。了因除障，自體顯用，妙[65](42)絶虛通，故曰證道。

問[66]曰，因[67]中助[68]道，相復云何。答曰，亦有二種。(43)一者緣照方便助，二者體[69]照殊能助。

問曰，法相深隱，頗有殊不。(44)答曰，《地經》廣引金喻[70]。緣照助者，如爐冶人功。真照殊能者，如(45)環玔玦瑲，顯金調柔清淨之體。

問曰，此之三道，位在何處。(46)答曰，向者擧宗，言“是諸地之體”[71]，當知[72]位在歡喜以上。

問曰，種性(47)菩薩亦二障清淨[73]，何故不得自體三道。答曰，爲彰優劣，立(48)名有異。在地前時，名爲二種，習種[74]性種性。初地已上，名爲二道。佛地名爲(49)二種涅槃。

問曰，習種性種[75]，前後[76]位別，證教二道[77]，一時如有。云何而言(50)“名異體同”[78]。答曰，習、性有[79]二。一者據位，相別前後。二者據＊[80]，(51)顯

---

63 “如”，底本殘，據殘痕及文意補。

64 “□”，疑爲“不”。

65 “妙”，底本殘，據殘痕及文意補。

66 “問”，底本殘，據殘痕及文意補。

67 “因”，底本殘，據殘痕及文意補。

68 “助”，底本殘，據殘痕及文意補。

69 “體”，底本殘，據殘痕及文意補。

70 “喻”，底本殘，據殘痕及文意補。“廣引金喻”，參見《十地經論》(T26,143b; 152c; 158c; 162b; 167a; 173a; 178b; 185c; 193a; 200a)。〔法上〕《十地義疏》卷第三(P2104,222-234; T85,774ab)，慧遠《十地義記》卷三末(Z1.71.3, 222d-223a; SZ45,111c-112a)。

71 “是諸地之體”，參見上文“同相＊＊，＊＊地之體也”(S4303,16)。

72 “知”，底本殘，據殘痕及文意補。

73 “種性菩薩亦二障清淨”，參見上文“菩薩種性具足二淨”(S4303,4-5)。

74 “習種”，底本作“々習”，誤寫，改訂。

75 “種性種”，底本殘，據殘痕及文意補。

76 “後”，底本殘，據殘痕及文意補。

77 “證教二道”，參見隋慧遠《大乘義章》證教兩行義(T44,652c-653c)。

在一時。是以《地持經》云，“性種性者，是菩薩六入殊勝，展(52)轉相續，無始法爾，是名性種性。若從來修善所得，是名習(53)種性”[81]。但自時人不學《□[82]持》者，意謂“但有分習成性，以名性種”，故致(54)斯惑。

問曰，三種教[83]中，皆得說[84]有二道以不。答曰，別教通教，證道(55)助道皆得說有，但無不住[85]道耳。

問曰，何以得知。答曰，不(56)住道者，不住生死，不住[86]涅槃，寂用無礙，故曰不住道。別相教中，(57)凡夫住生死，二乘住涅槃，寂用不通，是以不說。通教之中，真(58)智凝然，住於無爲，金剛已還，自是有爲。有無不俱，亦無不住。(59)唯有通宗，是有是無，是[87]是非是是[88]，生死涅槃，俱無障[89]礙，方(60)得名爲不住道耳。

---

78 “名異體同”，參見上文“爲彰優劣，立名有異”(S4303,47-48)。

79 “有”，底本殘，據殘痕及文意補。

80 “＊”，底本殘，或可推定爲“行”等。參見上文“一者行相，行相則＊＊。＊□修相，則有前後之□”(S4303,19)。

81 “性種性者……名習種性”，參見《菩薩地持經》種性品“性種性者，是菩薩六入殊勝，展轉相續，無始法爾，是名性種性。習種性者，若從先來修善所得，是名習種性”(T30,888b)。

82 “□”，疑爲“地”。

83 “三種教”，參見敦煌出土《教理集成文獻》三教行相(S613,168-195)。

84 “說”，底本殘，據殘痕及文意補。

85 “住”，底本殘，據殘痕及文意補。

86 “住”，底本無，據文意補。

87 “是”，底本殘，據殘痕及文意補。

88 “是有是無是是非是是”，參見《涅槃經》梵行品“善男子，是有是無，是名空空，是是非是是，是名空空”(T12,461c；南本T12,704a)。

89 “障”，底本作“彰”，通假，改訂。下同。

[6.2 別相三道[90]]

三道義

問曰，十地論師[91]皆言“初地菩薩現(61)見真如”，問此真如是佛[92]性不。答曰，若依通教，見相空真如，此(62)非是佛性。通宗之中，見[93]真空真如，即是佛性也[94]。

問曰，相空[95]真如，可(63)得說“有見道修道，差別之義”。真空真如即是佛性，然則諸地(64)無別，何得說“有見[96]道修道，治障不同”[97]。答曰，以是義故，金剛藏(65)言，“十地不可說，寄因相一分而說”[98]。言“因相”，即是三道差別之義。

問曰，(66)若爾，實則無三，三則非實。何得即依三名，以解實義，言“是自體顯現，(67)名爲見”[99]也。答曰，教有二種[100]。一者相教，二者秘密教。依相教故，道言(68)“實不可說，寄相而說[101]”[102]。依秘密

---

90 “別相三道”，參見上文“是以見、修、＊＊，＊＊位而辨，名爲別相三道”(S4303,20)。

91 “十地論師”，參見上文“何故十地論師皆言，……”(S4303,3-4)。

92 “佛”，底本殘，據殘痕及文意補。

93 “見”，底本無，據文意補。

94 “也”，底本殘，據殘痕及文意補。

95 “空”，底本殘，據殘痕及文意補。

96 “見”，底本殘，據殘痕及文意補。

97 “有見道修道治障不同”，此文不見於上文。

98 “十地不可……一分而說”，參見《十地經論》初歡喜地“前言‘十地義如是，不可得說聞’，今言‘我但說一分’，此言有何義。是地所攝，有二種。一因分，二果分。‘說’者謂解釋，‘一分’者是因分，於果分爲一分，故言‘我但說一分’”(T26,133c-134a)。

99 “是自體顯現名爲見”，與此文相應的內容不見於上文。疑下文之“何故復言‘有自體見’”(S4303,246) 亦以同文爲前提。

100 “種”，底本殘，據殘痕及文意補。

101 “說”，底本殘，據殘痕及文意補。

102 “實不可說寄相而說”，參見上文“十地不可說，寄因相一分而說”(S4303,65)。

教，故相說即是實說，一言義無不盡。(69)是以見道名一如有[103]，淺深不同。

問曰，小乘三道，無學道在阿羅[104]漢。大(70)乘無學，何故不在於佛。答曰，阿那[105]含人，二界惑在，不同阿羅漢。大乘(71)八地已上，通斷一切微細煩惱，得佛法身，猶如如來。不但此中，餘處亦(72)有與佛合[106]說。如五忍中寂滅忍[107]，七地中畢竟地[108]，恒河中水陸俱行[109]，(73)皆[110]明菩薩與佛同性之地。〈四依〉之中，種性已上，皆如如來[111]。《華嚴》(74)之中，"初發心時，便成正覺"[112]。念念之中，與佛合說[113]。〈十地品〉中，"入三世諸(75)佛智地"[114]，亦是合說。《涅槃》五行，"復有一行，是如來行[115]"[116]，亦[117]是合說。(76)如此大分，義顯如此。人者何得小小比決。

---

103 "一如有"，參見上文"證教二道，一時如有"(S4303,49)。

104 "羅"，底本殘，據殘痕及文意補。

105 "那"，底本殘，據殘痕及文意補。

106 "合"，底本作"含"，誤寫，改訂。

107 "五忍中寂滅忍"，參見《仁王般若波羅蜜經》菩薩教化品"復次寂滅忍，佛與菩薩，同用此忍，入金剛三昧"(T8,826c)。

108 "七地中畢竟地"，參見《菩薩地持經》地品"最上菩薩住，如來住，名畢竟地"(T30,954a)。

109 "恒河中水陸俱行"，參見《涅槃經》迦葉菩薩品"善男子，到彼岸者，喻阿羅漢、辟支佛、菩薩、佛。猶如神龜，水陸俱行"(T12,579b；南本T12,826c)。

110 "皆"，底本殘，據殘痕及文意補。

111 "種性已上皆如如來"，參見《涅槃經》如來性品"……於人天中，最尊最勝。猶如如來，名人中勝，爲歸依處"(T12,397a；南本四依品T12,637c)。

112 "初發心時便成正覺"，參見《華嚴經》梵行品"初發心時，便成正覺"(T9,449c)。

113 "念念之中與佛合說"，參見下文"是以《經》云，雖非常住，非念念滅"(S4303,410)。

114 "入三世諸佛智地"，參見上文"六者遍覆一切衆生界，入三世諸佛智地"(S4303,10-11)。

115 "行"，底本無，據文意補。

116 "復有一行是如來行"，參見《涅槃經》聖行品"善男子，菩薩摩訶薩常當修習是五種行。復有一行，是如來行，所謂大乘大涅槃經"(T12,432a；南本T12,673b)。

117 "亦"，底本殘，據殘痕及文意補。

[7 廣涅槃義 第七]

[7.1 章]

廣涅槃義第七

(77)涅槃者，無爲之[118]稱，亦云滅度[119]。論滅不同，名含有二。一者事滅，二者(78)理滅。事盡唯無，理滅即法，二義雖殊，皆稱爲滅。是以涅槃之名，(79)該於大小。若限相證無，目之爲小，若圓統斯二，稱之爲大。

就大之中，(80)有於二種。謂通宗、通教教。

通教涅槃，乘體礙者[120]未融，故涅槃體一，而有(81)萬義。體[121]一故靈智獨存[122]，妙出有無，義萬故昭用殊能，德無不(82)備。是以形於三乘，亦得稱大。但以名相猶存，形待未亡，緣起法界、(83)無名之旨[123]，猶爲一異之所隱。是以比於通宗，猶是有餘[124]不了之說[125]。

(84)通宗大乘者，體義俱融，一體一切體，一義一切義。一體一切體，故無義而不(85)體，一義一切義，故無體而不義。體義融於彼此，而恒體恒義者，豈可(86)以不體義之相而局哉。然妙德自彰，故和而不同，參而不雜。是以(87)雖可就體以彰義，此義非用義。就義以彰體，此體非法體。雖(88)復[126]就體義以彰名，此名非名名。是以《經》言，“於

118 “之”，底本殘，據殘痕及文意補。

119 “無爲之稱亦云滅度”，參見《肇論》涅槃無名論“經稱有餘涅槃、無餘涅槃者，秦言無爲，亦名滅度”(T45,157bc)。

120 “者”，疑爲“爲”之誤寫。

121 “體”，底本無，據文意補。

122 “靈智獨存”，參見《肇論》涅槃無名論“經曰，陶冶塵滓，如鍊真金，萬累都盡，而靈覺獨存”(T45,158a)。

123 “緣起法界無名之旨”，參見上文“融相之義，無名之旨，類同前章，不煩曲辯”(S4303,26)。

124 “餘”，底本殘，據殘痕及文意補。

125 “說”，底本殘，據殘痕及文意補。

一名法，說無量名，於無量義，(89)說無量名[127]”[128]。是爲無名之名，雖名而非名。(90)涅槃無名[129]，義在於此。

若◇[130]其法體，相別有三。一者方[131]便涅槃，二者性淨涅槃，三者(91)圓寂涅[132]槃。性淨[133]、方便[134]，據[135]體義兩分，圓寂涅槃，據體用無二。性淨論(92)三，對盡以彰至寂。方便論八，據修以彰實用。圓寂無二，據平等[136]以彰(93)極旨。備此三，則宗無不同，義無不統，妙盡環中[137]，更莫能過，故得名爲通宗(94)大乘涅槃也。

然通教涅槃[138]，相近而易見，是以時人相傳，多執此旨，謂爲旨(95)極。通宗大乘，理反常情，難可信入，故致雖覩經文，而捨難存易。然道(96)興有時，故因《地論》，此義乃傳。

若指經，而《法華》爲通教，《涅槃》爲通宗。

通(97)宗因果俱常，通教因無常果是常，故漏無漏[139]善，相續通人，

---

126 “復”，底本殘，據殘痕及文意補。

127 “名”，底本“名”下有“於無量義，說無量名”八字，附有刪除記號。此處若此八字不予刪除，將前行之“於無量義”改爲“於一義中”，更合《涅槃經》經文。修訂文如下。“於一名法，說無量名，於一義中，(89)說無量名，於無量義，說無量名”。

128 “於一名法……說無量名”，參見《涅槃經》迦葉菩薩品“於一名法，說無量名，於一義中，說無量名，於無量義，說無量名”(T12,563c；南本T12,810a)。

129 “涅槃無名”，參見《肇論》涅槃無名論。

130 “◇”，疑爲“辨”之簡略體。

131 “方”，底本殘，據殘痕及文意補。

132 “涅”，底本殘，據殘痕及文意補。

133 “淨”，底本殘，據殘痕及文意補。

134 “便”，底本殘，據殘痕及文意補。

135 “據”，底本殘，據殘痕及文意補。

136 “平等”，底本殘，據殘痕及文意補。

137 “妙盡環中”，參見《肇論》涅槃無名論、表上秦主姚興“伏惟陛下叡哲欽明，道與神會，妙契環中，理無不統”(T45,157a)。

138 “教涅槃”，底本殘，據殘痕及文意補。

139 “漏”，底本殘，據殘痕及文意補。

以爲一乘之體。乃(98)至金剛，皆是無常，即以無常之善，以爲正因。無常既謝，善即證常，以此惑(99)盡解滿，故名爲常，非本有故常。據此而言，得云當常。實而言之，因既無[140](100)常，果亦無常，本無今有，有亦還無。是故《經》言，"雖聞一切契經三□，＊＊[141](101)未聞如是大般[142]涅槃，咸言一切悉是無常。若得聞大涅槃，則知常住＊＊。(102)曉了己身有佛性故"[143]。

通宗因果俱常者，以見本有之性，故名常。始顯＊＊(103)真不真實，但以顯而未[144]窮，故以之名因。現用圓極，則名爲果。因亦涅＊[145]，(104)果亦涅槃，是故菩薩亦得[146]住大涅槃。《經》文有言，"佛性之性，不生涅槃"[147]。而體[148](105)是果，文取況爲證。如明分月未滿爲因，滿則爲果。滿與不滿，乃在於(106)緣，月之真體，理無虧盈[149]。故知通宗因果，不同通教[150](107)明矣。然時人以通教之義，轉通宗之文，以就(108)己

140 "無"，底本殘，據殘痕及文意補。

141 "□＊＊"，底本殘，或可推定爲"昧，乃至"等。

142 "般"，底本殘，據殘痕及文意補。

143 "雖聞一切……有佛性故"，參見《涅槃經》如來性品"佛告迦葉，如是如是，善男子，雖修一切契經諸定，乃至未聞大般涅槃，皆言一切悉是無常。聞是經已，雖有煩惱，如無煩惱，即能利益一切人天。何以故。曉了己身有佛性故。是名爲常"(T12,414c；南本鳥喻品T12,655c)。

144 "未"，底本此下有"故"，衍字。

145 "＊"，底本殘，或可推定爲"槃"等。

146 "得"，底本殘，據殘痕及文意補。

147 "佛性之性不生涅槃"，參見《涅槃經》師子吼菩薩品"善男子，我所宣說，涅槃因者，所謂佛性。佛性之性，不生涅槃，是故我言，涅槃無因。能破煩惱，故名大果。不從道生，故名無果。是故涅槃無因無果"(T12,538c-539a；南本T12,784a)。

148 "體"，底本殘，據殘痕及文意補。

149 "分月未滿……理無虧盈"，參見《涅槃經》如來性品"……如是衆生所見不同，或見半月，或見滿月，或見月蝕。而此月性，實無增減侵蝕之者，常是滿月。如來之身亦復如是。是故名爲常住不變"(T12,416b；南本月喻品T12,657b)。

150 "教"，底本此字附有刪除記號"："，判爲誤記，未改。

解，言“佛性、涅槃，悉是當[151]一”，豈非悮[152]哉。

[7.2 次釋有餘無餘]

次釋有餘無[153]餘。三乘(109)教中，煩惱盡處，名爲有[154]餘，身智俱滅[155]，名爲無餘。望於通教，此[156]二涅槃(110)皆有餘。若望通宗，則通教[157]涅槃亦是有餘。

別教涅槃，望於通教，有(111)二種有餘。一者事滅◇，二者理[158]滅令無。

通教涅槃，望於通宗，亦有二種。一事滅未窮，(112)二理滅未極。事滅未窮者，一切惑障，以妄想[159]爲本。既未達本，障(113)寧容盡。理滅未極者，理以絶相爲[160]極。此既守一凝然，未絶形待，礙(114)相猶存，豈究其滅[161]。是以[162]□於[163]別相，稱爲[164]理滅耳。

就通宗中，方便涅(115)槃，寄修對治，盡道所剋，除得未泯，稱爲有餘。性淨涅槃，(116)顯於本實，無修無得，目曰無餘。此二涅槃，體用兩分，其相猶局，亦(117)是有餘。圓寂涅槃，於二無二，乃是無餘。

---

151 “當”，底本殘，據殘痕及文意補。
152 “悮”，同“誤”。
153 “無”，底本殘，據殘痕及文意補。
154 “有”，底本殘，據殘痕及文意補。
155 “滅”，底本殘，據殘痕及文意補。
156 “此”，底本殘，據殘痕及文意補。
157 “教”，底本殘，據殘痕及文意補。
158 “理”，底本作“利”，通假，改訂。
159 “想”，底本殘，據殘痕及文意補。
160 “爲”，底本殘，據殘痕及文意補。
161 “其滅”，底本殘，據殘痕及文意補。
162 “是以”，底本殘，據殘痕及文意補。
163 “於”，底本殘，據殘痕及文意補。
164 “爲”，底本殘，據殘痕及文意補。

若無二，復對二[165]亦是二，有[166]無餘[167]，對有餘即亦是(118)有餘。何故而然。凡有待之法，則還成於待，一相既立，則衆相皆舉。(119)唯有緣起法界，環中實旨，乃是自體無餘，非待對也。既非待對，(120)而名無餘者，即無名耳。

言"緣起"[168]者，向三種涅槃[169]，一而是三，三而是一，一非(121)一一，三非三三。如向二與無二[170]，二無二相，故常[171]二而無[172]二，無二無自，故無二而常二。是以二無二(122)相，而無法而不二[173]，無[174]一相[175]中，無法[176]而不[177]一。一二斯融，名爲自體無餘。即體殊能，用有通塞，便是(123)自體有餘。其中若擬之自他、真應、權實，非可曲辯，當准而推之。

[7.3 次解二滅體有同異]

(124)次解二滅[178]體有同異。事盡無者，謂涅槃中無生死。此無體非是有，(125)與理滅有異。"大涅槃，名爲善有"[179]，明知[180]事無非涅槃也。

---

165 "對二"，底本作"二對"，誤寫，改訂。

166 "有"，疑爲"若"之誤寫。

167 "餘"，底本殘，據殘痕及文意補。

168 "緣起"，參見上文"唯有緣起法界，環中實旨"(S4303,119)。

169 "向三種涅槃"，參見上文"方便涅槃，……性淨涅槃，……圓寂涅槃"(S4303,114-117)。

170 "向二與無二"，參見上文"圓寂涅槃，於二無二"(S4303,117)。

171 "常"，底本無，據文意補。

172 "無"，底本殘，據殘痕及文意補。

173 "二"，底本殘，據殘痕及文意補。

174 "無"，底本殘，據殘痕及文意補。

175 "相"，底本殘，據殘痕及文意補。

176 "無法"，底本殘，據殘痕及文意補。

177 "不"，底本殘，據殘痕及文意補。

178 "二滅"，參見上文"一者事滅，二者理滅"(S4303,77-78)。

是以《經》言，“是三(126)種無，涅槃中無”[181]。涅槃中出形待[182]，非互[183]無，義顯然[184]矣。

而《經》文復言，“無十相故，(127)名無相涅槃”[185]。涅槃中無十相，十相中無涅槃，即是互無。云何而言“非互無”(128)也。

據相似違，推理則順。夫無相者，無自相，無他相。緣寂名無他，體寂名(129)無自，體相俱融，名無自[186]他[187]。緣寂之滅，凡有二(130)種。一對治故無，二理本自無。對治無者，即是互無[188]，是以涅槃之中，無(131)如此無。理體自無者，生死者本自不有，非[189]遣生死而爲無。而言無者，理(132)本自無。如此無者，三無相中，無他相也[190]。體非對待，故[191]非互無。取捨至微，勿(133)惑其名。

---

179 “大涅槃名爲善有”，參見《涅槃經》如來性品“……以是義故，大般涅槃，名爲善有”(T12,423a；南本菩薩品T12,664b)。

180 “知”，底本殘，據殘痕及文意補。

181 “是三種無涅槃中無”，參見《涅槃經》憍陳如品“善男子，如汝所說，是異無者，有三種無。牛馬悉是先無後有，是名先無。已有還無，是名壞無。異相無者，如汝所說。善男子，是三種無，涅槃中無。是故涅槃常樂我淨”(T12,593c；南本T12,841b)。

182 “出形待”，底本殘，據殘痕及文意補。

183 “非互”，底本殘，據殘痕及文意補。

184 “顯然”，底本殘，據殘痕及文意補。

185 “無十相故名無相涅槃”，參見《涅槃經》師子吼菩薩品“世尊，無相定者，名大涅槃。是故涅槃名爲無相。以何因緣，名爲無相。善男子，無十相故。何等爲十。所謂色相、聲相、香、味、觸相、生相、住、壞相、男相、女相，是名十相。無如是相，故名無相”(T12,546c；南本T12,792a)。

186 “自”，底本此下有“體相俱融名無自”，衍文。

187 “他”，底本殘，據殘痕及文意補。

188 “無”，底本殘，據殘痕及文意補。

189 “非”，底本無，據文意補。

190 “三無相中無他相也”，參見上文“緣寂名無他，體寂名無自，體相俱融，名無自他”(S4303,128-129)。

191 “故”，底本殘，據殘痕及文意補。

[7.4 次明涅槃總別之義]

次明涅槃總別之義。時人以涅槃爲總，萬義爲別。總別若定，(134)便是名相之法，事有所局，何得出於假待之位。今明體義曠周，莫不(135)皆是無邊常住，一即一切，一切即一。是以涅槃、萬義，皆悉是總，皆悉是別。(136)總別融[192]□彼此，何得以[193]假實之狀而擬之哉。

無名之旨[194]，雖復玄曠，而體[195](137)向來所辨，聊可寄意。涅槃難究，略述云爾[196]。

[7.5 問答]

問曰，通教涅槃[197]，(138)云何一異。答曰，以第七識爲體。就此體上，義自有萬，實而言之，唯一凝然。

(139)又問，爲當即指《涅槃經》文，以爲通教涅槃，爲當更就餘經。答曰，教有(140)二種。一者秘密教，深處有淺義，淺處有深義，其義有別，而文無別。(141)據此而言，即就[198]□□□□[199]，□即辨[200]之，即是通教涅槃。二者化教，相別彼(142)此。要擧《法華》《瓔珞》等，明通教涅槃。

問曰，三乘何故不明一異。答曰，別教[201](143)涅槃，以無爲體，無無差別，故非一異。

---

192 "總別融"，底本殘，據殘痕及文意補。

193 "得以"，底本殘，據殘痕及文意補。

194 "無名之旨"，參見上文"融相之義，無名之旨，類同前章，不煩曲辯"(S4303, 26)。

195 "體"，疑爲"於"之誤寫。

196 "爾"，底本殘，據殘痕及文意補。

197 "涅槃"，底本殘，據殘痕及文意補。

198 "即就"，底本殘，據殘痕及文意補。

199 "□□□□"，疑爲"《涅槃經》文"。

200 "即辨"，底本殘，據殘痕及文意補。

201 "答曰別教"，底本殘，據殘痕及文意補。

問曰，此無爲中，亦有寂靜安隱、不生不(144)滅、不來不去等。何故不得有一異義。答曰，通教涅槃，以凝慮之性爲(145)體，非戒施。就其義用，方有戒等殊能，故有一異之義。論其無爲，不來(146)去等，何者爲體，何者爲義，得有差別一異之義。

問曰，別相教中，論有爲(147)法，得說一異不。答曰，別相教中，得說總別，不說一異。通教之中，(148)得說一異，不得說無障礙。通宗之中，一切具足，說皆無妨礙，但須(149)知處所。

問曰，通宗涅槃，云何體義俱融。答曰，若說波若，則解脫、(150)法身、菩提、涅槃，皆是波若。若[202]說解脫，皆是解脫。若分別體義，亦言(151)“摩訶波若亦非解脫，如來之身亦非解脫，菩提、涅槃亦非(152)解脫”[203]，具此無礙，方名解脫。波若亦爾，具此圓照，方[204]名[205]波若。法身亦爾，(153)具此真體，方名法身。涅槃亦爾，具此圓寂，方得名爲大涅槃。菩提(154)亦爾，具此圓道，方[206]得名爲無上菩提。自餘萬義，常樂我淨、法(155)界等法，皆亦如是。隨所辨宗，以之爲體，以餘法釋，成以爲義。

問曰，大乘(156)圓宗，諸佛秘密，無障無礙，理應如是。然理深難解，頗有喻不。答曰，(157)如似衆鏡，置之高堂，一鏡之中，衆像皆現[207]。隨所觀鏡，以之爲[208]體，鏡入者則(158)以爲義。涅槃體義亦復如

---

202 “若”，底本無，據文意補。

203 “摩訶波若……亦非解脫”，參見後注210.

204 “方”，底本此字附有刪除記號“：”，判爲誤記，未改。

205 “名”，底本無，據文意補。

206 “方”，底本此下有“便”，衍字。

207 “衆鏡置之……衆像皆現”，參見下文“經中多說鏡像之喻”(S4303,265)。謝鎮之〈重書與顧道士〉(《弘明集》卷六)“夫聖者何耶。感物而遂通者也。夫通不自通，感不自感，感恒在此，通每自彼。自彼而言，懸鏡高堂，自此而言，萬像斯歸”(T52,42b)。

208 “爲”，底本殘，據殘痕及文意補。

是。《經》文亦云，“大衆所見，如於鏡中見諸色(159)像”[209]。

問曰，如來但說“三事成涅槃”[210]，不說“涅槃成三事”。人者乘作此[211]解脫(160)等相應[212]，豈不妄說。答曰，理無并敷，是以此中但說涅槃。下〈四相品〉中，還(161)自廣說“法身之中，無法不有，解脫之中，亦無法不攝”[213]。又復大乘秘密，說(162)多不增，說一不減。下《經》亦言“善解一字”[214]。何得尋於名相，疑於大方。復又迦葉(163)所問，與《華嚴》同[215]。《華嚴》之中，“一微塵中有一切世界，一切微塵皆亦如是”，廣(164)說“一切諸法悉亦如是”[216]。云何難言“自作類解”[217]也。

---

209 “大衆所見……見諸色像”，參見《涅槃經》壽命品“……爾時大衆，悉皆遙見彼佛大衆，如明鏡中自觀己身”(T12,370c；南本序品T12,610b)，金剛身品“……若能如是了了知見，即是見佛金剛之身不可壞身，如於鏡中見諸色像”(T12,384c；南本T12,624c)。

210 “三事成涅槃”，參見《涅槃經》壽命品“解脫之法亦非涅槃，如來之身亦非涅槃，摩訶般若亦非涅槃，三法各異亦非涅槃。我今安住如是三法，爲衆生故，名入涅槃。如世伊字”(T12,376c；南本哀歎品T12,616b)。

211 “作此”，疑爲“此，作”之誤寫。

212 “人者乘作此解脫等相應”，參見上文“具此無礙，方名解脫。……菩提亦爾，具此圓道，方得名爲無上菩提”(S4303,152-154)。

213 “法身之中……無法不攝”，參見《涅槃經》如來性品“善男子，我已久住是大涅槃，種種示現神通變化。……”(T12,388b-390a；南本四相品T12,628b-630a)，“善男子，真解脫者，名曰遠離一切繫縛。……”(T12,392a-395c；南本四相品T12,632a-636a)。

214 “善解一字”，參見《涅槃經》金剛身品“……善解一字，善持契經，亦復如是”(T12,384c；南本T12,624c)。

215 “迦葉所問與華嚴同”，參見《涅槃經》壽命品“善男子，我坐道場，菩提樹下，初成正覺。爾時無量阿僧祇恒河沙等諸佛世界，有諸菩薩，亦曾問我是甚深義”(T12,380b；南本長壽品T12,620a)。《大般涅槃經集解》卷九“僧宗曰，……昔七處八會，說《華嚴》方廣。于時十方大士，雲集論義，亦嘗作此問”(T37,415c)。慧遠《大般涅槃經義記》卷二“第二嘆中‘我坐道場，亦曾問’等，擧《華嚴》中菩薩問也”(T37,656a)。

216 “一微塵中……悉亦如是”，例如《華嚴經》賢首菩薩品“一塵中現無量刹，而彼微塵亦不增，……如一微塵所示現，一切微塵亦如是”(T9,434c)。

217 “自作類解”，參見上文“人者乘作此解脫等相應”(S4303,159-160)。

問曰，向[218]言“方便涅槃，寄(165)修對治，盡道所剋”[219]。若爾，便應三事八修，皆是方便。何故言“性淨論三，方(166)便論八”[220]。答曰，名同義異。若據真性般若、法性之身、自體解脫，對三(167)種妄想觀修而辯。此[221]則以盡無，不斷煩惱而入涅槃。是以三事得名性淨。(168)若據方便般若、功德法身、殊能解脫，依勳修因對治而成。此則斷煩惱(169)入涅槃。如此三事，則方便[222]涅槃。

問曰，三種妄想，何等是也。答曰，(170)煩惱妄想、業妄想等。

問曰，對三妄想，以明三事，是性淨涅槃者，若爾，(171)亦對三道，明方便涅槃，豈可不觀妄想也。答曰，方便據行，行由對治。而成對治之法，則(172)分因果。論其妄想，據實觀非有，不論因果差別。是以三義兩分，明二(173)涅槃。

問曰，對遣八倒[223]，以明八修。八倒之法亦即體是妄想，而不無因緣。論(174)其八修，亦有體用兩別。以此而[224]推，三事八修，其義齊等。何故解言“性淨論三，(175)方便論八”。答曰，體義俱融，難可分別。如欲說之，須約相而言，體則無二，(176)用則殊分。是以略說三事，以彰性淨之體，廣說八修，以明方便之用。

問曰，涅(177)槃圓宗，體義俱融，平[225]等廣大。理而言之，應無優劣。何故復說“方便爲有(178)餘”乃至“圓寂爲待對”[226]也。答曰，此據緣照

---

218 “向”，底本作“何”，誤寫，改訂。

219 “方便涅槃……盡道所剋”，參見上文“方便涅槃，寄修對治，盡道所剋”(S4303,114-115)。

220 “性淨論三方便論八”，參見上文“性淨論三，對盡以彰至寂。方便論八，據修以彰實用”(S4303,91-92)。

221 “此”，底本無，據文意補。

222 “便”，底本此下有“性淨”，衍文。

223 “倒”，底本作“到”，通假，改訂。下同。

224 “此而”，底本作“而此”，誤寫，改訂。

225 “平”，底本無，據文意補。

分別，於真取相，對情說相，相(179)則不實。若廢情而論，則一切皆實，等勝均妙，更無優劣。

問曰，若(180)如是，何[227]故復言“自體[228]無餘，自體有餘”[229]。答曰，言平等者，一亦得作衆，衆亦(181)得作一，體亦得作義，義亦得作體。此是無障礙平等，非一相平等。是以雖(182)就體義，說有餘無餘，而有餘無餘非是別相優劣。上引鏡像之(183)喻[230]，其義已顯。《涅槃》四相[231]，經文亦備，《華嚴》廣說[232]，明證然矣。

問曰，又人(184)解言，“生死無涅槃，此無非是涅槃滅諦。論其涅槃，與道諦同(185)體”，此義云何。答曰，作此解者，有多妨難。何者是也。昔小乘中，以分段生死因(186)果盡處，爲阿羅漢涅槃。今大乘中，何故不說“二種生死因果盡處，爲(187)諸佛涅槃”。《經》文自說，“無十相，故名無相”[233]，“涅槃之中，無二十五有生死之相”[234]。

(188)問曰，此解無妨。我言“無生死”者，謂能無生死。是以我比說

---

226 “方便爲有……寂爲待對”，參見上文“方便涅槃，……稱爲有餘。性淨涅槃，……目曰無餘。……圓寂涅槃，於二無二，乃是無餘。……對有餘即亦是有餘”(S4303,115−118)。

227 “何”，底本殘，據殘痕及文意補。

228 “體”，底本殘，據殘痕及文意補。

229 “自體無餘自體有餘”，參見上文“唯有緣起法界，環中實旨，乃是自體無餘，非待對也。……即體殊能，用有通塞，便是自體有餘”(S4303,119−123)。

230 “鏡像之喻”，參見上文“如似衆鏡，置之高堂，一鏡之中，衆像皆現。……涅槃體義亦復如是”(S4303,157−158)。

231 “涅槃四相”，參見上文“下〈四相品〉中，還自廣說‘法身之中，無法不有，解脫之中，亦無法不攝’”(S4303,160−161)。

232 “華嚴廣說”，參見上文“《華嚴》之中，‘一微塵中，有一切世界，一切微塵，皆亦如是’，廣說‘一切諸法，悉亦如是’”(S4303,163−164)。

233 “無十相故名無相”，參見上文“無十相故，名無相涅槃”(S4303,126−127)。

234 “涅槃之中……生死之相”，參見《涅槃經》如來性品“涅槃之中，無有日月、星辰諸宿、寒熱風雨、生老病死、二十五有”(T12,391b；南本四相品T12,631c)。

"涅槃滅諦，與道(189)諦同體"。答曰，妨難彌甚。何以故然。〈聖行〉中說"滅者除相，道者能除相"[235]。人[236]者(190)以能無生死爲滅諦者，此乃謬說"道諦以爲滅諦"。

問曰，若此解非，人者意(191)復云何。答曰，上以[237]具解，三種無相是無生死，而非互無[238]。

[8 廣佛三種身 第八]

[8.1 章]

(192)廣佛三種身第八

三種身者，大聖之軀分也。軀分聚積[239]，故名爲身。(193)身雖衆多，據要論三，謂法報與應。論法，就理以彰體。語報，據德彰(194)相。論應，隨緣辯用。

何[240]者，夫惑情𡊣理，自異成隔，理非其用，不名爲(195)身。若自以情息，於理無[241]隔，法界緣起，便爲自實之體。(196)故以法爲身，名◇[242]法身。是故[243]《經》言"法界藏，即[244]法身藏"[245]也。(197)據德彰相者，學

---

235 "滅者除相道者能除相"，參見《涅槃經》聖行品"苦者現相，集者轉相，滅者除相，道者能除相"(T12,434c；南本T12,676b)。

236 "人"，底本無，據文意補。

237 "以"，通"已"。

238 "三種無相……而非互無"，參見上文"如此無者，三無相中，無他相也。體非對待，故非互無"(S4303,132)。

239 "積"，底本殘，據殘痕及文意補。

240 "何"，底本殘，據殘痕及文意補。

241 "無"，底本殘，據殘痕及文意補。

242 "◇"，疑爲"爲"。

243 "故"，底本殘，據殘痕及文意補。

244 "即"，底本殘，據殘痕及文意補。

245 "法界藏即法身藏"，參見《勝鬘經》"世尊，如來藏者，是法界藏，法身藏，出世間上上藏，自性清淨藏"(T12,222b)。

地在數，則相別塵◇。若德超外境，則(198)出數過相，分絶昏頑，圓明獨顯。故以無學果德，以爲報身(199)能相也。隨緣[246]辯用者，大聖積德，本爲利他[247]，故[248]能(200)不捨大悲，化無□[249]在。化感相順，故稱爲應。就(201)應跡之能，以彰聖體，故曰應身。此據能所彰當名，故(202)曰應身，若直語其能，名方便身。

而《經》中或[250]復名爲緣集[251]。(203)即是積聚之義，身之所以也。據有爲緣集，不捨世間，大(204)用無方[252]，以爲應身。無爲緣集，不住涅槃，名爲報身。自體緣(205)集，於二不二，名爲法身[253]。

明[254]此三身[255]，緣起平等，爲一法身。此(206)一法身，無身不身。若語報身，亦緣起平等，爲一報身。報身備德[256]，(207)無身不身。應身亦爾，緣起平等，爲一應身。應用圓極，無身(208)不身。

爾爲[257]三身一一各三。據法論三，三皆是法。就報辯三，三皆是報。據(209)應論三，三皆是應。就法論者，謂法法、報法、應法。真如

---

246 “隨緣”，底本殘，據殘痕及文意補。

247 “他”，底本殘，據殘痕及文意補。

248 “故”，底本殘，據殘痕及文意補。

249 “□”，疑爲“不”。

250 “或”，底本殘，據殘痕及文意補。

251 “經中或復名爲緣集”，參見下文“問曰，依三種緣集，說三種身，又依何經。……”(S4303,249-252)。

252 “大用無方”，此四字疑底本附有刪除記號“·”。“大用無方”，參見《菩薩瓔珞本業經》集衆品“樂常住性，窮化體神，大用無方”(T24,1010b)。

253 “據有爲緣……名爲法身”，參見本書所收《法界圖》[4.3.3 妙覺地] “佛有三種身。一者法身佛，以法性爲體，自體緣集爲身。二者報身佛，以一切種妙智爲體，無爲緣集爲身。三者應身佛，以大悲爲體，三十二相八十種好有爲緣集爲身”。

254 “明”，疑或爲“然”。

255 “三身”，底本殘，據殘痕及文意補。

256 “德”，底本作“意”，誤寫，改訂。

257 “爲”，疑爲“乃”之誤寫。

自實，爲法中之法。(210)行軌無差，名爲報法。化道不改，名爲[258]應法。言報中三者，謂報報、法(211)報、應報。修行成德，報中之報。各修證法，證[259]法爲己[260]，名爲法報。久修化物，(212)用能以權，名爲應報。就應三者，謂應應、報應、法應。權化改迷，應(213)中之應。以德示修，名爲報應。以理悟證，名爲法應。

凡言身者，必有(214)三業。聚積爲身，表彰陳說爲口，稱量分別，以之爲意。准於此義以推，(215)三身各有三業[261]。至寂之體，以爲法身身業。寂而踰彰，以爲口業。證(216)明內朗，以爲意業。萬德無二，爲報身身業。德無不彰，名爲口業。照(217)無不周，以爲意業。相好之聚，以爲應身身業。吐彰陳說，以爲口業。一(218)切種智，以爲意業。法身意業，知三種法，法身口業，說三種法。報身意業，(219)知三種報，報身口業，說三種報。應身意業，知三種應，應[262]身口業，(220)說三種應。

[8.2 次明知衆生]

次明知衆生。法佛知一切衆生，與己同體，理處無差。亦知衆生妄情，(221)自異於理爲隔。報佛知衆生行德同異。應佛知衆生可化不可化者[263]，據(222)爲體益。應佛令衆生返迷從正，捨惡業善。報佛能令修道之徒，得證(223)同己。法佛一切冥津，義無所局。

---

258 “爲”，底本無，據文意補。

259 “證”，底本無，據文意補。

260 “爲己”，參見《論語》憲問“古之學者爲己，今之學者爲人”。

261 “三身各有三業”，參見敦煌出土《教理集成文獻》佛三種身“三身各有三業。法身三者，至寂之體以爲身，妙相顯彰以爲口，澄明內朗以爲意。報身三者，至德之體以爲身，義無不彰以爲口，明照之慧以爲意。應身三者，形無不在以爲身，在無不彰以爲口，彰無不實以爲意也”(S613,23-26)。

262 “應”，底本此下有“中”，衍字。

263 “者”，底本作“若”，誤寫，改訂。

[8.3 次明三身之因]

次明三身之因。法佛證道爲因，報佛以助(224)道爲因，應佛不住道爲因[264]。又復報佛由自利而成，應佛由利他而剋，法(225)佛古今平等，無修無得。

[8.4 次明教有隱顯]

次明教有隱顯。三乘教中，以五分法身爲法佛。(226)丈六之形，以爲報佛。變爲老比丘等，以爲應佛。通教之中，(227)實契中道，凝然一慮，以爲法佛。萬德之相，以爲報佛。垂[265]跡(228)無方，以爲應佛。別教三身，即通教之應。三乘教中，三佛皆(229)無常。通教之中，應身無常，法報是常。通宗之中，三佛皆常。

(230)此據隨分義目，是以三乘[266]之中，各明三種身。若據與奪爲名，三乘教中，但(231)明實報成道，不明法應二佛。其中雖明五分法身，說行德爲法身，非理(232)實法身。雖明化爲老比丘等，此變作非佛，不名爲佛。通教之中，但有[267]報(233)應二佛，不明法佛。雖明凝契中道，理非緣起，境智恒異，法名不覺，何得稱(234)佛。唯有通宗大乘，乃得具足明於三佛。常無常義亦復如是。

佛身至妙，(235)非言能究。略擧綱要，粗述云爾。

[8.5 問答]

問曰，依何經文，說有三佛。答曰，依《十地論》[268]。

---

264 “法佛證道……住道爲因”，證道、助道、不住道爲本文獻［6 廣明三道義 第六］之同相三道。

265 “垂”，底本作“喪”，誤寫，改訂。

266 “乘”，疑爲“教”之誤寫。

267 “有”，疑爲“明”之誤寫。

(236)問曰，此三種佛，爲當一時而成，爲有前後。答曰，依[269]三藏解，法佛古(237)今常湛然，無修無[270]得，體成在先[271]。十地菩薩能化作佛，乃至種(238)性菩薩亦能八相成道[272]，故[273]知應佛亦在先而成。報佛據自(239)行成滿，要在金剛已後[274]。或復有說，“一時而成”。或復有說，“二佛前成，(240)法佛後成”。依所承法師所云，“中國人解義不同，隨國土各(241)異，義無竝通”。然實大乘之義，理無所局，可准教消息。

問曰，何(242)消息。答曰，若依頓教，法佛先成，如向所解[275]。若依漸教，要在顯時(243)界[276]。據[277]此而言，相見無傷，但非人情所見。

問曰，既言“相見”，見則[278]是相[279]，相則生情[280]。(244)云何而非[281]情

---

268 “依十地論”，參見《十地經論》初歡喜地“一切佛者，有三種佛。一應身佛，二報身佛，三法身佛”(T26,138b)。

269 “依”，底本殘，據殘痕及文意補。

270 “無”，底本殘，據殘痕及文意補。

271 “法佛古今……體成在先”，大竹晉〈《大乘起信論》の引用文獻〉(參見題解) 一文中指出此處對應《金剛仙論》之如下部分。《金剛仙論》卷二“常有二種。一就佛性法身，凝然常住，彼此平等，以明常”(T25,805c)，卷八“明佛有二種。一法身佛，古今湛然，體性圓滿，非修得法，此即性淨涅槃”(T25,858c)。

272 “相成道”，底本殘，據殘痕及文意補。“種性菩薩亦能八相成道”，大竹晉〈《大乘起信論》の引用文獻〉(參見題解) 一文中指出此處對應《大乘起信論》之如下部分。《大乘起信論》“菩薩發是心，故則得少分見於法身。以見法身，故隨其願力，能現八種，利益衆生。所謂從兜率天退，入胎，住胎，出胎，出家，成道，轉法輪，入於涅槃”(T32,581a)。參見下文“……是故名爲八相成道”(S4303,285-289)。

273 “故”，底本殘，據殘痕及文意補。

274 “報佛據自……金剛已後”，大竹晉〈《大乘起信論》の引用文獻〉(參見題解) 一文中指出此處對應《金剛仙論》之如下部分。《金剛仙論》卷九“菩薩始從發菩提心，三大阿僧祇劫修，十地行滿，金剛心謝，證種智時，名爲報佛”(T25,864b)。

275 “如向所解”，參見上文“依三藏解，法佛古今常湛然，無修無得，體成在先”(S4303,236-237)。

276 “界”，疑或爲“異”之誤寫。

277 “據”，底本殘，據殘痕及文意補。

278 “則”，底本殘，據殘痕及文意補。

所見。答曰，欲言其小，而無邊曠周法界[282]，欲言其大，而在一微塵。(245)此不可思議，離於分別，何處生情，得有相見。

問曰，絶情非見，便應一向無(246)見。何故復言“有自體見”[283]。答曰，自體見者，非攀緣分別之見，是無障礙體照之(247)見。

問曰，非文不證，依何經文。答曰，〈初功德〉[284]中“非青見青”乃至“非見而見”[285]，(248)文殊釋言“光照明者，名爲常住智慧等法”[286]，釋非分別戲論之法。故知“非(249)見而見”是自體真見。

問曰，依三[287]種緣集，說三種身[288]，又依何經。答曰，〈第八(250)地〉中說“十種身，緣起相作”[289]，顯得如來無量尊身，至極之體。〈第十地〉

---

279 “相”，底本殘，據殘痕及文意補。

280 “則生情”，底本殘，據殘痕及文意補。

281 “而非”，底本作“非而”，誤寫，改訂。

282 “法界”，此二字疑底本附有刪除記號。

283 “有自體見”，參見上文“何得即依三名，以解實義，言‘是自體顯現，名爲見’也”(S4303,66-67)。

284 “初功德”，參見《大般涅槃經集解》卷四十五“僧宗曰，……十功德中，以初功德及第二功德，同廣聖行”(T37,514c-515a)。隋慧遠《大般涅槃經義記》卷第六“〈德王品〉者，當法應名〈十功德品〉。今從請人，以題章目”(T37,783a)，《大乘義章》涅槃義“如《涅槃經》初功德說，自在有八”(T44,824b)。

285 “非青見青乃至非見而見”，參見《涅槃經》光明遍照高貴德王菩薩品“時大衆中，忽然之頃，有大光明。非青見青，非黄見黄，非赤見赤，非白見白，非色見色，非明見明，非見而見”(T12,488c；南本T12,731c)。

286 “光照明者……智慧等法”，參見《涅槃經》光明遍照高貴德王菩薩品“文殊師利言，世尊，如是光明，名爲智慧。智慧者，即是常住，常住之法，無有因緣。云何佛問‘何因緣故，有是光明’。……”(T12,489a；南本T12,732a)。

287 “三”，底本殘，據殘痕及文意補。

288 “依三種緣集說三種身”，參見上文“而《經》中或復名爲緣集。……”(S4303,202-205)。

289 “十種身緣起相作”，參見《十地經論》不動地第八“是菩薩，知衆生身，知國土身，知業報身，知聲聞身，知辟支佛身，知菩薩身，知如來身，知智身，知法身，知虛空身。……”(T26,182c-183b)。

中(251)復說"涅槃界集"[290]，如[291]是等種種界集。以此得知，非是單一無爲以[292]爲法身。故說(252)"三種緣集以爲三身"。

問曰，〈四量〉中說"若是教量，則應仰推。若是信、比，(253)雖分別說，而不決定"[293]，今明法身報身，乃是教量境界，而分別三業[294]，無(254)乃[295]過分兮。答曰，言仰推者，非謂一向不語，但[296]不決定判其是非。若如是者，(255)雖復終日宣說種種分別，但爲得捨脩[297]明而無執著。此如學畫之人，畫(256)文像等，千作萬作，後乃精妙。

問曰，所言佛者，是一切智人，應當具知一切諸(257)法，通同無礙。何故說言"法佛意業，知三種法"乃至"報應各各別知"[298]。(258)答曰，此言"別"者，是無別之別，雖別而常通。據法而言，則一切皆是法。是以法(259)佛知法，智無不盡。報應亦爾。故知三佛皆一切[299]智。

問曰，法佛雖復知一切法，但(260)知法中一切，猶故不知報中一切。何得說"是一切智人。報佛應佛亦(261)復如是"[300]。答曰，非相對

---

290 "涅槃界集"，參見《十地經論》法雲地第十"佛子，是菩薩，住此菩薩法雲地，如實知欲界集、色界集、無色界集。如實知衆生界集、識界集、有爲界集、無爲界集、虛空界集、法界集。如實知涅槃界集。……略說，乃至如實知入一切法成智差別集"(T26,195c-196b)。

291 "如"，疑此字前脫漏"顯"字。

292 "以"，底本殘，據殘痕及文意補。

293 "若是教量……而不決定"，參見下文"若是教量之分別，則應仰推，……若是信言、比量，得具分別，亦不決定"(S4303,349-351)。

294 "今明法身……分別三業"，參見上文"至寂之體，以爲法身身業。……萬德無二，爲報身身業。……"(S4303,215-217)。

295 "乃"，疑爲"有"之誤寫。

296 "但"，底本殘，據殘痕及文意補。

297 "脩"，疑爲"備"之誤寫。

298 "法佛意業……各各別知"，參見上文"法身意業，知三種法，……報身意業，知三種報，……應身意業，知三種應"(S4303,218-219)。

299 "切"，底本殘，據殘痕及文意補。

300 "是一切智……亦復如是"，參見上文"法佛知法，智無不盡。報應亦

法，是故無妨。據法佛往望，更無餘(262)二在外。餘二亦爾。

問曰，此解猶妨。如林樹行亂[301]，雖復據行望(263)亂，無亂在外，若見行不見亂，則非雙照。答曰，所引譬喻，乃是(264)假名宗[302]中空有之喻。此通宗中，乃是法界緣起、無障礙義，一(265)切世間無能喻者。若欲引喻，經中多說鏡像之喻[303]，亦說因(266)陀羅網[304]、阿鼻地獄[305]，如是等喻。

問曰，就此喻中，亦故有(267)妨。如一鏡中見於衆鏡，然此有異衆鏡。帝網一色現於衆(268)色，非是衆色現於衆色。答曰，是故《經》說，

爾"(S4303,258-259)。

301 "林樹行亂"，參見善導《觀無量壽佛經疏》卷三"言行者，彼國林樹雖多，行行整直而無雜亂"(T37,264b)。

302 "假名宗"，參見智顗說《法華玄義》卷十上"六者佛馱三藏學士光統所辨，四宗判教。一因緣宗，指《毘曇》六因四緣。二假名宗，指《成論》三假。三誑相宗，指《大品》三論。四常宗，指《涅槃》《華嚴》等常住佛性本有湛然也"(T33,801b)。隋慧遠《大乘義章》二諦義"言分宗者，宗別有四。一立性宗，亦名因緣。二破性宗，亦曰假名。三破相宗，亦名不真。四顯實宗，亦曰真宗。……言破性者，小乘中深。宣說諸法虛假無性，不同前宗立法自性。法雖無性，不無假相。此宗當彼《成實論》也"(T44,483a)。

303 "鏡像之喻"，參見上文"如似衆鏡，置之高堂，一鏡之中，衆像皆現"(S4303,157)。《法華經》法師功德品"若持法花者，其身甚清淨，如彼淨瑠璃，衆生皆憙見。又如淨明鏡，悉見諸色像，菩薩於淨身，皆見世所有，唯獨自明了，餘人所不見。三千世界中，一切諸群萌，天人阿修羅，地獄鬼畜生，如是諸色像，皆於身中現"(T9,50a)。

304 "因陀羅網"，參見《十地經論》初歡喜地"如帝網差別，十方世界無量差別，入皆現前知"(T26,139c)。隋慧遠《十地義記》卷三本"如帝釋網，百寶所成，諸色互班，不相障礙。世界如是，一處之中，備有多土，多土同體，互相集成"(Z1.71.3,210a；SZ45,99a)。

305 "阿鼻地獄"，《華嚴經》十地品"於一微塵中，見有三惡道，天人阿修羅，各各受業報"(T9,564a)。《華嚴一乘十玄門》"今言因陀羅網者，即以帝釋殿網爲喻。帝釋殿網爲喻者，須先識此帝網之相。以何爲相。猶如衆鏡相照，衆鏡之影見一鏡中，如是影中復現衆影，一一影中復現衆影，即重重現影，成其無盡復無盡也。……又云'於一微塵中，現有三惡道，天人阿修羅，各各受業報'，此即據衆生世間"(T45,516b)。

“無有一法，能喻(269)解脫”[306]。所引譬喻，皆是非喻。但可非喻之中，喻有精(270)麁耳。

問曰，上言“出世[307]閒法，不可得說，所可說者，皆是約相”[308]。三(271)佛別知[309]，蓋亦應是約相而說。何故即言“非名相說”[310]。答曰，教(272)有二種。一者[311]秘密，二者差別。向者所辯[312]，是釋秘密，亦復不(273)妨差別[313]之說。

問曰，若復[314]差別之[315]說，向者所難，猶故未解。(274)答曰，此三種佛，正是一佛。是以法佛知報，正報佛所知是，報佛知(275)法，正法佛所知是。應佛亦爾。是以不須異難。

問曰，向言“常無常(276)義亦復如是”[316]，情所未解。答曰，約相而言，通教之中，說“因無常，而果是(277)常”[317]。實而言之，因果皆無常[318]。

---

306 “無有一法能喻解脫”，參見《涅槃經》如來性品“……真解脫者，一切人天無能爲匹。而此虛空，實非其喻。爲化衆生，故以虛空非喻爲喻”(T12,396b；南本四相品T12,636c)。

307 “世”，底本無，據文意補。

308 “出世閒法……皆是約相”，參見上文“十地不可說，寄因相一分而說”(S4303,65)，“體義俱融，難可分別。如欲說之，須約相而言”(S4303,175)。

309 “三佛別知”，參見上文“法佛意業，知三種法，乃至報應，各各別知”(S4303,257)。

310 “非名相說”，參見上文“所引譬喻，皆是非喻”(S4303,269)。

311 “者”，底本殘，據殘痕及文意補。

312 “辯”，底本殘，據殘痕及文意補。

313 “妨差別”，底本殘，據殘痕及文意補。

314 “復”，底本殘，據殘痕及文意補。

315 “之”，底本殘，據殘痕及文意補。

316 “常無常義亦復如是”，參見上文“常無常義亦復如是”(S4303,234)。

317 “因無常而果是常”，參見上文“通教之中，應身無常，法報是常”(S4303,229)，“通教因無常果是常，故漏無漏善，相續通人，以爲一乘之體”(S4303,97)。

318 “實而言之因果皆無常”，參見上文“實而言之，因既無常，果亦無常”(S4303,

問曰，佛不無[319]了義語。若實無常[320]，何故說(278)常有[321]。復漸教之中，“常”爲究竟，何故說“常義猶未盡”[322]。答曰，據佛而(279)言，實無不了義語。但如來有廣略之說，衆生聞略，即爲不了。

問曰，(280)何者是也。答曰，《法華》中，略說“一切衆生，皆得成佛”[323]，“所得佛果，出過數(281)量”[324]。此乃略說報佛修成，而未廣說法佛因果，無修無成。

問曰，未說法佛，云(282)何了義。答曰，我言“報佛出數是常”[325]，以彰即於理實。諸大菩薩，即皆(283)解了。何但此中解了，初聞四諦，即亦解了。

問曰，因無常果常[326]，義復云何。(284)答曰，從觀[327]中道，念念勝進[328]，乃至金剛，惑障未盡。從[329]解未滿，進(285)……[330]。

……[331](286)初生，在地現丈夫力，行十方面。五者[332]出家，令無量衆

99-100)。

319 “不無”，疑爲“無”之誤寫。

320 “常”，底本無，據文意補。

321 “常有”，底本無，據文意補。

322 “常義猶未盡”，參見上文“實而言之，因果皆無常”(S4303,277)。

323 “一切衆生皆得成佛”，例如《法華經》譬喻品“……汝等若能，信受是語，一切皆當，成得佛道”(T9,15a)。參見下文“通教一乘，以萬善爲體”(S4303,389)。

324 “所得佛果出過數量”，參見《法華經》如來壽量品“……諸善男子，我本行菩薩道，所成壽命，今猶未盡，復倍上數”(T9,42c)。

325 “報佛出數是常”，參見上文“若德超外境，則出數過相”(S4303,197-198)，“所得佛果，出過數量”(S4303,280-281)。

326 “因無常果常”，參見上文“通教之中，說因無常，而果是常”(S4303,276-277)。

327 “從觀”，底本殘，據殘痕及文意補。

328 “進”，底本殘，據殘痕及文意補。

329 “從”，底本殘，據殘痕及文意補。

330 “……”，此處缺一行或數行(暫假定爲缺一行)。疑爲紙張折曲，或爲裁斷后重新粘結。

331 “……”，此處應有關於上文“乃至種性菩薩亦能八相成道”(S4303,237-238)之問答。例如“問曰，八相成道，義復云何。答曰，八相成道者，一者從兜

生厭生死。六(287)者成道，降魔現化。七者轉大法輪。八者現大涅槃。於此八時，令世界大(288)地六種震動，十方世閒莫不聞知。以此八種，表彰諸佛菩薩無障礙，(289)得神通道術[333]。是故名爲八相成道。

問曰，三種教中，皆有八相，(290)有差別以不。答曰，上解三身[334]，其義已顯。大[335]千世閒，唯一如來，成道、涅(291)槃，更無異佛。三教之差，隨器剋別。下根之流，則云“如來於有漏十善，(292)輪王報上，始斷煩惱，得成正覺。如此八相[336]，不說言‘是不可思議事’”。(293)是以小教之中，佛入涅槃，亦無六種震動大衆會坐。依此則名別教中(294)佛。若中根之流，解知如來久成正覺。應現八相，爲化衆生，都無有實。依(295)此則名通教中佛。若上根之流，入緣起法界，與一切諸佛，同其(296)善根。則知八相成道，皆是如來法界行用、三昧法門。就體相用，分爲三佛。此三種佛，皆是真實。(297)若從緣影跡，隨心存正[337]，則是不實。依不實而說，分爲三教，依實而(298)說，是通宗教。

率天下。二者入胎。三者處胎。四者”等。參見《十地經論》初歡喜地“又發大願，……從兜率天來下，入胎及在胎中，初生時，出家時，成佛道時，請轉法輪時，示入大涅槃，我於爾時盡往，供養、攝法爲首，……”(T26,138c)。

332 “者”，底本殘，據殘痕及文意補。

333 “術”，底本殘，據殘痕及文意補。

334 “上解三身”，參見上文“三乘教中，但明實報成道，不明法應二佛。……通教之中，但有報應二佛，不明法佛。……唯有通宗大乘，乃得具足明於三佛”(S4303,230-234)。

335 “大”，底本殘，據殘痕及文意補。

336 “相”，底本殘，據殘痕及文意補。

337 “正”，底本此下有“々”，衍字。

[9 廣四量義 第九]

[9.1 章]

廣四量義第九[338]

四量者，蓋是心行之分齊(299)也。心之增微，由法深淺，法之淺深，由心局成。

如有一法，但可信知，而未可解。(300)又[339]法可解，而不可行。又法可行，而不可成。有法可行，即亦可成。此即四(301)量心行也。此是由心強弱，法有差別。

由法深淺者，法相有四。一名，二相，(302)三用，四體。始尋名教，但有仰推之信，未有即法之解，故名教量。依相生解，(303)故曰信量。理用資心，以成其行，可以用比體，故曰比量。修行成熟，體證現[340]前，(304)故曰現量[341]。《經》中或亦說爲四種成熟。未信者令信，已信令入，已入令(305)熟，已熟令解脫[342]。此等[343]皆據修相，故有分齊。若直談德位成熟之處，(306)則心法皆融，無有分齊[344]。而亦得說者，乃是無分齊之分齊耳。

向來汎說四量之(307)義。若皆[345]法位而言，或據始顯於先際，以明

---

338 “廣四量義第九”，參見隋慧遠《大乘義章》三量智義(T44,670c-672a)。

339 “又”，通“有”。下文“又法可行”之“又”字亦同此。

340 “現”，底本殘，據殘痕及文意補。

341 “一名二相……故曰現量”，參見敦煌出土《教理集成文獻》又解四量“一者體，二者相，三者用，四者名。若就修入爲言者，依名而入，以爲教量。得方便契分之用，名爲信言。……前用得相比體，名爲比量。正得體時，以爲現量。”(S613,235-239)。

342 “未信者令…熟令解脫”，參見《菩薩地持經》菩提分品“云何菩薩，壞佛法者除其暴害，處中者令入，已入者令熟，已熟者令解脫。是菩薩，於此四種，成就（知恩院本作‘熟’）衆生”(T30,932c)。

343 “等”，底本殘，據殘痕及文意補。

344 “若直談德……無有分齊”，參見敦煌出土《教理集成文獻》又解四量“若據成就處言，四量無先後矣”(S613,239)。

345 “皆”，底本殘，據殘痕及文意補。

四量，初地已上爲現量，道(308)種爲比量，性種爲信言量，習種爲教量[346]。據終顯於後際，佛地以爲現(309)量，初地已上爲比量，道種爲信言量，習種性種爲教量[347]。其中心法、(310)真僞、優劣之差，或據相別，四量歷然，或據緣起無礙，一四俱融[348]。

言(311)"緣起"[349]者，據教論四，四皆是教。乃至就現辯四，四皆是現。一即是四，四即是(312)一，一四無自，故名緣起。何者，夫萬法差別，像立彰玄，有詮傳之義，名之(313)爲教。諸法寂滅，可依之以[350]入實。此則是方便之相，故曰信量[351]。諸法緣起，無障(314)礙用，可以此比體，故曰比量。平等無[352]戲論，體無[353]所隱，故曰現量。

言"一中皆四"[354](315)者，據教論四，四皆差別。就信言論四，四皆寂滅。就比論四，四皆無礙。就現辯(316)四，四皆平等。其相云何。差別差別是教中之教，乃至平等差別是現教也[355]。(317)此一既爾，餘三亦

---

346 "或據始顯……種爲教量"，參見敦煌出土《教理集成文獻》四量義"若從始顯先際而言，據之熙連，創集善根，成就者爲教量。習種性爲信言量。性種道種爲比量。初地已上，通佛地爲現量"(S613,161-163)。

347 "據終顯於……種爲教量"，參見敦煌出土《教理集成文獻》四量義"如就終顯後際而言，習種爲教量。性種道種爲信言量。初地已上，盡金剛爲比量。佛地爲現量"(S613,163-164)。

348 "或據緣起無礙一四俱融"，參見敦煌出土《教理集成文獻》又解四量"自體緣起，一時備四"(S613,240)。

349 "緣起"，參見上文"或據緣起無礙，一四俱融"(S4303,310)。

350 "以"，底本殘，據殘痕及文意補。

351 "量"，底本無，據文意補。

352 "無"，底本殘，據殘痕及文意補。

353 "無"，底本殘，據殘痕及文意補。

354 "一中皆四"，參見上文"一即是四，四即是一"(S4303,311-312)。

355 "差別差別……是現教也"，補充"乃至"處省略之內容，整理如下。
差別差別－教中之教
寂滅差別－信教
無礙差別－比教
平等差別－現教

然[356]，更不勞煩釋。

[9.2 問答]

問曰，四量之義，凡有幾種。(318)答曰，大判有二。一者因中四量，二者果中[357]四量。

問曰，因中四量，復有幾種。(319)答曰，因中有二。一者緣照，二者體照。言緣照者，謂初聞佛性，信教故知，是爲(320)教量。次復思惟生死虛妄，明知依真，是爲信言量。知虛妄已，解行分(321)成，感見應佛，以應比真，是爲[358]比量。無明分盡，緣照現前，鏡像現知，名(322)爲現量。言體照者，謂十住中，得法界差別之相，以爲教量。十行中，得寂(323)滅相，爲信言量。十迴向中，得緣起無障礙相，是爲比量。初地已上，得(324)自體平等真實之相，以爲現量。此之四種，約教位判，故說前後。據行實(325)而言，同時緣起，故得名爲"住於一地，普攝諸地"[359]。

問曰，果中四量，相復云何。(326)答曰，果居累表，更無緣照，唯有體照。雖有體照，亦不同因中體照。論其因(327)中，對緣顯實，故說修得[360]。果不對緣，無修無得。

問曰，若不對緣，何可說四。(328)答曰，法界緣起，殊能無量，何

---

356 "此一既爾餘三亦然"，以"信言量"爲例所示如下。
差別寂滅－教信
寂滅寂滅－信中之信
無礙寂滅－比信
平等寂滅－現信

357 "中"，底本無，據文意補。

358 "爲"，底本無，據文意補。

359 "住於一地普攝諸地"，參見《華嚴經》世間淨眼品"住於一地，普攝一切諸地功德"(T9,395b)。

360 "得"，底本作"德"，通假，改訂。

妨說四。所言四者，謂體相名用。

問曰，如來一切現見，(329)云何得說以爲信、比。答曰，但非仰求之比，知於比法，名比量[361]，此何復傷。又復如來(330)具一切知，若無教知，云何名具。

問曰，三乘通教亦有四量以不。(331)答曰，隨宗解有，淺深爲異。若通教中，以[362]七識智，觀於(332)相空。初依聖教，以爲教量。捨教思法，以爲信言量[363]。見法(333)緣起，以爲比量。正得相空，以爲現量。果則不爾[364]。真智證(334)空凝然，雖一現量，應知照緣具於[365]四量。因[366]即四量(335)前後，果即一時[367]具足。

問曰，應知一時皆悉現見[368]，亦不(336)應有比。答曰，知他比法，故名比量，不妨現見。如佛五眼，亦[369]照他障(337)內之處，以爲肉眼[370]。

問曰，通宗果智，何故不說"知他比法，以爲比量"乃至"教量"也。(338)答曰，通宗是無障礙[371]法界，自他俱融，是故不說。

問曰，別相教中，相(339)復云何。答曰，以六識智，初聞聖教，以爲教量。捨教思法，以爲信言量。進(340)入修慧，似法忍心，以爲比量。苦忍以上，現見四諦，以爲現量。若照緣(341)別說，於一切處，皆

361 "知於比法名比量"，參見下文"知他比法，故名比量，不妨現見"(S4303,336)。
362 "以"，底本殘，據殘痕及文意補。
363 "量"，底本殘，據殘痕及文意補。
364 "爾"，底本殘，據殘痕及文意補。
365 "於"，底本殘，據殘痕及文意補。
366 "因"，底本殘，據殘痕及文意補。
367 "時"，底本殘，據殘痕及文意補。
368 "應知一時皆悉現見"，參見上文"應知照緣具於四量。……果即一時具足"(S4303,334-335)。
369 "亦"，底本殘，據殘痕及文意補。
370 "照他障內之處以爲肉眼"，參見《金剛仙論》卷八"如來同凡夫，見此虛妄之色，故云如來有肉眼也"(T25,852b)。
371 "礙"，底本殘，據殘痕及文意補。

有四量。如聽法時，聞法師語，知有而已，都不能解，(342)是爲教量。或雖少解，如[372]不能說，是爲信言量。或雖能說，而說不具足，(343)是爲比量。若聞說法，擧始知終，說則具足，是名現量。聽說既爾，(344)諸餘一切，可隨義類知，皆有四量。

問曰，信教[373]信言，有何差別，說爲(345)二量。答曰，玄談之說，以之爲敎，即法而說，以爲信言量[374]。

問曰，如此四量，有(346)何利益。答曰，於佛法中，善知分齊，不誹[375]謗。於他所行，識其高下，不妄分(347)別。於自所行，離增上慢，樂求佛法，無有厭足，展轉勝進，無有休息，知功(348)德無量無邊。有如是等無量利益。

問曰，願更指事，令學者知之。(349)答曰，若是教量之分別，則應仰推而說，“是佛境界，非我所知”。如是不謗，自(350)無罪咎，乃至勝己所說。是教量分，雖傳其教，亦應仰推而不決定。若(351)是信言、比量，得具分別，亦不決定[376]。若是現量，得決定說。言“求法(352)無厭，展轉勝進”[377]者，謂若聞深法，未解不退不住，即更加功德，修(353)其自分。自分既滿，得至他分，先所不解，今便得解。既得解已，即爲(354)自分，復更推求，知有未解之處。如是次第，至佛乃止。是於自[378]行

372 “如”，通“而”。

373 “信教”，參見上文“始尋名教，但有仰推之信，未有即法之解，故名教量”(S4303,302)。

374 “玄談之說……爲信言量”，參見敦煌出土《教理集成文獻》又解四量“非是玄談，故異於教也”(S613,238)。隋慧遠《大乘義章》三量智義“法隣自分，藉言入者，名信言量。法大玄絶，依教知者，名爲教量”(T44,671b)。

375 “誹”，底本殘，據殘痕及文意補。

376 “若是教量……亦不決定”，參見上文“〈四量〉中說，若是教量，則應仰推。若是信、比，雖分別說，而不決定”(S4303,252-253)。

377 “求法無厭展轉勝進”，參見上文“樂求佛法，無有厭足，展轉勝進，無有休息”(S4303,347)。

378 “於自”，底本此二字之間附有倒置記號“~”，判爲誤記，未改。

處及(355)佛行處，善解別知耳。

[10 廣六種正見 第十]

廣六種正見第十[379]

(356)六種正見者，蓋是緣起法界，至極之理實也。理絶邊邪，謂之爲正。如體(357)斯趣者，則照達無遺，稱之爲見。是以就理彰解，故名正見。正趣雖衆，據(358)要論六。其六名者，謂本末等也。

然此明緣起之義，一切諸法，皆是緣起。(359)諸法雖繁，略說有三。一者理法，二者敎法，三者行法。就此三法，(360)皆明六相[380]。

就理論六者，圓寂無二，以爲本相。萬法差別，以(361)爲末相。緣寂俱融，以爲同相。本末常分，以之爲異。此四集起，相(362)順爲用，以之爲成[381]。各相[382]違返，目之爲壞。

此明諸法緣起，不相[383]捨(363)離，故渾其本末，以明同異。而〈大章[384]〉[385]之中，偏據於末，明[386]同異者，欲(364)明本末爲體，同異爲相，成壞是用[387]。爲彰宗本絶[388]相，故[389]就末(365)而辯也。彰理出幽[390]微，轉爲相

---

379 “廣六種正見第十”，參見《十地經論》初歡喜地“一切所說十句中，皆有六種差別相門。此言說解釋，應知除事。事者，謂陰界入等。六種相者，謂總相、別相、同相、異相、成相、壞相。……”(T26,124c–125a)。隋慧遠《大乘義章》六種相門義(T44,524ab)。

380 “一者理法……皆明六相”，參見敦煌出土《敎理集成文獻》六種正見“據理辨六，備如章中。敎行論六，其相云何”(S613,6)。

381 “成”，底本殘，據殘痕及文意補。

382 “相”，底本殘，據殘痕及文意補。

383 “相”，底本殘，據殘痕及文意補。

384 “章”，底本作“彰”，通假，改訂。參見下文“不違〈大章〉也”(S4303,367)。

385 “大章”，未詳。

386 “明”，底本殘，據殘痕及文意補。

387 “本末爲體……成壞是用”，參見敦煌出土《敎理集成文獻》六種正見“……是以本末據體，同異彰相，成壞據用也”(S613,12–14)。

用，集起□□□之然也。而實相(366)之同，即是體寂之◇，但以體從於相，本末[391]俱[392]攝。俱攝據其緣[393](367)起，就末據於集起。是以向[394]之所釋[395]，不違〈大章〉也。

就教論六者，一言(368)爲本。萬[396]言爲末。本末無[397]二爲同。廣略[398]差殊爲異。相資相順爲(369)成。各相違背，以之爲壞[399]。

就行辯六者，一行爲本。衆(370)行爲末。本末俱融爲同。德相殊分爲異。相資以立爲成。用相(371)違返，以之爲壞。

言相資者，非本則末非真，非末則本不實，非(372)同則異無所分，非異則同無所融，故要具此四，資成大用。故曰(373)成相[400]。

言違返[401]者，語本[402]則[403]寂絶於終相，而末無相不相，語同則相無相同相，(374)而異未曾共相。是以體相殊分，異用競起，稱之爲[404]壞。

---

388 “絶”，底本殘，據殘痕及文意補。

389 “故”，底本殘，據殘痕及文意補。

390 “幽”，底本殘，據殘痕及文意補。

391 “末”，底本殘，據殘痕及文意補。

392 “俱”，底本作“但”，誤寫，改訂。次句“俱攝”之“俱”字亦同此。

393 “其緣”，底本作“緣其”，誤寫，改訂。

394 “向”，底本殘，據殘痕及文意補。

395 “釋”，底本殘，據殘痕及文意補。

396 “萬”，底本殘，據殘痕及文意補。

397 “無”，底本殘，據殘痕及文意補。

398 “略”，底本殘，據殘痕及文意補。

399 “壞”，底本作“懷”，通假，改訂。下同。

400 “非本則末……故曰成相”，參見敦煌出土《教理集成文獻》六種正見“非本末則不立，非末本則不滿，非同則異無所歸，非異則同不具顯。統局相須，共成詮緯，故曰成相”(S613,8-9)。

401 “返”，底本無，據文意補。

402 “本”，底本作“大”，誤寫，改訂。

403 “則”，底本無，據文意補。

404 “爲”，底本殘，據殘痕及文意補。

緣起法界，義(375)備斯六，體無不彰，用無不顯。是以□[405]況於鏡[406]，大小相入，巨細俱彰。論(376)其鏡也，旨超三量，五分莫陳，六假弗擬其跡，四見罔礙其蹤[407]。是以《經》言，(377)"一異等執，逌然無跡"[408]。

正見之義，分非己曉。粗述所聞，略辯如是。

[11-15]（缺）

[16 廣一乘義 第十六]

[16.1 章]

(378)廣一乘義第十六

一乘者，蓋是諸佛菩薩所行之道也。道體平(379)等，萬軼同趣，妙運之極，故曰一乘。論其成也，略說有二。一者乘法，二者乘行。(380)是以《經》言，"一因一果，一種法界"[409]。

乘法既一，而行[410]分因果者，良以理非物造，故法(381)界無有虧盈之殊，行藉修成，故有滿不滿異。是以未滿名因，(382)滿則稱果。雖復行別因果，但以因亦行於法界，果亦行於法界，因時(383)未果，果時沒因，是故因果皆名一乘。

---

405 "□"，疑爲"取"。

406 "鏡"，底本殘，據殘痕及文意補。"□況於鏡"，參見上文"如似衆鏡，置之高堂，一鏡之中，衆像皆現"(S4303,157)。

407 "旨超三量……罔礙其蹤"，參見敦煌出土《教理集成文獻》三教行相"旨超三量，五分莫陳，六假弗擬其跡，四執罔知其蹤"(S613,185-187)。

408 "一異等執逌然無跡"，典據未詳。參見隋慧遠《大乘義章》六種相門義"若能善會斯趣，一異等執，逌然無迹"(T44,524b)。

409 "一因一果一種法界"，出典未詳。

410 "行"，底本殘，據殘痕及文意補。

[16.2 次明教有隱顯]

次明教有隱顯。通教明一乘，因無(384)常而果是常[411]，通宗明一乘，因果俱常。又復通教一乘，因果不俱，通宗一乘，因果(385)緣起。

又復通教，行與法異，通宗之中，行[412]法無異。

通教一乘，非是佛性，(386)通宗一乘，名爲佛性。

通教破三歸一，通宗三即是一。通教一三相違，通宗(387)一三相順。通教一三相別，通宗一三緣起。據通教而言，說三乘爲不了，(388)說一乘以爲了，通宗一三皆是了。

其真僞、虛實、緣起、修成、心行、取捨、詮量(389)宗致，准前可知。

[16.3 問答]

問曰，通教一乘，以萬善爲體[413]。何處萬善以爲體也。答曰，(390)相善有漏[414]，障於出世[415]，不動不出，不名爲乘[416]。二乘之善，雖是[417]出世，迴向小果，於大(391)有礙，亦不名爲乘[418]。要是發菩提心，種性已上，

---

411 “常”，底本殘，據殘痕及文意補。

412 “行”，底本殘，據殘痕及文意補。

413 “通教一乘以萬善爲體”，參見竺道生《妙法蓮花經疏》卷上“此經以大乘爲宗。大乘者，謂平等大慧，始於一善，終乎極慧是也。平等者，謂理無異趣，同歸一極也。大慧者，就終爲稱耳。若統論始末者，一豪之善皆是也”(Z2.乙23.4,396d-397a; SZ27,1bc)。法雲《法華義記》卷六“……即是說《法華》，明萬善同歸。明三乘人皆轉作菩薩，皆成佛道”(T33,640a)。

414 “漏”，底本殘，據殘痕及文意補。

415 “世”，底本無，據文意補。

416 “乘”，底本無，據文意補。

417 “是”，底本此下有“生”，衍字。

418 “相善有漏……不名爲乘”，參見下文“凡夫相善，住著三界，不動不出，下《經》不名爲乘”(S4303,407)。吉藏《法華玄論》卷八“三界煩惱心所起善，皆是不動不出，非是乘義。二乘心所起善，亦不動不出，亦非乘義”(T34,429b)。

方是一乘。是故《經》云，“發(392)是心已，名爲度大乘菩提，諸菩薩數”[419]。

問曰，《經》云“童子擁沙[420]，散心稱(393)佛，皆成佛道”[421]，云何而言“相善非乘”[422]。答[423]曰，此等皆是曾[424]發菩提(394)心人。念行容退，故有散心，位不退，故得在大乘。

◇記。

(395)問曰，《經》云“汝等所行，是菩薩道”[425]，云何說言“二乘之善，不入一乘”[426]。(396)答曰，二乘所行，異於凡夫。凡夫相善，感有漏報，果起因謝，是以不動不(397)出。二乘之善，不感世報，雖於出世，非時取證。如行中正住時，横剋爲(398)非，去時還是。若於如來一代出世，論是非者，此有二種聲聞[427]。一者種性聲(399)聞。本來習小，不勘聞大，設若聞之，則生誹謗。是[428]以不說此爲[429]道。二者(400)退菩提心聲

---

419 “發是心已……諸菩薩數”，參見《菩薩地持經》發菩提心品“初發心菩薩，名爲度大乘菩提，諸菩薩數。是故初發心，度之所攝”(T30,889c)。

420 “沙”，底本殘，據殘痕及文意補。

421 “童子擁沙……皆成佛道”，參見《法華經》方便品“乃至童子戲，聚沙爲佛塔，如是諸人等，皆已成佛道”(T9,8c)，“若人散亂心，入於塔廟中，一稱南無佛，皆已成佛道”(T9,9a)。

422 “相善非乘”，參見上文“相善有漏，……不名爲乘”(S4303,390)。

423 “答”，底本殘，據殘痕及文意補。

424 “曾”，底本殘，據殘痕及文意補。

425 “汝等所行是菩薩道”，參見《法華經》藥草喻品“諸聲聞衆，皆非滅度，汝等所行，是菩薩道，漸漸修學，悉當成佛”(T9,20b)。

426 “二乘之善不入一乘”，參見上文“二乘之善，……亦不名爲乘”(S4303,390-391)。

427 “二種聲聞”，參見菩提流支譯《深密解脫經》“成就第一義，寂滅聲聞性人，一切諸佛盡力教化，不能令其坐於道場，得阿耨多羅三藐三菩提。……成就第一義，發菩提心聲聞人者，而我說彼名爲菩薩”(T16,671c)。《妙法蓮華經憂波提舍》“聲聞有四種。一者決定聲聞，二者增上慢聲聞，三者退菩提心聲聞，四者應化聲聞。二種聲聞，如來授記，謂應化者、退已還發菩提心者。若決定者、增上慢者二種聲聞，根未熟故，不與授記”(T26,9a)。隋慧遠《大乘義章》賢聖義(T44,788c-789a)。

428 “是”，底本無，據文意補。

聞。於王子時，曾發大心。既發心已，造緣修(401)行，逕歷生死，忘本是[430]通解。是以如來爲此等人，始時說小，終乃說(402)大。如[431]此聲聞，由本大心因緣力，故今則別行[432]熟時，還發通解。但行未(403)熟者，不能得發。是以《經》云，“若人實得阿羅漢果，不信是法，無有是處。若有自(404)言‘是阿羅漢’，不信是法，當知皆是增上慢人”[433]。

問曰，通宗一乘，何處萬(405)善以爲體也。答曰，從外凡夫，起六識七識緣照之善，皆非乘體。據種性已上，(406)三[434]障清淨，無始法爾，六入殊勝，自[435]善根，真常妙運，方是乘體。

(407)問曰，凡夫相善，住著三界，不動不出，下《經》不[436]名爲乘[437]。若種性菩薩已得(408)常善，常法不動，更無進趣，亦應不名爲乘。答曰，人者乃執通教(409)之中，凝然相常，謂爲不動。此通宗中，法界緣起，大用無方而不(410)爲相遷，故名爲常，實非相常。是[438]以《經》云，“雖非常住，非念念滅”[439]。

---

429 “此爲”，疑爲“爲此”之誤寫。

430 “是”，疑爲衍字。

431 “如”，底本殘，據殘痕及文意補。

432 “別行”，“依三乘別教修行”之意。

433 “若人實得……增上慢人”，參見《法華經》方便品“又舍利弗，是諸比丘比丘尼，自謂‘已得阿羅漢，是最後身，究竟涅槃’，便不復志求阿耨多羅三藐三菩提，當知此輩皆是增上慢人。所以者何。若有比丘，實得阿羅漢，若不信此法，無有是處”(T9,7bc)。

434 “三”，疑爲“二”之誤寫。參見上文“菩薩種性具足二淨”(S4303,4-5)。

435 “自”，疑此下脫漏“修”“得”等一字。參見上注81.

436 “不”，底本無，據文意補。

437 “凡夫相善……不名爲乘”，參見上文“相善有漏，障於出世，不動不出，不名爲乘”(S4303,390)。吉藏《法華玄論》卷六“《大品》，有所得善，不動不出，不名爲乘。無所得善，方名爲乘”(T34,415a)。《大品般若經》出到品“須菩提，以是因緣，故摩訶衍從三界中出，至薩婆若中住，不動(宋宮聖本有‘法’一字）故”(T8,260b)。

438 “是”，底本無，據文意補。

(411)問曰，《涅槃經[440]》云，“若有供[441]養我者，悉皆得不動果報”[442]。豈非凝然。(412)答曰，此是用而常寂，故云不動，非相然矣。

◇◇◇記。

[17-29] (缺)

[30 廣大乘教門入道四證 第三十] (後缺)

(413)廣大乘教門入道四證第三十[443]

(414)夫入道者，蓋是大聖契理之都名也。就中分別，大判爲二。一者順相道，(415)二者返相無障礙道。所以然者，諸法雖繁，不出情理。情理既分，凡(416)聖兩別。若迷理存情，則名爲凡，捨相悟理，名之[444]爲聖。情壅[445]非路，(417)理通是道。而言順不順者，究其情理，相□淺[446]深。

論其相也，順相不無理，(尾殘)

---

439 “雖非常住非念念滅”，參見《涅槃經》金剛身品“雖不常住，非念念滅”(T12, 383a；南本T12,623a)。上文“念念之中，與佛合說”(S4303,74)。

440 “經”，底本作“逕”，通假，改訂。

441 “供”，底本殘，據殘痕及文意補。

442 “若有供養……不動果報”，參見《涅槃經》壽命品“若諸人天，於此最後，供養我者，悉皆當得不動果報”(T12,375b；南本純陀品T12,615a)。

443 “廣大乘教……證第三十”，參見敦煌出土《教理集成文獻》六種正見(S613, 1-5)。

444 “之”，底本殘，據殘痕及文意補。“名之”，底本作“之名”，誤寫，改訂。

445 “壅”，底本作“雍”，通假，改訂。

446 “淺”，底本殘，據殘痕及文意補。

教理集成文獻

(F-180)

整理者　池田 將則

해제

본 문헌은 앞뒤가 모두 결락된 잔권으로 각 행 30자 전후로 326행이 현존한다. 원제와 서사 연대 등은 불분명하지만, 본 문헌에서 나타나는 5시교판이 지의(538-597)설·관정(561-632)기 『妙法蓮華經玄義』 권10上에서 전하고 있는 「北地師」의 교판과 일치하고, 「三覺」설이 관정의 『大般涅槃經疏』 권18에서 전하고 있는 「地論人」의 설과 일치하는 점으로부터 북조 성립의 문헌이라고 생각된다(각각 錄文의 注27·137를 참조). 또한 본문에 진제(499-569)역 『섭대승론석』(陳文帝天嘉五年〔564〕譯了)의 인용이 있고, 유부 아비달마 논서(및 『성실론』)의 중국 전래와 논서의 특징에 대하여 설하고 있는 내용이 길장(549-623) 『삼론현의』(隋文帝開皇十七年〔597〕부터 同十九年〔599〕 사이에 찬술)에 인용되고 있는 점으로부터 본 문헌은 『섭대승론석』 역출 이후, 『삼론현의』 찬술 이전의 성립이 확실하다(錄文의 注193·194·92를 참조).

찬술자에 대해서는 본문 중에 「四寶幽深, 豈延所達 (四種三寶의 진리는 幽玄深遠하여 나 延이 通曉할 수 있는 것이 아니다)」(F-180,234)라는 기술이 있는데, 이 某延이란 서위·북주부터 수문제 시대의 전반에 이르는 불교사에서 중심적 역할을 한 명승 曇延(516-588)일 가능성이 있다. 본 문헌의 성립지와 성립연대 등의 자세한 내용에 대해서는 아오키 타카시(青木隆)[1996] 및 졸고 [2010]를 참조하기 바란다. 또한 원사본의 뒷면(F-180V)에는 앞면과 같은 필체로 약간의 교리적 내용이 서사되어 있는데, 본 문헌(F-180)과의 명백한 관련성은 찾을 수 없다. 여기서는 우선 별개의 문헌으로 간주하고 번인만을 게재하였다.

본 문헌의 현존하는 부분의 구성은 다음과 같이 정리할 수 있다. 본 문헌은 전체적으로 여러 불교교리에 대한 「章」 형식의 論을 집성한 교리 집성문헌이라고 생각된다. 각 장이 어떠한 선행 문헌에 의거하고 있는지는 상당한 정도까지 밝힐 수 있었다. 특히 [1 教迹義]에 南朝梁의 莊嚴寺僧旻(467-527)의 4시교판이 상세하게 인용되고 있는 점, [2 解經義]의 내용의 일부가 북조 성립의 문헌인 돈황 출토 『金剛般若義記』一卷〔上〕(Stein 1087V; 대정 2740번)의 설에 입각하고 있는 점, [4 次解菩薩義]가 정영사 혜원(523-592)찬 『維摩義記』 권1에서 한 구절로 轉用되어 있는 점, [8 次解佛十義, 世尊有六義]의 내용이 진제찬 『七事記』(佚)에 근거하고 있는 점, [7 四攝義] 및 [9 四諦義]의 내용이 본서에도 수록되어 있는 북조기 교리집성문헌(Pelliot chinois 2183)의 설에 입각하고 있는 점 등이 주목된다. 이와 같이 본 문헌은 북조 성립이라고 추정되지만, 북조계의 요소만이 아니라 남조계의 요소도 포함하고 있고, 또한 지의와 길장이라고 하는 남조계 불교자에 영향을 주고 있다는 점에서 당시 불교사상의 흐름을 설명하는 귀중한 자료라고 할 수 있다. 이상, 본 문헌의 전체적 성격과 선행 문헌과의 관계에 대한 자세한 사항은 아오키 타카시(青木隆)[1996] 및 졸고 [2010]를 참조하기 바란다.

본 문헌은 유일한 판본으로 대교본은 존재하지 않는다. 그러므로 텍스트를 작성할 때는 우선 주석대상과 인용의 출전, 전거 등을 가능한 한 확실하게 밝히고, 인용 문헌의 기술에 근거하여 원사본의 오자·탈자 등을 정정하여 본문을 확정하였다. 번인 작성을 위한 저본으로는 국제 돈황 프로젝트(International Dunhuang Project, http://idp.bl.uk/)의 웹사이트에 공개되어 있는 화상을 사용하였고, 더불어 上海古籍出版社·俄羅斯科學出版社東方文學部(編) 『俄藏敦煌文獻』4(上海古籍出版社, 1993年) 수록의 사진판도 참조하였다.

題解

本文獻首尾殘缺，現存326行，每行30字左右。由於題記等竝缺，原題、書寫年代等不明。但是，本文獻的“五時判教”說，與智顗(538－597) 說、灌頂(561－632)記《妙法蓮華經玄義》卷十上所傳之“北地師”的判教一致。同時，本文獻的“三覺”說，與灌頂《大般涅槃經疏》卷十八中所述“地論人”的教說一致。由以上兩點，我們可以推斷本文獻應爲北朝時期所成立(以上兩點，參見錄文部分脚注27·137)。關於本文獻的成立年代，文中可見對真諦(499－569)譯《攝大乘論釋》(陳文帝天嘉五年〔564〕譯了) 的引用。竝且，本文獻關於有部阿毗曇論書(竝《成實論》) 的傳入中國和各論書特徵的敍述，在吉藏 (549－623) 撰《三論玄義》(隋文帝開皇十七年〔597〕至十九年〔599〕閒撰述) 中被引用。由此可見，本文獻當成立于《攝大乘論釋》譯出之後、《三論玄義》撰出以前(以上兩點，參見錄文部分脚注193·194·92)。關於本文獻的撰述者，文中有“四寶幽深，豈延所達”(F－180,234) 一文。這裡的“延”所指不明，但很有可能是指在西魏、北周至隋文帝朝前半這段佛教史上佔有中心地位的名僧曇延。以上，關於本文獻的成立地域、成立年代等問題的詳細論述，請參考後揭青木隆 [1996]及拙稿[2010]。此外，原寫本紙背 (F－180V) 寫有若干教理相關的內容，其筆跡或同于正面文字，但竝未發現其與本文獻 (F－180) 之閒明確的關聯性。這裡，暫且將其視爲其他文獻，只對其進行錄文。

本文獻的構成結構可參考後揭內容綱目。整體來看，本文獻是集成了各種關於佛教教理的以“章”形式出現的論的教理集成文獻。關於各章如何依用先行文獻，在某種程度上已經非常明確。以下幾點尤其值得注目：[1 教跡義] 中詳細引用了南朝梁·莊嚴寺僧旻

(467−527) 所說的四時教判；[2 解經義] 中內容的一部分，恐怕是參考了北朝成立的文獻《金剛般若義記》一卷〔上〕(敦煌出土，斯坦因1087V；大正2740) 中的學說；[4 次解菩薩義] 是轉用了淨影寺慧遠 (523−592)《維摩義記》卷一中的一節而成；[8 次解佛十義，世尊有六義] 的內容是基於真諦撰《七事記》(佚) 而成；[7 四攝義] 和[9 四諦義] 則參照了本書所收的教理集成文獻 (Pelliot chinois 2183) 的內容。

綜上所述，可以推測本文獻爲北朝時期成立的文獻。但是，其中不止涵括了北朝系統的要素，也引入了南朝系統的要素，竝且對智顗、吉藏等南朝系統的佛教者產生了影響。從這些點來看，本文獻可以說是敍述了當時佛教思想的動態的重要資料。以上，關於本文獻的整體性格及其同先行文獻之間的關係的詳細考察，請參考青木隆[1996]及拙稿[2010]。

本文獻爲孤本，不存在校對本。因此在錄文的做成上，採用在盡可能明確注釋對象、引文以及內容的出典的基礎上，依其所據文獻對原寫本的錯字、漏字等加以訂正，從而確立正文這一方法。錄文的底本採用國際敦煌項目官方網站上公開的圖像，竝參考了上海古籍出版社、俄羅斯科學出版社東方文學部 (編)《俄藏敦煌文獻》4 (上海古籍出版社，1993年) 中所收的照片資料。

解題

本文献は首尾ともに欠けた残巻であり、各行30字前後で326行が現存する。題記等を欠くため原題や書写年代等は不明だが、本文献の五時教判が智顗（538−597）説・灌頂（561−632）記『妙法蓮華経玄義』巻十上の伝える「北地師」の教判と一致することや、本文献の「三覚」の説が灌頂『大般涅槃経疏』巻十八の伝える「地論人」の説と一致することなどから、北朝成立の文献と考えてよい（後掲の録文の注27・137を参照)。また本文献の成立年代については、文中に真諦（499−569）訳『摂大乗論釈』(陳文帝天嘉五年〔564〕訳了）の引用がみられることと、有部アビダルマ論書（および『成実論』）の中国への伝来と各論書の特徴とに関する本文献の所説が吉蔵（549−623）『三論玄義』(隋文帝開皇十七年〔597〕から同十九年〔599〕の間の撰述）に取り入れられていることから、『摂大乗論釈』訳出以後、『三論玄義』撰述以前の成立であることが明らかである（録文の注193・194・92を参照)。さらに本文献の撰述者に関しては、本文中に「四宝幽深、豈延所達（四種三宝の真理は幽玄にして深遠であり、わたくし延が通暁できるようなものではない)」（F−180,234）との記述があり、この某延とは西魏・北周から隋文帝期前半にかけての仏教史において中心的役割を果たした名僧、曇延(516−588）である可能性が考えられる。以上、本文献の成立地・成立年代等の詳細については、後掲の青木隆［1996］および拙稿［2010］を参照されたい。なお、原写本の紙背（F−180V）にもおそらく表と同筆で若干の教理的内容が書写されているが、本文献（F−180）との明白な関連性を見出すことができない。ここではひとまず別文献とみなし、録文のみを附載することとする。

本文献の構成は後掲の内容綱目のようにまとめることができる。本文献は全体として様々な仏教教理に対する「章」形式の論を集成した教理集成文献であると考えられ、各章がどのような先行文献を依用しているかをかなりの程度まで明らかにすることができる。特に注目されるのは、[1教迹義] に南朝梁の荘厳寺僧旻 (467–527) の四時教判がくわしく引かれること、[2解経義] の所説の一部がおそらく北朝成立の文献である敦煌出土『金剛般若義記』一巻〔上〕(Stein 1087V; 大正2740番) の所説をふまえていること、[4次解菩薩義] が浄影寺慧遠 (523–592)『維摩義記』巻一本の一節の転用から成り立っていること、[8次解仏十義、世尊有六義] の内容が真諦撰『七事記』(佚) に基づくこと、[7四摂義] および [9四諦義] の所説が本書所収の教理集成文献 (Pelliot chinois 2183) の所説をふまえていることなどである。上述のように本文献は北朝成立であると考えられるが、北朝系の要素だけでなく南朝系の要素も取り入れ、さらに智顗･吉蔵といった南朝系の仏教者に影響を与えているという点で、当時の仏教思想の流れを物語る貴重な資料であるといえよう。以上、本文献の全体的性格や先行文献との関係の詳細についても、くわしくは青木隆 [1996] および拙稿 [2010] を参照していただきたい。

本文献は孤本であり、対校本は存在しない。そのためテキストを作成するにあたっては、注釈対象や引用の出典、所説の典拠等を可能な限り明らかにした上で、それら所拠の文献の記述に基づいて原写本の誤字･脱字等を訂正し、本文を確定するという方法を採った。録文作成のための底本としては国際敦煌プロジェクト (International Dunhuang

Project, http://idp.bl.uk/) のwebサイト上で公開されている画像データを使用し、あわせて上海古籍出版社・俄羅斯科学出版社東方文学部(編)『俄蔵敦煌文献』4 (上海古籍出版社、1993年) 所收の写真版も参照した。

参考文獻

青木隆 [1996]〈敦煌出土地論宗文獻《俄Φ180》について〉(日本印度學佛教學會《印度學佛教學研究》第45卷第1號, 東京)

青木隆 [2000]〈地論宗の融即論と緣起說〉(荒牧典俊〔編著〕《北朝隋唐 中國佛教思想史》法藏館, 京都, p.199)

米森俊輔 [2003]〈達法師の三時經教と法朗の三種教判と吉藏の三種法輪〉(《龍谷大學 大學院文學研究科紀要》第25集, 京都)

米森俊輔 [2004]〈達法師の三時經教と興皇寺法朗の三種教判〉(日本印度學佛教學會《印度學佛教學研究》第52卷第2號, 東京)

池田將則 [2010]〈敦煌出土 北朝後半期《教理集成文獻》(俄Φ180) について——撰述者は曇延か——〉(金剛大學校佛教文化研究所〔編〕《地論思想の形成と變容》〔金剛大學校外國語叢書2〕, 國書刊行會, 東京)

底校本

底本：F-180 (14紙；326行)

校本：無

內容綱目

1 教迹義

1.1 (缺)

1.2 次廣辨經教

1.2.1 先明佛在世說法

1.2.1.1 達法師解 (前缺, 1-6)

1.2.1.2 第二解 (7-19)

1.2.1.3 莊嚴寺法師 (19-35)

1.2.1.4 今用第三家義 (35-63)

1.2.1.5 佛在世餘人所說 (63-65)

1.2.2 次明佛滅度後言教之事

1.2.2.1 結集法藏 (66-84)

1.2.2.2 異世五師 (84-92)

1.2.2.3 同世五師 (92-100)

1.2.2.4 薩婆多部四論等 (100-119)

2 解經義

2.1 經 (120-127)

2.2 與 (128)

2.3 大 (128-130)

2.4 比丘 (130-137)

2.5 衆 (137-138)

2.6 佛 (138-142)

2.7 婆伽婆 (142-164)

3 次解住義 (164-173)

4 次解菩薩義 (173-188)

5 十地義 (188-216)

6 三寶義 (216-234)

7 四攝義 (234-250)

8 次解佛十義，世尊有六義

  8.1 佛十義 (250-275)

  8.2 次世尊六義 (275-284)

9 四諦義 (284-315)

10 八解脫義 (後缺，315-326)

錄文

[1 教迹義]

[1.1] (缺)

[1.2 次廣辨經教]

[1.2.1 先明佛在世說法]

[1.2.1.1 達法師解]

(1)次廣辨經教。先明佛在世說法，解有三家。

第一達法師解，唯(2)有三時經教。一者開源法輪，即是始《華嚴》，明大乘之理，開悟菩薩，(3)引文言"如日初出，先照高山"[1]。二者權源法輪，即從鹿野苑，至《法華》教，明(4)理[2]未極，方便權化也。三者還

※ 注記中出現的經論名使用以下略稱。
《大品般若經》: 鳩摩羅什譯《摩訶般若波羅蜜經》(大正223番)
《法華經》: 鳩摩羅什譯《妙法蓮華經》(大正262番)
《華嚴經》: 佛馱跋陀羅譯《大方廣佛華嚴經》(大正278番)
《勝鬘經》: 求那跋陀羅譯《勝鬘師子吼一乘大方便方廣經》(大正353番)
《涅槃經》: 曇無讖譯《大般涅槃經》(大正374番)
南本：曇無讖譯、慧嚴等再治《大般涅槃經》(大正375番)
《維摩經》: 鳩摩羅什譯《維摩詰所說經》(大正475番)
《金光明經》: 曇無讖譯《金光明經》(大正663番)
《攝大乘論釋》: 真諦譯《攝大乘論釋》(大正1595番)

[1] "如日初出先照高山"，參見《華嚴經》寶王如來性起品"復次佛子，譬如日出，先照一切諸大山王，次照一切大山，次照金剛寶山，然後普照一切大地。……如來應供等正覺亦復如是。戒(→成)就無量無 邊法界智慧日輪，常放無量無礙智慧光明，先照菩薩摩訶薩等諸大山王，次照緣覺，次照聲聞，次照決定善根衆生，隨應受化，然後悉照一切衆生，乃至邪定，爲作未來饒益因緣"(T9,616b)。

源法輪，即《涅槃》教，明源反本，所以稱還源法(5)輪也。故《十地經》云“攝法爲首，三時轉故”[3]，此意明三相也。生分說法即是開源，(6)住分說法即是權源，滅分說法即是還源，此亦不足明是三時之教也。

[1.2.1.2 **第二解**]

(7)第二解[4]云，凡有五時經教。一者三乘別教，爲聲聞說四諦，爲緣覺說十二因(8)緣，爲菩薩說六度，三乘各有所稟，故是別教也。故《法華經》言，“爲求聲聞(9)者，說應四諦法”乃至“菩薩說六度”[5]也。(10)二者三乘通教，等爲說波若，故《波若經》言“欲學聲聞，當學波若。菩薩(11)亦然”[6]。三者抑揚教，即《淨名》等經，即貶挫聲聞，讚揚菩薩也。(12)四者一乘教，即是《法華經》，說一乘，故言“十方佛土中，唯有一乘法”[7]也。五者常住教，即(13)《涅槃經》開宗所明常住也。故《涅槃經》梵行

---

2 “理”，底本作“里”，通假，改訂。下同。

3 “攝法爲首三時轉故”，參見《華嚴經》十地品“又一切世界一切諸佛，從兜率天下，入胎，處胎，初生，出家，成佛道時，勸請轉大法輪，示入大涅槃。我於爾時，盡往供養，攝法爲首，三時轉故，發如是大願。廣大如法界，究竟如虛空，盡未來際，盡一切劫，奉迎供養一切諸佛，無有休息”(T9,545b)。

4 “第二解”，參見智顗說《妙法蓮華經玄義》卷十上“三者定林柔次二師及道場觀法師，明頓與不定同前，更判漸爲五時教，即開善光宅所用也。四時不異前，更約無相之後，同歸之前，指《淨名》《思益》諸方等經，爲褒貶抑揚教”(T33,801a)。亦可參見吉藏《三論玄義》(T45,5b)。

5 “爲求聲聞……薩說六度”，參見《法華經》序品“爲求聲聞者，說應四諦法，度生老病死，究竟涅槃。爲求辟支佛者，說應十二因緣法。爲諸菩薩，說應六波羅蜜，令得阿耨多羅三藐三菩提，成一切種智”(T9,3c)。

6 “欲學聲聞……菩薩亦然”，參見《大品般若經》勸學品“須菩提，善男子善女人，欲學聲聞地，亦當應聞般若波羅蜜，持誦讀，正憶念，如說行。欲學辟支佛地，亦當應聞般若波羅蜜，持誦讀，正憶念，如說行。欲學菩薩地，亦當應聞般若波羅蜜，持誦讀，正憶念，如說行。何以故。是般若波羅蜜中，廣說三乘，是中菩薩摩訶薩、聲聞、辟支佛當學”(T8,234a)。

7 “十方佛土中唯有一乘法”，參見《法華經》方便品“十方佛土中，唯有一乘法，無二亦無三，除佛方便說”(T9,8a)。

品末說“從牛出乳，從乳出酪，從(14)酪出生蘇，從生蘇出熟蘇，從熟蘇出醍醐[8]”[9]，合云“從佛出十二部經，從十二部(15)經出修多羅，從修多羅出方等，從方等出波羅蜜，從波羅蜜出大槃涅槃”[10]。(16)“十二部經”即是三乘別教。此教說有，但有既區分，故是別教也。“修多羅”即是(17)三乘通教。修多羅，此稱法本[11]。五時《波若》[12]明二諦，是萬法之本。“方等”即是抑(18)揚教。讚揚菩薩，故是方等也。“波羅蜜”者，即是一乘教。一乘到籌量彼岸[13]，是(19)波羅蜜也。“大般涅槃”是常住教，此自可知也。

[1.2.1.3 莊嚴寺法師]

三莊嚴寺法師[14]，明經教大小同異[15]，(20)凡有四句。一初小後大，

---

8 “醍醐”，底本作“提湖”，通假，改訂。

9 “從牛出乳……蘇出醍醐”，參見《涅槃經》聖行品“善男子，譬如從牛出乳，從乳出酪，從酪出生穌，從生穌出熟穌，從熟穌出醍醐，醍醐最上，若有復者，衆病皆除，所有諸藥，悉入其中”(T12,449a；南本T12,690c-691a)。

10 “從佛出十……大槃涅槃”，參見《涅槃經》聖行品“善男子，佛亦如是。從佛出生十二部經，從十二部經出修多羅，從修多羅出方等經，從方等經出般若波羅蜜，從般若波羅蜜出《大涅槃》，猶如醍醐。言醍醐者，喻於佛性，佛性者，即是如來”(T12,449a；南本T12,691a)。

11 “修多羅此稱法本”，參見《仁王般若波羅蜜經》二諦品“大王，法輪者，法本如、重誦如、受記如、不誦偈如、無問而自說如、戒經如、譬喻如、法界如、本事如、方廣如、未曾有如、論議如”(T8,829b)。《大般涅槃經集解》卷三十六“寶亮曰，……然十二部名，皆外國音。修多羅者，此稱法本，亦言經本。能生觀境之智，故稱法本。若從如是我聞，下訖歡喜奉行，總於文理，通爲十一部作本。正以此義，名修多羅”(T37,494b)。

12 “五時波若”，參見《仁王般若波羅蜜經》序品“……大覺世尊，前已爲我等大衆，二十九年說《摩訶般若波羅蜜》《金剛般若波羅蜜》《天王問般若波羅蜜》《光讚般若波羅蜜》。今日如來放大光明，斯作何事”(T8,825b)。

13 “籌量彼岸”，參見《法華經》化城喻品“……若衆生住於二地，如來爾時即便爲說，‘汝等所作未辦。汝所住地，近於佛慧，當觀察籌量所得涅槃非真實也’”(T9,26a)。

14 “莊嚴寺法師”，參見智顗說《妙法蓮華經玄義》卷十上“二者宗愛法師，頓與

即初說小乘，後說《涅槃》也。二初大後小，初說《華嚴》，

後說(21)雙卷[16]《泥洹》[17]等也。三初大[18]後大，即初說《華嚴》，後說《涅槃》也。四初小後小，即初(22)說相教，後說《雙卷》也。所以有此句者，正逐物根性不同，此意如前釋[19]也。(23)雖有四句，即不依後三經教，止就前一句。

是次第教中，凡有四時。一者有相教，即是(24)十二年中說法也。二者無相教，即十二年後，說五時《波若》、《淨名》《思益》之流。三是一乘(25)教，即《法華》教也。四常住教，即《涅槃經》也。

所以知四時者，凡引兩義爲據。一逐三寶，(26)二逐三理。

逐三寶者，第一時，佛壽八十，法是有相，僧是出家聲聞。第二時，佛壽(27)七百僧祇[20]，法是五時《波若》，僧通菩薩，即備取三乘[21]。第三時，佛壽復[22]倍上數[23]，(28)經唯一乘，僧唯菩薩[24]。第四時教明一體

不定同前，就漸更判四時教，即莊嚴旻師所用。三時不異前，更於無相後、常住之前，指『法華』會三歸一、萬善悉向菩提，名同歸教也”(T33,801a)。僧旻傳爲《續高僧傳》卷五、義解篇初 (T50,461c-463c)。

15 “異”，底本無，據文意補。

16 “卷”，底本作“巻”，誤寫，改訂。

17 “雙卷泥洹”，指失譯《般泥洹經》二卷 (大正6番)。參見 Jungnok PARK, “A new attribution of the authorship of T5 and T6 *Mahāparinirvāṇa-sūtra*,” (*Journal of the International Association of Buddhist Studies*, volume 31, number 1-2, 2008[2010]).

18 “大”，底本無，據文意補。

19 “前釋”，或指上文之“一者三乘別教，爲聲聞說四諦，爲緣覺說十二因緣，爲菩薩說六度，三乘各有所稟，故是別教也”(F180,7-8)。

20 “七百僧祇”，參見《首楞嚴三昧經》卷下“彼佛答言，如釋迦牟尼佛壽命，我所壽命亦復如是。堅意，汝欲知者，我壽七百阿僧祇劫，釋迦牟尼佛壽命亦爾”(T15,644c-645a)。

21 “備取三乘”，參見前注6.

22 “復”，底本此下有“復”，衍字。

23 “復倍上數”，參見《法華經》如來壽量品“諸善男子，我本行菩薩道，所成壽命，今猶未盡，復倍上數”(T9,42c)。

三寶[25]，佛僧悉是常住。推此而言，唯應有四時(29)三寶。佛寶旣止有[26]四種，法不容獨有五時。

二依三理者，但經所明理，凡有三種。(30)一者明境，二者辨因，三者論果。若三種極處，境是無相，因是一乘，果是常住(31)也。若初有相教，明境是有相，因是小乘，果是無常，所以明三理，皆未極也。第(32)二波若，明境是無相，此是境極，因即三乘不同，果猶劫數。此第二時，三理之中，(33)一極而兩未極也。第三是一乘教，明境是無相，因即同歸，果未常住。此即兩極而(34)一未極也。第四常住教，明境是無相，因即一乘，果是常住。此即所明三理，悉是究(35)竟。推理爲言，只應有四時經教也。

[1.2.1.4 今用第三家義]

今用第三家義[27]。初家引《十地》"攝法(36)三時"者，此自三相有生住滅時，亦非明三時經教也。第二家引《涅槃(37)經》五味相生，知有五時之教。今亦不無五時之說，但不同前家以《淨名》《波若》別(38)爲兩時[28]。

今就初教[29]，分爲二種。即是具明始終，謂成佛之後，說人天之

---

24 "經唯一乘僧唯菩薩"，參見《法華經》方便品"佛告舍利弗，諸佛如來但教化菩薩。諸有所作，常爲一事，唯以佛之知見，示悟衆生。舍利弗，如來但以一佛乘故，爲衆生說法。無有餘乘，若二若三"(T9,7ab)。

25 "一體三寶"，參見《涅槃經》如來性品"善男子，汝今不應如諸聲聞凡夫之人，分別三寶。於此大乘，無有三歸分別之相。所以者何。於佛性中，即有法僧。爲欲化度聲聞凡夫，故分別說三歸異相"(T12,409c-410a；南本如來性品T12,650c)。

26 "有"，底本無，據文意補。

27 "今用第三家義"，參見智顗說《妙法蓮華經玄義》卷十上"四者北地師亦作五時教，而取《提謂波利》爲人天教，合《淨名》《般若》爲無相教。餘三不異南方"(T33,801a)。亦可參見隋慧遠《大乘義章》衆經教迹義(T44,465a)。

28 "以淨名波若別爲兩時"，參見上文"二者三乘通教，等爲說《波若》。……三者抑揚教，即《淨名》等經"(F180,10-11)。

教，此猶(39)是世間教，未明得道，三寶未具，爲第一時。度提謂等，所說五戒，即是人(40)乘。明十善之法，及至八禪，即是天乘。若含此教，即具有五時，若法輪次第，(41)但有四，無五輪。法輪本令得道成聖，而天人小善未能離凡，所以非法輪限。(42)故《經》言，"即趣波羅捺。是名轉法輪，便有涅槃音"[30]。豈非奈苑[31]方是法輪也。而(43)今論五時，自可該取人天之教。何事捨人天教，強分四時經教，立爲五也。

若言《波(44)若》爲第二,《淨名》《思益》爲第三，義即不然。謂《大[32]品經》呵毀聲聞，如乞食苟[33]，不就(45)大家乞食，反從婢□[34]。此甚於《淨名》《思益》，故不可以抑揚便爲深教也。若言(46)"《淨名》嘆權實二智[35]、八地之解[36]，以此爲深，即爲第三"者，明《首楞嚴》嘆十地菩(47)薩[37]，

29 "初教"，參見上文"一者有相教，即是十二年中說法也"(F180,23-24)。

30 "即趣波羅……有涅槃音"，參見《法華經》方便品"……思惟是事已，即趣波羅柰。諸法寂滅相，不可以言宣，以方便力故，爲五比丘說。是名轉法輪，便有涅槃音，及以阿羅漢，法僧差別名"(T9,10a)。

31 "奈苑"，參見《一切經音義》卷四十九"奈苑〔上奴大反，即天竺波羅奈國也。下宛遠反，即此國中有鹿野苑。綴序文者，略去繁言，故云奈苑也〕"(T54,635b)。

32 "大"，底本無，據文意補。

33 "苟"，通"狗"。

34 "□"，底本此處空一字，疑脫漏"求""索"等一字。"呵毀聲聞……反從婢□"，參見《大品般若經》魔事品"須菩提，譬如狗不從大家求食，反從作務者索。如是須菩提，當來世有善男子善女人，棄深般若波羅蜜而攀枝葉，取聲聞辟支佛所應行經。當知是爲菩薩魔事"(T8,319a)。吉藏《三論玄義》"次云《淨名》是抑揚教者，是亦不然。《大品》呵二乘爲癡狗，《淨名》貶聲聞爲敗根，挫小既齊，揚大不二，何得以《大品》爲通教，《淨名》爲抑揚"(T45,6a)。

35 "權實二智"，參見吉藏《維摩經義疏》卷一"……吉藏謂，非無上來諸義，但師資相承，用權實二智爲此經宗。如〈法供養品〉'天帝白佛，我雖從佛及文殊師利聞百千經，而未曾聞是不可思議自在神通決定實相經典'。照實相名爲實慧，觀神通謂方便慧，故用二慧爲此經宗"(T38,916c)。

36 "八地之解"，參見吉藏《維摩經義疏》卷一"有人言，'七地雖復竝觀，未能常竝，至於八地，始得全竝。淨名即是八地已上人也'。此江左河右諸師之

復深於《波若》，更應立爲一時。而理不必然，故《淨名》等即《波若》內也。猶是(48)《波若》之枝流也，等明無相。《大品經》無作品云，“諸天嘆言，我於閻浮提，見第二法(49)輪轉”[38]。四諦是第一，波若即是第二。又《思益經》第四卷云，“百千諸天云，我等於(50)閻提，再見法輪轉”[39]。今謂“再”之與“第二”，只是一法兩名，豈容“再見”是第三而“第二見”是第二[40](51)也。又《法華》教起，會父子譬，以在《大品》坐命聲聞轉教，爲諸(52)菩薩，宣說《波若》，此非其分野。如長者以財附客作賤人[41]，掌守非作人之財，(53)故舍利弗云“佛勅[42]我等，說最上道”[43]。而無悕取一飡之意[44]，《法華》教起，(54)仍云“先所出內，是子所知”[45]。此即轉教說《波若》，即次《法華》。以是《法華》仍有此(55)言，不應中間[46]更有

所同釋也”(T38,915a)。

37 “首楞嚴嘆十地菩薩”，參見《首楞嚴三昧經》卷上“爾時佛告堅意菩薩，首楞嚴三昧，非初地、二地、三地、四地、五地、六地、七地、八地、九地菩薩之所能得。唯有住在十地菩薩，乃能得是首楞嚴三昧”(T15,631a)。

38 “諸天嘆言……二法輪轉”，參見《大品般若經》無作品“爾時諸天子，虛空中立，發大音聲，踊躍歡喜，以漚鉢羅華、波頭摩華、拘物頭華、分陀利華，而散佛上，作如是言，我等於閻浮提，見第二法輪轉”(T8,311b)。

39 “百千諸天……見法輪轉”，參見《思益梵天所問經》授不退轉天子記品“說是師子吼法時，三千大千世界六種震動，百千伎樂不鼓自鳴，其大光明普照天地，百千諸天踊躍歡喜言，我等聞不退轉天子說師子吼法，於閻浮提，再見轉法輪”(T15,56b)。

40 “二”，底本次行行首重寫有“第二見是第二”，衍文。

41 “客作賤人”，參見《法華經》信解品“爾時窮子，雖欣此遇，猶故自謂客作賤人”(T9,17a)。

42 “勅”，底本此下有“等”，衍字。

43 “佛勅我等說最上道”，參見《法華經》信解品“佛勅我等，說最上道，修習此者，當得成佛”(T9,18b)。

44 “而無悕取一飡之意”，參見《法華經》信解品“爾時窮子，即受教勅，領知衆物，金銀珍寶及諸庫藏，而無悕取一飡之意”(T9,17b)。

45 “先所出內是子所知”，參見《法華經》信解品“……此實我子，我實其父。今我所有一切財物，皆是子有。先所出內，是子所知”(T9,17b)。

46 “中間”，底本作“間中”，誤寫，改訂。

《淨名》《思益》。只說《法華》初時，即是《波若》後分。

會《大經》(56)五味之譬，明“此法如是，可以治國”[47]，謂說人乘，授三歸五戒，使邪正分境也。“此(57)法如是，可以療病”[48]，謂說天乘，以八禪妙靜，治亂心之惑，專修淨禪，必無(58)戒取之病也。今人天教爲“十二部經”者，既使邪正有分，翻諸異見，故立正經(59)爲端首也。

第二時教說於二乘。從明四諦爲“修多羅”者，以初明聖(60)境，爲出世之基，取其“法本”義也。

第三說《波若》等經。正辨大乘，故爲“方(61)等”也。

第四時教說《法華經》。謂《法華》爲“波若”者，《法華》開宗，使[49]稱佛智(62)慧[50]，爰至多寶讚“善哉”，亦云“平等大慧”[51]，故云“波若智慧[52]”[53]。

第五《涅槃》，即(63)文可見也。

[1.2.1.5 佛在世餘人所說]

此明佛在世說，作如此次第。佛在世餘人所說，若爲佛所(64)印可者，此入修多羅。即是三藏限，今即不論。且明不入經，不爲佛印定者，(65)迦旃延造《昆勒論》，又舍利弗造《阿毘曇》[54]，曇摩陳那比丘等造論[55]是也[56]。

---

47 “此法如是可以治國”，參見《涅槃經》壽命品“大王當知，應善分別，此法如是，可以治國，此法如是，可以療病”(T12,378b；南本哀歎品T12,618a)。

48 “此法如是可以療病”，參見前注47.

49 “使”，疑爲“便”之誤寫。

50 “稱佛智慧”，參見《法華經》方便品“爾時世尊從三昧，安詳而起，告舍利弗，諸佛智慧，甚深無量，其智慧門，難解難入，一切聲聞辟支佛所不能知”(T9,5c)。

51 “多寶讚善……平等大慧”，參見《法華經》見寶塔品“爾時寶塔中，出大音聲，歎言‘善哉善哉。釋迦牟尼世尊，能以平等大慧、教菩薩法、佛所護念、妙法華經，爲大衆說’”(T9,32bc)。

52 “智慧”，底本作“慧智”，誤寫，改訂。

53 “波若智慧”，參見上文“‘波羅蜜’者，即是一乘教”(F180,18)。

54 “迦旃延造……造阿毘曇”，參見《大智度論》卷二“有人言，佛在時，舍利弗解佛語故，作阿毘曇，後犢子道人等讀誦，乃至今名爲《舍利弗阿毘曇》。

[1.2.2 次明佛滅度後言教之事]

[1.2.2.1 結集法藏[57]]

(66)次明佛滅[58]度後言教之事。佛既滅度，燒身已訖，分布舍利，其事亦罷，摩(67)訶迦葉自惟念言，"起塔立寺，白衣之業，弘通經律，出家所宜"[59]。於是登(68)須彌山頂，鳴鍾集衆，鍾聲說偈云，"諸大弟子，若念佛者，當報佛恩，(69)莫入涅槃"。因此十方聖衆，一時雲集耆闍崛山迦葉住處。迦葉選有緣之(70)者，足單僧，以一夏安居，結集經藏。若人人分衞，於事有虧，阿闍世王日給千(71)僧食，故留千人。《律》云"五百僧"[60]者，此擧名德者耳。

就千僧之中，九百九十九人是(72)阿羅漢。唯阿難一人，給侍如來，希入真觀，止得初果。迦葉將欲進其聖道，(73)兼結集法藏，必須無學，便作數種呵責，"本集羅漢，共出經藏，汝(74)非無學，豈得在衆"。乃引臂而出。阿難被呵責已，出外感慨，精進學(75)道。

摩訶迦旃延，佛在時，解佛語作《蜫勒》〔蜫勒，秦言篋藏〕，乃至今行於南天竺。皆是廣解佛語故"(T25,70a)。

55 "曇摩陳那比丘等造論"，參見《成實論》立論品"又迦旃延等大論議師，得佛意故，佛皆讚善。又優陀夷比丘、曇摩塵那比丘尼等，造佛法論，佛聞即聽"(T32,248a)，四無礙品"……女人亦得。如曇摩塵那比丘尼等"(T32,368c)。

56 "且明不入……造論是也"，參見吉藏《大品經遊意》"……若闕此三義者，雖有聖明之德，不入經疑(→義?)。故佛在，舍利弗造《阿毘曇》，迦旃延造《毘勒論》，曇摩陳那比丘尼亦造論，皆名爲論也"(T33,65a)。

57 "結集法藏"，本節內容源於《大智度論》卷二(T25,67a-69c)。

58 "滅"，底本作"波"，誤寫，改訂。

59 "佛既滅度……出家所宜"，參見隋仁壽元年(601)寫《攝論章》卷第一、三藏義"《大智論》云，如來滅後，七日留住，後方入棺槨。諸離車等，闍毘如來竟，八國王分舍利爲供養。故迦葉語阿難言，'諸白衣等，以報佛恩，我等今者亦應報恩'。集千羅漢，在王舍城，結集法藏。先命阿難誦修多羅，次請憂波梨誦毘尼藏，諸阿羅漢復令阿難誦阿毘曇藏"(S2048,501-504; T85,1033ab)。

60 "五百僧"，參見《四分律》卷五十四(T22,966a-968c)，《十誦律》卷六十(T23,445c-450a)，《五分律》卷三十(T22,190b-192a)等。

阿難去後，遣年少羅漢，往星宿天，請牛呞比丘，出毘尼藏。牛呞問，“長(76)老有何事來”。答云，“佛滅度後，摩訶迦葉等，還出律藏，故請仁者”。又問，“和(77)上舍利弗，今何所在”。答言，“不忍見佛涅槃，已在先取滅度”。於是語年少(78)云，“佛既涅槃，和上又滅度，吾不復還人間”。便於天上，自取滅度，入水光三昧。水(79)流至耆闍崛山中，說偈云，“憍梵波提稽首禮，清大德好衆僧[61]，聞佛涅槃(80)我隨去，猶如象去象子隨”。便[62]者年少續還在坐。

阿難爾夕行道，始畢消(81)息，頭未到枕，即得羅漢。還告迦葉云，“已得漏盡”。迦葉答曰，“若得漏盡，自(82)應知”。時阿難作神通，從篇迸[63]孔中，入堂就坐。迦葉請優波離，是第二律(83)師，出於律藏。八十過登高坐請，故有“八十誦律”也。又請阿難，出阿毘曇藏、修[64](84)多羅藏。雖有三藏，出止二人。

[1.2.2.2 **異世五師**[65]]

此摩訶迦葉，出經教已，入狼足山，在滅盡(85)定，守僧伽利。後彌勒出世，其乃出定[66]。自是迦葉去後，凡有五師相傳，佛法(86)不斷。

---

61 “清大德好衆僧”，此處應爲七文字偈，疑“清”字之下脫漏“淨”等一字。

62 “便”，疑爲“使”之誤寫。

63 “篇迸”，疑爲“鑰屏”之通假。如果這樣的話，“篇迸”則疑爲“迸篇(→屏鑰)”之誤寫。參見《大智度論》卷二“即以神力，從門鑰孔中入”(T25,69a)。

64 “修”，底本作“隨”，誤寫，改訂。

65 “異世五師”，參見《出三藏記集》卷三“佛泥洹後，大迦葉集諸羅漢，於王舍城安居，命優波離出律，八萬法藏，有八十誦。初大迦葉任持，第二阿難，第三末田地，第四舍那波提，第五優波掘，至百一十餘年，傳授不異。一百一十餘年後，阿育王出世，初大邪見，毀壞佛法，焚燒經書，僧衆星散，故八十誦灰滅。後値羅漢，更生信心，懺悔除罪，甚有神力，爲鐵輪王，王閻浮提。能役鬼神，一日一夜，壞舍利八塔，造八萬四千塔，還興顯佛法，請諸羅漢，誦出經律。時有五大羅漢，各領徒衆，弘通佛法，見解不同，或執開隨制，共相傳習，遂有五部出焉”(T55,19c)。亦可參見吉藏《三論玄義》(T45,10a)。

第一即是摩訶迦葉，此言大龜[67]，正以姓[68]標人也。以龜爲姓，如此閒有(87)扶風馬[69]、河[70]內苟[71]，皆以畜生爲姓。摩訶是大，迦葉非獨一人，此迦葉最大，所以(88)云大迦葉[72]。第二是阿難，此言無喜。是如來得道夜生，王及臣民，無不歡(89)喜，故言無喜也。又形[73]容端正，人見無不歡喜，故云無喜。亦言無染[74]。出後宮，心(90)無染著。第三阿難弟

66 “出經教已……其乃出定”，參見《大智度論》卷三“復次長老摩訶迦葉，於耆闍崛山，集三法藏，可度衆生。度竟，欲隨佛入涅槃，清朝著衣持鉢，入王舍城。……入房結加趺坐，諸無漏禪定自熏身。……著從佛所得僧伽梨，持衣鉢捉杖，如金翅鳥，現上昇虛空。……後人壽八萬四千歲，身長八十尺時，彌勒佛出。……是時長老摩訶迦葉骨身，著僧伽梨而出，禮彌勒足，上昇虛空，現變如前，即於空中滅身而般涅槃”(T25,78b-79a)。亦可參見《阿育王經》佛弟子五人傳授法藏因緣品(T50,153b-154a)，《彌勒大成佛經》(T14,433b)，《摩訶摩耶經》卷下(T12,1013b) 等。

67 “此言大龜”，參見《阿育王經》佛弟子五人傳授法藏因緣品“世尊附法藏與摩訶迦葉〔翻大龜〕，入涅槃。摩訶迦葉附阿難〔翻歡喜〕，入涅槃。阿難附末田地〔翻中〕，入涅槃。末田地附舍那婆私〔翻紵衣〕，入涅槃。舍那婆私附優波笈多〔翻大護〕，入涅槃。優波笈多附郗徵柯〔翻女〕”(T50,152c)。

68 “姓”，底本作“性”，通假，改訂。下同。

69 “扶風馬”，參見《新唐書》宰相世系表二下“馬氏，出自嬴姓，伯益之後。……徙扶風茂陵成懽里”。

70 “河”，底本作“何”，通假，改訂。

71 “苟”，通“狗”。參見上文“如乞食苟，不就大家乞食，反從婢□”(F180,44-45)。“河內苟”，《元和姓纂》上聲、四十五厚“漢有苟實、苟參。河南。山陽苟實，世居河南”，岑仲勉四校記“苟參見《漢書》七十陳湯傳，父賓。同書九八云，‘更嫁爲河內苟賓妻’。山陽屬河內郡，然則《姓纂》之苟實，殆即今《漢書》之苟賓也。賓、實形似，故易傳訛。‘南’字似當正作‘內’”。吉藏《維摩經略疏》卷二“言迦葉者，性 (→姓) 龜，是外國大性 (→姓)，如此土河內苟、龍 (→隴) 西豬，故龜是外國大性 (→姓)”(Z1.29.2,115c；SZ19,174b)。

72 “摩訶是大……云大迦葉”，參見法雲《法華義記》卷一“摩訶迦葉者，摩訶言大，迦葉是姓，此翻爲龜也。所以呼爲大者，異不三小迦葉，故呼此人爲大也”(T33,578c)。

73 “形”，底本作“刑”，通假，改訂。下同。

74 “亦言無染”，參見法雲《法華義記》卷一“阿難者，譯爲無染。其人形容可愛，常隨如來，人中天上，瞻五塵之色，見可愛之境，常求利物，無有愛

子末田地，此言曰中[75]。第四末田地弟子舍那波斯，此(91)言納衣，亦言紵衣[76]。第五[77]舍那波斯弟子優波崛多，此言大護，時人亦呼爲無相(92)佛[78]。

[1.2.2.3 **同世五師**[79]]

此雖異世五師，義終傳一。至優波崛多之時，佛滅度後一百十年，時阿育王，此(93)言無憂[80]，初大邪見，焚燒經論。後得信心，施設大會，更集經論。但多有遺(94)落，舊宗不復令在，故論師競造異義。時優波崛多不能是正，遂分爲五(95)部。

第一婆麁富羅，此言衆首，即是《僧祇律》部，此言大衆[81]。第二

染之心”(T33,579b)。

75 “阿難弟子……此言曰中”，參見《阿育王經》佛弟子五人傳授法藏因緣品“仙人及弟子，於恒河中出家，是故名末田地。……長老阿難，語末田地言，世尊附摩訶迦葉法藏入涅槃，摩訶迦葉附我入涅槃。我今欲涅槃，此法藏汝應受持”(T50,155c)。

76 “末田地弟……亦言紵衣”，參見《阿育王經》佛弟子五人傳授法藏因緣品“是時摩訶迦葉，往至阿難處，語長老阿難言，世尊附我法藏，附已而入涅槃。我今欲涅槃，以法藏附汝，汝當受持。爾時王舍城，當有商主兒生，以舍那衣覆，是故名舍那婆私。舍那婆私入大海，後歸於世尊法，當修供養。汝當教化，令其出家，汝當以佛法藏，以傳與之”(T50,153a)。

77 “第五”，底本無，據文意補。

78 “舍那波斯……爲無相佛”，參見《阿育王經》佛記優波笈多因緣“是時佛欲涅槃，……告阿難言，於此摩偷羅國，我入涅槃百年後，當有賣香商主，名笈多。有兒名優波多無相佛，當作佛事，教化多人，證阿羅漢果”(T50,149b)。

79 “同世五師”，參見前注65.

80 “憂”，底本作“優”，通假，改訂。“此言無憂”，參見《阿育王經》生因緣“時王念言，我今無憂。即名此兒，爲阿輸柯〔即是阿育，翻爲無憂〕”(T50,132bc)。

81 “婆麁富羅……此言大衆”，參見《出三藏記集》卷三“婆麁富羅律，四十卷。婆麁富羅者，受持經典，皆說有我，不說空相，猶如小兒，故名爲婆麁富羅。此一名《僧祇律》。……既而行籌，婆麁富羅衆籌甚多，以衆多故，改名摩訶僧祇。摩訶僧祇者，言大衆也”(T55,20c-21a)。《大集經》虛空目分、聲聞品“憍陳如，我涅槃後，我諸弟子，受持如來十二部經，讀誦書寫，皆

是優波崛多，(96)此猶是大護[82]，亦名薩婆多部，此言一切有，亦言見有得道[83]，即是《十誦律》部[84]。第(97)三曇無德部，此云法鏡，即是《四分律》部[85]。第四彌沙[86]塞部，此言顛倒解義[87]，即是《五(98)分律》部[88]。第五是迦葉維部，此言得衆生空，此律不來，即不辨名字[89]。《大集經》明

說有我，不說空相，猶如小兒，是故名爲婆嗟富羅。憍陳如，我涅槃後，我諸弟子，受持如來十二部經，讀誦書寫，廣博遍覽五部經書，是故名爲摩訶僧祇”(T13,159ab)。

82 “大護”，參見前注67.

83 “亦言見有得道”，參見下文“此等四論，皆是薩婆多部，皆明見有得道”(F180,116-117)。

84 “優波崛多……十誦律部”，參見《出三藏記集》卷三“薩婆多部《十誦律》，六十一卷。薩婆多部者，梁言一切有也。所說諸法，一切有相，學內外典，好破異道，所集經書，說無有我所，受難能答，以此爲號”(T55,20a)。《大集經》虛空目分、聲聞品“憍陳如，我涅槃後，我諸弟子，受持如來十二部經，讀誦書寫。而復讀誦書說外典，受有三世及以內外，破壞外道。善解論義，說一切性悉得受戒，凡所問難，悉能答對。是故名爲薩婆帝婆”(T13,159a)。

85 “曇無德部……四分律部”，參見《出三藏記集》卷三“曇無德《四分律》，四十卷，或分爲四十五卷。曇無德者，梁言法鏡，一音曇摩毱多。如來涅槃後，有諸弟子，顛倒解義，覆隱法藏。以覆法故，名曇摩毱多，是爲《四分律》”(T55,20b)。《大集經》虛空目分、聲聞品“憍陳如，我涅槃後，有諸弟子，受持如來十二部經，書寫讀誦，顛倒解義，顛倒宣說。以倒解說，覆隱法藏。以覆法故，名曇摩毱多”(T13,159a)。

86 “彌沙”，底本作“沙彌”，誤寫，改訂。

87 “顛倒解義”，參見前注85.

88 “彌沙塞部……五分律部”，參見《出三藏記集》卷三“彌沙塞律，三十四卷。彌沙塞者，佛諸弟子，受持十二部經，不作地相，水火風相，虛空識相，是故名爲彌沙塞部，此名爲《五分律》”(T55,21a)。《大集經》虛空目分、聲聞品“憍陳如，我涅槃後，我諸弟子，受持如來十二部經，讀誦書寫，不作地相，水火風相，虛空識相，是故名爲彌沙塞部”(T13,159a)。

89 “迦葉維部……不辨名字”，參見《出三藏記集》卷三“迦葉維律，未知卷數。迦葉維者，一音迦葉毘，佛諸弟子，受持十二部經，說無有我及以受者，輕諸煩惱，猶如死屍，是故名爲迦葉毘。此一部律，不來梁地”(T55,21b)。《大集經》虛空目分、聲聞品“憍陳如，我涅槃後，我諸弟子，受持如來十二部經，書寫讀誦，說無有我及以受者，轉(宮本作‘輕’)諸煩惱，猶如死屍，是故名爲迦葉毘部”(T13,159a)。

五(99)部律師，各着一種色衣，不共何[90]飲水[91]，表其異法也。

此即是同世五師，雖復世同，執(100)法各異。前雖世異，稟義是同。

[1.2.2.4 薩婆多部四論等[92]]

《大集經》明就五部中，僧祇部聰明最勝，(101)通解五部[93]。但五部中，薩婆多大有人，《論》來此土，餘者不來。

先明薩婆多部，此四(102)論來此土。

第一佛滅度後三百年中，有迦旃子，依阿毘曇，造《八揵度》，有二十卷[94]。揵[95]度，(103)此翻爲新論，有八聚論。所以名八，一是〈雜揵度〉，二是〈使揵度〉，三是〈智揵度〉，四是〈業(104)揵度〉，五是〈四大揵度〉，六是

---

90 “何”，疑爲“同”之誤寫。

91 “五部律師……共何飲水”，參見《舍利弗問經》“……如是衆多，久後流傳，若是若非，唯餘五部，各擧所長，名其服色。摩訶僧祇部，勤學衆經，宣講真義，以處本居中，應著黄衣。曇無屈多迦部，通達理味，開導利益，表發殊勝，應著赤衣。薩婆多部，博通敏達，以導法化，應著皂衣。迦葉維部，精勤勇猛，攝護衆生，應著木蘭衣。彌沙塞部，禪思入微，究暢幽密，應著青衣。……佛言，摩訶僧祇，其味純正，其餘部中，如被添甘露。諸天飲之，但飲甘露，棄於水去。人間飲之，水露俱進，或時消疾，或時結病。其讀誦者亦復如是。多智慧人，能取能捨，諸愚癡人，不能分別”(T24,900c)。關於五部僧衣別色說，參見船山徹〈經典の僞作と編輯——《遺教三昧經》と《舍利弗問經》〉(京都大學人文科學研究所〔編〕《中國宗教文獻研究》臨川書店，2007年)。

92 “薩婆多部四論等”，敦煌出土《藥師經疏》(擬題，S2512,1-22；T85,306ab) 中有與本節相同的部分。又，本節對吉藏之《三論玄義》(T45,2bc；3bc) 產生了影響。

93 “就五部中……通解五部”，參見前注81.

94 “三百年中……有二十卷”，參見《大智度論》卷二“佛在世時，法無違錯。佛滅度後，初集法時，亦如佛在。後百年，阿輸迦王作槃闍于瑟大會，諸大法師，論議異故，有別部名字。從是以來，展轉至姓迦旃延婆羅門道人，智慧利根，盡讀三藏，内外經書，欲解佛語，故作《發智經八犍度》，初品是〈世間第一法〉。後諸弟子等，爲後人不能盡解《八犍度》，故作《鞞婆娑》”(T25,70a)。

95 “揵”，底本作“健”，通假，改訂。

〈五根揵度〉，七是〈定揵度〉，八是〈見揵度〉[96]。尋此人師，是奢(105)摩達[97]多。何以知之。《毘婆沙》云，“奢摩達多能解是義。其時入定，不得諮問”[98]。入定已後，迦(106)旃延造論。

第二是佛滅度後六百年中，有五百羅漢，共師迦旃延，造《毘婆沙(107)論》，有百卷[99]。毘婆沙，此云衆說，五百羅漢大衆共說。此即解《八揵度》，前二十五卷釋〈雜(108)揵度〉，次二十五卷釋[100]〈使揵度〉，次有十卷，釋〈智揵度〉，合有六十卷，流傳此土。餘四十卷，(109)釋後諸揵度，涼州破亂，失本不來。復有《鞞婆沙》[101]，有十四卷，不出姓名，似是《毘婆沙》(110)抄也。

第三佛滅度後七百年中，有法勝比丘，造四卷毘曇，嫌《毘婆沙》廣博難尋，故(111)揉《毘婆沙》要解二百五十偈，以爲四卷。即《阿毘曇心》[102]，

---

96 “一是雜揵……是見揵度”，參見《阿毘曇毘婆沙論》卷一“世尊於處處方邑，爲化衆生，作種種說。彼尊者迦旃延子，於種種說中，立章門，造偈頌，制品名，作犍度。若說種種不相似義，立雜犍度。若說使相，立使犍度。若說智相，立智犍度。若說業相，立業犍度。若說四大相，立四大犍度。若說根相，立根犍度。若說定相，立定犍度。若說見相，立見犍度”(T28,1c)。

97 “達”，底本無，據文意補。

98 “奢摩達多……不得諮問”，參見《阿毘曇毘婆沙論》卷四十三“復有說者，尊者奢摩達多能知此義。時入定故，尊者迦旃延子不問此義”(T28,324b)。

99 “有百卷”，參見《出三藏記集》卷二“阿毘曇毘婆沙六十卷。……初出一百卷，尋值涼王大沮渠國亂亡，散失經文四十卷，所餘六十卷，傳至京師”(T55,11bc)。

100 “釋”，底本作“譯”，通假，改訂。下同。

101 “復有鞞婆沙”，參見釋道安〈鞞婆沙序〉(《出三藏記集》卷十)“……迦旃延子撮其要行，引經訓釋，爲《阿毘曇》四十四品，要約婉顯，外國重之。……又有三羅漢，一名尸陀槃尼，二名達悉，三名鞞羅尼，撰《鞞婆沙》，廣引聖證，言輙據古，釋《阿毘曇》焉”(T55,73b)。

102 “有法勝比……阿毘曇心”，參見廬山慧遠〈阿毘曇心序〉(《出三藏記集》卷十)“有出家開士，字曰法勝。……其人以爲《阿毘曇經》源流廣大，難卒尋究，非贍智宏才，莫能畢綜。是以探其幽致，別撰斯部，始自〈界品〉，訖于〈問論〉，凡二百五十偈，以爲要解，號之曰心”(T55,72c)。

此謂爲無比法[103]。所明無漏(112)慧解，隔凡成聖，無能比者，王領諸數，明《四卷》領諸論也。

第四佛滅度後八百年(113)中，有達摩多羅，造《雜心》，有十四卷。即是論主之師。所明衆多，不止一義，故言(114)"雜"也。其謂《毘[104]婆沙》太廣難尋，法勝《四卷》略而難見，取《毘婆沙》三百五十偈，足法(115)勝爲六百偈[105]。故其文云，"極略難解[106]知，極廣令智退，我今處中說，廣說義(116)莊嚴"[107]。"略難解知"，非《毘曇》之略，"廣令智退"，斥《婆沙》太廣。此等四論，皆是薩婆(117)多部，皆明見有得道[108]。

次有《成實論》來。有師言"是曇無德部論"，或言"譬部"。(118)今謂此論無的讜[109]一部，遍揉衆家之義，擇[110]善者而從之[111]。後重別示其相。

103 "無比法"，參見《鞞婆沙論》卷一"曇無德說曰，此法無比，是謂阿毘曇"(T28,418a)。

104 "毘"，底本作"比"，通假，改訂。

105 "其謂毘婆……爲六百偈"，參見〈雜阿毘曇心序〉(《出三藏記集》卷十)"如來泥洹數百年後，有尊者法勝，於佛所說經藏之中，抄集事要，爲二百五十偈，號《阿毘曇心》。其後復有尊者達摩多羅，覽其所製，以爲文體不足，理有所遺。乃更捜採衆經，復爲三百五十偈，補其所闕，號曰《雜心》。新舊偈本，凡有六百，篇第之數，則有十一品。篇號仍舊爲稱，唯有〈擇品〉一品，全異於先"(T55,74b)。

106 "難解"，底本作"解難"，誤寫，改訂。

107 "極略難解……說義莊嚴"，參見《雜阿毘曇心論》序品"極略難解知，極廣令智退，我今處中說，廣說義莊嚴"(T28,869c)。

108 "見有得道"，參見上文"亦名薩婆多部，此言一切有，亦言見有得道"(F180,96)。

109 "讜"，通"當"。

110 "擇"，底本作"釋"，通假，改訂。

111 "此論無的……者而從之"，參見《論語》述而"子曰，三人行，必有我師焉。擇其善者而從之，其不善者而改之"，"子曰，蓋有不知而作之者，我無是也。多聞擇其善者而從之，多見而識之，知之次也"。玄暢〈訶梨跋摩傳〉(《出三藏記集》卷十一)"……於是博引百家衆流之談，以檢經奧通塞之辯，澄汰五部，商略異端。考覈迦旃延，斥其偏謬，除繁棄末，慕存歸本，造述明論，厥號《成實》"(T55,79a)。

佛滅(119)度後，有馬鳴、提婆等製論。多解大[112]乘，非今三藏所辨也[113]。

[2 解經義]

[2.1 經[114]]

(120)解經義。

“經”者，中國名修多羅，此方名爲本。明聖人言語，能與衆生生(121)善滅惡，修道之本。又理教相望，互爲本義，明理不自顯，由教故彰。若不(122)尋言，無以得證，故《論》云“果雖[115]不住道，而道能爲因”[116]，此明教爲理本。然教不自(123)發，由理而生，故《論》云“若不證者，即不能說”[117]，此明理爲教本。具此二義，故名爲本。

今(124)言“經”者，乃是此方五經之名，顯其本字，當修多羅處，非正相翻[118]。所以得用經(125)字顯者，凡有三義來釋。一說人相似，二常義是同，三隨物[119]情所貴。具此義故，(126)以經字顯之。經者常也[120]。雖復先賢後聖，代謝不同，而君子風化[121]，始終常(127)定，故名爲常。佛

112 “大”，底本作“太”，通假，改訂。

113 “非今三藏所辨也”，參見《大智度論》卷百“三藏是聲聞法，摩訶衍是大乘法”(T25,756b)。

114 “經”，敦煌出土《金剛般若義記》一卷上 (S1087V,41–50；T85,138b) 中有與本節相同的部分。亦可參見《金剛仙論》卷一 (T25,799a；835c)。

115 “雖”，底本無，據文意補。

116 “果雖不住道而道能爲因”，參見菩提流支譯《金剛般若波羅蜜經論》卷中“果雖不住道，而道能爲因，以諸佛實語，彼智有四種”(T25,788c)。

117 “若不證者即不能說”，參見菩提流支譯《金剛般若波羅蜜經論》卷上“何故唯言說，不言證。有言說者，即成證義故。若不證者，則不能說”(T25,784c)。

118 “翻”，底本作“播”，通假，改訂。下同。

119 “物”，底本作“而”，爲“勿”之誤寫。“勿”“物”通假，改訂。

120 “經者常也”，參見《注維摩詰經》卷一“肇曰，經者常也。古今雖殊，覺道不改，群邪不能沮，衆聖不能異，故曰常也”(T38,327c)。

121 “君子風化”，參見《論語》顔淵“君子之德風也，小人之德草也，草上之風

法亦爾，三世諸佛，雖復隨感去流，而教軌常定，故名爲經。

[2.2 與]

(128)“與”者，《摩訶衍》云，“共一處、一時、一心、一界[122]、一見、一道、一解脫，是名與”[123]。

[2.3 大[124]]

“大”者，一切障[125]礙斷故，(129)得天王等大人恭敬故，故名爲大。亦可導“九十六種中，佛道爲大，四果之中，羅漢(130)爲大”。或言“徒衆多故，名之爲大”[126]。大者，苞[127]含爲義[128]。

必偃”。

122 “界”，疑爲“戒”之通假。

123 “共一處一……脫是名與”，參見《大智度論》卷三“共名一處、一時、一心、一戒、一見、一道、一解脫，是名爲共”(T25,79b)。

124 “大”，關於本節的內容，參見敦煌出土《金剛般若義記》一卷上(S1087V, 192-193；T85,140c)。

125 “障”，底本作“彰”，通假，改訂。下同。

126 “一切障礙……名之爲大”，參見《大智度論》卷三“摩訶，秦言大，或多或勝。云何大。一切衆中最上故，一切障礙斷故，天王等大人恭敬故，是名爲大。云何多。數至五千，故名多。云何勝。一切九十六種道論議能破，故名勝”(T25,79b)。

127 “苞”，同“包”。

128 “大者苞含爲義”，參見《大般涅槃經集解》卷一“……此經亦爾，多有苞含。所以爾者，從於鹿野，終於雙樹，凡三說涅槃。一明初鹿野說，三乘各有別涅槃。二明三乘同一涅槃。三明真教，破二方便，說身智即涅槃。以是故多有所含，故稱爲大”(T37,378a)。

[2.4 比丘[129]]

“比丘”者，是胡音，此方無(131)定。一師訓釋，凡有三義來解。

一云破惡，謂因中[130]破身口七支之惡。得羅(132)漢果，名曰殺賊，殺煩惱賊。

二名怖魔，此比丘初出家時，地神夜叉唱言，“某長(133)者子，今日出家”。虛空夜叉接聲復唱，乃至六天魔王聞之，即大驚怖，魔宮(134)震動，故云怖魔。

三因中云乞士，果中云應供。又如淨目天女，問舍利弗四種(135)食法，舍利弗言，“出家之人，占歷量月，因之得食，名爲仰口。墾土掘地，營種而(136)得食者，名下口。隣[131]國聘使，通致士四方而得食者，名爲方口。和合陽[132]藥，行醫(137)卜筮，名四維口食。離此四食，名淨乞士[133]”[134]。

129 “比丘”，本節內容源於敦煌出土《金剛般若義記》一卷上 (S1087V,184-192; T85,140c)，及真諦《仁王般若經疏》(圓測《仁王經疏》卷上本〔T33,365b〕等所引)。

130 “中”，底本此下有“惡”，衍字。

131 “隣”，底本作“憐”，通假，改訂。下同。

132 “陽”，通“湯”。

133 “士”，底本作“事”，通假，改訂。

134 “淨目天女……名淨乞事”，參見《大智度論》卷三“是時有梵志女，名淨目，來見舍利弗，問舍利弗言，‘……食法有四種，我問汝，汝言不。我不解，汝當說’。舍利弗言，‘有出家人，合藥、種穀、殖樹等，不淨活命者，是名下口食。有出家人，觀視星宿、日月、風雨、雷電、霹靂，不淨活命者，是名仰口食。有出家人，曲媚豪勢，通使四方，巧言多求，不淨活命者，是名方口食。有出家人，學種種呪術，卜筮吉凶，如是等種種不淨活命者，是名四維口食。姉，我不墮是四不淨食中，我用清淨乞食活命。……如是清淨乞食活命，故名乞士’”(T25,79c-80a)。

[2.5 **衆**[135]]

“衆”者，外國名僧伽，此名和合種[136]。(138)四人已上，終至千人，同一住止，同戒同見，名和合衆。

[2.6 **佛**]

“佛”者，名覺。覺有三種[137]。一者(139)自覺，二者覺他，三者他覺。所言自覺者，自體內照，名爲自覺。攝緣入實，名(140)爲覺他。他覺者，十地菩薩授[138]佛智職位時，十方諸佛同共讚嘆，“某世界中(141)有某菩薩，今日時中，成阿耨多羅三藐三菩提”[139]。十方諸佛同共嘆故，故(142)曰他覺。

[2.7 **婆伽婆**]

經中或云“婆伽婆”，或言“世[140]尊”。婆伽婆，世尊之異名。有婆伽婆處，即無(143)世尊，有世尊處，即無婆伽婆。亦名大道師。

今言婆伽婆，欲以[141]外道。外道法(144)中亦有世尊。何以得知。“迦葉如來涅槃時，乃在狼足山[142]中坐禪。夜夢夢天崩(145)地臽[143]，日月隕

---

135 “衆”，關於本節的內容，參見敦煌出土《金剛般若義記》一卷上(S1087V,193-195；T85,140c)。

136 “種”，疑爲“衆”之誤寫。

137 “覺有三種”，參見灌頂《大般涅槃經疏》卷十八“地人云自覺、覺他，復言他覺，此太煩矣”(T38,145c)。

138 “授”，通“受”。

139 “十地菩薩……藐三菩提”，參見《華嚴經》十地品“爾時諸佛及大菩薩，知‘某世界，某甲菩薩摩訶薩，行如是道，成就受職’”(T9,572a)。

140 “世”，底本無，據文意補。

141 “以”，疑此字之下脫漏“簡”等一字 (或“簡別”等二字)。

142 “狼足山”，參見上文“此摩訶迦葉，出經教已，入狼足山”(F180,84)。

143 “臽”，同“陷”。“天崩地臽”，參見《戰國策》趙策三“天崩地坼，天子下席”。

落，冥起以爲不祥。即下山，來至一外道寺邊，問言‘我世尊平安在(146)已否’。外道即彈指起撫，答言‘汝世尊取滅度，已逕七日’[144]。迦葉懊惱，遂即彈指，(147)指頭出火，以脚蹴地，大地六變震動”。今既言“汝[145]世尊”，明知外道法中亦有世尊。

既(148)外道法中復有世尊，佛法亦有世尊，真僞云何得知。依《相續解脫經》中，明以五(149)種奇特相來驗[146]，得知真僞。何者爲五。一者生已得一切智，二者具諸相好，三者(150)十力，四者四無畏，五者能轉法輪，斷衆生煩惱。

生已得一切智者，欲明如來託(151)淨飯王家，摩耶夫人右脇而生。生已至地，於十方面，各行也七步[147]，一手指天，一手指地，指(152)天言“天上樂”，指地言“地獄苦”，“天上人中，唯吾獨尊”[148]。王與夫人，將詣相師，阿私[149]陀仙(153)抱持占相[150]。披氎[151]見太子，身黃金色，匃[152]

---

144 “問言我世……已逕七日”，參見《四分律》卷五十四“爾時摩訶迦葉，在彼二國中閒道行，與大比丘僧五百人俱。時有異尼揵子，持世尊般涅槃時曼陀羅華，在道行。時迦葉遙見而問言‘汝等從何所來’。彼答言‘我從拘尸城來’。復問言‘識我世尊不’。答言‘識’。復問‘今故在世不’。答言‘不在世。般涅槃來，已七日。我從彼持此華來’”(T22,966ab)。

145 “汝”，底本無，據文意補。

146 “以五種奇特相來驗”，參見《相續解脫如來所作隨順了義經》“文殊師利白佛言，世尊，一切智相有幾種。佛告文殊師利，有五種。一者若一切智名聞出于世間。二者成就三十二大人相。三者十力決斷一切衆生疑網。四者四無畏說法，一切外論不能難問，不能屈伏。五者若彼法律知有八聖道、四沙門果。當知此五行是一切智相”(T16,719ab)。

147 “於十方面各行也七步”，參見《涅槃經》師子吼菩薩品“若見菩薩初生之時，於十方面，各行七步，……是名眼見”(T12,528ab；南本T12,773a)

148 “天上人中唯吾獨尊”，參見《太子瑞應本起經》卷上“到四月八日夜，明星出時，化從右脇生，墮地即行七步，擧右手住而言，天上天下，唯我爲尊，三界皆苦，何可樂者”(T3,473c)。

149 “私”，底本作“利”，誤寫，改訂。

150 “阿私陀仙抱持占相”，參見《涅槃經》光明遍照高貴德王菩薩品“阿私陀仙抱持占相，既占相已，生大悲苦，自傷當終，不覩佛興”(T12,488a；南本T12,

有萬字，身毛右旋，阿私陀仙即自傷嘆。(154)王問，“仙人有何不吉，致斯哽咽”。仙人對曰，“非子不吉。如我相法，此子若在家，必爲轉輪(155)王，若出家，爲法輪王。念我年老，不覩佛興”[153]。阿私陀仙即爲立字，字悉達多。胡言(156)悉達多，漢言一切智，故得如是一切智名。外人言“我亦有一切智。若如來生已，能言(157)能語，具一切智者，世間龍鬼亦生便能言能語，豈有智慧”。世尊義不顯。

第(158)二次明具[154]相好。如[155]來導言“我有三十二相”。相是智因，顯斑[156]緣有相，故令人敬愛。外人言“我亦(159)有相好。若如來具諸相好，名爲佛者，世間輪王亦有相好，何故無有智慧，不言是佛”。(160)故《涅槃經》云，“魔等常[157]能變作佛形，況復不能作四種人”[158]也。

731a)。

151 “㲲”，底本作“疊”，通假，改訂。

152 “匈”，同“胸”。

153 “披㲲見太……不覩佛興”，參見《普曜經》欲生時三十二瑞品“……披㲲相太子，見三十二相，軀體金色，……毛右旋，……胸有卍字。阿夷見此，乃增歎流淚，悲不能言。王及大愛道，心懷惶懼，拜手而問曰，‘有不祥乎，願告其意’。舉手答曰，‘吉無不利，敢賀大王，得生此神人。昨暮天地大動，其正爲此。如我相法曰，王者生子，而有三十二大人相者，處國當爲轉輪聖王，自然七寶千子，主四天下，治以正法。若捨國出家，爲自然佛，度脫衆生。傷我年已晚暮，當就後世，不覩佛興，不聞其經，故自悲耳’”(T3,496ab)。《過去現在因果經》卷一“王及夫人，白仙人言，‘唯願尊者，爲相太子’。仙人言‘善’。即便占相，具見相已，忽然悲泣，不能自勝。王及夫人，見彼仙人悲泣流淚，擧身戰怖，生大憂惱，如大波浪動於小船，問仙人言，‘我子初生，具諸瑞相，有何不祥而悲泣耶’。爾時仙人，歔欷答言，‘大王，太子相好具足，無有不祥。……具有如此相好之身，若在家者，年二十九，爲轉輪聖王。若出家者，成一切種智，廣濟天人。……我今年壽已百二十，不久命終，生無想天，不覩佛興，不聞經法，故自悲耳’”(T3,627ab)。

154 “具”，底本無，據文意補。

155 “如”，底本無，據文意補。

156 “斑”，通“班”。“顯斑”，參見隋慧遠《大乘義章》證教兩行義“是等皆是自體真法，互相顯班，名爲可說”(T44,653c)，三佛義“法、報雖說顯班真德，令他趣入，非隱真德，曲隨於物，故不名應”(T44,844c)。

第三次明如來內備十(161)力智慧。外人亦言“我有十力智慧”。解言導“欲知[159]其智，要在其說”。

第四次明如(162)來何[160]但內備十力，亦外具四無畏智，能吼宣真教。外人神機峰峻，亦言“我有(163)四無畏”。世尊義猶不顯。

第五次明如來能轉法輪，斷衆生煩惱。外人於斯言下，(164)方始◇[161]伏，世尊義得顯也。

[3 次解住義]

次解住[162]義。

諸[163]不同。

經中或言“佛在”，或言“佛住”，欲論(165)住之異在，眼目之異名。

又人解言，“欲明如來暫託說法，名之爲在。逕夏安居，久處(166)說法，名[164]之爲住”[165]。

依《摩訶衍論》釋，住有三義。一者天住，二者梵住，三者聖住。天(167)住者，六欲天住法，是曰天住。梵住者，初禪已上，名爲梵住。聖住者，辟支佛、阿羅漢、(168)菩薩與佛所住之處，名爲聖住[166]。此就

---

157 “常”，疑爲“尚”之誤寫。

158 “魔等常能……作四種人”，參見《涅槃經》如來性品“世尊，魔等尚能變作佛身，況當不能作羅漢等四種之身。……以是因緣，我於是中心不生信”(T12,397b；南本四依品T12,637c)。

159 “知”，底本作“智”，通假，改訂。

160 “何”，疑爲“不”之誤寫。

161 “◇”，疑爲“遵”。

162 “住”，底本此下有“住”，衍字。

163 “諸”，疑此下脫漏“師”等一字。

164 “名”，底本此下有“名”，衍字。

165 “欲明如來……名之爲住”，參見吉藏《仁王般若經疏》卷上一“所言住，暫時名在，久居名住。亦可經停名住也”(T33,317a)。

166 “一者天住……名爲聖住”，參見《大智度論》卷三“復次三種住，天住、梵

果報明義，若就因解者，修戒施等，以爲天(169)住。修四無量，名爲梵住，故《經》言“修四無量，開梵天道”[167]。修空、無相、無願，以爲聖(170)住[168]。

若就《地持論》解[169]，天住者，多住第四禪，明其行寂[170]。所以然者，四禪內絶緣受，(171)外絶三災。梵住者，多住大悲門，不捨世間行，明其用寂。聖住者，住空三昧，明其(172)體寂。

若依曇尊法師[171]解義，佛既有三種，住處亦有三。天住報身住處，聖住(173)法身住處，梵住應身住處也。

[4 次解菩薩義]

次解菩薩義[172]。

菩薩者，外國具名(174)菩提薩埵，翻譯[173]之者，不能煩廣，“菩”下去“提”，“薩”下去“埵”，直云菩薩。此方翻之，(175)名道衆生，菩提名道，薩埵名衆生[174]。良以此人內心求道，備有道行，以道成(176)人，名道

住、聖住。六種欲天住法，是爲天住。梵天等乃至非有想非無想天住法，是爲梵住。諸佛、辟支佛、阿羅漢住法，是名聖住”(T25,75c)。

167 “修四無量開梵天道”，參見《維摩經》菩薩行品“淨十善道，受天人福，修四無量，開梵天道”(T14,554b)。

168 “修戒施等……以爲聖住”，參見《大智度論》卷三“復次布施、持戒、善心三事，故名天住。慈悲喜捨，四無量心，故名梵住。空無相無作，是三三昧，名聖住”(T25,75c–76a)。

169 “若就地持論解”，參見《菩薩地持經》無上菩提品“於彼三住中，四無上住，如來多住聖住中，住空三昧及滅盡定。天住中，住第四禪。梵住中，住大悲”(T30,901c–902a)。

170 “寂”，底本作“家”，誤寫，改訂。下同。

171 “曇尊法師”，《續高僧傳》卷八、義解篇四 (T50,484ab) 中有釋曇遵傳，疑爲此人。

172 “次解菩薩義”，隋慧遠《維摩義記》卷一本 (T38,426bc) 中有與本章相同的部分。

173 “譯”，底本作“釋”，通假，改訂。

衆生。

若爾，聲聞緣覺人等，亦皆求道，竝有道行。同以道成，以何義故，(177)不名菩薩。釋言，賢聖名有通別。通即義齊，如《涅槃》說，“乃至須陀洹[175]，亦名菩(178)薩，求索盡智、無生智故。亦名爲佛，正覺共道不共道故”[176]。但今爲分賢聖之別，隱(179)顯異名。

等分賢聖，何故獨此偏[177]名菩薩。解有三義。

一就願心望果解釋。唯(180)此衆生求大菩提，餘悉不求，是故獨此名道衆生。故《地論》言，“一上決定，願(181)大菩提。偈言‘菩薩’故”[178]。

二就解心望理解釋。凡夫著有，二乘住無，有無乖中，(182)不會中道，是故不得名道衆生。唯有菩薩，妙捨有無，契會中道，是故偏(183)得名道衆生。

三就行分別。入佛法中，有三種門。一教，二義，三者是行。教淺義深，(184)行爲最勝。聲聞最劣，從教爲名，故號聲聞。聲者是教，飡聲悟解，故曰聲(185)聞。緣覺次勝，從義立目。緣者是義，於緣悟解，故名緣覺。菩薩最上，從行(186)立稱。以能成就自利利他俱利之

---

174 “菩提名道薩埵名衆生”，參見《大智度論》卷四“菩提名諸佛道，薩埵名或衆生，或大心”(T25,86a)。

175 “陀洹”，底本作“洹陀”，誤寫，改訂。

176 “乃至須陀……不共道故”，參見《涅槃經》迦葉菩薩品“善男子，須陀洹者，亦名菩薩。何以故。菩薩者，即是盡智及無生智，須陀洹人亦復求索如是二智，是故當知須陀洹人得名菩薩。須陀洹人亦得名覺。何以故。正覺見道斷煩惱故，正覺因果故，正覺共道及不共道故。斯陀含乃至阿羅漢，亦復如是”(T12,577c-578a；南本T12,825ab)。

177 “偏”，底本作“徧”，通假，改訂。下同。

178 “一上決定……言菩薩故”，參見《十地經論》初歡喜地“偈言，‘決定此一切，菩薩大名稱，何故說地名，而不演其義’。‘決定’者，黠慧明了故。決定有三種。一上決定，願大菩提故。二名聞決定，他善敬重故。三攝受決定，彼說者善知故。偈言‘菩薩’故，‘大名稱’故，‘說地名’故，如是次第應知”(T26,128a)。

道，故名菩薩。故《地持論》言，“聲聞緣覺但能自度，(187)不能度[179]他，菩薩不爾，自度度他，是名道勝”[180]。以道勝故，名道衆生，故名(188)菩薩。

[5 十地義]

十地義[181]

十地者何也。一名歡欣，二名離垢，三名明地，四名炎地，五名難勝，(189)六名現前，七名遠行，八名不動，九名善慧，十名法雲。

所以初名歡喜地者，欲明初地菩(190)薩，信忍下品。世諦至難不可離者，莫過於生死，至極不可得者，未若聖道。生死難(191)捨，聖道難得，而今得可慶之甚，更莫過焉。以此稱心，與歡喜之名。故《地論》云，“成就(192)無上自利利他之行，初證聖處，多生歡悅，故名歡喜地”[182]。

第二離垢地者，欲明二地(193)菩薩，信忍中品。既創入修道，將欲進涉◇[183]途，仰趣真覺，故能現持三聚勝戒，(194)清淨皎然，戒立止惡，衆患永息，從戒標目，稱曰離垢地。故《地論》云，“離能起悞[184]心

179 “度”，底本此下有“不能度”，衍文。

180 “聲聞緣覺……是名道勝”，參見《菩薩地持經》種性品“復有四事，勝於一切聲聞緣覺。一者根勝，二者道勝，三者巧便勝，四者果勝。……聲聞緣覺但爲自度，菩薩不爾，自度度彼，是名道勝”(T30,888b)。

181 “十地義”，參見本書所收《法界圖》[3.3 出世間聖人]。

182 “成就無上……名歡喜地”，參見《十地經論》初歡喜地“成就無上自利利他行，初證聖處，多生歡喜，故名歡喜地。離能起誤心犯戒、煩惱垢等，清淨戒具足，故名離垢地。隨聞思修等，照法顯現，故名明地。不忘煩惱薪，智火能燒，故名焰地。得出世間智，方便善巧，能度難度，故名難勝地。般若波羅蜜行有間，大智現前，故名現前地。善修無相行，功用究竟，能過世間二乘出世間道，故名遠行地。報行純熟，無相無間，故名不動地。無礙力說法，成就利他行，故名善慧地。得大法身，具足自在，故名法雲地”(T26,127a)。

183 “◇”，疑爲“聖”之略寫。

184 “悞”，同“誤”。

犯(195)戒、煩惱垢等，清淨戒具足，名離垢地”[185]。

第三明地者，欲明三地菩薩，信忍上品。既清禁(196)圓淨，體照虛泯，妄[186]心妙靖，三慧明耀，朗鑑萬境，曉然無翳，稱之爲明。故《地論》云，“隨(197)聞思修，照法顯現，故名明地”。

第四炎地者，欲明四地菩薩，順忍下品。既靖神真宗，(198)窮玄妙宅，道品智火，燒煩惱薪，從喻得名，目之爲炎。故《地論》云，“不忘煩惱薪[187]，智(199)火能燒，故名炎地”。

第五難勝地者，欲明五地菩薩，順忍中品。既廓照諦觀，融慮五明[188]，(200)虛懷真俗，不住二道。斯事難超，此地已越，目之難勝。故《地論》云，“得出世間智，方(201)便善巧，能度難度，故名難勝地”。

第六現前地者，欲名六地菩薩，順忍上品。冥心諦觀，(202)使實慧逾明，妙契理原，朗鑑無滯，名曰現前。故《地論》云，“波若波羅蜜有簡，大智現(203)前，故名現前地”。

第七遠行地者，欲明七地菩薩，無生忍下品。就功深以彰名，行窮功(204)用，雙照淵明，永絶二乘相似之相。此法勝妙，非近行能剋，曠劫[189]積懃，然後方會，名(205)曰遠行。故《地論》云，“善修無相行，功用究竟，能超二乘出世間道，故名遠行地”。

第八不動(206)地者，欲明八地菩薩，無生忍中品。既位出功用，體冥大寂，妙極虛宗，因果俱淨，息忘真(207)境，虛照自融，神儀不改，十方俱化，故曰不動。故《地論》云，“報行純熟，無相無間，故名不動(208)地”。

第九善慧地者，欲明九地菩薩，無生忍上品。既能明法藥，審練

---

185 “離能起悞……名離垢地”，關於出典，參見前注182. 下同。

186 “妄”，疑爲“忘”之通假。參見本書所收《法界圖》[3.3.1.3 明地]“安心妙理”。

187 “薪”，底本此下有“薪”，衍字。

188 “明”，底本無，據文意補。參見本書所收《法界圖》[3.3.1.5 難勝地]“融慮五明”。

189 “劫”，底本作“却”，誤寫，改訂。

病原，稱之爲(209)善。具足辯才，隨方施化，稱機授法，恩洽無遺，目之爲慧。故《地論》云，“無礙力說法，成就(210)利他行，故名善慧地”。

第十法雲地者，欲明十地菩薩，即寂滅忍也。何故名法雲者，既(211)迹隣[190]大覺，功用行極，慈覆若雲，降澤如雨，能令衆生善根開敷，道芽[191]茲[192]茂，挾(212)喻受稱，名法雲地。故《地論》云，“得大法身，具足自在，故名法雲地”也。

(213)次依《釋論》解。《釋論》曰，“真如是地體，地體是圓理，本無差別。若約地體，即無十義。且約(214)十無明，彰十種無分正行，故不見真如十種功德。由不見此功德，故正行不成，不得證真(215)如。若除此障，見功德明了通達，即成十正行。由正行故，即證真如法界。以約義故，(216)成立十地也”[193]。《釋論》曰，“凡夫性無明，是初地障”[194]。

[6 三寶義]

三寶義

三寶者，乃是萬善之端(217)原，趣真之[195]妙路，生解之神方，進德

---

190 “隣”，底本作“憐”，通假，改訂。

191 “芽”，底本作“牙”，通假，改訂。

192 “茲”，同“滋”。

193 “真如是地……立十地也”，參見《攝大乘論釋》入因果修差別勝相品“論曰，云何應知，以此義成立諸地爲十。釋曰，此問欲顯何義。若菩薩入初地，見真如即盡。……若見已盡，何故說有十地。論曰，爲對治地障十種無明故。釋曰，真如實無一二分數。若約真如體，不可立有十種差別。真如有十種功德，能生十種正行。由無明覆，故不見此功德。由不見功德，故正行不成。爲所障功德、正行有十種，故分別能障無明亦有十種。論曰，於十相所顯法界。釋曰，十相，謂十種功德及十種正行，此相皆能顯法界”(T31,221ab)。

194 “凡夫性無明是初地障”，參見《攝大乘論釋》入因果修差別勝相品“凡夫性無明，是初地障”(T31,221b)。

195 “之”，底本無，據文意補。

之妙術。悟之者高騰方外，迷之者下沈苦海。是(218)以行者所修，莫不藉此而[196]虛昇，凴[197]資而冥會。所以名寶者，良由世人良田，資益(219)出世，名之爲寶。

今解三寶，凡有四義。一曰當常三寶，二曰現常三寶，三曰應化三寶，(220)四曰名字三寶。

所以言當常三寶者，一切衆生皆有當覺[198]之體。即體自覺覺(221)他，名爲佛寶。即體有軌，名之爲法。即體有和，名之爲僧。即時未會，故稱當(222)常三寶。

現常三寶[199]者，廣修萬行，衆德積滿，金剛心謝，大明現前。自覺覺他，名之爲佛。(223)即體有軌，名之爲法。即體有和，名之爲僧。即今[200]現會，名現常三寶。

應化三寶(224)者，託生王宮，現成道樹。丈六之容，以之爲佛。十二年中所轉法輪，名爲法寶。受悟(225)之徒，以爲僧寶。隨緣應化，名應化三寶。

名字三寶者，真[201]容滅影，時無靈像，歸(226)凴形像，以爲佛寶。金[202]口息響[203]，假紙素文字，以爲法寶。時無真僧，收凡夫僧服，(227)以爲僧寶。真容雖移，不無此名，名名[204]字三寶。

然此四種三寶，推尋若爲。若從本推(228)迹，應從當常，至於名

196 “而”，底本無，據文意補。
197 “凴”，同“憑”。下文“歸凴形像”(F180,225-226) 之“凴”字亦同此。
198 “覺”，底本作“學”，通假，改訂。
199 “三寶”，底本無，據文意補。
200 “今”，底本作“金”，通假，改訂。
201 “真”，底本無，據文意補。
202 “金”，底本作“會”，誤寫，改訂。
203 “響”，底本作“嚮”，通假，改訂。
204 “名”，底本無，據文意補。

字。所以然者，由我當常，便得現常。既證現常，便能應(229)化。應滅歸真，次顯名字。若尋迹知本，從名字至當常。凡夫如今覩其形像，何(230)由而有，由應化故有。此應從何而來，有真故有應，正以現常爲本。此現常所(231)以得證，由我當常佛性。

今若歸依三寶，正應禮依己之世尊，名爲法佛。由我(232)身中法佛爲歸，歸化於我，然後證其現佛。名字、應化，僞而不可依。我之當佛，於己(233)是近，所以可依。現常之佛，他家之佛，亦不可依。我要須禮己之世尊，是以《經》言，"不當(234)禮拜諸餘世尊"[205]。

四寶幽深，豈延所達。御順師[206]訓，略題名目。

[7 **四攝義**]

四攝義[207]

(235)四攝者，夫時皇好道，遠近歸焉，大士汎慧，遐邇[208]從化。收化附己，謂之爲攝。攝義塵(236)沙，略云此四。布施、愛[209]語、利行、同事，是其名也。

運心周普，謂之爲布，惙[210]己惠物，名之爲(237)施。以施錄物，爲布施攝。愛語攝者，夫宮商清巧，妙苑華言，物情所翫，稱(238)爲愛語。翫語附己，爲愛語攝。利行攝者，檀等六度，德能被物，名之爲

---

205 "不當禮拜諸餘世尊"，參見《涅槃經》如來性品"善男子，菩薩應作如是思惟，我今此身，歸依於佛。若即此身得成佛道，既成佛已，不當恭敬禮拜供養於諸世尊。何以故。諸佛平等，等爲衆生作歸依故"(T12,410a；南本如來性品T12,650c)。

206 "師"，底本作"歸"，誤寫，改訂。

207 "四攝義"，本書所收《教理集成文獻》經明四攝 (P2183,242-258) 中有與本章的前半 (F180,235-244) 相同的部分。

208 "邇"，底本作"途"，誤寫，改訂。

209 "愛"，底本作"受"，誤寫，改訂。下同。

210 "惙"，通"輟"。

行，(239)行沾群品，字曰利行。以利行錄物，名利行攝。同事攝者，彼修禪智，我習定慧，彼(240)我共習，稱爲同事。以同錄物，名同事攝。

然菩薩大士，萬行竝修，豈有始末。且就(241)化物，辨其次第。布施有二，財之與法。財順近情，法稱高見，故財法二施，建在初門[211]。(242)談法捨財，必由言詮，故次第二明於愛語。雖有施語，若無其道，彼不歸(243)人。要內備其德，物從其化，是故第三次論利行。雖有其德，好同惡異，人之常(244)情。同即易悟，惡[212]即難化，是故第四明同事攝。

又復解言，施有二種，一內二外。(245)外者，衣瓔樂具，國城妻子，象馬七珍，是爲外施。內者，如尸毘王割肉貿鴿[213]，摩(246)訶薩◇[214]投身飼虎[215]，諸如是等，爲求菩提，是名內施攝。愛語攝者，聖人說(247)法，情順於理，皆合物機。是故《經》言，“麁言及軟語，皆歸第一義”[216]。當理之言，物情所(248)翫，名愛語攝。利行攝者，就外爲趣，大士施他，先具己德，德能被物，名之行，行能治人，(249)稱爲利行，以行錄物，名利行攝。同事攝者，如似《淨名經》云，“先以欲鉤牽，後令入佛(250)道”[217]。行於非道，通達佛道，假非通是。如此之比，名同事攝。

---

211 “初門”，底本作“門(242)初”，誤寫，改訂。

212 “惡”，疑爲“異”之誤寫。

213 “尸毘王割肉貿鴿”，參見《大智度論》卷三十五“爾時毘首羯磨天，白釋提桓因言，‘尸毘王苦行奇特，世所希有。諸智人言，是人不久當得作佛’。釋提桓因言，‘……今當試之’。帝釋自化爲鷹，毘首羯磨化作鴿，鴿投於王。王自割身肉，乃至擧身上稱，以代鴿命”(T25,314c)。

214 “◇”，疑爲“埵”。

215 “摩訶薩◇投身飼虎”，參見《金光明經》捨身品“爾時王子摩訶薩埵，還至虎所，脫身衣裳，置竹枝上，作是誓言。……即以乾竹，刺頸出血，於高山上，投身虎前”(T16,354c)。

216 “麁言及軟語皆歸第一義”，參見《涅槃經》梵行品“諸佛常軟語，爲衆故說麁，麁語及軟語，皆歸第一義”(T12,485a；南本T12,728a)。

217 “先以欲鉤牽後令入佛道”，參見《維摩經》佛道品“或現作淫女，引諸好色

[8 次解佛十義，世尊有六義]

[8.1 佛十義[218]]

次解佛十義，世尊有(251)六義。

佛是智慧，世尊是慈悲，功德既具慈悲智慧，故多擧佛世尊兩號。即有(252)四句，示是非義。有是佛非世尊，如二乘有智無慈悲故。有是世尊非佛，如地前(253)菩薩有慈悲，而真智慧未成就。有非佛非世尊，如凡夫。有是佛復是世尊，如極(254)果具慈智之德。故雙擧二號。

佛十義者，一覺勝天鼓。天鼓有四德[219]。一示怨來怨去，如(255)佛示衆生煩惱斷伏、盡不盡相。二者鼓能濟諸天，令修羅生怖畏，如佛拔濟衆(256)生，令四魔怖畏也。三者鼓能令諸天受世樂，佛能令衆生受法樂、修行樂及(257)涅槃樂。四鼓能令諸天於五欲境生貪著，生厭離心，佛能令衆生離世貪，生[220]法(258)愛心。此四義竝勝天皷也。

二者無師，智與如如無差別故。餘人他我有異，故悉有(259)師。還師自體，故無師，智即無等覺也。

三者離二無知，故名佛。即除惑智二障盡，(260)故無復無知也。

四已過眠[221]夢，故名佛。有三句。一凡夫具煩惱爲眠，未有虛妄人無(261)我之智故無夢。二者二乘始行菩薩，亦眠亦夢。未斷無明智障如眠，以無人無[222]我，惑(262)障覆心故。得人無我智如夢，以未得真故。三者佛不眠不夢，二障盡故不眠，無虛妄(263)智故不夢。欲作第四

者，先以欲鉤牽，後令入佛道”(T14,550b)。

218 “佛十義”，本節源於真諦《七事記》(圓測《解深密經疏》卷一〔Z1.34.4,304ab; SZ21,184a〕等所引)。

219 “天鼓有四德”，參見《攝大乘論釋》依慧學勝相品“譬如天鼓，無人扣擊，能隨彼衆生所欲之意，出四種聲，謂怨來、怨去、受欲、生厭。諸佛亦爾，已離分別，能起種種利益衆生事”(T31,243a)。

220 “生”，底本無，據文意補。

221 “眠”，底本作“眼”，誤寫，改訂。下同。

222 “無”，底本無，據文意補。

句者，如佛化作二乘，無明盡故不眠，示同二乘智如夢。

第五(264)譬如蓮花，性自開舒，故名佛。蓮花雖藉日，無別人工，自開舒。佛亦如是。雖藉十(265)地十度，還是自體行，不藉他緣，故自開覺也。

六者性淨無染，故名佛，以無相、無生、(266)無住、無[223]異等故。相等變異，出自橫見，後見本無，故是性淨無染義也。

七者具三(267)覺，故名佛。一假名佛，即化身，取利化[224]義。二寂滅佛，即應身，與法身相應，同無相(268)無生義也。三真實佛，即法身。具三義圓滿，故名佛也。

八者具三德，故名佛，無異(269)體故，凡夫有法身而隱，二乘有解脫而未真，竝無修得真實波若，皆未證(270)法身，故悉非佛。佛由具三義顯現，而復最極，故名爲佛。

九者具三寶[225]性，故名佛。即(271)是四覺[226]。一者應覺，即如如境，爲法寶性。二者正覺，即波若。三覺分，即道品。此二(272)覺爲佛寶性。四令覺，即令他覺悟，此覺悟不異佛意經意，即僧寶性。四義不(273)闕，故名佛。

十者能自知令他知，故名佛。自知即如如境智，此境智過二諦，故非凡夫二乘境。(274)令他知謂後智，慈悲令他能知所知不異，同一乘體即涅槃，故名佛。

具十義故，多(275)舉之也。

---

223 “無”，底本無，據文意補。

224 “化”，疑爲“他”之誤寫。

225 “寶”，底本作“實”，誤寫，改訂。

226 “四覺”，參見真諦《金光明經疏》(慧沼《金光明最勝王經疏》卷二末所引) “又《大莊嚴論》及真諦三藏，說有四覺。一應覺，即真如。二正覺，即智慧。三覺分，即菩提因。四令覺，即能詮教” (T39, 214a)。

[8.2 次世尊六義[227]]

次世尊六義者，一德勝，以修一切善已，滿足圓極，離一切惡已盡，故衆德皆(276)勝。

二者德重，即利等八世法，所不能動故[228]。

三者名聞，謂具十號等功德，滿十方世閒(277)故。

四者吉祥，有二。初身，以身遍十方，示相好，隨所樂見，作利益事故。二者心，心恒寂淨，怨、(278)親、中人，平等利益故，故名吉祥。

五者自在，即明具十自在。以壽命乃至法等自在，隨(279)意用故。如《論》後自說[229]。

六者有勝功能，自有四。一能坐[230]，々一切惡。二能破，破一切煩惱。三能(280)受，餘人傳能受下位供養，次第傳受，不堪受上位，世尊無有上，故堪受一切供養。(281)四者無分別中能善分別，中又五。一能化難化故。二者能益難決疑，能一言答，(282)決一切疑心。三者明能立教，令出離生死。四者爲勝品人天之所歸住。五者能降天(283)魔，制外道。具五義故，堪爲大師，學此五德者，名爲弟子。

具前來諸義，(284)故言世尊也。

---

227 "次世尊六義"，關於本節的內容，參見《佛地經論》卷一"薄伽梵者，謂薄伽聲依六義轉。一自在義，二熾盛義，三端嚴義，四名稱義，五吉祥義，六尊貴義"(T26,292a)。

228 "利等八世法所不能動故"，參見《攝大乘論釋》依止勝相品"細密法難通，智無著無礙，利等八世法，心常無染著"(T31,154a)，依慧學勝相品"雖生在世中，不爲世閒八法之所變異。八法，謂得、不得、好名、惡名、讚、毀、樂、苦"(T31,242a)。

229 "具十自在……論後自說"，參見《攝大乘論釋》依慧學勝相品"……復有別究竟，謂十自在。如《論》後說"(T31,241b)，智差別勝相品"論曰，由六度圓滿，於法身至得十種自在，勝能爲相故"(T31,250c)。

230 "坐"，疑爲"挫"之通假。

[9 四諦義]

四諦義

夫言諦者，實之異稱。苦從集生，滅由道剋，(285)託因從緣，盡是虛和，云何爲諦。要假二邪，得諦之名[231]。外邪存無，以喪於有，(286)內謬執有，以乖乎無。然正宗之道，名用故有，不乖空家，實義故無，不傷假性，非(287)有非無，中道之趣。二邪偏執，謬說虛無，抑中之談，審爾爲實。假形二邪，苦等(288)爲諦。

夫苦之元體，性唯心識。心從緣惱，境別略四，謂苦集滅道。苦以逼迫爲義，(289)集以聚積爲能，滅以寂怕[232]爲趣，道以通物爲致[233]。

若論其體，苦以三苦爲體，謂(290)苦苦、壞苦、行苦。苦苦者，刀杖等緣，體非是苦，說緣逼物處強，說緣爲惱。即(291)此內惱之心，由境而發，從苦生苦，故云苦苦。瓊瑤七珍，衣[234]瓔樂具，緣和成立，生人(292)妙適之歡，即此資身之具，緣離散壞[235]之時，能起人追戀之惱，從壞生苦，故云壞(293)苦。亦可身壞命終，無常逼切，即壞說苦，故云壞苦。行苦者，夫識慮涉境，以(294)之爲行，行涉竭求，名之爲苦，即行說苦。又復一解，道[236]歷緣，字之爲行。行心勞(295)慮，事即可厭，厭生[237]後惱，名之爲苦。從行生苦，故云行[238]苦。

---

231 “要假二邪得諦之名”，參見敦煌出土《成實論章》(擬題) “問曰，上章云‘苦等形邪爲諦’者，瓶瓮等法亦應形邪爲諦也。答曰，苦集等法，雖是其虛，理有不無，故得爲諦。如妄語是虛，實有妄語。又復一解，悟達苦等，能生實解，除虛妄之結。一理有不無，二遣妄惑，具此二義，故苦等雖虛，偏得諦也” (S2463,137-141)。

232 “怕”，通“泊”。

233 “苦以逼迫……通物爲致”，參見本書所收《教理集成文獻》四諦 (二) “夫苦以遍惱爲義，集以聚積爲能，滅以寂泊爲趣，道以通物爲致” (P2183,216-217)。

234 “衣”，底本作“依”，通假，改訂。參見上文“衣瓔樂具，國城妻子，象馬七珍，是爲外施” (F180,245)。

235 “壞”，底本作“懷”，通假，改訂。下同。

236 “道”，疑此字之前脫漏一字。

夫苦之生，皆由境發，境雖衆(296)多，不出有無。然“無”名雖衆，略有三稱，謂結盡、太虛、第一義無[239]。“無”非因感，苦具不(297)收[240]。常住涅槃，類同“無”也。論“有”多差，存要色、心、非色非心。三名雖異，皆從緣有。“有”從(298)集招，苦具攝也[241]。故以三苦爲苦諦體。

集諦者，夫苦不自有，必由(299)因剋，然集因雖衆，略存二種。一爲業性，二爲是煩惱。然業之爲義，造作爲用[242]。造作不(300)同，乃有萬品殊別，宗要而論，統唯三性，謂善惡無記。然五逆等業，違理損物，名(301)爲不善。即此惡業，能感苦報，爲集諦之體。凡修施戒禪定等業，順理益(302)物，謂之爲善。雖不直感苦報之體，亦招三界亡興，即(303)是生苦之緣，爲集體。無記業者，進[243]不益物，退不違情，汎爾之心，以爲無記[244]。(304)如似嬰咳小兒，未發善惡，雖復造作善惡等業，不招苦果之報，亦(305)名無記。今明集諦，但取善惡，不取無記，

---

237 “生”，底本無，據文意補。參見隋慧遠《大乘義章》四諦義“緣行生厭，厭行生惱，故名行苦”(T44,512b)。

238 “行”，底本無，據文意補。

239 “無名雖衆……第一義無”，參見本書所收《教理集成文獻》四諦 (一)“第一義諦、結盡、太虛，非業所招，都不生苦。又解，不然。……不但業感生於我苦，非業所招三無爲法，亦得生苦”(P2183,105-116)。敦煌出土《涅槃經疏》卷第一“芭蕉、漿澤，此喻明生空。七葉一喻，明法空。七者，是謂五陰、結盡、太虛，此爲七也”(P2313,709-710)。

240 “無非因感苦具不收”，參見本書所收《教理集成文獻》四諦(一)“問曰，有無之法，俱生苦者，生苦既同，皆苦具攝不。答曰，生苦雖同，‘有’爲集招，苦具中攝。‘無’非因感，苦具不收”(P2183,124-127)。

241 “有從集招苦具攝也”，參見前注240.

242 “用”，底本無，據文意補。

243 “進”，底本作“集”，誤寫，改訂。

244 “記”，底本此下有“今(304)明集◇”，衍文。“業之爲義……以爲無記”，參見敦煌出土《成實論章》(擬題) 十力“然業之爲義，以造作爲用。造作雖衆，略有三性，謂善惡無記。順理益物，名之爲善。違情損物，故名不善。進不順情，退不違意，汎爾之懷，名爲無記”(S2463,246-248)。

故以善惡二業爲集諦[245](306)體。

滅諦者，夫行發果酬，即生死彌輪[246]，修道搏因，即報窮靡績[247]，◇[248](307)苦覆集，即因果兩亡，夷解喪惑，而有爲都盡。有盡寂迫[249]，號之爲滅。然滅無(308)異状，對事略三。假實及空，三心滅處爲滅諦體[250]。

何[251]等爲假實而云"假實心"也。凡論(309)假實，異類相成，待藉得名，稱之爲假，自分相成，制爲實法。是以諸塵爲(310)色實之終，三相爲心實之末，諸大是色假之初，一念爲心靈之始。故塵相已前，色[252](311)窮隣空，心慮一豪[253]，皆自分相成，判爲實法，故名滅諦。

道諦者，(312)然得滅有方，非道不剋，故次第四論其道諦。然道之正體，體唯智慧，慧起有(313)本，藉因定發，定性有原，賴由戒起。聞思所發，作止惡爲戒[254]，煖頂凝靜，稱之爲定，見(314)道觀達，稱爲智慧。是以戒定與慧，相續通人，以之爲道。故以戒定智慧爲道諦(315)體也。

---

245 "諦"，底本此下有"諦"，衍字。

246 "生死彌輪"，參見《周易》繫辭上傳"易與天地準，故能彌綸天地之道"。道恒〈釋駁論〉(《弘明集》卷六)"雖生死彌淪，玄塗長遠，要自驅策，必階於道"(T52,36b)。

247 "績"，通"積"。

248 "◇"，疑爲"顧"。

249 "迫"，"怕"或"泊"之通假。參見上文"滅以寂怕爲趣"(F180,289)。

250 "假實及空……爲滅諦體"，參見《成實論》立假名品"論者言，滅三種心，名爲滅諦，謂假名心、法心、空心"(T32,327a)。

251 "何"，底本作"阿"，通假，改訂。

252 "色"，底本殘，據殘痕及文意補。

253 "豪"，通"毫"。

254 "戒"，底本無，據文意補。

[10 **八解脫義**] (後缺)

八解脫義

修此八觀，略有二意。一爲遮防結惑，二爲速入涅[255]槃。其防(316)惑者，謂得羅漢，深厭生死，恐惑累更起，故修此觀以防之也。其速入涅槃者，(317)行人得羅漢已，深[256]樂無爲，故修此厭有之觀，速求滅盡也。而竝以去結爲(318)情，故用解脫之言。前二淨觀爲防貪欲，第三淨觀爲防瞋[257]恚，中[258]四解脫地(319)背爲體，第八解脫捨背心識。

初曰內有色相觀外色，謂觀己身爲不淨(320)也。夫可保重者，莫過我身，故＊＊觀[259]◇。而愛習既久，不見其穢，乃借外事，死屍(321)血肉，虫狼食噉，以況己身，亦若爾也。已借外以況內，故言內有色相觀外色也。

第(322)二云內無色相觀外色。不復愛重己身，故言內無色相。而他色上[260]是致染之地，次[261](323)復觀爲不淨，故言觀外色也。

第三淨解脫。夫不淨違情也，久習此意，則瞋[262]心易(324)生。故行者修此淨觀，觀己身他身竝是淨色，或若白銀，或若流光也。此三解脫，竝(325)已觀心成就，連注不絕爲體也。

第四曰無邊虛空處解脫。行者以色爲籠樊，故(326)修此空觀。初取戶牖門向等，次[263]後漸漸開廣，謂[264]□＊＊＊□也。

---

255 “涅”，底本作“得”，誤寫，改訂。
256 “深”，底本此下有“深”，衍字。
257 “瞋”，底本作“真”，通假，改訂。
258 “中”，底本作“忠”，通假，改訂。
259 “觀”，底本殘，據殘痕及文意補。
260 “上”，疑爲“亦”之誤寫。
261 “次”，疑或爲“故”之誤寫。
262 “瞋”，底本作“真”，通假，改訂。
263 “次”，底本殘，據殘痕及文意補。
264 “謂”，底本殘，據殘痕及文意補。

第五曰無邊 (尾殘)

附 紙背文獻 (F-180V)

[1]

(1)菩薩凡夫持[265]戒，同得三勝果報。同生人天道勝。同生尊貴家姓勝。(2)同福德具足，莊嚴威德，相貌端政[266]，伎術具足無厥。皆是先身持戒完具，(3)招得三勝果報。

[2]

(4)如來具足所有秘密[267]法藏，皆是波羅蜜[268]所攝。如十地中善法著具，明初地十大願成，(5)二地十善法成，三地[269]諸禪定成，四地三十七道品成，五地四諦觀成，六地十二因緣生觀成，(6)七地八解脫成，八地無生忍成，九地四無礙解成，十地六通智惠[270]及如來秘密法(7)藏所修[271]諸法皆成。此等法竝爲六度所攝，六度亦被此等法攝。以同是無分智(8)性[272]勝類，故得相攝也。

[3]

(9)解比丘[273]有四[274]種名[275]。一名字比[276]丘，二自言比丘，三乞比

265 “持”，底本作“侍”，通假，改訂。次行“先身持戒”之“持”字亦同此。
266 “政”，通“正”。
267 “密”，底本作“蜜”，通假，改訂。下文“如來秘密”之“密”字亦同此。
268 “蜜”，底本無，據文意補。
269 “地”，底本無，據文意補。
270 “惠”，底本作“東”，誤寫，改訂。
271 “修”，疑爲“收”之通假。
272 “性”，底本作“姓”，通假，改訂。

丘，四[277]破惡比丘[278]。

(10)名字[279]比丘者，初始出家，割愛辭親，染服法門，名爲名字比丘。

自言比丘者，年滿(11)二十，三衣鉢具，三師七證，壇[280]場羯磨，名自[281]言比丘。

乞比丘者，出家之人，不得儲積◇宿，執(12)鉢持錫，袈裟鎌[282]荷。

閉目靖坐，思禪念定，斷九十八使煩惱惡，名作破惡比丘。名同，破(13)惡有異，又復破恩愛惡。云何破恩愛惡。此比丘未出家時，上有父母養育之恩，下(14)有妻兒之義。既出家已，去離鄉邦，栖宿處所，名破恩愛惡。

---

273 “丘”，底本作“兵”，誤寫，改訂。下句“自言比丘”之“丘”字亦同此。

274 “四”，底本無，據文意補。

275 “比丘有四種名”，參見《十誦律》明四波羅夷法“若比丘者，有四種。一者名字比丘，二者自言比丘，三者爲乞比丘，四者破煩惱比丘。名字比丘者，以名爲稱。自言比丘者，用白四羯磨受具足戒。……爲乞比丘者，從他乞食故。……破煩惱比丘者，諸漏結縛煩惱衆生，能受後身，生熱苦報，生死往來，相續因緣。若能知見斷如是漏，拔盡根本，如斷多羅樹頭，畢竟不生，是名破煩惱比丘”(T23,2ab)。

276 “比”，底本無，據文意補。

277 “四”，底本作“西”，誤寫，改訂。

278 “破惡比丘”，參見《五分律》波羅夷法“比丘者，乞比丘，持壞色割截衣比丘，破惡比丘，實比丘，堅固比丘，……是名比丘”(T22,4b)。

279 “字”，底本作“自”，通假，改訂。

280 “壇”，底本作“檀”，通假，改訂。

281 “自”，底本無，據文意補。

282 “鎌”，疑爲“兼”之通假。

二 《華嚴經》注釋書

《華嚴略疏》卷第一

(BD01053)

整理者 方廣錩

해제

주 : 본 寫本의 解題와 翻刻은 기본적으로 『藏外佛教文獻』 第8輯에 수록된 내용을 기반으로 하되, 본서의 범례에 의거하여 일부를 수정하였다.

佛經에 대한 주석서인 『華嚴略疏』의 작자는 미상이며, 원저의 卷數 역시 미상이다.

본 문헌은 晉譯 『華嚴經』을 주석한 것이다. 중국 역대의 大藏經에는 수록되어 있지 않고, 敦煌遺書 안에 보존되어 있으며, 현재 두 가지 寫本이 확인되었다. 첫째, BD01053號(辰053, 北80)이다. 첫부분은 缺落되었고 끝부분은 남아있으며, 尾題에 "華嚴略疏卷第一"이라고 되어 있다. 끝에는 "비구 법연이 공양하여 유통하다 比丘法淵供養流通"라는 題記가 남아있다. 본문에서는 붉은 글씨로 글자를 교정하여 고쳤다. 주석한 부분은 晉譯 『華嚴經』의 「世間淨眼品第一」(첫부분 缺落)부터 「賢首品第八」까지이다. 둘째, S.2694이다. 첫부분과 끝부분이 모두 온전하며, 首題는 「華嚴略疏卷第三」이라고 되어 있고, 尾題는 「略疏卷第三」이라고 되어 있다. 끝부분에 "淵許"라는 題記가 있으며, 晉譯 『華嚴經』의 「十地品第二十二」를 주석하였다. 이 두 寫本은 필적이 서로 같고, 내용도 서로 호응하며, 題記도 서로 관련이 있으므로 원래 동일한 註疏에 속하였으리라는 점에는 의심의 여지가 없다.

본 문헌은 주로 晉譯 『華嚴經』의 요점을 제시하고 名相을 해석하였으며, 科判을 분석하는 내용도 담고 있다. 전체적으로 볼 때, 비교적 간단명료하게 요지를 들고 있으므로 "略疏"라고 한 것으로 보인다. 다만 注疏가 정밀하고, 많은 근거를 『十地經論』에서 찾고 있으므로 地論宗 義學에 정통한 고승에 의해 찬술된 것은 확실하다.

본 문헌의 서체는 간결하고 古拙하여 南北朝 寫本에 속한다. 題記는 唐高祖 李淵의 諱를 피하지 않았다. BD01053號의 문장 안에 "盧舍那者, 周名清淨圓滿智"(115行)라는 구절이 있으므로, 이 문헌의 찬술 연대는 北周 明帝가 건국한 해인 557년에서 北周 武帝가 廢佛한 建德3년(574년) 사이일 것이다. 본 문헌의 저자에 관하여, 『新編諸宗教藏總錄』, 『東域傳燈目錄』, 『諸宗章疏錄』 등 여러 經錄에는 모두 "『華嚴略疏』 4卷, 北齊鄴下大覺寺慧光撰"이라고 기재되어 있다. 『續高僧傳』卷二十一의 「慧光傳」에도 그가 『華嚴經疏』를 찬술하였다고 기재되어 있으며, "疏其奧旨而弘演導"라고 하였다. 또 현존하는 『華嚴經』의 여러 章疏에서 古來의 여러 疏의 科判에 대하여 소개한 바를 참조하면, 오직 慧光疏의 科判만이 본 문헌과 서로 부합한다. 그래서 일찍이 일부 연구자들은 본 문헌이 慧光에 의해 찬술된 것이라고 보았다. 그러나 본 문헌은 "大覺寺沙門惠 (慧) 光述"로 서명된 일본 간몬(寛文)연간의 古抄 『花嚴經義記』卷第一 (『大正藏』 第85卷에 수록됨)과는 전혀 다른 부류이다. 게다가 慧光(467-537)은 北齊의 승려로, 연대가 약간 이르다. 그래서 어떤 학자들은 본 문헌이 北周의 저명한 地論師인 雲華寺 釋僧猛 (508-590)에 의해 찬술된 것일 수 있다고 보고 있다. 篇幅에 대하여 말하면, 본 문헌의 卷3은 「十地品」을 해석하고 있는데, 文字數가 대략 晉譯 『華嚴經』의 2분의 1에 못미친다. 따라서 본 문헌의 본래의 卷數는 아마도 6권 내외였을 것으로 보이며, 이는 4卷인 慧光의 疏와도 차이가 있다.

돈황에서 출토된 이후, S.2694는 일본 『大正藏』 第85卷에 수록되었다. 周叔迦는 1960년『現代佛學』에 BD01053號의 翻刻 및 跋文을 발표하였는데, 翻刻에서는 缺落된 문자와 원문의 오탈자에 대하여 많은 부분을 교정 보완하였고, 跋文에서는 이 문헌의 내용, 科判, 저자에 대하여 연구하였다.

『藏外佛教文獻』第8輯에 우선 卷1을 발표하고, 卷3의 정리본은 이후에 발표할 것이다.

題解

注：本寫本的題解與錄文，基本上基於《藏外佛教文獻》八輯所錄的內容，但據本書的凡例一部分改成。

《華嚴略疏》，佛經注疏。作者不詳。原著卷數不詳。

本文獻注疏《晉譯華嚴經》，未爲我國歷代大藏經所收，保存在敦煌遺書中。現知存有兩件：一、北敦01053號（辰53號，縮微膠卷號：80），首殘尾存，尾題："華嚴略疏卷第一"。尾有題記："比丘法淵供養流通"。卷中有朱筆校改字。所疏自《晉譯華嚴經》的"世閒淨眼品第一"（首殘）至"賢首品第八"。二、斯2694號，首尾俱全，首題："華嚴略疏卷第三"，尾題："略疏卷第三"。尾有題記："淵許"。疏銓《晉譯華嚴經》之"十地品第二十二"。兩件遺書筆跡相同，內容呼應，題記相關，原屬同一部注疏當無疑問。

本文獻主要提挈《晉譯華嚴》的要點，解釋名相，亦含有分析科判的內容。從總體看，較爲簡明扼要，故謂"略疏"。但註疏精要，且多依《十地經論》爲證，應爲地論宗義學高僧所撰。

本略疏書法簡古，屬南北朝寫本。題記不避唐高祖李淵之諱；北敦01053號文內又有"盧舍那者，周名清淨圓滿智"（115行）之語，故該略疏的撰寫年代應在北周明帝建國（557）起至北周武帝建德三年（574）廢佛前。關於本略疏的作者，因《新編諸宗教藏總錄》、《東域傳燈目錄》、《諸宗章疏錄》等諸經錄均載有：《華嚴略疏》，四卷，北齊鄴下大覺寺慧光撰。《續高僧傳》卷二十一《慧光傳》亦載他曾撰《華嚴經疏》，稱"疏其奥旨而弘演導"。且據現存《華嚴經》之諸章疏對古來諸疏之科判的介紹，唯有慧光疏之科判與本《略疏》相符，故曾有研究者認爲本略疏系慧光所撰。但本略疏與署名爲“大覺寺沙門惠（慧）光述”的日本寬文時代古抄《花嚴經義記》卷第一（載《大正藏》第85卷）完全不類，且慧光（467－537）是北齊僧人，年代略早。故也有研究者認爲本略疏或爲北周著名地論師雲華寺釋僧猛（508－590）所撰。就篇幅而言，本略疏卷三疏釋至“十地品”，文字約相當於《晉譯華嚴經》的二分之一弱。因此，本略疏原著卷數可能爲六卷左右，與慧光疏也有差距。

自敦煌出土後，日本《大正藏》將斯2694號收入第85卷。周叔迦於1960年在《現代佛學》上發表北敦01053號的錄文竝附跋文，於錄文中對殘缺的文字及原文的錯誤多有補正，在跋文中則對該文獻之內容、科判、作者多所研究。

《藏外佛教文獻》第八輯先發表卷一的整理本，卷三的整理本因故推遲發表。

解題

注：本写本の解題と録文は、基本的に『蔵外仏教文献』第八輯に掲載されたものに基づくが、本書の凡例に従い一部を改めた。

経典注釈書である『華厳略疏』は、撰者が不明で、元来の巻数も不詳である。

本文献は晋訳の『華厳経』を注釈しており、中国歴代の大蔵経には未収録で、敦煌遺書の中にのみ、現在のところ二写本が確認されている。一つは、BD01053号（辰053 / 北80）である。これは首欠尾存で、尾題に「華厳略疏第一」とあり、また「比丘法淵供養流通」との題記が残されている。本文には朱筆による校訂が加えられている。注釈する内容は、晋訳『華厳経』の「世間浄眼品第一」(首残) から「賢首品第八」までである。もう一つは、S.2694である。こちらは首尾ともに完備しており、首題には「華厳略疏第三」、尾題には「略疏巻第三」との文言とともに、「淵許」との題記も付されている。内容は晋訳『華厳経』の十地品第二十二を釈したものである。両写本の筆跡は同じであり、内容的にも対応が見られること、また題記にも共通点が見られることから、もともとは一書の注釈であったと見て間違いないであろう。

本文献は、主に晋訳『華厳経』の要点を挙げ、名相を解釈したものであり、科判に対する内容も含まれている。全体の釈風から判断するに、簡明にして要を得ていることから、「略疏」と称しているのであろう。ただ、重要な部分に関する注釈は、根拠の多くを『十地経論』に求めているため、地論宗の学僧による撰述であることは明らかである。

本文献の書体は素朴であり、南北朝写本に属するものと言えよう。題記では唐高祖李淵の諱を避けていないこと、文中には「盧舎那者、周名清浄円満智」(115行) との文言があることから、略疏の撰述年代は、北周明帝による建国 (557) から北周武帝の建徳三年 (574) の廃仏前と考えられる。撰述者についてであるが、『新編諸宗教蔵総録』・『東域伝灯目録』・『諸宗章疏録』等の経録には、いずれにも「『華厳略疏』四巻、北斉鄴下大覚寺慧光撰」との記載がある。『続高僧伝』第二十一の慧光伝にも、慧光が『華厳経疏』を著したとあり、その内容は「疏其奥旨、而弘演導」であったと伝えている。また、現存する『華厳経』の諸注釈に紹介する古来の諸疏の科段を参照すると、慧光疏のものとされる内容と一致するのは本文献だけである。そのため、先行研究では、本文献が慧光の撰述本に連なるものであると考えられていた。しかし、本文献と「大覚寺沙門惠 (慧) 光述」との署名のある日本の寛文年間の古写経『花厳経義記』巻第一 (T.85) とは、完全に趣を異にしている。その上、慧光は北斉の学僧であるため、時代的にもやや早い。そのため、ある研究者は、本文献が北周の著名な地論師である雲華寺僧猛による撰述だと見ている。分量から見れば、本文献の巻三は「十地品」の釈であるので、文字数は晋訳『華厳経』の二分の一弱の分量でしかない。したがって、本文献の本来の巻数は六巻前後と考えられ、四巻とされる慧光の疏とは相違することとなる。

敦煌より発見されて後、S.2694は『大正蔵』85巻に収録された。また、周叔迦は1960年に『現代仏学』において、BD01053号の翻刻と跋文を発表した。翻刻では残欠の文字や原文の誤脱に対する校訂が数多くなされており、跋文では文献の内容、科段、撰者に関する研究成果が述べられている。

なお、『蔵外仏教文献』第八輯にはまず巻一を掲載し、巻三は機会を改めて発表することとする。

參考文獻

周叔迦 [1960]〈敦煌寫本 華嚴略疏卷第一跋〉(《現代佛學》1960年第8期，北京)

古泉圓順 [1986]《「自分行」「他分行」》(《日本佛教學會年報》51號，東京)

悟緣(方廣錩) [2003]〈華嚴略疏卷第一〉(方廣錩主編《藏外佛教文獻》第八輯，宗教文化出版社，北京)

底校本

底本：BD01053號 (26紙；565行)

圖版本載《國家圖書館藏敦煌遺書》第15冊、《敦煌寶藏》第56冊

甲本：周叔迦錄文，載《現代佛學》1960年第8期

內容綱目

1 釋世閒淨眼品 (首殘，1–114)

2 釋盧舍那佛品 (115–379)

3 釋名號品 (380–423)

4 釋四諦品 (424–430)

5 釋光覺品 (430–457)

6 釋明難品 (457–478)

7 釋淨行品 (478–509)

8 釋賢首品 (509–563)

尾題 (565)

題記 (567)

錄文

[1 釋世間淨眼品]

(首殘)(1)□……□法界境□…(2)…□平等。上二直云所爲平等，“無量”已下，正明爲[1](3)□□堅固乘佛智乘爲本故也。

障有二種：初云“離煩惱(4)障[2]”；“其心清淨”者，離於智障。

煩惱障者有三：四住異心之(5)惑[3]者而浮薄如皮，礙於真用，故云皮[4]障也。二者膚障，恒沙[5](6)之惑，瞳理轉深[6]，未盡理原，故云膚[7]障也。三者骨障，無明住地，(7)大惑之本。瞳理深[8]極，故云骨障。

“諸結使山皆已[9]摧滅”者，(8)使乃塵沙，或云有十，亦可有三，皆能驅馳使人，名爲“使”(9)也。五地已還，斷害伴使，不俱生煩惱，與心爲伴也。六地、七(10)地斷於粗[10]使，是即心之惑俱生煩惱也。八地已上，斷於細(11)使，俱生煩惱上品也。若依毗曇中，就三界四諦，明九十八(12)使[11]。欲界見諦[12]，有三十二：苦諦下有十使，集諦有七，滅諦

---

1 “爲”，底本殘，據甲本補。
2 “障”，底本殘，據甲本補。
3 “惑”，底本殘，據字形擬補。
4 “皮”，底本殘，據甲本補。
5 “恒沙”，底本殘，據甲本補。
6 “深”，甲本作“染”。
7 “膚”，底本無，據甲本補。
8 “深”，甲本作“染”。
9 “已”，底本作“以”，據《華嚴經》卷一改。
10 “粗”，底本作“贏”，據甲本改。
11 “使”，底本無，據甲本補。
12 “諦”，底本作“帝”，據甲本改。下同，不一一出注。

下(13)有[13]七，道諦下有八。修道中有四使，合有三十六使。色界見(14)諦下有二十八[14]，苦諦下有九，集諦下有六，滅諦下有六，道(15)諦下有七。修道中有三，合有三十一使。無色界見諦下有(16)二十八[15]，苦諦下有九，集諦下有六，滅諦下有六，道諦下有七。(17)修道中有三，合有三十一使。總三界五行爲九十八使也。見苦(18)斷二十八，見集斷十九，見滅斷十九，見道斷二十二。

若廣辯其(19)解惑位之高下，但諸大乘經，群籍無量；對機布教，根教(20)千徒，階位萬品，難可備盡耳。

“覩佛姿顔”已下，總釋上三覩(21)應[16]佛也。

“所以者何”者[17]，所以有此三種得益者何？由如來大悲，(22)曠劫善攝衆生，稟化來久。故能平等行成，應物無方，斷(23)障遣使，入佛願海，如《涅槃經》。何以故？如來恩重。三千雖多，(24)恩重難報，義無異也。

“各隨本行，皆得出要”者，要有五種：(25)一入住位，出外凡之要；二入初地，出我見之要；三入六地，出有(26)相之要；四入八地，出無相之要；五入佛地位，出生滅之要。“要”者，(27)其[18]也。要其遠近，悉由如來惠光明故。若欲横剋，要乃千徒(28)耳。

“乘解脫力入如來海”者，有二義：一由具前三德，名乘解脫(29)力；二者據衆要爲言，乘無垢解力入如來智海。故云“於佛法(30)門，悉得自在”也。

---

13 “有”，底本殘，據甲本補。
14 “二十八”，底本作“十九”，據甲本及文意改。
15 “二十八”，底本作“十九”，據甲本及文意改。
16 “應”，底本殘，據甲本補。
17 “者”，甲本漏。
18 “其”，甲本錄改作“期”。

列名嘆德既在於上，從“善海摩醯首羅天”(31)已下，訖“海惠”，第二明獻供也。中有二種意：一料簡有供、無供之(32)別；二料簡偈中嘆佛數有增減。

初明有供、無供之別者，自下一十(33)八衆，皆有所賫，隱而不列；餘有二十衆者，明獻供也。而供有二(34)種，所謂財、法。財有內、外，法有理、教。此十大天王皆就所得(35)法門說偈嘆佛。即用嘆佛顯理，利益衆生，稱悅聖意，故稱(36)“供”也。如食怡悅神性，保安器度故也。

第二明偈中嘆佛數有(37)增減者，自下與偈誦前所得法門，明義對機，廣略有別。(38)初首羅二十行，果實十九偈，遍淨二十二，光音二十偈，大梵十六行，(39)自在二十偈，化樂二十二，兜率十六偈，夜摩十六行，帝釋二十偈，日(40)天二十二，月天十六偈，持國二十行，鳩槃二十偈，博叉二十行，毗沙十六(41)偈，力士二十行，普賢二十偈，海惠十九行，諸王不說偈。偈既多少不(42)同，頌上法門亦有廣略。或一偈頌上一法門，或有二偈頌上一(43)法門，或有三偈頌上一法門。雖初一王說偈，皆通頌諸王法(44)門義也。

獻法供者，非直以偈爲是，上長行十法門中，各皆解(45)佛功德，證佛所證，乘佛所乘，其德與普賢不異。今但云各嘆(46)所得法門者，欲彰法門無邊，證人無限，是故各互舉一相，豈(47)無總持三世平等解也。

如總嘆中以具總顯：“首羅天於法界(48)虛空寂靜方便光明法門而得自在”。“法界”者，一切萬法色(49)心無作，善惡無記，若有若無，一切所爲智知，皆爲法界也。“虛(50)空寂靜”者，實智也；“方便光明”者，方便行也。於空有中生，智用(51)自在，名“法門”也。“法門”者，宜以總容別，以總爲門。今此唯以教(52)能詮理，理能通解，解能通人，故爲門也。自下諸門皆爾。

人法雖(53)衆，觀獻法供，竝以嘆佛應實二身及以往因三輪益物爲(54)宗。所以而名嘆佛爲獻者，食以[19]怡悅人情，保安器度(55)爲義。此感恩重，嘆佛古今因果理趣，遠悅聖心，保安(56)法身器量，復令衆生得見聞之益，即是供也。前嘆(57)衆德[20]時，從人向天；此嘆佛德，從天向人。此中亦應有財供，(58)經家略故不顯。准下諸會，皆具財法，或欲倚互彰名(59)耳。

就中十九番[21]說偈：初首羅、果實、光音、毗沙，此四皆初(60)嘆法身，後二嘆因也。其餘遍淨、化樂一十五天等，或(61)顯因在先，果在於後；或在初偈中三、四乃至七、八前顯(62)其因行，後還嘆果也。首羅中初十八行嘆果，後二行嘆(63)往因。初十八行中，前二行嘆法身，次十六行嘆應身。形教(64)及淨土，有所除得。

自下力士、普賢，雖疏中處分，依經二(65)偈頌[22]，上一章門，與上諸王無異也。力士得示現如來無量(66)色像法門。外護內，毗偈有二十行。初有六行，嘆佛身業；次(67)有七行，嘆口業；次有七行，衆生見聞形教之益，興供養(68)也。普賢是此會稟說之主，成就十二種不可思議法(69)門。初二爲總，前句外化，後句自行。下十法門，釋前二義。(70)“所謂出生”，初對一句，釋初外化也；“詣諸佛所”，釋前能入自(71)行也。“菩薩諸地”已下第二對，初句自行，示現已下釋外(72)化也。“持諸佛土”已下第三對，初句釋自行，“一切衆中”已下(73)釋外化。“於一念中”已下第四對，初句自行；“分別”者，外化也。(74)“其身”已下第五對，初句自行；“一切”已下外化也。是十法門，皆(75)具三業自利之物。五中，初具、不具相對，次因、果相對，三境、(76)智相對，四一

---

19 “以”，底本作“已”，據甲本改。

20 “德”，底本作“得”，據文意改。甲本將此處“衆得”，錄爲“衆生得”。

21 “番”，底本作“幡”，據甲本改。以下不一一出校記。

22 “頌”，底本作“訟”，據甲本改。

念以下劫與諸根依正相對，五身、智相對也。(77)普賢偈有二十行，初一行嘆佛依正，次半行嘆僧寶充滿，次(78)半行嘆法寶利物不思議，次九行重嘆佛寶，次三行重(79)嘆法寶，次二行重嘆僧寶，最後四行結佛、法二寶，略不(80)結僧寶。

就海惠中有二：初長行，二說偈。長行中有三：(81)初列佛坐莊嚴具，二列座[23]中大衆，三明獻供。第二座中有(82)三句：一者總列大衆，二從"其名曰"已下別列十名，三從"如是"(83)已下還總結。"設諸供養"已下，第三獻供也。供有二種，初明(84)財供不可稱結；"彼菩薩"已下九句，即是第二獻法供，亦(85)明列得道之衆，亦名嘆德。皆嘆自分三業行願，自利之德。(86)略不顯利他也。故第九句云，是名"供養諸佛"也。嘆德九句(87)中有三分德：一始分德，二住分德，三滿分德。"清淨"者，自分(88)德；"於佛"者，他分德；"悉入"者，教益也。此三爲始。"又得"已下，(89)住分功德。"又得不可思議照明法門"，自分功德；"正住"已下，(90)共分功德。"三世智地"已下，滿分功德。"具足"已下，滿分中初(91)句；"無量功德"已下，滿中第二句；"常行"已下滿中第三句。(92)"悉已具足"已下，總結前九句也。"大力法愛[24]"者，八地已上(93)無功用行成，無相之愛，愛而不著也。常行法界，照萬有也。(94)"畢竟空性"者，照空也。空有解滿，故云具足也。

偈有(95)十九行，直作嘆佛三業，平等益物。初一行，嘆意業平等[25]，(96)次十二行，嘆身業平等，後六行，嘆口業平等。皆以利(97)物爲宗，即明三輪也。上來至此，同聞二義，成上生下。(98)既在於上，即是證信序竟。

動地已下，第二明發起(99)序也，亦名如來序，亦名經前序。經前

23 "座"，底本作"坐"，據文意改。下同。
24 "愛"，底本作"愛法"，據《華嚴經》原文刪。
25 "等"，底本無，據甲本補。

何以而來？ 可有(100)二意：一有機病，二由大慈。雖有機病，如來無慈，則不動(101)地；諸王大衆則不興其念請，大衆不集。何得顯其果因(102)行之義也。以佛慈悲，神力動地；惛動衆情，故有念請，衆(103)集酬答。廣顯果因行利物也。

就中有三：一總列動數，(104)二列數相，三列獻供。總中復有其三：初顯能動，二"蓮華"已(105)下列所動，三"六種"已下總列動數也。"所謂"已下別列數相：(106)謂動、涌[26]、震、吼、起、覺。(107)一中有三：起、等起、等遍起，乃至於覺。一中有三，三六以爲十八。

"又令一切"已下，第三明獻供也。就(108)中有二：初明財供，二"從此世界中"已下列得道人。亦名列法(109)供也。以其證道稱聖意故，名爲獻供。財供有二：一明此方(110)供養，二"一切十方"已下列他方供養。"各隨其力"者，隨感(111)多少也。

法供養中，復有其二：初十句明此方法供，二"十方一(112)切"已下明他方法供。前此方之中，直作五對十句：初靜亂(113)相對，二忻厭相對，三怯勇相對，四證不證相對，五度未度(114)相對。此等十句，皆嘆自利行願，隱於利他也。

[2 **釋盧舍那佛品**]

(115)盧舍那佛品第二

盧舍那者，周名清淨圓滿智，(116)與釋迦一佛而異名。寄化主以彰品目，故曰盧舍那(117)佛品。又云：毗盧爲法，盧舍爲報，釋迦爲應也。

自下明(118)其正說。此品料簡有二：一望宗遠生起；二科文解義。(119)遠則有六，科文有三。六義者：一機法相對，二樂病相(120)當，三意

---

26 "涌"，底本作"勇"，據甲本改。

旨相順，四二教相成，五伏本大解，六悲心故(121)起。二科文解義者，就中有三周說法：從初已下至“名(122)號”已來，一周略明因果以勸於時；第二從“名號”已下(123)訖於“十忍”，第二周廣明因果，以勸於時。第三從“僧祇(124)品”已下訖於“離世間品”已下，明結勸修成，顯前二宗，以(125)益經時。若取法界，重顯因果，許萬舉勸流通。初番(126)中廣果而略因，第二“名號”廣因而略果，第三“心王”已下(127)因果俱廣。許是倚互彰義也。

法界重舉者，不異前(128)釋，亦可得名廣略四周說法，爲於利鈍耳。如《大涅槃》，通(129)取陳如三周，因果無異也。自有異體因果，自有自體因(130)果。然既云自體，寧有因果勝者？但體用互興，義無不攝，(131)德無不積，故因果殊致。與如佛性涅槃是自體因果，緣(132)修方便，顯真實體，爲異體因果。如金鑛[27]爐冶，穀[28]禾水(133)土，皆有同異也。然所以先果後因者，勸於行人忻果行(134)因故也。下廣明因者，勸於行人因圓則果滿也。若依品(135)初科釋，由是果未竟，“淨行”已下，始顯因門；“心王”已下，重顯(136)果門；“性起”已下，顯果正因；“法界”已下，名流通也。

就此品中(137)有三分：一從初訖“清淨[29]法輪”已來，名序分；二從“爾時普(138)賢菩薩承佛神[30]力”已下，明正說真應圓果，以不思議(139)爲宗；三從“乃往[31]過去”已下，顯證流通也，亦云顯圓果之因(140)也。

初序分之中，凡有六番長行及偈，皆是發起義也。初(141)長行及偈，明大衆念請；第二長行及偈，直明放光，意(142)在召衆；第三長行

27 “鑛”，底本作“⿰素黃”，據甲本改。

28 “穀”，底本作“槃”，據甲本改。

29 “淨”，《華嚴經》原文作“淨妙”。

30 “神”，底本作“神神”，據甲本刪。

31 “往”，《華嚴經》原文作“往久遠”。

及偈，正明集衆；第四長行及偈，放(143)眉間光，顯現普賢於十方三業示於大衆，堪[32]是此會(144)稟資之者；第五長行及偈，明奮迅菩薩領嘆如來(145)於十方界三輪益物也。第六長行及偈，明普賢入定(146)受加之義也。

若准下諸會，皆有六義：一處所，二獻供，三集(147)衆，四放光，五說偈，六入定。此中序分應有六義，與下相似(148)而文小異者，以此念請一長行及偈，故有八番經文。其八(149)者何？一上道場，即是其處也；二上顯財法，即是獻供(150)也；三者動地；四明念請；五者放光；六者集衆；七者說偈；八(151)者入定。此品通序，如《十地》無異。此道場、獻供、動地等，即(152)與盧舍一品爲通序，與下九會爲序。而九會之中，復別(153)有序、正、流通。如論釋初地八分，前六爲序；近與初地爲(154)序，遠通九地爲序。而九地之中，復別爲序、正、流通也。“名號(155)品”中，文不具六者，處等不異於此也；“不思議”已下，不具(156)六者，顯前略後也。

然此之念請，由上動地、獻供而起。起之(157)所以，備如前釋。就中有三：一從初已下，明其念請；二“唯願”(158)已下，請決之辭；三音中說十八行偈，嘆佛功德。

就前念(159)請之中，問有三十二句。大問有四：初之九句，問真極圓果；次(160)九句，問應化法身；次十一句，問應化所被；後三句，問因行也。

(161)初問“佛地”者，總問佛果一切功德安立如地也。亦可廣生物(162)善如佛地。妙法唯佛所知，故云“境界”也。大陀羅尼之極，故(163)云“持”。順益理周爲“行”。“無畏”、“三昧”、“自在”已下，爲佛勝等也。“示(164)現菩提”已下，應道八相也。六根者，應身也。“光明音聲”(165)者，聲光益物也。諸“佛智海”已下，就應化所及爲問也。“佛(166)智海”

---

32 “堪”，底本作“勘”，據甲本改。下同，不出校記。

者，舉智以明所知也。“世界”者，衆生所依也。“衆生海”(167)者，語等正報也。“法界方便海”者，巧化之極也。“佛海”者，舉(168)主以明所化也。“波羅蜜海”者，化周彼岸也。“法門海”者，軌(169)誥無方，皆爲通化，故名法門。現八相等爲“化身海”，亦(170)可魔衾魔身也。“名號”、“壽量”海者，如此名號品、壽命(171)品說，真果圓妙，衆聖所歸，故先問焉。

有真必有應，(172)故次問應。有應必有所化，故次問化之所及也。此果(173)真應，必有其因，故次問行也。因雖無量，略問於二。言“一切(174)菩薩所修[33]海”者，據滿足因也；“發大乘心”者，據初心也。初(175)心是難，故別問焉。亦以圓果由於因備，因備由於初心，(176)故問然也。

下答中，先答真中九句，十世界海已下答應(177)九句，即竝答所被十句也。“最後乃往”已下，答因三句也。然(178)則一部之始終皆答上疑。但後雖有諸菩薩重問，大旨(179)多同於此。是以訖經，多是答前後問也。雖處異衆殊，而(180)見聞是同；共爲一部，故得通答。亦可爲於利根一周答。上(181)根領解，中下之流由自未悟，是故諸菩薩等更須重問。(182)問辭無別，答亦如前。如似涅槃，再周明常，亦復無妨。總別問答，(183)竝通任情也。所以供養具中復說偈問者，明上諸菩薩疑(184)問情慇，故能感瑞。令供具之中，出自然音而請也。亦以疑(185)念之問，唯可如來玄鑒；自餘諸衆，何容得知。故令供具表(186)上疑問，普令大衆渴仰聖答也。

偈有十八行。前六偈嘆(187)請，後十二行頌前大衆疑念之事。偈中亦問三十二事，但與長(188)行疑問中前後廣略，名句小異，宗無二也。

從“即於面門”已(189)下，八中第五。長行及偈，放光召集他方衆也。中有二分：初(190)明放光召衆；二從“佛神力”已下，說偈嘆佛。

---

[33] “修”，《華嚴經》原文作“修行”。

初中四句：一云(191)知初心；二光出所從；三列光之數相，有十種也。四列他方(192)見此面門及齒間者，明教有總別也。所以面門及齒間[34]者，表(193)明多以言教爲佛事也。如來佛事者，多以面門放光；《涅槃》(194)口光者，止章斷句也。

偈有十九行，中有二義：初十偈明讚(195)佛德，後九偈勸勅聽也。

從"爾時蓮華藏世界"已下，第六(196)長行及偈，明他方衆集也。前直放光，遍照十方；此明因光(197)新衆集也。就中有二：初長行列十方新衆因光來集；二光(198)中說二十偈嘆德。

初衆集中有二：初明別列十方衆集；二"各(199)有十億"已下，總結衆集也，亦名嘆德也。就一方中有八句：(200)一列世界海名，二列佛刹名，三顯佛號，四列菩薩，五爲佛光(201)開覺，六明菩薩眷屬，七明獻供，八隨方就坐。十方皆爾(202)也。

就第二結嘆之中復有二：一從"如是"已下總結嘆衆集，(203)竝列財法供養眷屬等；二明佛益物之方，"九種教化"已下(204)是也。初化功之中總結上別：先列塵數世界海，次列菩薩，次列(205)妙雲，次列淨光，次列菩提，次列其道，次列衆生。此之八句，(206)皆云塵數也。即是嘆德不可思議事。

取九種法門教化(207)者，始從凡夫，終於十地，是所化衆生也。自下有九種化宜，六(208)種對治，深淺難測[35]，且復約位爲九耳。就中大判爲三：(209)初三法門化地前，化内外凡夫也；次三法門化初地已上、七地(210)已還，三忍位人也；後三法門，化八地已上、終於十地，二忍位人(211)也。初三中，一法門在外凡之始，邪定聚人也；第二法門外凡之終，(212)不定聚人也；第三法門内凡之位，三賢菩薩，正定聚人也。次

---

34 "間"，底本無，據文意補。

35 "測"，底本作"側"，據文意改。

(213)三法門者，初一法門位在三地已還，信忍行人也；第二法門(214)位在六地已還，順忍行人也；第三法門位在七地，無生忍下(215)品也。後三法門者，初一位在八地，第二位在九地，第三位在十地(216)也。教門對機，理自萬差，寧可復顯，且寄大況，約之爲九可(217)以。是以具收也。

上云九種，是化儀方軌。自下六種對治，是第(218)二受化者蒙利也。初功德能對治外凡衆生也。第二功德(219)能對治內凡夫人也。此之二句，總九句中初三化門，地前內(220)外凡夫爲二也。第三功能[36]者對治六地已還，爲聲聞也。第(221)四功能對治七地，爲緣覺也。此二功能收前三忍菩薩，約(222)之爲二也。第五功能者對治八地、九地無生忍中上也。第六(223)功能者對治十地大寂忍下品也。與佛同照，故云盧(224)舍那佛願性海中也。此二收上後三化門，以爲二也。

若以(225)實三乘者，迴心在於初住，解時種種對治，釋異於前。初(226)治在外凡，第二在內凡，第三、第四竝在內凡。此對治竝在(227)十住位中，亦可配在住行向也。第五對治在初地已上，終(228)於七地。第六對治八地已上，終於十地。作此解時，無機[37]不收，(229)無藥不授，何妨迴小在於三堅也。若依此解，前釋初略而(230)後廣也：前作二對治爲略，地上分四爲廣也。今解，地前作(231)四對治名前廣，地上作二名後略也。雖復六句廣略不(232)同，以解惑往判，大宗有二：以下下之智，斷上上之惑；以上上之智，(233)除下下之惑。若論其起，始微終著，善惡具有。論其斷也，(234)始粗終細，亦通善惡耳。且據始終起盡而辯，中間對治(235)縛脫，不可具論。縛解之義，略顯於上也。

第二光中說(236)偈，偈有二十行。中有二義：初有一十二偈，明功行滿足；次有八(237)行，明神力普遍微塵毛孔中也。

---

36 “能”，疑爲“德”之誤。下同，不出校記。
37 “機”，底本作“譏”，據甲本改。

從“爾時[38]世尊欲令一切菩(238)薩大衆”已下，即是序中第七顯現普賢身相，堪爲此(239)會稟說之人也。依下諸會，即是序中第七，說偈嘆佛也。(240)中間雖有二菩薩說三長行，及上處偈也。最後四天(241)下一長行者，結衆集也。

初中有二：一長行，二說偈。長行中(242)有五句：一明所爲；二明放光，即是光之體相；三光所及(243)處；四現一大蓮華；五現一大菩薩。若依此品，上已有放光(244)集衆竟，此中更放眉間光者，欲加示普賢，顯中道義(245)也。顯現普賢收光足下者，表明至極之道，可傳於下也。(246)第二說偈嘆佛，偈有六行，皆嘆如來二身，於十方界中現(247)不思議益物也。

從“爾時師子炎光奮迅音”已下，明說(248)偈嘆佛也，亦云領於十方三業益物也。依下諸會，即是(249)偈讚之中第二番說偈也。偈有十七行：前三，五言；後十四，七(250)言也。五七雖殊，竝嘆如來十方界說普賢行三業利物耳。

(251)從“爾時普賢於如來前坐蓮華藏師子坐”已下，第八普(252)賢入定也。就中有二：初長行，後二十行偈頌。

長行有二：一明入(253)定，入三昧分是也；二釋入定，即加分是也。

初入定中有二：(254)一入定竝列三昧名如來淨藏；二列三昧照境，乃至一切佛(255)刹亦同於此。

就加分中有三：初加之相。“所謂[39]”已下加之所爲；“與[40]……智”(256)已下正三業加；“普賢菩薩入此三昧”已下，顯十如來示現三(257)業，此將加相也。二，“所謂”已下有十句，明加之所爲，亦名入定所(258)爲也。第三“與……智”已下，正明加分也。就前加相之中，內外因緣，

38 “時”，底本無，據《華嚴經》經文補。
39 “謂”，底本無，據甲本補。
40 “與”，底本無，據甲本補。

有(259)二子句：初云三業加相“盧舍本願”第一句，通前三業皆是外(260)緣句也。又“汝”已下第二句，內因也。內外因緣有二句也。若不取(261)三業時，但有內外二句也。就加所爲中有十句：前四句外(262)化，次四句自行，後兩句通化方軌。就正加之中應有三業，略(263)無初口業也。第二意加之中有十一句：前五句加世智，次二(264)句加第一義諦智，後四加化衆生智也。“摩頂”已下第三身(265)加也。

第二偈頌中有二十行：初十一偈嘆普賢三業遍一切處(266)益物；後九偈請說法也。

如是四天已下第三結上也。

(267)從“爾時普賢”以下，是大段第二正說文也，亦是品中第二，(268)二正說。有二種釋。一者直作六分：第一舉十智明圓極妙果，(269)以不思議爲宗；第二應用處所，寄應以顯真也；三名號(270)無邊；四明說法無邊[41]；五光覺土田，衆生無邊；六明住復顯理。(271)此竝是果道也。

復有[42]一解，猶是正宗之說。一往有二：一者五(272)句領問辭，二者答上問也。五句者：一領依報，二領正報，三依(273)正合領，四領根性。此四是領上十句所被及因中三也。五云“(274)三世諸佛”者，領上二九十八句真應問。告言已，答問也。就(275)中有二：一明十智，略顯真果。即遠答上問真中九句，亦云舉□[43](276)顯用也。二就十世界海已下，廣明應用處所，寄土以顯應(277)也。應用義邊，即答上應中九句及所被十句處所也。

(278)“乃往”已下，答因中三句。“十世界海”者，寄土顯應，寄應顯真，(279)亦云舉用顯體也。就答初真中有七：一明照境十智，以表真(280)身也；第二出定；三明列得道人；四列地動；五列獻供；六如來(281)毛

---

41 “邊”，底本無，據文意補。

42 “復有”，底本作“有復”，據文意改。

43 “□”，底本此處不通，疑脫“體”字。

頭光明說偈十四行，竝嘆三業遍一切處；七普賢說二十行(282)偈重顯前旨。依下論釋：上云序分，入定爲三昧分，三業爲(283)加分。“普告菩薩大衆”已下即是本分。前定後偈中已(284)有請分。初明真中有十句智，皆從境爲名。成敗是境；智(285)是真解；假言相相對，豈有境智也。寄言以顯無言，寄(286)對以彰無對。十句消文如疏。如是皆不可思議者，非下情(287)所測[44]，故云“承佛神力”；舉十智可以知萬，故云具足演說。亦得云(288)道具足，在下十世界海顯。依下諸會，皆初嘆人法。此始舉(289)真智者，標果行因也，即是顯真耳。

從彼三昧起者，上已(290)出定告衆，嘆說十智竟。此云始起者，以真智理深，重入故(291)出也，亦可經說之前後也。

“時彼”已下，第三列得道之人。(292)中有二：初總別三昧海，列此方得道人；“一切世界”已下列(293)他方得道人。如來毛頭說十四偈者，嘆普賢三業無[45]邊(294)十方益物也。文言“本願底”者，如盧舍那本所願時，三(295)聚大戒盡虛空遍法界，故云願底。普賢身相猶如(296)虛空遍法界，故云願底。“普賢身相，猶如虛空”者，等(297)法性也。“依於如如，不依佛國”者，上如理如，下如[46]智如，言智會理(298)如，智體亦如。明法身依於真如之智，智是妙本也。“不依佛(299)國”，國是化跡也。“依於如如”者，嘆真身也。“現身無量”者，嘆應(300)身也。真身二種：一依虛空，二依真如也。普賢偈應在前，(301)但諸佛偈隔，故在後。

第七普賢說偈二十[47]行，重顯前旨：(302)初十行嘆如來三業益物，後十行普賢自嘆三業利(303)物，除損得益也。

從“世界海有十種事”訖品末[48]，是答佛(304)果中第二明法身應用處

---

44 “測”，底本作“惻”，據文意改。

45 “無”，底本無，據甲本補。

46 “如”，底本無，據文意補。

47 “二十”，底本作“二十三”，據《華嚴經》經文改。

也。上宣應以顯真，此說處以(305)表應，皆階汲以明義也。今辯至足圓果而說世界海者，(306)但理藉言顯[49]，非藉應跡無以顯本，故就世界海中說應用之(307)處，以明應身有宣化之益。既明應身圓被，即亦顯真(308)極之妙，非處無以明應，非應無以表實，故須假處以通應，(309)藉應以顯真。即遠答應中九句，所被十句，因中三句，合(310)二十二句問也。亦可道乃往已下答[50]因中三句。就中有五：一舉(311)數，二列名，三解義，四釋成世界義，五七十偈已下總結十世(312)界義也。

中有生起十世界義也。說世界者，如娑婆、阿彌陀(313)等。起具者，成也；具八因緣，故起。應知感[51]佛神力故，衆生業(314)行所成也。三住者，謂依約業爲因，聖力金剛大龍等爲緣(315)也。四形者，方圓等也。五體者，謂金銀土石等。六莊嚴者，謂(316)一寶、二寶乃至無量寶也。七清淨者，謂善知識生波羅蜜(317)等也。八佛出世界者，謂現三輪壽命長短應化隨所宜等。(318)九劫者，謂佛刹住可數劫等。十壞者，緣盡三災等。此十總(319)攝，一切世界海皆同。若一一別說，則塵沙因緣，但說其八[52]。(320)論說壞者，說通始終，壞據先後，故不論也。又復始十智，初(321)云如來智、成敗智，彼以顯故不重說；亦可先後際斷，表(322)始終相盡，故不說也。中間八事，顯其依報，明法身亦於(323)中化也。自下諸偈，皆頌前長行也。起具二十行，住三十半，形十七行(324)半，體有十行，莊嚴二十行，清淨十八偈，出世二十行，劫世不顯(325)偈。依果者，果依於因，故云依果。二、人身爲正，田宅爲依，依(326)正果而有餘報，故云依果也。

---

48 "末"，底本無，據文意補。
49 "理藉言顯"，底本作"理絕言頑"，據文意改。甲本改作"理絕言辭"。
50 "答"，底本作"益"，據甲本改。
51 "感"，底本作"或"，據文意改。
52 "八"，底本作"八輪"，據甲本删。

從“爾時普賢欲分別開示”(327)已下，第四釋成世界義。就中有二：一直先告衆，顯本所(328)行；二從風輪已下，正釋成世界義。

初中有四子句：一直告(329)大衆，二總顯往時，三別顯往時，四顯時中供佛，修菩薩(330)行，成此世界也。但解一蓮華藏世界成義，一切皆爾；且寄(331)一蓮華世界海，以明盧舍那佛本修菩薩行時，終阿僧(332)祇微塵數劫之所莊嚴也。餘疏云：十種風輪者，寄表(333)因中十地行也。始云初住，終於十地。寄風輪者，表先際(334)無住行爲本也。就此成中有八義，以釋成世界海之由：第(335)一先明風輪持世界，二金剛圍山，三金剛圍山中地，四(336)地中有香水海，五明海有諸河爲眷屬，六河中閒平地，七(337)明香水上有不可思議性住。八□……□[53]。

(338)就中初不可說香水海中，取一據中者，名樂光明，廣辯(339)佛刹義。就中初十三番，顯塵數佛刹，成世界性。次有八(340)番，明世界性，成香水海。所以但就一香水辯十三佛刹者，(341)爲明一世界性中有衆多佛刹也。但解上方，則九方同(342)然。此明積性以成海，積刹以成性也。自此已下八番[54]偈，(343)皆頌前長行，竝顯成世界雜事。就中但除第五，十七偈；第(344)六，四偈。自外六番，各二十偈也。

然積刹成性，積性成海，多以(345)十爲一數。下經積十三刹至性，八性至海，此亦有有次第(346)也。以三千世界爲一佛刹。於一方積十佛刹，末爲微塵，一塵(347)一佛刹，十方皆爾。積爾所塵數，以刹爲世界性也。故下香(348)水海云：從刹至刹塵數也。乃至積性成海，皆爾。此是蓮(349)華藏世界海義也。積性成海者，數如積刹成性，十(350)方皆爾。若數三千者，從一四天下乃至千百億四天下爲(351)一三千，成一刹也。積性成海義如上。自有小刹小海，非一定也。(352)據大位解，有相成

53 “□……□”，此處底本原缺，所缺字數不詳。

54 “番”，底本作“幡”，據甲本改。

剎，性海義也，此是豎明世界。“名號”已(353)下傍明世界，餘九方亦然。是佛菩薩常轉法輪處。

(354)從說偈已下，第五重結前四義：初四十行頌上起其因緣，(355)世界海及住世界海也；次有十行頌上體及莊嚴清淨(356)三種世界海義也；次六行頌形，次二行頌上劫及壞世界(357)二海義也；次五行頌上佛出；後七偈頌上說世界也。今乃領(358)壞在前，顯說在後者，欲表先後不定。萬法皆爾，可遣(359)斷常之患也。

從“乃往……過去”已下，品中第三，明引證流(360)通。又云：果不自有，由因而尅。即遠答上問。又彰慈悲心，(361)遠益於二世，故流通文興也。何故名顯證者，廣引往普(362)賢菩薩修行時處，行成果就，故名顯也。就中有二：一明修(363)行時處；二從“彼世界過百歲已有佛出世”已下，明遇佛(364)蒙利。

初時處中有三：一列時節久近，二列世界海，三列世(365)界性名體相莊嚴。其中須彌、寶地、衆山、香水、山林、樓閣、(366)香雲及八部城中道場等，皆莊嚴世界性體也。“彼世(367)界”已下，第二見佛蒙利也，就中有二周值佛。就初中(368)有四周長行及偈。初長行及八偈明莊嚴童子過佛蒙(369)利，聲及四人；第二長行及九偈明愛見父王與聞法，勑國(370)臣民嚴辦[55]欲往；第三長行及九偈明愛見父王聞法，勑(371)臣民八部詣佛聽法；第四長行及九偈列得道五人竝如(372)來述成也。

初中有四：一總列佛出世，二別列佛名光明益物，三(373)愛見大王已下列所度之衆，四童子得益仰嘆如來也。(374)第二長行及偈中有二：一普告國人，二嚴辦[56]行具。第三長(375)行及偈中有四：一王與人天大衆往詣佛所，二列修多羅(376)名字多少，三聞法得益，四偈中勸修勸學。

---

55 “辦”，底本作“辯”，據甲本改。

56 “辦”，底本作“辨”，據甲本改。

第四長行及(377)偈中有二：一列大衆得道，二如來讚嘆述成授記。第二周見(378)佛中有二：初直見佛得三昧門，第二周聞法得三昧門。“三百(379)重”者，表三大阿僧祇劫行行也。

[3 釋名號品]

(380)名號品第三

名以定形，字以稱德，號曰影響。今從化主(381)爲名，故曰“名號品”。

“佛在”已下，有二種釋。

一家解時，果中作六分經文：一、以不思議(382)妙智爲宗；二、寄土顯應；此二如上。三、既有應身名號，是(383)故名號品興。既有人名，理須說法。故次第四“四諦品”興也。(384)教不虛設，必有所被土境衆生，故第五“光覺品”興。生解(385)有由，理須往復。故次第六“明難”興也。

又復一解：從此已下，第(386)二廣明因果，上略此廣也。與《大涅槃》純陀哀嘆，對形言方便，略(387)明果也。“心王”已下，如大衆問品已下，廣明果也。就初顯果之(388)中，始一品明身業益物；次“四諦”一品明口業益物；“光覺”一品明(389)意業也。亦名勸解三輪，理須往復顯理，故“明難”一品，往復顯(390)理，使解堅固。

初中有二：一明其序；二“承佛神力”已下，正說名(391)號。序中有六：一列住處，二嘆佛德，三嘆他方來衆德，四作(392)念問，五者召衆，六文殊受加嘆大衆，即是入定分也。如是(393)等六句，序中義也。嘆佛德十句中，前四嘆真身，後六嘆(394)應，亦可通嘆真應也。菩薩嘆德中有三章門：謂法、機、(395)對治。後三句重釋三門。疑問之中大問作四十二句：果有十(396)句，行有九句，隨喜[57]已下十句，重問果十句，爲四十二大問也。(397)子問一百二十九問：初十句問果；次九十句問行因也；隨喜爲一句；(398)不斷如來性兩句，通下能除所除八句，爲十句；下重問果有(399)十四；中間離出六情根爲六句；是則爲一百二十九句別問也。最(400)後爲總也，亦得作一百三十句問：中有料簡，在行品初也。四十二問，(401)初十句總答，餘別答也。即以“神力”已下，第五集新衆也。(402)中有三：一懸[58]知物念，二現神力，三列衆集。衆集中一方有八(403)句：一列方所，二列近遠，三列世界名，四列佛號，五列菩(404)薩，六列眷屬，七供養供敬，八各坐已方。從“文殊師利”(405)已下，第六文殊受加也。

從“諸佛子”已下，品中第二正(406)說也。就中有二：一總答上問，先領上問，辭九句，果通領(407)恩也。二“何以故”已下釋土及化主不同故，是以“名號”、“說法”、(408)“光覺”乃至萬行皆不同也。中有三何以故：初一釋十方(409)不同，二釋三千，三釋四天下。中有五番：初一四天下作本，(410)二善護十方者是三千世界，三密訓十方者是世界(411)性也，四無量十大數者是十蓮華藏世界海也，五總結也。(412)就第三世界性中：東[59]方密訓，南方最勇，西方離垢，北(413)方真實境界，東北方呵尼，東南方饒益，西南方尠少，西北(414)方知足，下方無求，上方(415)解脫音，亦名離揣食。第四世界海中直東方有十：一無量，(416)二不可數，三不思議，四不可稱，五無等，六無邊，七無分齊，(417)八不可說，九如虛空，十等法界。東方既爾，餘九亦然。皆是(418)盧舍那佛所化衆生處，亦是蓮華藏世界一佛土也。此(419)則答前問果，果中九句佛剎等也。上盧舍那品中竪解世(420)界就成時，語傍義不顯。此中傍解世界說時，竪語不顯。上下(421)二處，皆解蓮華藏世界起具因緣，爲倚互

57 “喜”，底本作“意”，據甲本改。
58 “懸”，底本作“玄”，據文意改。
59 “東”，底本作“一東”，據甲本刪。

彰名生解(422)故也。第五總結也。其中雖就四天下十方密訓十大數而(423)積刹成性，積性成海，彼言猶狹六說而已耳。

[4 釋四諦品]

(424)四諦品第四

有作、無作，有爲二、無爲二，四也。教行及理(425)得云身，次口，嚫意業也。五門境智之別，竝有所以耳。

此(426)品答上五句外，示佛所說法，示佛刹體二句也。就中唯有三(427)周：一三千，二密訓十方，三如虛空等法界。盡大數，略不顯(428)四天下也。與上“名號品”相似，三周廣略說法，皆云隨(429)機[60]而說，不可盡也。然苦集二諦，性相是染；滅道二諦，性(430)相是淨也。

[5 釋光覺品]

光覺品

此品來意，上明身口示現，此明(431)意業也。又來上二玄談，未若即事。自此已下十周放光，因(432)光睹相，示現三輪，竝佛號、刹土，說法嘆佛，根器衆生。此(433)則所化根器衆生覺悟開現也。“名號”是教生，“四諦”是法藥，(434)此是根器。猶明果義未盡，亦可答上佛刹等十句中外(435)化功德勢力，示隨佛刹起，示成正覺三句也。相輪光者，表(436)從下向上。上眉間放光，表上可傳下，亦可慈心接下也。光天[61](437)十周，感故十也。一四天上，即見二十八天地方及等法界四天，(438)四天上皆爾。十周者：一娑婆根本坐也。十百千，萬百萬，億十(439)億百億，此十周放光也。外猶有一億那由他，十億那由他，(440)百億那由

60 “機”，底本作“譏”，據甲本改。
61 “天”，甲本作“無”。或爲“元”，即“圓”字之誤。

他，千億那由他，萬億那由他，十萬億那由他，百(441)萬億那由他，一千萬億[62]那由他，十千萬億[63]那由他，百千萬億那由他。第(442)三大數者：一世界性，二世界海，三世界輪，四世界圓，五世界分(443)別，六世界旋，七世界轉，八世界蓮華，九世界須彌，十世界(444)相。一無量，二不可數，三不思議，四不可稱，五無等，六無邊，七(445)無分齊，八不可說，九如虛空，十等法界。此四番大數。第一(446)大數中，依前初大數法數耳。初一周長行中有四句：一列(447)東方一切世界，二明以此類彼，三彼同於此，四列一菩薩(448)佛世界及佛號，即是第四句中分作三句也。下之九周(449)所列，乃可寬狹[64]不同。其中塵數世界，各各所列，與此不(450)異也。

十周長行及偈相似。偈如有異，此十周說偈皆嘆(451)佛功德爲宗旨也。前五周各十偈。第六，十七偈。後四周各(452)二十偈。十周中：初一明文殊勸解，亡相莫作，存執而知；二明如(453)來患盡德備，勸衆識知；三如來知萬法如幻而俯應六(454)道；四用而常寂；五勸修勸學；六著相者不見佛，忘[65]相者見(455)佛；七嘆佛法無爲，勸衆識知；八法身方便，巧會有無；九大(456)慈覆普，拔衆生苦；十平等大惠，而應接群有，無來去相。(457)行者應知。

[6 釋明難品]

明難品第六

上雖明理解，解未堅固。(458)要假往復，故此品興。就中有十周長行及偈：前三就衆生(459)業報，後七寄化主爲言；最後長行總結前二。

---

62 “億”，底本無，據甲本補。
63 “億”，底本無，據文意補。
64 “狹”，底本作“俠”，據文意改。
65 “忘”，底本作“望”，據甲本改。

初一嘆心(460)外有神，非能造萬物？ 答以緣假相續，無性體空，雙(461)破斷常。二問若無衆生，不應有十隨教化？ 答以相續(462)故有，無體故空。三問四大造善惡苦樂？ 答以思造業，(463)無性故空，實法不定，空無造也。四問會空理一，不應(464)用衆[66]？ 答以根不同別，故有衆也。五問真因是一，不(465)應施者報別？答以用心不等，故別也。六問教行觀別，(466)不應須二？答以教行相藉，故須二也。七問若聞法斷惑(467)者，何故聞而不斷？答以依教勤修乃斷。八問嘆智爲(468)勝，不應須九及五四等也？答以對相置故須。

十行偈(469)中，分作五分：初一行勑聽，次一行不見一佛不藉多行成(470)者，次一行衆根不同，次三行對患故須，次四行功用相成，(471)故須九也。問：若唯一乘，不假諸法？答：以器故，次須第九。(472)九[67]問中初二行顯一佛唯一道，下八行去衆根不同，故不一(473)也。十問佛境界，有十一句：初云境界、二國、三所入、四所度、五(474)隨順智、六隨順法、七分別智、八問識佛境界、九問分別知(475)佛境界、十問照用、十一問境界。廣前之十句皆境界，略而不(476)著。初偈答第一佛境界義，第十一亦通去也。下之九句，次(477)第而答，文無隔越。最後即是第三長行，總結前二。衆生(478)化主果分訖。

[7 釋淨行品]

淨行品第七

此品猶屬人中第二會，(479)說六品中前是方便，此二是行成也。此品來意者，有三：(480)一遠答上問，二明尅果之因，三教行相資。答問因果，可以(481)意得釋。第三教行相資者，上化主法門，光照世界、根

---

66 “用”，底本作“應用”，甲本作“用應”，據文義刪。

67 “九”，底本誤加刪節號。

器、衆(482)生，竝往復顯理生解，依興淨行及身口業，故此品與焉。然(483)上放相輪光明，爲此一段衆生開覺始行，似爲外凡邪定(484)及不定聚人也。或於想信之耳。足下放光明，爲於下著(485)凡夫人也；下昇天品放足指光明，表漸進位，上昇義也。(486)此品始生善根，遠諮佛果。

義復有三：一明相資：以相無相、(487)漏無漏、乃至凡之與聖，皆是相資相發。故經云，一念之(488)善，直向菩提，不受世報；故經云，一念之善，受一切常佛之(489)果，不受生滅之果也。二明階級次第者：五忍、十四忍、三賢、十(490)聖是也。三明順而通，莫問凡聖願行，自利利他，一切萬善，竝通(491)順極，故名順通也。而一人善惡等分者，先受善報，惡理在後，(492)故以真金、牒花、曰霜等喻，是其事也。

然就此中長行及(493)偈觀起，始終一轍，亦從凡至聖，立行一周也。就中有三：一(494)問，二答，三經。長行問中有十一句問，一一問中皆含多問無(495)量行相。十一句中，始九句問三業，得一切勝妙功德；二次九句，淨(496)生報勝也；三次九句，問生報上惠勝；四次八句，問發惠之緣；五(497)次十句，問惠之所除；六次十句，七覺三空問，能體也；七次十(498)句，問六度四攝，能除行相；八次十句，十力者，明能除功用，亦(499)名得果也；九次十句，問八部恭敬；十次九句，問菩薩蔭護(500)釋上恭敬；最後第十一有七句，問導首陰護之德□□。善不(501)妄[68]發，起必照樂；惡不虛起，生必感苦。因果相當，故曰是(502)處。若由罪剋慶，因善照總[69]，因果理差，名非是處也；生因(503)辨報，故云處也。力義可知。解所達到爲至，亦可因至於果(504)處也。通物爲道，前至因處，此至果處爲異也。答中有二：初(505)長行十句略，後偈廣顯。長行中初句因，後句果。第二尊導(506)者，除佛爲第二也；

---

68 “妄”，底本作“忘”，據甲本改。

69 “總”，甲本改作“禍”。

亦可除四依已外爲第二也。

偈中有一百四十(507)行：前一十一行顯在家菩薩行願；下一百二十九行是出家菩(508)薩行願；亦可名世閒也。此之一位，皆據始行爲言；故從足下(509)光明，表始行之人也。

[8 釋賢首品]

賢首品第八

賢首者，以行人目(510)品，故云“賢首品”也。經記云：賢首刹來，故云賢首也。上“淨行(511)品”似如蹹行法相而會遍學。亦有二行，利他行少，自利(512)行偏彰。此中次第觀行，解心成就，遍會法相，利他行(513)多，自利行少。菩薩以他業爲己業，亦是倚互彰名(514)也。如“聖行品”初修戒定惠，初自利，後利他。初淺後深，(515)始末一周，佛事滿足。梵行十功德亦爾。初微終著，初自利，(516)後利他。論心三業，竝屬一衆生也。觀此經意，似是初行，(517)如“聖行品”初發心，憑三寶亦如

《瓔珞》、《仁王》，始從發心，終(518)於灌頂之無異也。而此應在“淨行品”論。賢首，辯者。以此二(519)品，竝有菩薩始終行成也，亦可倚互而說。

有解：(520)菩薩不同二乘凡夫，迭觀興行，一發即一切萬行竝習。故(521)經云：一地攝一切地，發心畢竟，二無別。乃至量與羅漢等，(522)及量同惠先後際等，三日月、八日月、十五日月，竝普照無異(523)也。

就此品，偈有七百一十九行，分文有二：初長行及二偈，文(524)殊問[70]賢首菩薩行相義。二從“賢首答”已下，正說十三法師(525)及十四忍行相義。

70 “問”，底本無，據甲本補。

就賢首答中復分爲二：初正說三賢十(526)聖願行義，二從“無畏大士”已下，明受持流通分也。

就初[71](527)復分爲二：初有十三行，明地前三賢[72]菩薩行願。第二從“深(528)心淨信不可壞”已下，有六百七十八行，明初地已上行願義(529)也。

前中有三：初二勅聽，次五行總嘆發心功德不可說。五(530)行各別有爲也。始偈明菩薩發心堅固；二偈說之難[73](531)盡；三以少況多；四說難究竟，前就一佛，此就多佛也；五說其[74](532)少分也。次有六行，明發心因緣，內心爲因，三寶爲緣也。就[75](533)中初一總，第二所欣，第三所背，第四所除，第五所爲，第六[76](534)所得也。就第二地上之中，初十八行偈以信□……□初地[77](535)行相也，次十行明二地也。次三地、四地、五地、六地、七[78]地，各有八行[79](536)偈顯其行相。次有十六偈，明八地[80]行相。次十五偈明九(537)地行相[81]。“法身功德智慧具”已下有五百七十九行，廣總明第(538)十地行相所爲。或是外凡、內凡，而自下乃顯十地行相者，(539)欲令始學遠標勝行，以勵其懷。

又解：如“淨行品”初具顯(540)竟，此中亦始從發心終於十地，亦是始終行。就中科文自(541)行外化，或以三輪益物，實相具辯，以爲四分：初十九行□，(542)自行彌滿法界；二從“或有佛刹”已下二十四行，

---

71 “初”，底本殘，據甲本補。
72 “賢”，底本作“堅”，據甲本改。
73 “難”，底本殘，據甲本補。
74 “說其”，底本殘，據甲本補。
75 “就”，底本殘，據文意補。
76 “第六”，底本殘，據甲本補。
77 “初地”，底本殘，據甲本補。
78 “地、七”，底本殘，據甲本補。
79 “行”，底本殘，據甲本補。
80 “地”，底本作“地他”，據甲本刪。
81 “相”，底本脫，據文意補。

明外化義也；三(543)從“若欲供養”已下有三十四行，重明自行，前總此別也；四從“(544)欲安一切衆生類”已下，訖“不思議劫住”，有五百二偈，廣明(545)大士定道之力，於十方界三輪化衆生也。中復有二：初[82]□(546)三百四十四行，廣顯大士三業行願，種種教化；二從“一切諸佛皆共[83](547)說”已下，有一百五十八行，明以下況上。何況菩[84]薩無漏道力(548)寧可思量，何往不周也。

亦可以近通遠。初中有三：初八十(549)三行明以定道力，欲十方界三業利物偏成於口業；次“安(550)隱衆生勝三昧”已下，一百九十行，明以定道力就光明三業[85](551)以益物，偏成於身業；三“十方世界有緣”已下，有七十一行，(552)明以定道力，就三業自在，於十方界以益物偏成於意業。

(553)尋文三業位別，不違詮旨。亦可云：初就對治以益物，二就(554)光明以益物，三就自在以益物。三皆以定爲體，以三爲用，(555)即是體用之義也。前三周□自行外化者，亦不離於體用。(556)第二光中有三：初兩行總，次百五十七行□……□。“(557)如是等比光明門”已下三十一行，明結勸也。三從“十□□□□□□”(558)已下，七十一行，明定道之力。三業或以神變光明□…□(559)生所，或以菩薩心靜，一切善惡淨心，海中□……□(560)行總，次六十七行別，後兩行結勸也。別中自□……□(561)方中自在，次就入等中自在，“童子身”已下□……□(562)天文諸塵空有色心等中自在。以下況上。中□……□(563)無礙行也。“無畏大士”已下二十六行，明顯發流通也。(564)

---

82 “初”，底本殘，據甲本補。
83 “切諸佛皆共”，底本殘，據《華嚴經》經文補。
84 “菩”，底本殘，據甲本補。
85 “三業”，底本殘，據甲本補。

[尾題]

(565)華嚴略疏卷第一(566)

[題記]

(567)比丘法淵供養流通

《華嚴經兩卷旨歸》

(日本金澤文庫所藏本)

整理者　石井 公成

해제

『華嚴經兩卷旨歸』 2권은 가나가와현(神奈川縣)의 명찰인 쇼묘지(稱名寺)에서 기탁되어 가나자와문고(金澤文庫)가 보관하고 있는 귀중한 서적이다. 가마쿠라 시대 후기의 학승, 湛睿(1271-1326)의 애독서이기도 했던 본 문헌에 최초로 주목하였던 이는 다카미네 료슈(高峯了州)이다. 다카미네는 본 문헌에 대하여 1933년과 1939년에 간단한 보고를 하였고, 2권 모두 다카미네의 『華嚴論集』(1976년)에 수록하였다. 이후 잠시 동안 사람들의 관심에서 멀어졌지만, 일본에 남아 있는 돈황 문헌을 조사하던 이시이 코세이(石井公成)가 재조사를 하며, 본 문헌이 『화엄경』에 관한 지론종 문헌 가운데 완본의 형태로 남은 유일한 서적임이 밝혀졌다. 이시이는 『화엄사상의 연구(華嚴思想の研究)』 (1995년)에 본 문헌에 대한 해설과 번각을 게재하였다.

『화엄경양권지귀』는 유일한 판본으로 다른 판본은 존재하지 않는다. 형식은 2권 1책. 51丁. 粘葉裝. 세로 24.0센치, 가로 14.9센치. 1장당 7행. 1행당 16-25자, 평균 19-20자. 때로 行草體를 사용하지만, 주로 楷書로 쓰여져 있다. 교정의 흔적이 발견되는데, 서사 중 탈락된 부분과 오자를 정정한 대부분은 본문을 서사한 인물에 의한 것이라고 생각된다. 보존 상태는 양호하지만, 매우 드물게 벌레에 의한 파손으로 판독하기 어려운 부분이 있다. 점차 간략해져 가고, 13丁의 오른쪽 부분까지는 한문해석 순서부호와 훈독부호 등이 달려있는데 이것은 담예에 의한 것이라고 생각된다.

잘못된 서사가 매우 많아『화엄경』 및 다른 전거를 직접 살펴보지 않고서는 이해하기 어려운 부분이 적지 않다. 당대 이전의 돈황 사본에서 보이는 이체자가 상당히 발견되는데, 이것은 아마 楷書가 확립하기 전의 오래된 글자체로 쓰여진 중국 사본이 조선을 경유하여 일본에 전해졌고, 가능한 한 비슷한 글자체로 서사하는 것을 되풀이해 온 것으로 추측된다.

撰號에 기록되어 있는「三藏佛陀」(27b)에 대해서, 담예는『화엄경』을 번역한 불타발타라로 간주하지만, 본 문헌을 인용하는 신라 화엄종의 승려들은 혜광의 스승인 불타삼장으로 생각했던 것 같다. 하지만 본 문헌은 隋代의 역경을 인용하고 있으므로 이들 모두 옳지 않다.

본 문헌은『十二佛名經』과 삼계교의 예참문에서 인용하고 있는 장대한「二佛」의 명칭을 분해하는 형태로『화엄경』각 품의 의의를 설명하고,『화엄경』의 문구를 이용하여「勸信, 讀誦, 書寫, 勸修」의 실천을 설하는 특이한 형식으로 되어 있다.「입법계품」의 선지식이 42명인 것으로 보아 地婆訶羅가 다시 보충하여 번역하기 전의 경본에 의거하고 있음을 알 수 있다.『화엄경』과『십이불명경』이외에는『觀普賢行法經』『信力入印法門經』『범망경』『입능가경』『열반경』이 인용되고 있는데, 특히『신력입인법문경』과『관보현행법경』에서 장대한 인용을 하고 있다.

내용의 특징은『입능가경』의 宗通·說通설에 근거하여 通宗大乘과 通教大乘을 구별하고, 통종대승인『화엄경』을 절대시하고 있는 것이다(34b). 본 문헌의 입장은 통교인『열반경』,『법화경』에 의해 수행하는 사람은 부처가 된 후, 더욱 회심하여『화엄경』의 법문인 돈교대승의 信位에 전향하는 것이고, 전향하지 않을 경우「일천제」가 된다는 것이다(41a). 이것은 極果廻心의 문제로 후대 중국·조선·일본의 화엄종에서 논의가 된 주장의 선구적인 예로서 주목된다.

본 문헌이『십지경론』을 인용하지 않고, 심식설을 언급하지 않는 점 등으로 지론종 문헌이라고 단정하기는 어렵다. 하지만 S.613에서처럼 『화엄경』을 통종대승으로 간주하는 것은 지론종 남도파의 교판이고, 일천제를 行位안에 포함시키는 것은 P.2832B와 같은 지론종 문헌에서도 발견되며, S.6388과 동일하게 지론종의 연기 분류인 自種因果·自類因果·自體因果의 분류를 사용하고 있다(50b). 또한 본 문헌이 중국 화엄종 이상으로 지론종의 영향이 강한 신라 화엄종에서 불타삼장의 『화엄경』 해석으로서 중시되어 온 것도 주목된다. 이와 같은 이유로 본서는 法上-慧遠과는 다른 계통의 지론종 문헌이라고 판단할 수 있다.

본 문헌의 사상적 특징, 경전의 인용 부분 등은 이시이 코세이의 『화엄사상의 연구(華嚴思想の硏究)』를 참고하기 바란다.

본 문헌 이외에 다른 판본은 없기 때문에 번각에는 가나자와문고본을 이용하였다.

題解

以《華嚴經兩卷旨歸》爲題的2卷寫本是由日本神奈川縣名刹稱名寺寄托金澤文庫保管的貴重書。據傳爲鎌倉時代後期學僧湛睿之手澤本。首先注意到本寫本乃是高峯了州。高峯氏曾分別在1933年和1939年對此做過簡單的報告，均被收錄於高峯《華嚴論集》(1976年)中。此後此文獻被遺忘。經近年來致力於搜集日本殘留敦煌文獻的石井公成的再調查，明確指出此寫本是與《華嚴經》有關的地論宗文獻中，以完本的形態保存的唯一的書物，竝於《華嚴思想の研究》(1995年) 中以解說和錄文形式加以揭載。

《華嚴經兩卷旨歸》是天下孤本，竝無異本存在。體裁而言，2卷1冊，共51丁。粘葉裝。縱24.0釐米，橫14.9釐米。每葉7行，1行16至25字不等，平均19至20字程度。主體以楷書，閒或參雜行草體。本寫本曾經過校正，對書寫閒落字、錯字的訂正應出自書寫本文之人之手。保存狀態良好，少數幾處因蟲損而判讀困難。13丁右爲止附有逐漸簡略的返點（漢文倒讀符號）和假名，應爲湛睿之筆。

本寫本誤寫極多，不少部分參考《華嚴經》等經論後才能理解。唐代以前的敦煌寫本中常見的異體字在本寫本中大量可見，由此或可推測本寫本原爲楷書確立之前以古字體書寫的寫本，經由朝鮮半島傳入日本後，由後人盡量忠於原字體書寫相傳而成。

關於見於下卷的撰者“三藏佛陀”(27b)，湛睿將其認定爲《華嚴經》的譯者佛陀跋陀羅。與此相對，引用本書的新羅華嚴宗的衆僧將其理解爲慧光的師傅佛陀三藏。但是，從本書中引用了隋代的譯經這點可知以上兩種看法均不正確。

本寫本以將可見於《十二佛名經》、以及三階敎的禮懺文中亦被使用的長幅二佛名分解的形式，揭示《華嚴經》各品的意義。竝利用《華嚴經》的語句對“勸信”、“讀頌”、“書寫”、勸休”的實踐作以說明。由入法界品中出現了42位善知識可觀知，此寫本乃是根據地婆訶羅補譯之前的經本而成。《華嚴經》和《十二佛名經》以外，本寫本還引用了《觀普賢行法經》、《信力入印法門經》、《梵網經》、《入楞伽經》、《涅槃經》等經，特別是從《信力入印法門經》和《觀普賢行法經》二經中引用的篇幅較長。

基於《入楞伽經》的宗通·說通說，對通宗大乘和通教大乘加以區別，竝將作爲通宗大乘的《華嚴經》絶對化(34b)，這可以說是本書內容上的一大特徵。本書主張根據通教的《涅槃經》或《法華經》進行修行的人，成佛之後更需廻心轉向《華嚴經》的頓教大乘的信位，否則將淪爲“一闡提”(41a)。日後“極果廻心”的問題在中國、韓國、日本的華嚴宗內被廣泛討論，本寫本較早的提出這一主張這點，亦値得注目。

本寫本中未引用《十地經論》，亦未涉及心識說。單純從這點來看，本寫本極有可能被質疑是否屬於地論宗文獻。但是，如從S.613所見，將《華嚴經》歸爲通宗大乘是地論宗南道派的判教。而且將一闡提歸入行位之中亦見於如P.2832B此類的地論宗文獻中。本書與S.6388同樣採用了地論宗的緣起分類，即自種因果、自類因果、自體因果(50b)。此外，在較中國華嚴宗更爲深刻的保留了地論宗影響的新羅華嚴宗中，本寫本作爲佛陀三藏對《華嚴經》的解釋書極被重視這點也不容忽視。基於以上理由，可以將本寫本判斷爲與“法上-慧遠”不同系統的地論宗文獻。

關於本寫本的思想特徵、經典的引用等內容，詳見石井公成著作《華嚴思想の研究》。

由於本寫本不存在異本，錄文以上述金澤文庫本做爲底本。

解題

『華厳経両巻旨帰』と題される2巻の写本は、神奈川県の名刹、称名寺から寄託されて金澤文庫が保管する貴重書である。鎌倉時代後期の学僧、湛睿（1271−1326）の手沢本として伝えられてきた本写本に最初に着目したのは、高峯了州である。高峯は、1933年と1939年に簡単な報告をしており、いずれも高峯『華厳論集』(1976年）に収録されている。以後、忘れられていたが、日本に残る敦煌文献を捜していた石井公成が再調査し、『華厳経』 に関する地論宗文献のうち、完本の形で残る唯一の書物であることを明らかにし、『華厳思想の研究』(1995年）に解説と翻刻を掲載した。

『華厳経両巻旨帰』は、天下の孤本であって異本は存在しない。体裁は、2巻1冊。51丁。粘葉装。縦24.0センチ、横14.9センチ。毎葉7行。1行に16字から25字、平均して19から20字程度。時に行草体を交えるが、主として楷書で書かれている。校正がなされており、書写の際の脱落や誤字の訂正のほとんどは本文を書写した人物の筆によるものと思われる。保存状態は良好だが、ごく稀に虫損によって判読しがたい箇所がある。次第に簡略になっていくものの、13丁右までは返り点と送り仮名が付されており、これらは湛睿の筆と思われる。

誤写がきわめて多く、『華厳経』やその他の典拠に直接当たらなければ理解しがたい箇所が少なくない。唐代以前の敦煌写本に見える異体字がかなり見えるため、おそらく、楷書が確立する前の時期に古い字体で書かれた中国写本が朝鮮半島経由で日本にもたらされ、できるだけ似た字体で書写することを繰り返してきたことが推測される。

下巻の撰号に見える「三蔵仏陀」(27b) について、湛睿は『華厳経』を訳した仏陀跋陀羅と見ていたが、本写本を引用する新羅華厳宗の僧たちは、慧光の師の仏陀三蔵とみなしていたようである。ただ、本写本は隋代の訳経を用いていると思われるため、いずれも正しくない。

本書は、『十二仏名経』に見え、また三階教の礼懺文でも用いられている長大な二仏の名を分解する形で、『華厳経』各品の意義を説明し、『華厳経』の文言を利用しつつ「勧信、読誦、書写、勧修」の実践を説くという特異な形式となっている。入法界品では善知識を42名としているため、地婆訶羅が補訳する前の経本に基づいていることが知られる。『華厳経』と『十二仏名経』以外では、『観普賢行法経』『信力入印法門経』『梵網経』『入楞伽経』『涅槃経』が用いられており、特に『信力入印法門経』と『観普賢行法経』から長大な引用をしている。

内容の特徴は、『入楞伽経』の宗通・説通説に基づいて通宗大乗と通教大乗を区別し、通宗大乗である『華厳経』を絶対視していることであろう (34b)。本書の立場では、通教である『涅槃経』や『法華経』によって修行する者は、仏となった後、さらに廻心して『華厳経』の法門である頓教大乗の信位に転じるのであり、転じない場合は「一闡提」ということになるのである (41a)。これは、極果廻心の問題として後に中国・韓国・日本の華厳宗で議論となった主張の早い例として注目される。

本書が『十地経論』を引かず、心識説に触れないなどの点は、地論宗文献であることを疑わせるものであるが、『華厳経』を通宗大乗とするのはS.613に見えるように地論宗南道派の教判であり、一闡提を行位のうちに組み込むことはP.2832Bのような地論宗文献にも見えるものであるうえ、本写本はS.6388と同様に、地論宗の縁起分類である自種因果・自類因果・自体因果という分類を用いている（50b)。また、本写本が中国華厳宗以上に地論宗の影響が強い新羅華厳宗において、仏陀三蔵の『華厳経』解釈として重視されてきたことも見逃せない。以上の理由により、本写本は「法上－慧遠」とは異なる系統の地論宗文献と判断して良い。

本写本の思想的特徴、経典の引用箇所の指摘などの点については、石井『華厳思想の研究』に譲る。

本書は他に異本がないため、翻刻には上記の金澤文庫本を用いた。

參考文獻

高峯了州 [1976]《華嚴論集》(國書刊行會, 東京)
石井公成 [1995]《華嚴思想の研究》(春秋社, 東京)
荒牧典俊 [2000]〈北朝後半期佛教思想史序說〉(荒牧典俊編著《北朝隋唐 中國佛教思想史》法藏館, 京都)
青木隆 [2000]〈地論宗の融即論と緣起說〉(同上)

底校本

底本：日本金澤文庫所藏本 (51紙；714行)
校本：無

內容綱目

1 二果、二佛 (1a)
2 歸依二佛 (1a)
3 釋初佛名 (1b)
4 釋後佛名 (11b)
5 諸經略釋 (18a)
  5.1 勸信 (18a)
  5.2 讀誦 (20a)
  5.3 書寫 (24a)
  5.4 勸修 (33b)
    5.4.1 宗別 (34b)

錄文

[覆表紙]

湛睿

華嚴兩卷旨歸卷上〔并卷下〕

[本文][1]

(1a)大方廣佛華嚴經就法明二佛之名 卷上

[1 二果、二佛]

初佛就對治修成果明佛。

後佛就法界解脫果明佛。

[2 歸依二佛]

南無虛空功德清淨微塵等目端正功德相光明花波頭摩瑠璃光寶體香最上香供養訖種種莊嚴頂髻無量無邊日月光明願力莊嚴變化莊嚴法界出生無障礙王如來。

---

1 本寫本爲蝴蝶裝，日語稱爲粘葉裝。方便起見，行數不予表示。( ) 內的數字表示紙數，字母表示正、背面。例如 ： 第一張正面表示爲 (1a)；第二張背面表示爲 (2b)。

南無毫相日月光明花寶蓮花堅如金剛身毘(1b)盧遮那無障礙眼圓滿十方放光普照一切佛刹相王如來。

[3 **釋初佛名**]

“南無虛空功德清淨微塵等目”，初道場會說二品。初品明圓宗實性法門，圓宗實相法門曠圓周極故，云“功德清淨”。“微塵等目”者，是〈世間淨眼品〉。乃是眼目之異名。言“淨眼”者，果德處在障累，修入緣中而體無染，名爲“淨眼”。

“端正功德相(2a)光明華”，〈盧舍那佛品〉明果德。十種世界，則是十位德相。云“諸佛深智功德海，充滿無量無邊刹”，即是十種智以爲正報。“不可思議佛刹海，於無量劫令清淨”，即是十世界以爲依報。明大乘義身無異土之身，土無異身之土。國土身則報之然也。故云“端正功德相”。

“光明花”者，則是本末相成中，“須彌山微塵等風輪，持一切香水海。彼香水海中，有大蓮(2b)華，名香幢光明莊嚴，持蓮花藏莊嚴世界海”。彼衆香水各有蓮花，持世界故，名“光明花”。言“持世界”者，此香水海上有不可說佛刹微塵數世界性住此。是竝持無量世界，明應身土。一一世界始從蓮花上，過塵數世界，有一佛刹。過塵數世界，有一佛刹。如是上持十二佛刹，明報身土。次上一香水海，持一世界性。如是上有塵數香水海及世界性，明法身土。如一方(3a)上持，竝持十方，亦然。是盧舍那佛常轉法輪處。

“波頭摩瑠璃光”，一切世界如來，不離百億道場會，之於百億普光，第二會說信位六品，明因行起修之始。初〈名號品〉，身業輪化迴邪歸正。一四天下稱佛名，有一萬三千大千世界稱佛名。有百億萬十方一切世界，一一世界稱佛名。各有百億萬明如來殊形竝現曠周法界。〈四諦品〉，口業輪化，發生明解。一三(3b)千大千世界，四諦名有四十億百千那由他。十方一切世界，一一世界，四諦名各有四十億百千那由他。隨諸衆生所應調伏，作如是說。〈光明覺品〉，意業輪化，令其起行，正明教授教誡義。“爾時世尊，從兩足相輪，放百億光明，初照三千世界，百億閻浮提，乃至百億色究竟天，皆悉顯現。次照百世界，次照千世界，次照萬，次百萬，次一億，次十億，次照百億，乃至百千億(4a)那由他不可數無分齊[2]不可說虛空法界等。一切十方世界，亦復如是。一一世界中，百億閻浮提普光會，見佛坐蓮花藏師子之坐，各有十佛世界塵數菩薩眷屬圍遶。以佛神力，十方各見一大菩薩，各與十方世界塵數菩薩眷屬俱來詣佛所，謂文殊師利等。一切十方世界，亦復如是”。但光明漸次而照故，名“瑠璃”。

“光”下，〈明難〉〈淨行〉〈賢首〉所化之機。

“寶體香”，一切世界(4b)如來，從百億普光會，昇百億須彌頂，第三會說〈十住〉六品，明稱體聞慧攝圓宗理，相應可珍如寶。

“最上香”，一切世界如來，從百億須彌頂，昇百億夜摩天，第四會說〈十行〉四品。此是空天無礙之初。故言“最上”。解行薰資，名之爲“香”。

“供養訖種種莊嚴頂髻”，一切世界如來，從百億夜摩天，昇百億兜率天，第五會說〈十迴向〉三品。“供養已種種莊嚴”者，“爾(5a)時兜率陀天王，遙見佛來，即於殿上，敷如意寶藏師子之坐，所謂百萬億寶蘭楯、百萬億寶羅網以覆其上，百萬億花帳[3]以張其上，如是等有六十七百萬億寶等供養，百萬億黑沈水香普薰十方，如是等有七十八百億香等供養，百萬億花雲，如是等有二十一百萬億雲等供養，百萬億天

---

[2] “齊”，底本作“濟”，據文意改。

[3] “帳”，底本作“㡉”，據《華嚴經》改。下同。

寶幢，如是有二十八百萬億幢幡等供養，百萬億天雜寶衣以敷其上，有一十百萬億(5b)寶衣等供養，百萬億天幢寶鈴出微妙音，有五十百萬億寶鈴等供養，百萬億神力自在，百萬億清淨檀波羅蜜，百萬億諸深法門，如是有三十一百萬億供養，百萬億諸天神王恭敬禮拜。如是有四十四百萬億供養，百萬億菩薩，頂戴護持，百萬億花手菩薩，雨一切花。百萬億香手菩薩，雨一切香。如是有二十九百萬億供養。合有(6a)二百九十八百萬億供具。爾時兜率陀天王，爲如來敷高坐竟，與不可計阿僧祇兜率陀天子，奉迎如來，雨阿僧祇上妙諸花，供養如來。無數億那由他天子，各從身出阿僧祇種種色花，供養如來。無有窮盡不可說億那由他菩薩，於兜率天宮，一切波羅蜜所起一切華帳普覆法界出過諸天所供養上供養如來。爾時一切諸天衆及他方來諸天子衆，并(6b)不可數諸佛剎一切菩薩，見如來報身，其身無量不可思議。見佛法身，普至一切衆生，無有分齊。見佛應身，示現色身，不可思議。等觀衆生心無所著，見佛化身充滿一切世間，一一化身普放無量智慧光明。爾時世尊，以佛莊嚴而自莊嚴，而昇一切寶莊嚴殿如意寶藏師子之座，結伽趺坐"故，云"供養種種莊嚴"。世間行滿故，云"頂髻"。

〈十[4]迴向〉結會(7a)中，十方諸來菩薩言"我等世界亦說此法。衆會亦如是。名味句身亦如是"。又〈十地〉云"無有諸佛國土，不說十地"者，明理教大同，十方齊轉故。一切世界會會之中，皆明百億無量無邊日月光明。

一切世界如來，從百億兜率天，昇百億他化自在天，第六會說〈十地〉等，有十一品。

"日月光明"者，則是初地雲臺加請中，"爾時釋迦牟尼佛，從眉間白毫相放菩薩力光(7b)明。百千阿僧祇光，以爲眷屬，普照十方諸佛世

---

[4] "十"，底本作"七"，據文意改。

界，靡不周遍。三惡道苦，皆得休息。悉照十方諸佛大會說法之衆，顯現如來不思議力。是衆光明，遍照十方諸佛大會諸菩薩身，已於上虛空中，成大光明雲臺"，明以方便教顯成於證如月。"十方諸佛，亦復如是。從眉間白毫，俱放菩薩力光明，百千阿僧祇光，以爲眷屬，普現如來不思議力，悉照一切諸(8a)佛大會，及娑婆世界釋迦牟尼佛一切大衆，并金剛藏菩薩及師子座。照已，於上虛空中，成大光明雲臺"，明以證之因體顯成於教如日故，云"無量無邊日月光明願力莊嚴"。則是八地大願成滿，隨順法流。"佛子，是菩薩隨順是地。以本[5]願力故。又諸佛爲現其身，住在諸地法流水中，與如來智慧，爲作因緣。諸佛皆作是言：'善哉，善哉。善男子。汝(8b)得是第一忍，順一切佛法。善男子，我有十力四無所畏十八不共法。汝今未得爲得。是故勤加精進。亦莫捨此忍門。又善男子，汝應念本所願，欲利益衆生，欲得不可議智慧門。善男子，十方無量國土，無量衆生，無量諸法差別。汝應如實通達是事，隨順如是智。是菩薩諸佛，與如是等無量無邊起智慧門因緣，以此無量門故，是(9a)菩薩能起無量智業，皆悉成就'"，明初地菩薩願得不思議智，今八地法流水中，皆悉成就故，云"願力莊嚴"。

"變化莊嚴"，即是九地十地變化智。九地中，"是菩薩處於法座，或以一音欲令一切悉得解了。已得解了，或以種種音聲，欲令一切各得開解。得開解，或以默然但放光明欲令一切各得解法，即解法。或以一切毛孔皆出法音，或三千大千世界所(9b)有色無色物，皆出法音。或以一音周滿法界，欲令得解，即皆得解"。十地中菩薩，"或於一念中，現不可說不可說世界微塵身，於一一身中示無量手，以一一手執恒沙蓮華以嚴諸佛，塗香末香衣服幢蓋寶物，如是一切莊嚴之具，皆

5 "本"，底本作"大"，據《華嚴經》改。

以手執，供養諸佛。於一一身，亦復如是。又一一身化塵頭，於一一頭有塵舌。以是神力，讚嘆諸佛。如是等(10a)事，於念念中，遍滿十方”。明九地菩薩口業說法神變化自在，十地菩薩三業化用念念曠周故，云“變化莊嚴”。即攝〈十明〉等五品後方便行。

“法界出生無障礙王如來”，明修成門中稱法界故，云“法界出生”也。“無障礙王如來”者，即是〈不思議品〉。明法佛者，“一切諸佛，色身清淨無量無邊，超出世間。一切諸佛，無礙眼無量無邊，清淨平(10b)等覺一切法。一切諸佛，無礙耳無量無邊，分別一切衆生音聲。一切諸佛，鼻入無量無邊，清淨究竟一切佛自在，到於彼岸。一切諸佛，廣長舌相無量無邊，出妙音聲普聞法界。一切諸佛，意業無量無邊，三世無礙”。此是法身六根。“一切諸佛界中，須彌山王金剛圍山一切大海一切諸山及一切衆生，於毛孔悉能容持，盡未來際劫，一切衆生悉不自(11a)知我住何所。除佛神力。一毛孔悉持一切衆生，遍遊十方無量世界，行住坐臥，而諸如來不生苦惱厭惓之心，威儀無異”，此明法身神通。

〈相海品〉明報佛者，“如來頂上有大人相，名曰明淨。三十二相寶以爲莊嚴，普放無量大光明網，遍照一切十方世界”。“佛子，於佛身中，有如是等十蓮華藏世界海塵數佛大人相”。此明報身小相。

〈光明功德品〉明應身者，(11b)“佛告寶手菩薩言：‘如來應供等正覺，有隨形好，名曰海王。彼出光明，名曰明淨。七[6]百萬阿僧祇光以爲眷屬’”。經何故略明一好，廣明化用者，欲明衆好化被，廣周法界，豈[7]容限目故也。此明應身。總明稱體果自在如王，即攝下〈普賢行品〉明稱體因故，云“法界出生無障礙王如來”。

---

[6] “七”，底本作“十”，據《華嚴經》改。

[7] “豈”，底本作“起”，據文意改。

[4 **釋後佛名**]

第二佛名“南無白毫相日月光明花”。即是〈性起品〉，明因果體，出生(12a)前六位。修成因果生微。〈離世間〉六位淳熟[8]因果，出法界中六位解脫因果。序中，“如來眉間白毫相中，放大光明，名曰明如來法。無量億那由他阿僧祇光，以爲眷屬，普照十方一切世界，圍遶十匝，顯現如來無量自在，覺悟無數億那由他諸菩薩衆。一切世界六種震動，除滅一切諸惡道苦，映蔽一切諸魔光明。猶若聚墨[9]，顯現一切如來菩提，顯現一切諸佛大衆，(12b)究竟莊嚴，普照法界虛空界等一切世界。復還圍遶一切菩薩大衆已，入如來性起妙德菩薩頂”，明證道行如日。“如來口中，放大光明，名無礙無畏，無量億那由他阿僧祇光以爲眷屬，普照十方一切世界，圍遶十匝〔餘如上說〕，入普賢菩薩摩訶薩口”，明教道行如月。故云“毫相日月光明花寶蓮花”。

正宗中，明十地因行。“佛子，以十種無量無百千阿僧祇因緣，成等(13a)正覺，出興于世。何等爲十。一者，發無量菩提之心，不捨一切衆生。二者，過去無數劫，修諸善根[10]，正直深心。三者，無量慈悲救護衆生。四者，行無量行，不退大願。五者，修無量功德無厭足。六者，恭敬供養無量諸佛，教化衆生。七者，出生無量方便智慧。八者，成就無量諸功德藏。九者，具足無量莊嚴智慧。十者，分別演說無量諸法實[11]義。佛子，如是等十種無量無數百(13b)千阿僧祇法門，成等正覺，出興世”，明妙花可珍如寶故，“寶蓮花”。

“堅如金剛身”，明如來果德十種身口意菩提涅槃行故。經云：“佛子，如來示現般涅槃時，先入不動三昧。入三昧已，於一一身，各放

---

8 “熟”，底本作“就”，據文意改。

9 “墨”，底本作“黑”，據文意改。

10 “善根”，底本作“菩提”，據《華嚴經》改。

11 “實”，底本作“寶”，據文意改。

無量億[12]千那由他大光明，一一光明各出無量阿僧祇妙寶蓮花。一一蓮華各有不可說不可說妙寶花鬚[13]。一一花鬚各有寶師子座，一一座上各有如來結跏[14]趺坐。彼時，(14a)所現諸如來身，悉與一切衆生數等。功德具足，相好莊嚴，究竟本願。時有衆生善根就者，見[15]如來身，心皆調伏，稟受道化。彼如來身，究竟安住，盡未來際，隨一切衆生，所應受化，未曾失時。彼如來身，無有處所，非實非虛。如來但欲究竟過去諸大願故，欲令衆生長養諸善根故，應現其身，常住不滅”故，云“堅如金剛身”。

“毘盧遮(14b)那無障礙眼”，一切世界如來，從百億化他天，還重會百億普光法堂，第七會說〈離世間品〉。淳熟修滿，明因果相，自覺道備。“毘盧遮那”者，名常寂光。即是自體內明。“無障礙眼”者，即是智融無礙。正以體發於用故，普慧菩薩二百問。正智融無礙瑩發自中，相無不彰，理無不顯故，普賢菩薩二千答。

“圓滿十方放光普[16]照一切佛剎相王如來”，(15a)一切世界如來，從百億普光法堂，詣百億祇洹[17]林，第八會說入法界品。法界門中稱法界，明因果用，覺他道備。“圓滿十方”者，序中，如來入師子奮迅三昧，祇洹廣博，明有爲淨土。虛空莊嚴，無爲淨土。重閣廣博，無二淨土。何以故。如來善根，不可思議故。如來自淨土，不可思議故。如來威神，不可思議故。如來一身充滿一切法界自在，不可思議故。一切佛(15b)剎莊嚴入一佛身不可思議故。一塵中，現一切佛一切法界，不

12 “億”，底本作“德”，據文意改。
13 “鬚”，底本作“髻”，據文意改。下同。
14 “跏”，底本無，據文意補。
15 “見”，底本無，據文意補。
16 “普”，底本無，據《華嚴經》補。
17 “洹”，底本作“桓”，據文意改。下同。

可思議故。一毛孔中，盡過去際一切如來次第顯現，不可思議故。放一光明，照一切刹，不可思議[18]故。如來一毛孔中，出一切佛刹微塵等化身雲充滿一切世界，不可思議故。如來一毛孔中，現一切佛刹成壞，不可思議故。如此，祇樹給孤獨園，見嚴淨佛刹一切法界虛空界。一切世界所見嚴淨，亦復如是。(16a)如來充滿，來詣祇洹，菩薩充滿一切如來大衆海故，云“圓滿十方”也。

“放光普[19]照一切佛刹相王如來”者，是正宗中，“爾時世尊，欲令諸菩薩安住師子奮迅三昧故，放眉間白毫相光名普照三世法界門。不可說世界微塵等光明，以爲眷屬，照十方一切世界海。時祇洹林菩薩大衆普雲集者，悉見一切法界虛空界等一切佛刹，種種色種種清淨種種安住種種形。如是等一切(16b)世界諸大菩薩，現坐道場。菩薩圍遶，諸天供養成等正覺。見於不可說佛刹微塵等諸眷屬中，出妙音聲，充滿法界，轉淨法輪”，此是法界解脫果佛刹。

“文殊師利童子，從善安住樓閣出”以下訖，未明法界解脫因佛刹。“爾時，文殊師利菩薩摩訶薩，承佛神力，觀察十方，欲讚嘆祇洹林中無量莊嚴以偈曰：

觀察祇洹中　　如來自在力
一切境界出　　無量功德雲
(17a)無量淨妙色　　種種而莊嚴
皆悉普照現　　十方諸佛刹
佛子身毛孔　　出佛音聲雲
種種寶莊嚴　　充滿十方刹
其身如梵王　　威儀[20]常安靜

18 “議”，底本無，據文意補。
19 “普”，底本無，據文意補。
20 “儀”，底本作“議”，據《華嚴經》改。

遍遊十方剎　　演出妙音聲
如來毛孔出　　不可思議身
皆悉如普賢　　衆妙相莊嚴
菩薩普成就　　三世功德海
充滿於虛空　　出生莊嚴雲
於此祇洹中　　演出妙音聲
普說一切衆　　善淨業果報
一一境界中　　悉現佛剎海
三世諸如來　　無量自在力
(17b)如來毛孔中　　一切諸世界
微塵等佛剎　　皆悉分別現
一切境界中　　出生諸佛雲
無量善方便　　度脫一切衆
花雲香炎雲　　清淨摩尼寶
種種莊嚴雲　　充滿於十方
三世一切佛　　莊嚴妙道場
於此祇洹林　　一切悉顯現
普賢等佛子　　無量種莊嚴
衆生等劫中　　所修嚴淨剎
如是諸世界　　悉現祇洹林

明因果依正。願在祇洹，放[21]光照一切佛剎相王如來名。善男子、善女人，犯四重五(18a)逆，誹謗方等，及犯波羅夷罪，假使如[22]閻浮提裏，地變爲微塵，一一微塵成於一劫。此人有若干劫罪，若誦此佛

21 “明因果依正願在祇洹放”，底本將此一文作爲偈文，據《華嚴經》改。
22 “如”，底本殘缺，據《十二佛名神呪校量功德除障滅罪經》補。

名，禮一拜者，得除滅。況復日夜受持讀誦。此人功德，不可思議。

[5 諸經略釋]

若就諸經略釋，復有四義。〔一者，勸信。二者，讀誦。三者，書寫。四者，勸修。〕

[5.1 勸信]

第一信者，得大功德，生如來家。《花嚴》〈賢首品〉云：

今我說菩薩　　功德中[23]少分
如鳥履虛空〔證法〕　　如地一微塵〔教法〕
若以三千大千界　　(18b)頂戴一劫身不動
彼之所作未爲難　　信是[24]法者爲甚難
大千塵數衆生類　　一切供養諸樂具
彼之功德未爲勝　　信是法者爲殊勝
若以掌持十佛刹　　於虛空中住一劫
彼之所作未爲難　　信是法者爲甚難
十佛刹塵衆生類　　一切供養諸樂具
彼之功德未爲勝　　(19a)信是法者爲殊勝
十刹塵數諸如來　　一切恭敬而供養
若能受持此[25]品者　　功德於彼爲最勝

〈十行〉偈云：

不可思議劫　　供養無量佛
若能解此義　　功德勝於彼

---

23 “中”，底本無，據《華嚴經》補。
24 “是”，底本作“施”，據《華嚴經》改。
25 “此”，底本作“此此”，據《華嚴經》改。

難施無量刹　　　　滿中諸珍寶
若不解此義　　　　終不成正覺

〈十地品〉云："金剛藏言：'佛子，是菩薩所行集一切智慧功德法(19b)門品。若不深種善根，不能得聞。' 問言：'佛子，若得聞者，是人爲得幾所福。' 答言：'隨佛所有智慧勢力。如是發薩波若心，所緣攝福德，是人得聞此法門，所得福德，亦復如是。何以故。若無菩薩心，聞是法門，不能信解受持。何況以身修習，能成是事。故當知，是人隨順一切種智，得聞信解受持修行。'"

(20a)〈性起品〉云："佛子，此經如是。不入一切衆生之手[26]。唯除如來法王真子。從諸如來種性家生，種如來相善根者。若無此等佛之真子，斯經則滅。何以故。一切聲聞、緣覺，不聞此經。何況受持書寫解說。無有是[27]處。唯除菩薩摩訶薩，能自誦持書寫經卷。佛子，是故，菩薩摩訶薩聞此經者，歡喜恭敬頂戴受持。何以故。菩薩摩訶薩深信樂此經，少作方便，必決定得無上菩提。"

[5.2 讀誦]

第二明《華嚴》是普賢願行法，諸佛(20b)同行。讀誦者，具足淨戒，障無不除。《普賢觀經》云：

爾時行者，若欲具菩薩戒者，應合掌在空閑處[28]，遍禮十方佛懺悔諸罪。自說已過，然靜處白十方佛，而作是言，"諸佛世尊常住在世，我業障故，雖信方等見佛不了。今歸依佛[29]。唯願釋迦牟尼正遍知世尊，爲我和上，文殊師利具大智慧者，願以智慧受我清淨諸菩薩法。

26 "手"，底本作"乎"，據《華嚴經》改。
27 "是"，底本無，據文意改。
28 "處"，底本作"處所"，據《普賢觀經》改。
29 "佛"，底本無，據《普賢觀經》補。

彌勒菩薩勝大慈日，(21a)憐愍我故[30]，亦應聽我受菩薩法。十方諸佛，現爲我[31]證。諸大菩薩，各稱其名，是勝大士，覆護衆生，即護我等，今日受持方等經典。乃至失[32]命，設墮地獄受無量苦，終不毀謗諸佛正法。以是因緣[33]功德力故，今釋迦牟尼佛，爲我和上，文殊師利，爲我阿闍梨，當來彌勒願受我法，十方諸佛，願證知我。大德諸菩薩，願爲我伴。我今歸依大乘經典[34]甚深妙義，歸依佛，歸依法，歸依僧”。(21b)如是三說歸依三寶已，次當自誓受六重法。受六重法已，次當懃修無礙梵行。發廣濟心，受八重法。立此誓已，於空閑處，燒衆名香，散華供養一切諸佛及諸菩薩大乘方等，而作是言，“我於今日發菩提心，以此功德，普度一切[35]”。作是語已，復更頂禮一切諸佛及諸菩薩，思方等義[36]。我一日乃至三七日，若出家在家，不須和上，不用諸(22a)師，不白羯摩，受持讀誦大乘經典[37]力故，普賢菩薩觀發行故，是十方佛正法眼目[38]，因由是法，自然成就五分法身，戒定慧、解脫、解脫知見。諸佛如來，從此法生。於大乘經得受記別，是故智者，若聲聞毀破三歸及五戒、八戒、比丘戒、比丘尼戒、沙彌戒、沙彌尼戒，及摩尼戒，及諸威儀，愚癡不善惡邪[39]心故，多犯諸戒威儀法。若欲除滅[40]令無過患，還爲比丘與沙門法，(22b)當勤讀誦方等經典，思第一義甚

---

30 “故”，底本無，據《普賢觀經》補。
31 “我”，底本無，據《普賢觀經》補。
32 “失”，底本作“告”，據《普賢觀經》改。
33 “緣”，底本作“終”，據《普賢觀經》改。
34 “典”，底本作“興”，據《普賢觀經》改。
35 “切”，底本此下有“作是語已復更頂禮一切”，衍文。
36 “義”，底本無，據《普賢觀經》補。
37 “經典”，底本無，據《普賢觀經》補。
38 “目”，底本無，據《普賢觀經》補。
39 “邪”，底本作“恥”，據《普賢觀經》改。
40 “滅”，底本作“戒”，據《普賢觀經》改。

深空法，令此空慧與心相應。當知，此人於念念頃，一切罪垢亦盡無餘。是名具足沙門法戒具威儀。受人天一切供養。若優婆塞犯諸威儀，作不善事者，所謂說佛法過惡，論說四衆所犯惡事，偷盜淫泆[41]無有慚愧。若欲懺悔滅諸罪者，當勤讀誦方等經典，思第一義。若王者大臣婆羅門居士長者宰官，(23a)是諸人等，貪求無厭，作五逆罪，謗方等經，具十惡業，是大惡報，應墮惡道，過於暴雨，必當墮阿鼻地獄。若欲滅除此業障者，應生慚愧懺悔諸罪。云何名爲刹利居士懺悔法。刹利居士懺悔法者，但當正心，不謗三寶，不障出家。不爲梵行人作惡留難。應繫念修六和敬。亦當供給供養持大乘者。不[42]必禮拜，應當憶念甚深經第一義空。思是法(23b)者，名刹利居士修第一懺悔。第二懺悔者，孝養父母，恭敬師長，是名修第二懺悔。第三懺悔者，正法治國，不邪枉人民，是名修第三懺悔。第四懺悔者，於六斎日，勅諸境內力所及處，令行不殺，修如是法，是名修第四懺悔。第五懺悔者，但當深信因果，信一實道，知佛不滅，是名修第五懺悔。佛告阿難，於未來世，若有修習如此人，著慚愧服[43]，諸佛護助，(24a)不久當成阿耨多羅三藐三菩提。說是語時，十千[44]天子得法眼淨，彌勒菩薩等諸大菩薩，及以阿難，聞佛所說，歡喜奉行。

[5.3 書寫]

第三書寫，得大功德，滅大重罪。《信力入印法門經》普光會訖，是《華嚴》別傳：

佛告文殊師利，“若有善男子、善女人，於一切世界微塵數衆生，

---

41 “淫泆”，底本作“泾泆”，據《普賢觀經》改。
42 “不”，底本作“亦”，據《普賢觀經》改。
43 “服”，底本作“眼”，據《普賢觀經》改。
44 “千”，底本作“七”，據《普賢觀經》改。

日日以天甘露、百味飲食，及天衣服、臥具、湯藥，給施供養。如是乃至阿僧祇恒河沙數世界微塵(24b)等數劫海給施供養。文殊師利，若復有善男子、善女人，於一優婆塞不信餘尊，持十善業道，攝取彼人，生如是心，此是學佛諸戒行人。乃至一日以一人食施，文殊師利，此福勝前無量阿僧祇。於一比丘一日以一食施。於一[45]信行人，一日以一食施。於一法行人，一日以一食施。於八中一人，一日以一食施。次第校[46]量如前。若有善男子、善女人，於一切(25a)世界微塵數諸行人，日日以天甘露、百味、飲食，及天衣服、臥具、湯藥，奉施供養，如是乃至阿僧祇恒河沙數世界微塵等數劫海，而供養之。文殊師利，若復有若善男子、善女人，於一須陀恒向，攝取彼人，乃至一日以一食施，文殊師利，此福勝前無量阿僧祇。於一須陀恒，一日以一食。於一斯陀含向，一日以一食施。於一斯陀含，一日以一食[47]施。於一阿那含向，一日(25b)以一食施。於一阿那含，一日以一食施。於一阿羅漢向，一日以一食施。於一阿羅漢，一日以一食施。於辟支佛向。一日以一食施。於一辟支佛，一日以一食施。次第校量，勝前如前，無量阿僧祇。文殊師利，若有善男子、善女人，於一切世界微塵數諸辟支佛，日日以天甘露、百味飲食，及天衣服、臥具、湯藥，奉施供養，如是乃至阿僧祇恒沙數世界微塵等數劫海，(26a)而供養之。文殊師利，若復有善男子、善女人，見於壁[48]上一畫佛像，或經帙[49]中見畫佛像，文殊師利，此福勝前無量阿僧祇。何況合掌，若以一花奉施佛像，或以一香，或以末香，或以塗香，或燃一燈。文殊師利，此福勝前無量

45 "於一"，底本此下有"於一"，衍文。
46 "校"，底本作"數"，據《信力入印法門經》改。下同。
47 "食"，底本作"日"，據《信力入印法門經》改。
48 "壁"，底本作"辟"，據《信力入印法門經》改。
49 "帙"，底本作"扶"，據《信力入印法門經》改。

阿僧祇。文殊師利，若有善男子、善女人，於一恒河沙等世界諸如來及聲聞僧，日日以天甘露百味、飲食，及天衣服、臥具、湯藥(26b)，奉施共食，乃至無量無邊阿僧祇恒河沙數世界微塵等數劫海，而供養之。文殊師利，若復善男子、善女人，於一羊車乘行菩薩得直心人，隨一善根能作佛種。攝取彼菩薩，乃至一日以麁飲食，一施其人，文殊師利，此福勝前無量阿僧祇。文殊師利，若善男子、善女人，一切世界微塵數諸羊車乘行菩薩人，日日以天甘露、百味飲食，及天衣服、臥(27a)具、湯藥，奉施供養，如是乃至阿僧祇恒河沙數世界微塵等數劫海，而供養之。文殊師利，若復有善男子、善女人，於一象乘行菩薩人，隨一善根能作佛種。攝取彼人乃至一日以一食施，文殊師利，此福勝前無量阿僧祇。於一日月乘行菩薩，一日以一食施。於一聲聞乘神通行菩薩，一日以一食施。於一如來神通行菩薩，一日以一食施。如(27b)此，次第校量如前，勝前無量阿僧祇。

大方廣佛華嚴經兩卷旨歸卷下〔三藏佛陀撰。又名法業。就法明二佛之名。〕

文殊師利，若善男子、善女人，於一切世界微塵數諸如來神通行菩薩摩訶薩，日日以天甘露、百味飲食，及天衣服、臥具、湯藥，奉施供養，如是乃至阿僧祇恒河沙數世界微塵等劫海，(28a)而供養之。文殊師利，若復有善男子、善女人，於此法門，能自書寫，若令他書寫，文殊師利，此福勝前無量阿僧祇。文殊師利，不善業罪亦如是說。應當知，文殊師利，如是羊車乘行人鳥乘行人日月乘行人聲聞乘神通行人菩薩，乃至爲畜生道，令生善根。若善男子、善女人，起微瞋心，根相變異，乃至畜生，障一善根。文殊師利，此罪過前無量阿僧祇。文殊師利，(28b)若有善男子、善女人，於十方世界，一切微塵數諸衆生排却其眼，劫[50]奪一切資生財物。文殊師利，若復有善男子、善女人，於一菩薩所，起欺慢心罵辱毁呰。文殊師利，此罪過前無量阿僧祇。文殊師利，若有男子、女人，於一菩薩，乃至微少，隨何因緣，以欺慢心，罵辱毁呰。彼男子、女人，墮大叫喚[51]地獄之中，身形大小，五百由旬，有五百頭，於一一頭有(29a)五百口，於一一口有五百舌，於一一舌有五百犁，以耕其舌。文殊師利，若有男子、女人，於三千世界所有衆生，若以刀杖斫打殺之，劫奪一切資生財物。文殊師利，若復有男子、女人，於菩薩所，生欺慢心，起瞋恨意。文殊師利，此罪過前無量阿僧祇。文殊師利，若有男子、女人，起於惡心，不生衆生安穩之心。於恒河沙等一切諸世界，一一世界一一閻浮提恒河(29b)沙等諸阿羅漢，盡皆殺害。恒河沙等諸佛如來七寶塔廟七寶蘭楯寶幢幡蓋，皆悉破壞，盡令消滅。文殊師利，若復有男子、女人，於信大乘菩薩，乃至微小，隨何因緣，生欺慢心，瞋罵毁呰。文殊師利，此罪過前無量阿僧祇。何以故。以從菩薩生諸佛故。以從菩薩不斷諸佛如來種故。若其有人謗菩薩者，彼人名爲謗佛謗法。何以故。以(30a)不異法有菩薩故。諸菩薩即是法故。文殊師利，若有男子、女人，於十方世界一切世界一切衆生，以瞋恚心，繫縛安置黑闇地獄。文殊師利，若復有男子、女人，瞋於菩薩，乃至迴[52]身異方看頃[53]。文殊師利，此罪過前無量阿僧祇。文殊師利，若有男子、女人，於一切閻浮提，一切衆生所有資生一切財物，悉皆奪[54]盡。文殊師利，若復有

---

50 "劫"，底本作"却"，據《信力入印法門經》改。
51 "喚"，底本作"哭"，據《信力入印法門經》改。
52 "迴"，底本作"典"，據《信力入印法門經》改。
53 "頃"，底本作"須"，據《信力入印法門經》改。
54 "奪"，底本作"奮"，據《信力入印法門經》改。

男子、女人，隨一菩薩，若(30b)好若惡，以瞋恨心，罵辱毀訾。文殊師利，此罪過前無量阿僧祇。文殊師利，譬如須彌山王勝於諸山，光明照曜。勝者，所謂高下廣狹。文殊師利，如是菩薩，信此法門，十方世界一切世界微塵等數諸菩薩中，最勝最上。何以故。若有菩薩信此法門，五波羅蜜所起功德，一切善根，阿僧祇劫之所修行，信此法門，其福爲勝。所謂勝者，高下廣狹。(31a)文殊師利，若有男子、女人，於十方世界微塵菩薩，令發菩提心。文殊師利，若復有善[55]男子、善女人，信此法門，是出世間法。文殊師利，此福[56]勝前無量阿僧祇。文殊師利，若有男子、善女人，一切衆生，信此法門，令發菩提心。文殊師利，若復有善男子、女人，信此法門，信已書寫，若教他書寫，若自身誦，若教[57]他誦，乃至經帙書寫信敬，受持供養，燈然香華[58]末(31b)香塗香花鬘，供養此法門者，文殊師利，此福勝前無量阿僧祇。文殊師利，若有善男子、女人，一切世界所有衆生住聲聞道，一一衆生，皆與無量阿僧祇轉輪聖王住處善根，及與[59]生天勝妙善根，盡皆斷滅。文殊師利，若復有異人，於一菩薩摩訶薩，障[60]一善根。文殊師利，此罪過前無量阿僧祇。何況瞋恚，罵辱毀訾。文殊師利，若有男子、女人，(32a)恒河沙等諸佛塔廟[61]，破壞焚[62]燒。文殊師利，若復有男子、女人，於信大乘菩薩衆生，起瞋恚心，罵辱[63]毀訾。文殊師利，

55 “善”，底本無，據文意補。
56 “福”，底本作“種”，據《信力入印法門經》改。
57 “教”，底本無，據《信力入印法門經》補。
58 “華”，底本無，據《信力入印法門經》補。
59 “與”，底本作“與衆”，據《信力入印法門經》改。
60 “障”，底本作“彰”，據《信力入印法門經》改。
61 “廟”，底本作“廣”，據《信力入印法門經》改。下同。
62 “焚”，底本作“梵”，據《信力入印法門經》改。
63 “辱”，底本無，據《信力入印法門經》補。

此罪過前無量阿僧祇。何以故。以從菩薩生諸佛故。以從諸佛有塔廟故。以因佛有一切世間諸天人故。是故，供養諸菩薩者，即是供養諸佛如來。若有供養諸菩薩者，即是供養三世諸佛。毀呰菩薩，即是毀呰三世諸佛。文殊師利，(32b)若有善男子、善女人，若欲得依無上供養諸如來者，應當供養諸菩薩也。文殊師利，若城邑聚落等中，或有一億，或有千億，或有百千億無量無邊阿僧祇菩薩，於此法門，不生信心，彼諸菩薩，若有王亂，或有[64]業亂，或有水難，或有險難，或有大難，或有財難。而彼城邑聚落等中，有一菩薩，信此法門，而彼菩薩有阿僧祇罪業，皆盡遠離(33a)諸難。然此菩薩，於彼城邑聚落等中，無有王難，無有業難，無有水難，無有險難，無有火難，無有賊難，無惡衆生不信此法難。菩薩若信此法門者，阿僧祇劫所有衆罪，應入地獄畜生餓鬼，即現身滅。然彼菩薩有阿僧祇不可說劫阿鼻地獄極重罪業，即現身滅。一切諸難，悉皆消盡。若十二十若三十劫，有阿鼻地獄極重罪業，即現身中皆得消滅。何以故。大功德(33b)積聚集故。文殊師利，如大[65]水池廣百由旬，彼池中水具足八味，若有人以一波羅毒，著彼池中，乃至千斤，即無毒氣。何以故。以得大水多聚集故。文殊師利，如是雖有無量無邊諸惡罪業，應墮地獄畜生餓鬼滿一劫住，而即消滅。何以故。信此法門，有大功德無量無邊故。”

[5.4 **勸修**]

第四勸修頓教大乘。若住漸教二乘，爲障道業。《梵網經》云："若佛子[66]，有經、律、大乘(34a)法、正見、正性、正法身，而不能勤學修智，而捨七寶，反[67]學邪見、二乘、外道、俗典、阿毘曇、雜論書記，

64 "有"，底本無，據《信力入印法門經》補。

65 "大"，底本作"火"，據《信力入印法門經》改。

66 "佛子"，底本作"佛佛子"，據《信力入印法門經》改。

是斷佛性障道因緣。非道行菩薩道者故，作犯輕垢罪。”

經“勸修大乘”者，有其三義。〔一者，宗別。二者，勸修。三者，學之先後也。〕

[5.4.1 **宗別**]

初言“宗別”者，一者通宗大乘，二者通教大乘。《楞伽經》云：“一者宗通，二者說通。宗者，爲修行者，說者，示童蒙”。

初言“宗通”者，即通宗大乘。如《花嚴》頓教，爲(34b)正修行者故，云“宗爲修行者”。

第二“說通”者，說名非義，以教頓處。即是通教大乘。如《涅槃》漸教，爲始修之機[68]故，云“說者，示童蒙”。如《法花經》明大牛之車者，此是通教大乘。凡牛迴頭，得旅脊百上，明通教大乘相融體不融。故變淨土中，明除穢以顯淨。即是相融無礙義。《花嚴經》明文殊師利如象王迴觀察善財者，即是通宗大乘。(35a)凡象不得迴頭，即通身俱迴，表通宗大乘體融無礙故。變淨土中，明即穢以顯淨，即體融無礙義故。《華嚴》〈賢首品〉云：“求大乘者猶[69]爲易能信是法爲甚難。”“求大乘者猶爲易”者，此是漸教大乘。亦名通教。明有爲無爲，以爲教法。顯會中道，以爲旨法。因無常果常，明教相假名之機我執[70]對治法。漸教二乘及以諸論，以爲多聞不能對治無常因行，令使不爲(35b)生滅所遷，不入一切種智故，《花嚴》〈明難品〉，喻通教之機。《經》云：“譬如有良醫　具智諸方藥　自疾不能救　多聞亦如是。”明頓教菩薩圓通道位，體通始終，本除相應緣起行，能集一切動智故，《十地》金剛藏

67 “反”，底本作“及”，據《梵網経》改。
68 “機”，底本作“幾”，據文意改。下同。
69 “者猶”，底本作“由”，據《華嚴經》改。下同。
70 “執”，底本作“脩”，據文意改。

言,“佛子, 是菩薩所[71]集一切智慧功德法門品。若不深種善根, 不能得聞”。又[72]〈法界品〉云 :“本性清淨一切種智, 超出一切諸障礙山。隨所應化, 皆悉普照”。又《花嚴》〈性(36a)起品〉云 :“佛子, 如來應供等正覺, 不爲菩薩演說顯現如來究竟涅槃。何以故。欲令諸菩薩於一念中普見三世一切諸佛悉現前故, 出生一切如來妙色。又復不起二不二相。何以故。菩薩摩訶薩, 遠離諸相, 無染著故。佛子, 但如來欲令衆生歡喜故, 出現於世。欲令衆生憂悲感慕故, 示現涅槃。其實如來無有出世, 亦無涅槃。何以故。如來(36b)常住[73], 如法界故。爲化衆生, 示現涅槃。能信是法, 爲甚難”者, 即是《花嚴》頓教大乘。亦名通宗。明我法圓通衆生身中, 悉有三種佛性智慧。一名一切智者, 名照理智性。照圓通照一切法門敎道因, 成未來敢報佛。二名無師智者, 真覺開明瑩[74]發自中證道因, 成未來敢法佛。三名無礙智者, 圓融無礙智者, 圓融無礙不住道智, 成(37a)未來敢應佛。明此三種, 凡時三智爲本。成聖時三智爲今成。如微塵出經卷, 體無增減。真性緣起, 行體總名平等般若智。若法而言之, 乃是實性實相法故。故〈小相光明功德〉品, 無障礙教音, 告諸天子言 :“如我音聲, 不從東方南方西方北方四維上下來, 諸天子聲非生滅。諸天子, 如我所出音聲, 於無量劫, 不可窮盡。諸天子, 若謂[75](37b)音聲有去來者, 即墮邊見。一切諸佛, 不說斷常。除爲衆生, 方便說法。諸天子, 如我天聲, 十方世界, 隨所應化, 皆悉得聞”, 正以稱無障礙教性離法成佛故, 因果俱常。

---

71 “所”, 底本無, 據《華嚴經》補。
72 “又”, 或爲“入”, 在此處未改。下同。
73 “住”, 底本作“位”, 據《華嚴經》改。
74 “瑩”, 底本作“堂”, 據文意改。
75 “謂”, 底本作“誦”, 據文意改。

[5.4.2 勸修]

第二勸修者,《花嚴經》〈明法品〉云“示現童蒙黠[76]慧所行”者, 明勸漸教之機, 令修頓教正修之行。又云“佛教莊嚴, 皆能攝取諸黠慧”者, 明以頓教自嚴, 攝取堪入頓教正(38a)修之器故, 名“攝取”。“諸黠慧”者,〈迴向品〉偈云:“無量無數劫 常行無上施 若能化一人 功德超於彼”。又〈普賢行品〉云“樂著童蒙障”者, 明久來瞋恚心故, 樂著漸教童蒙之法。〈法界品〉, 彌[77]勒對大衆勸學善財言,“諸善男子, 世間有能發起無上菩提心者, 甚爲希有。若發心已, 如是精進求佛法者, 亦甚希有。如是樂欲淨菩薩道, 具菩薩行, (38b)不惜身命, 求善知識, 不違[78]其教, 集菩提分, 不貪利養, 不捨菩薩正直之心, 不著家業, 不染五欲, 不戀父母及諸親族, 但樂專修一切種智。如是之人, 倍復希有。諸善男子, 若有菩薩如是學者, 則能究竟菩薩所行, 成滿大願, 近佛菩提[79], 淨一切刹, 教化衆生, 深入法界, 具足一切諸波羅蜜, 廣菩薩行, 畢本意性, 出於魔業, 值遇一切諸善智(39a)識, 於一生中, 能具普賢菩薩行。其有欲得如是法者, 當如善財之所修學”。以偈嘆善財, 言“建立正法幢 顯現佛功德 除滅惡道苦 開諸善趣門 能詣諸導師 覩[80]見佛妙身 聞持彼[81]密教 專求黠慧師”。彌勒讚歎善財發菩提心中,“譬如金翅鳥初[82]生時, 其眼明淨, 有大勢力, 大小諸鳥, 所不能及。菩薩摩訶薩, 亦復如是。生如來家, 發菩(39b)提心, 慧眼明淨, 有大勢力。聲聞、緣覺, 於百千劫, 修習智慧, 所[83]不能及。譬如有人, 善入

76 “黠”, 底本作“點”, 據《華嚴經》改。
77 “彌”, 底本作“於”, 據《華嚴經》改。
78 “違”, 底本作“連”, 據《華嚴經》改。
79 “菩提”, 底本作“菩薩”, 據《華嚴經》改。
80 “覩”, 底本作“都”, 據《華嚴經》改。
81 “彼”, 底本作“波”, 據《華嚴經》改。
82 “初”, 底本此下有“照”, 衍字。

大海，而不沒溺，摩伽羅魚，所不能害。菩薩摩訶薩，亦復如是。以菩提心入生死海，不爲生死之所染汚。亦不證實際。聲聞、緣覺摩伽羅魚，所不能害。譬如有人服食甘露，一切衆患所不能害。菩薩摩訶薩，亦復如是。服菩提心甘露法藥，不墮聲聞緣(40a)覺之地。起修習大悲，滿足[84]願行。譬如金剛器杖[85]，一切衆生乃至摩訶那伽，不能執持。除那羅延力。菩提[86]之心，亦復如是。聲聞、緣覺，不能受持。除諸菩薩摩訶薩”。

[5.4.3 學之先後]

第三學之先後者，衆生不解，謂要從漸教緣覺道。佛意不然。如來初成道，先放光明名淨境界，能嚴淨三千世界。此世界中，若有無漏諸辟[87]支佛，(40b)覺斯光者，即捨壽命。若不覺者，光明力故徙置[88]他方餘世界中。第二七日，即說《華嚴》頓教大乘經。初修行因之以果，皆悉不聽，發小乘心。終法界行成，亦有通攝之義。到七七日，始從麤土終至雙林，始說三乘漸教。

[5.4.3.1 先依漸教修行]

先依漸教修行者，如《花嚴》〈性起品〉云“佛子，菩薩摩訶薩，雖無量億那由他劫，行六波羅蜜，(41a)修習道品善根，不[89]聞此經，雖聞不信受持隨順，是等猶爲假名菩薩。不從如來種性家生”。此是漸教之

---

83 “所”，底本無，據《華嚴經》補。
84 “足”，底本作“尺”，據《華嚴經》改。
85 “杖”，底本作“林”，據文意改。
86 “提”，底本無，據《華嚴經》補。
87 “辟”，底本作“譬”，據文意改。
88 “故徙置”，底本作“敢徒買”，據《華嚴經》改。
89 “不”，底本作“木”，據《華嚴經》改。

機。縱使三阿僧祇修滿，若更迴心，得入頓教大乘信位。若不迴心，以不信不聞故，所名一闡提。又〈法界品〉，彌勒菩薩，告善財言“善財，當知，我所顯說，皆是普賢菩薩所行。應當了知，近善知識。過去諸佛，專求菩(41b)提，修習此行。於無量劫，諸有爲中，受無量苦。猶不值遇過去諸佛。不具是行”者，明漸教二乘佛不具頓教普賢性離因行。計依漸教二乘，修行成佛返遲故。《涅槃經》中，說法欲至深義以言“非諸聲聞、緣覺所知”故。下瑠璃中，佛告文殊師利，“莫入甚深空定。大衆鈍故”。又明對治有爲因果故。以恒河沙爲數。《經》初列衆，一恒，(42a)二漸[90]。增者，即是漸教之相。唯明真應二身。

[5.4.3.2 **先依頓教修行**]

先依頓教修行者，《花嚴》〈性起品〉云，“佛子，若菩薩摩訶薩，得聞此經，聞既信向受持隨順，當知，此等爲真佛子，從佛家生。隨順一切如來境界，具足一切菩薩正法，安住一切種智境界，遠離一切世間諸法，出生長養如來所行，到一切菩薩諸法彼岸，於如來自在正法，心無疑惑，究竟安住無(42b)師之地，深入一切如來境界”。又〈法界品〉中，彌勒菩薩告善財言，“善財，汝今皆得成就聞諸佛法，行菩薩行。其有衆生，聞是行者，得大善利，成滿大願。親近諸佛，爲佛真子，必成佛道，清淨解脫，除滅諸惡，遠離衆苦，積功德聚[91]。清淨法身，遊行十方，見諸如來菩薩大衆，長養善根，如水蓮花，值遇諸佛，聞持正法，安住佛(43a)道，具諸佛願，究竟諸佛功德彼岸”者，明善財修頓教普賢性離行，成三阿僧祇將滿，勝漸教二乘等佛故。如〈十地品〉“解脫月言：‘佛子，是菩薩，於一念中，能堪受幾所大法明雨。’答

---

90 “二漸”，底本作“二恒漸”，據文意改。

91 “聚”，底本作“聚淨”，據《華嚴經》改。

言[92]：'佛子，譬如十方所有不可說百千萬億那由他世界微塵，爾所微塵世界衆生，假使皆得聞持陀羅尼，爲佛侍[93]者，爲大聲聞多聞[94]第一。如金剛蓮華上佛，善伏比丘。(43b)其一衆生成就如是多聞之力，餘亦如是。一人所受，餘不重問。如是一切各各[95]不同。是菩薩住法雲地，於一念頃[96]，於一佛所受三世法藏大法明雨，上一切衆生多聞之力，百分不及一。乃至算數譬喩，所不能及。如一佛所聞，十方世界微塵諸佛，皆能受持大法明雨，復[97]能過此，無量無邊。於一念頃，亦復受持。'" 是菩薩，於漸敎二乘法相，不以一毫(44a)之力皆悉通達故。〈普賢品〉云："若依此經，少作方便，疾得阿耨多羅三藐三菩提。" 又《花嚴經》明不思議圓通道位爲宗故，以虛空微塵爲數。初列衆，"與十佛世界微塵數等大菩薩俱"者，即頓敎之相。

[5.4.3.3 **二乘爲障**]

《梵網》，何以故，二乘爲障者，有其三義。初以義釋。第二勸修。第三擧喩以彰。

[5.4.3.3.1 **義釋**]

[5.4.3.3.1.1 **引經義釋**]

初以引經義釋者，《涅槃經》云，"菩薩摩(44b)訶薩，畏墮聲聞辟支佛地，如惜命"者，《花嚴》二地妄梵行求中，一是邪見外道，二是同法

92 "言"，底本無，據《華嚴經》補。
93 "侍"，底本作"持"，據《華嚴經》改。
94 "多聞"，底本無，據《華嚴經》補。
95 "各各"，底本作"各"，據《華嚴經》改。
96 "頃"，底本作"須"，據《華嚴經》改。
97 "復"，底本作"沒"，據《華嚴經》改。

小乘。邪見外道者，“是諸衆生，深著我我[98]所，於五陰欅窟，不能自出。常墮四到”。此是外道，解不正。同法小乘中，“是諸衆生，其心狹劣，樂於小[99]法”者，此人久修大乘，今身逢惡知識，樂於小法。“遠離無上一切智慧，貪著小乘，不能志[100](45a)求大乘出世法”者，此人久來小乘種性，還起小欲故，第[101]二地菩薩言，“我應令彼住廣大心無量無邊諸佛道法，所謂無上大乘”。

八地云，“善男子，一切法性，一切法相，有佛無佛，常住不異。一切如來，以得此法故，說名爲佛。聲聞辟支佛，亦得此家，滅無別法。善男子，汝觀我等無量清淨身相，無量智慧，無量清淨國土，無量方便[102]，無量圓光，無量清淨音。(45b)汝今應起如是等事”，明二乘之人，唯取實際作證，障緣起行，菩薩不住實際作證，緣起成行。

〈普賢行品〉云：“過去久行嗔恚心故，未來樂[103]著小乘障。”

[5.4.3.3.1.2 **聲聞在會**]

〈入法界品〉中，明聲聞衆舍利弗須菩提等。何故前七會，竝皆不列[104]，唯此會獨列[105]者，亦有三義以釋。一就教。二就真妄。三就方便稱體。

---

98 “我”，底本無，據《華嚴經》補。
99 “小”，底本作“小小”，據《華嚴經》改。
100 “志”，底本作“悉”，據《華嚴經》改。
101 “第”，底本作“世”，據文意改。
102 “方便”，底本作“方佛便”，據文意改。
103 “樂”，底本作“藥”，據《華嚴經》改。
104 “列”，底本作“別”，據文意改。下同。
105 “列”，底本作“引”，據文意改。

[5.4.3.3.1.2.1 **就教**]

初就教者，明此經頓教大乘，唯被大機，不及二乘(46a)別相漸教之機故。初七會，始心立竝，簡而不明，爲顯宗別故也。但此會修成德滿，統攝無外。旣言法界，何有一法在外而不攝者。故此偏列在會。

何故"不見"者，據解，以別相之請，未捨情塞，自礙障故[106]不見。據行，行有自行堪入，利他之行全無故，不見[107]如來化用果德。

[5.4.3.3.1.2.2 **就眞妄**]

第二就眞妄者，上來諸會，圓通道始修，對治除障，簡僞取眞，妄相之[108]想分分而盡，(46b)眞實之行，分分增明故，妄相緣修對治之行，以爲聲聞。旣分分除斷，何有能契入眞境之義故，別[109]而不明。今此會明者，體會法界，稱實究竟，非斷非得[110]，古今淸淨。何有妄而可除，眞實可得。旣云"稱體"，何有不實[111]。緣無不實，妄無不實。故列二乘，明統攝法界，以成圓通之道，究竟無外也。下云"不見"者，明妄情不見。

[5.4.3.3.1.2.3 **方便稱體無二門**]

第三就方便稱體無二門中，前(47a)七會，不增不減，修明自利，因果德滿故，簡異方便對治增減二修聲聞。是以諸會之中，皆言"不知"者，正明除妄得眞，捨生死證涅槃，二乘之行故。《經》云："虛詐[112]妄

---

106 "故"，底本作"其"，據文意改。

107 "不見"，右附異本注記"覓イ"。由此可知異本中"不見"作"覔"。

108 "之"，底本無，據文意補。

109 "別"，底本作"亂"，據文意改。

110 "得"，底本作"德"，據文意改。下同。

111 "実"，底本無，據文意補。

112 "虛詐"，《華嚴經》作"虛誑"

說，生死涅槃異。” 又《經》云：“菩薩方便行，名聲聞行。” 今此會，正明不增不減修古今清淨，一味平等。何有增減。稱體方便無二[113]故。而法界之外，無法不攝。是以，此中具明二乘，以彰統苞圓極。下文[114]何故“不見”(47b)者，明增減之跡妄[115]，不能圓拙相應故，云“不見”。何故“諸大聲聞，在祇洹林”者，漸教不在頓教外。但以相別之情尅他，頓教爲漸法、非外故云“在”。明妄依真立，妄非真外故，云“在”。就增減中，雖復隨緣別修，而非性離體外故，云“在”。“而悉不見”者，局教之情，不見頓教因果，明妄相如行，不見真實因果之據真，修方便增減之行，不見稱體因果。又云“是諸功德(48a)不與聲聞辟支佛共”者，頓教因果，不與漸教功德共。真實因果，不與妄共。性離之道，不與增減行共。故《經》云：“何以故。聲聞乘出三界故。以滿足聲聞之道，住聲聞[116]果，不能具足。無所有故，住真實諦，常樂寂滅，遠離大悲，常自調伏，捨離衆生。是故，雖與如來對面而坐，不能覺知神變自在。”

[5.4.3.3.2 勸修]

第二勸修者，如信位行善知識中，“爾時，文殊師(48b)利告諸比丘：‘汝等當知，若善男子、善女人，成就十種大心，則得佛地。況菩薩地。何等爲十。所謂發廣大心，長養一切善根，究竟不退，心無厭足。見一切佛，恭敬供養，心無厭足。正求一切佛法，心無厭足。遍行菩薩諸波羅蜜，心無厭足。具足一切菩薩三昧，心無厭足。於一切三世流轉，心無厭足。教化成就一切衆生，心無厭足。於一切剎一切

---

113 “無二”，底本作“妄”，據文意改。
114 “文”，底本作“汶”，據《華嚴經》改
115 “妄”，底本作“木亡”，據文意改。
116 “聞”，底本無，據《華嚴經》補。

劫中行菩薩(49a)行，心無厭足。發廣大心，修習一切佛刹微塵等諸波羅蜜，度脫一切衆生，具佛十力，心無厭足。若善男子、善女人，成就如是十種大法，則能長養一切善根。雖生死趣一切世間，性超出聲聞、緣覺之地，生如來家'”。皆云“無厭足”者，明發心法念念入薩波若。體非分限故，云“無厭足”。

[5.4.3.3.3 **擧喩**]

第三擧喩以彰者，下《經》言，“譬如雪山有諸藥草，賢明良醫，悉分(49b)別知。雖有捕獵放牧[117]人等，遊止[118]彼山，悉不能知。菩薩摩訶薩，亦復如是。具足一切智，出生一切菩薩，自在明了如來神足變化。彼諸聲聞大弟子衆，雖處祇洹，悉不覺知。所以者何。常求自安，不廣濟[119]故”。乃是法界解脫別相之行。非是種性之流，得來此會。

喩中又[120]云，“聲聞何故不見佛”以下，次第覺法界故。若論法界義，通始終有其五位。初會，因(50a)果理實門中稱法界。普光會，信門中稱法界。從忉利、夜摩、實現[121]、兜率、他化天會，明修成因果門中稱法界。重會普光，明淳熟因果門中稱法界。祇洹林〈入法界品〉，明因果無障礙解脫一切門中，究竟稱體故，得“入法界[122]”之名。

若論因果，有其十二位。亦統攝一部[123]。初會明無爲因果，亦名自種因果。初盧舍那十世界等，明果。“乃往古世”已下，明因。〈名號(50b)品〉已下，明有爲因果。亦名自類因果。初 〈名號〉〈四諦〉〈光明覺〉

---

117 “牧”，底本作“权”，據《華嚴經》改。
118 “止”，底本作“心”，據《華嚴經》改。
119 “濟”，底本作“齊”，據《華嚴經》改。
120 “又”，底本作“汝”，據文意改。
121 “夜摩、兜率”，底本作“夜摩、實現、兜率”，據文意改。
122 “界”，底本作“果”，據《華嚴經》改。
123 “部”，底本作“郭”，據文意改。

三品，明果。〈明難〉已下，記至住處二十五品，明因。〈不思議品〉已下，明自體因果。〈不思議〉〈相海〉〈小相〉三品，明果。〈普賢行〉一品，明因。〈性起品〉，就體中明因果。初明其因，如來十種身已下，明果。〈離世間〉一品就體[124]中，明淳熟因果。普賢二千答中，初二百句答十信。二百句答十住。三百句答十行。二(51a)百七十句答十迴向。五百二十句答十地。此明因行。“十種觀察”已下，有五百一十句，明果。〈入法界[125]〉一品，就用明解脫因果。從初說至“聚落京都”已來，明法界解脫果。“爾時，文殊師利童子，從善安住樓閣出”已下，明法界解脫因。初四十二善知識，明有爲因。百一十善知識，無爲因。三千塵等知識，無二因。普賢菩薩，明性離因。始從“如是”終至經末，統攝(51b)法界因果行位。句句皆是勝妙法門，以成一佛德之大聖功妙，卷舒無礙。

[6 **總結**]

總攝《花嚴》一部，略爲二佛名之明。但禮誦之者，即禮誦《花嚴》一部法門。明此二佛之名，乃是行之要軌，其巧金約[126]，障無不除，功德無盡。今恐後學未善其相，略顯於此。

華嚴經兩卷旨歸卷下

124 “體”，底本作“故”，據文意改。
125 “界”，底本無，據文意補。
126 “其巧金約”，此四字文意不明。疑有文字錯亂。

해제

저본은 중국국가도서관에 소장되어 있는 BD05755 (奈55, 北8420)이다. 이 서사본은 앞부분이 결락되어 있지만, 미제에 「融卽相無相論一卷」이라고 기록되어 있다. 『융즉상무상론』은 어떤 경록에서도 그 명칭을 볼 수 없었던 완전한 신출 문헌이다. 1행 22자 정도로 약 280행이 잔존한다.

그 내용을 살펴보면 제1장은 결락되어 있고, 제2장의 단편과 「轉無明以爲明論第三」「三教對於三佛論第四」「三根對於三教論第五」「釋三佛有說無說論第六」「辨共成佛爲不共成論第七」「有執無執論第八」「淨土論第九」「二諦論第十」「十二因緣論第十一」「禪枝論第十二」의 10장으로 구성되어 있다. 전체적으로 융즉의 사상을 설하고 있는데, 예를 들면 제3장 「轉無明以爲明論」에서는 번뇌즉보리, 제6장 「釋三佛有說無說論」에서는 法報應三佛의 상즉, 제9장 「淨土論」에서는 淨穢二土의 상즉이 설해지고 있다.

또한 이 서사본의 미제 뒤에는 『丞相王五門佛性義』에서 발췌한 것이라고 추정되는 단편이 부록되어 있다. 『丞相王五門佛性義』도 또한 어떤 경록에서도 그 명칭을 찾아 볼 수 없다. 여기서 丞相王이란 西魏의 丞相 宇文泰(505~556)이다. 『周書』 권23에 의하면, 우문태의 보좌역이었던 蘇綽에게 『佛性論』이라는 저작이 있었다고 한다. 이것이 『丞相王五門佛性義』일 가능성은 있지만, 확실한 것은 알 수 없다. 그런데 이 부분에서 주목해야 하는 것은 「第一佛性門, 第二衆生門, 第三修道門, 第四諸諦門, 第五融門」이라는 5門의 명칭이 확실히 나타나 있는 것이다.

지론종 문헌에서는『大乘五門十地實相論』『大乘五門實相論』과 같이 「五門」을 제목으로 포함하는 것이 있고, 또한『화엄경문답』에서는 五門論者의 설이 소개되어 있지만, 5문이 구체적으로 무엇을 의미하는가에 대해서는 오랫동안 불분명했다. 그러나 여기에서 5문의 명칭이 확실히 밝혀지면서, 法上의『十地論義疏』(S.2741·Pelliot chinois 2104)와『本業瓔珞經疏』(S.2748), 우문태의 영향 아래 편찬된『菩薩藏衆經要』22권,『一百二十法門』1권이 모두 5문에 의거하고 있으며, 돈황 문서 BD06771, BD07808이『一百二十法門』의 殘簡임이 판명되었다. 5문은 法上 시대의 지론종에서 흥기하고, 西魏에서 부흥하였던 사상으로 생각된다.

『융즉상무상론』은 융즉의 사상을 설하는 것으로『승상왕오문불성의』도「融門」에서 같은 사상을 설하고 있었다고 추정된다. 이들이 연속으로 서사되고 있는 것을 보면 그 성립 시기도 비슷할 것이다. 또한『융즉상무상론』은「法界體性」이라는 용어를 사용하여 번뇌즉보리의 사상을 설하고 있다.「法界體性」은『大乘五門實相論』에서도 키워드로서 사용되고 있다. 또한『一百二十法門』의 최후의 법문은 法界體性門이다. 따라서『융즉상무상론』이 이 용어를 사용하고 있는 것은 이것이 5문의 사상을 받아 작성된 것을 나타내는 것이다. 그러나 한편,『융즉상무상론』에서는「法界緣起」라는 용어가 빈번히 사용된다. 이 용어는 法上疏 등에서는 아직 보이지 않고, 靈裕와 慧遠의 세대가 되어 처음으로 사용된 용어이므로 본 문헌의 성립은 北周시대라고 하는 것이 타당할 것이다. 저자에 대해서는 아직 불분명하다.

題解

底本爲中國國家圖書館所藏的BD05755（奈55，北8420）。首部殘缺，尾題爲“融卽相無相論一卷”。《融卽相無相論》一題未見於諸經錄，完全屬於新出文獻。1行22字左右，全文現存有280行。其中，第一章欠缺，第二章存有部分斷片，以下由“轉無明以爲明論第三”、“三教對於三佛論第四”、“三根對於三教論第五”、“釋三佛有說無說論第六”、“辨共成佛爲不共成論第七”、“有執無執論第八”、“淨土論第九”、“二諦論第十”、“十二因緣論第十一”、“禪枝論第十二”十章組成。整體來說，是在論述融卽的思想，如第三章“轉無明以爲明論”中論述了煩惱卽菩提；第六章“釋三佛有說無說論”中論述了法報應三佛的相卽；第九章“淨土論”中論述了淨穢二土的融卽。

本寫本的尾題后，付有一枚斷片，應爲從《丞相王五門佛性義》中拔萃的內容。《丞相王五門佛性義》亦未見於諸經錄，但丞相王應指西魏的丞相宇文泰（505－556）。據《周書》卷23所述，宇文泰的副官蘇綽作有《佛性論》一文。此文有可能是《丞相王五門佛性義》一文，但竝不能確定。這部分的價値所在，在於此中明確指出了五門的名稱，卽“第一佛性門、第二衆生門、第三修道門、第四諸諦門、第五融門”。地論宗的文獻，如《大乘五門十地實相論》、《大乘五門實相論》等文獻的標題中，都含有“五門”。《華嚴經問答》中也介紹了五門論者的學說。但在很長一段時間內，我們都無法確認此五門具體是指什麽內容。但是，五門的名稱在這裡得到了明確。據此，我們可以判明以下幾點：法上的《十地論義疏》(S.2741、Pelliot chinois 2104)、《本業瓔珞經疏》(S.2748）中採用了五門說；在宇文泰的授意下編纂的《菩薩藏衆經要》22卷、《一百二十法門》1卷亦是基於五門說的文獻；敦煌文書BD06771、BD07808 爲《一百二十法門》的殘片。五門思想在法上的時代於地論宗中興起，竝在西魏時期得以昌盛。

《融卽相無相論》是討論融卽思想的著述。可推測《丞相王五門佛性義》的“融門”部分中亦敘述了同樣的思想。從這這兩部著述的連寫來看，其成立時閒應該也比較接近。此外，《融卽相無相論》中使用了“法界體性”來講說煩惱卽菩提的思想。“法界體性”一詞是《大乘五門實相論》一文的關鍵詞。竝且，《一百二十法門》中最後的法門爲法界體性門。據此，我們可以認爲《融卽相無相論》中對這一詞語的使用，指出了本文是受了五門思想的影響而成的文獻。但是另一方面，“法界緣起”一詞在《融卽相無相論》中被數次使用。這一詞語在法上疏等文中尙未出現，直到靈裕、慧遠的時代才開始被使用。因此，將本書的成立時代定在北周時期較爲妥當。關於本書的著者，暫時不明。

解題

底本は中国国家図書館所蔵のBD05755（奈055 / 北8420）である。この写本は首部が欠けているが、尾題に「融即相無相論一巻」とある。『融即相無相論』は諸経録にもその名が見えず、全くの新出文献である。1行22字程度のものが約280行残存している。その内容は第一章が欠けていて、第二章の断片と「転無明以為明論第三」「三教対於三仏論第四」「三根対於三教論第五」「釈三仏有説無説論第六」「弁共成仏為不共成論第七」「有執無執論第八」「浄土論第九」「二諦論第十」「十二因縁論第十一」「禅枝論第十二」の10章から成っている。全体的には融即の思想を論じたものであり、たとえば第3章の転無明以為明論では煩悩即菩提、第6章の釈三仏有説無説論では法報応三仏の相即、第9章の浄土論では浄穢二土の融即が述べられている。

またこの写本には、尾題の後に、『丞相王五門仏性義』からの抜粋と見られる断片が付されている。『丞相王五門仏性義』なるものも諸経録にその名を見ないが、丞相王とは西魏の丞相、宇文泰(505～556)のことである。『周書』巻23によれば、宇文泰の補佐役であった蘇綽に『仏性論』という著作があったという。これが『丞相王五門仏性義』である可能性もあるが、確かなことは分からない。さてその部分で注目に値するのは、「第一仏性門、第二衆生門、第三修道門、第四諸諦門、第五融門」と、五門の名が明らかにされていることである。地論宗文献の中には『大乗五門十地実相論』・『大乗五門実相論』のように「五門」を題に含むものがあり、また『華厳経問答』の中には五門論者の説が紹介されているが、この五門が具体的に何を意味するのかは長らく不明であった。しかしここに五門の名が明らかになったことにより、法上『十地論義疏』(S.2741・Pelliot chinois 2104) や『本業瓔珞経疏』(S.2748) がこの五門を用いていること、宇文泰のもとで編纂された『菩薩蔵衆経要』22巻・『一百二十法門』1巻が五門に基づいていること、敦煌文書BD06771・BD07808 がまさしく『一百二十法門』の残簡であることが判明した。五門は法上の時代の地論宗で興起し、西魏で盛んとなった思想のようである。

『融即相無相論』は融即の思想を論じるものであるが、『丞相王五門仏性義』も「融門」では同様の思想を述べていたと推測される。これらが連写されていることから、その成立も近いであろう。さらに『融即相無相論』は「法界体性」という語を用いて、煩悩即菩提の思想を説いている。「法界体性」は『大乗五門実相論』でもキーワードとして用いられている。また『一百二十法門』の最後の法門は法界体性門である。よって『融即相無相論』がこの語を用いていることは、これが五門の思想を受けて書かれたものであることを示していると考えてよかろう。しかし一方、『融即相無相論』では「法界縁起」という語が数度用いられている。この語は法上疏などにはいまだ見られず、霊裕や慧遠の世代になって初めて用いられるようになった語である。よってこの書の成立は北周の時代と考えるのが妥当であろう。著者については未だ不明である。

參考文獻

青木隆 [2003]〈敦煌出土地論宗文獻《融即相無相論》について——資料の紹介と翻刻——〉(《東洋の思想と宗教》20, 早稻田大學東洋哲學會, 東京)

底校本

底本：BD05755號 (13紙；280行)

校本：無

內容綱目

1 ---

2 --- (首殘, 1-7)

3 轉無明以爲明論第三 (7-32)

4 三教對於三佛論第四 (33-53)

5 三根對於三教論第五 (53-90)

6 釋三佛有說無說論第六 (90-122)

7 辨共成佛爲不共成論第七 (122-146)

8 有執無執論第八 (146-164)

9 淨土論第九 (165-193)

10 二諦論第十 (193-214)

11 十二因緣論第十一 (214-236)

12 禪枝論第十二 (236-273)

丞相王五門佛性義 (273-279)

題記 (280)

錄文

[2 (不明)]

(首殘)(1)＊＊＊＊＊＊＊＊＊＊＊＊＊而生，何故不名爲有始。□□(2)＊＊＊＊＊＊＊＊＊□情言有始者是無始。又言(3)＊＊＊＊＊＊＊＊＊＊之始。經云，有始之法畢歸終盡，以神(4)＊＊＊＊＊＊＊＊＊盡義。此盡者是盡無所盡，正以佛性(5)＊＊＊＊＊＊＊□所盡也。何以得知衆生有始也。《仁王經》云：(6)“衆生初一念神明始起，異於木石。”[1] 故知一切神明皆有始也。(7)無始之始，無所不始。此言始者，對情之謂也。

[3 轉無明以爲明論]

轉無明以爲明(8)論第三

問曰：衆生修何行，斷何煩惱，得成佛也。答曰：修因(9)中萬行，斷五住地煩惱，得成佛也。

問曰：作之法用云何。(10)答曰：因中行者作，果中行者始終一神明。行者相(11)續不斷，故得言作。

問曰：若如此解者，得舍將因(12)中無常，入果中常者。答曰：若爾，果中常者便是(13)可作可合法。若是可作可合，有何異於生死作法。

(14)問曰：若如此解者，何故《楞伽經》云，“我不證涅槃，亦(15)不捨所作。是故名涅槃”[2]。若如此者，有何捨可，有何(16)可續。今就體通宗

---

[1] “仁王經云……異於木石”，參見《佛說仁王般若波羅蜜經》“然諸有情於久遠劫，初剎那識異於木石”。

[2] “楞伽經云……是故名涅槃”，參見《入楞伽經》“我不取涅槃，亦不捨作相，轉

解義，小異於前。昔日惑心在懷，(17)妄想因緣，於涅槃法上，作無明解。今日解故，返指昔(18)日無明，正是今日涅槃。非寂靜，生死非雜亂。是以知也。(19)又《仁王經》云："菩薩未成佛，以菩提爲煩惱，菩薩成佛時，(20)以煩惱爲菩提。"[3] 故知二法耳。

問曰：菩薩未成佛，何故名(21)菩提爲煩惱，菩薩成佛時，何故以煩惱爲菩提。(22)答曰：一切有無名相無不是法界體性。法界體性即是(23)菩提。正以菩薩惑障未盡名法界，有無之相稱(24)爲煩惱。菩薩成佛時，會真如妙解，則知本來所謂(25)生滅妄想分別即是無爲菩提。故云："菩薩未成佛，(26)以菩提爲煩惱，菩薩成佛時，以煩惱爲菩提。"

問曰：昔(27)昔[4]惑心在懷，名曰無明。今日解時，返指昔日無明，正是今(28)日涅槃。可謂轉無明以爲明。

問曰：若無明可轉，云何言(29)"涅槃非寂靜，生死雜亂"[5]。答曰：此言轉者，對情妄轉。(30)理中無有明，亦無無明。當此會解之時，非以今日始得(31)此解，通知本來無有明，亦無無明，何轉之有。此言轉者，(32)對衆生一念之心，故云轉耳。其實無轉，亦無無轉。

[4 三教對於三佛論]

(33)三教對於三佛論第四

一者六識對應佛，其教聲。

二者七識(34)對報佛，其教行。

三者八識對法佛，其教圓。

滅虛妄心，故言得涅槃" (T16,538c)。

[3] "仁王經云……惱爲菩提"，參見《佛說仁王般若波羅蜜經》"菩薩未成佛時以菩提爲煩惱，菩薩成佛時以煩惱爲菩提"(T8,829b)。

[4] "昔"，疑爲"日"。

[5] "云何言涅……生死雜亂"，參見《大方廣佛華嚴經》"生死非雜亂，涅槃非寂靜"(T9,498b)。

問曰：六(35)識是生滅法，應身是可見相。對之無嫌。七識法智心相(36)謝則真如不顯。解慧圓滿，方成報身，相惑既除。理自(37)無對。安得七識對報佛。答曰：一者自分相應報，二者顯見(38)對治報。自分相應報者，初地以上分證真如，即得行(39)報相應報用。正以分證真如，故行中作解脫不思議用。(40)是故名爲行報相應報用。顯見相應用者，若無最後(41)一慮，不得彰解惑盡。正以最後一慮，故得彰解滿。解(42)滿邊，即是第八識慮在邊，即是有對義。對義屬於(43)前，滿義屬於後。據修望後，無常不對。據融望修，(44)何時有對。所言者以無對爲對。故《維磨》云："夫說法者(45)無說無示。"[6] 無說之說，示之示既得，安說示。無對之對，(46)何故不名爲對。生滅法智後一念心，更不起第二生。前(47)照法智對於報佛，後解滿之對於真如，一法兩顯。常(48)用故終曰兩顯，常寂故終曰無顯。

問曰：法智後一念心是(49)真如，非是。答曰：是也。

問曰：言一念者即是存相，云何(50)是真如也。答曰：此存一念者，非執此一念。以存於念，爲欲據(51)念。以彰解言一念。會真始[7]時，非是滅此一念，以知無念。(52)通知無始以來本無生，亦無滅可滅。言生滅者，亦對衆(53)生虛妄之情。

[5 三根對於三教論]

三根對於三教論第五

問曰：一切經中正有(54)聲教，亦有非者。有師解言，都是聲教。

問曰：若爾，何(55)故《維磨經》云，"我此室中常說六波羅蜜不退轉地之(56)行"[8]。明知有行教也。《金剛三昧海經》云[9]，如來入金剛三昧，用

---

[6] "故維磨云……無說無示"，參見《維摩詰所說經》"夫說法者，無說無示"(T14,540a)。

[7] "始"，疑爲"如"。

(57)意業說。佛意業法，十地菩薩於中不聞不知。明知有圓(58)教也。今就體通宗解義，教有三種。其三者何。一者聲教，對(59)於六識。二者行教，對於七識。三者圓教，對於八識。

問曰：經(60)中有何者是聲教，何者是行教，何者是圓教。若作昔解(61)義，將理將行，就聲教而說。有復一解言，一切教悉是行。(62)將理將教，就行而說。今經消息分爲三種。但使一切經中所(63)言，如來王宮生，樹王成道，去來動轉青黄赤白，或形長(64)三尺，或言梵王不見其頂，六城降天魔伏外道，作如(65)是說處盡是聲教。

問曰：何以得知是聲教。《三昧海經》(66)云："有一品衆生，但見如來是赤土聚。"[10] 如此之徒正得聲解，(67)爲六識分別之所聞見者，即是聲教。

問曰：何以得知是(68)行教。答曰：但使經中言，如來不生不滅，湛然常住，猶如(69)金剛。如此之徒皆是行解。故《華嚴》云，說華嚴時，二乘(70)凡夫同在一處，不聞不知。爲七識無分別之所聞見者，盡是(71)行教。

問曰：凡夫爲聲所攝，理自可明。二乘落在聲中，不乃(72)濫乎。答曰：二乘雖有其行，行相不純。是以猶懷分別高(73)下之情，行相未成。故在聲教。

問曰：一切教本盡詮於理。(74)今行但能緣境，都無所說。云何得言行教。答曰：行心(75)緣理，生其勝解，既生即是資於妙理，既得妙解，非詮如(76)何。以是義故得名行教。

---

8 "何故維磨……轉地之行"，參見《維摩詰所說經》"此室常說六波羅蜜不退轉法"(T14,548b)。

9 "金剛三昧海經云"，出典不詳。疑爲"觀佛三昧海經云"。

10 "三昧海經……是赤土聚"，參見《佛說觀佛三昧海經》"比丘衆中有一千人。見佛色身如赤土人"(T15,660b)。

問曰：圓教何者是。答曰：但使經(77)中言，無聽無示，無文無字，無捨無取，無知無見，無有足迹，(78)寂然無相，不可名爲有，不可爲無，絶一切相◇，無所不絶，(79)言語道斷，心行處滅，如此說法者盡是圓教。

問曰：凡(80)教之生，皆詮至理，至理不言，云何得有詮義。答曰：圓解乃與(81)圓理相應，一相無相，更無可相，正是圓解。行者既得圓解，(82)即以圓爲詮。所云詮者，是對相之詮。體上無詮，亦無無詮。以(83)是義故得名圓教。當聲教之人於何法上而作聲解。答曰：(84)正於行上理上，◇作聲解。

問曰：行教而於何法上而作行解。(85)答曰：於聲上理上而作行解。

問曰：圓教人於三教中，作何教解。(86)答曰：三教中正作一教解。何以得知。若就理中，無一無二。就法(87)界用上以明於其實，無三可得。故《法華經》云，"無二無三"[11]，乃(88)是無三之三，無一之一。就體而言，求一尚不可得，豈容有(89)一三之異哉。一不異三之一，三不異一之三。若以體融之，亦非(90)一，亦非三，亦非三非非三。言一言三者，對相之謂。

[6 釋三佛有說無說論]

釋三佛有(91)說無說論第六

問曰：三佛何者是。答曰：一者應佛。二者報佛。(92)三者法佛。

問曰：三佛爲盡說法，爲不說法。答曰：有師解(93)言，唯應佛說法，報佛法佛不說。又復一解，報佛應佛(94)說法，唯法佛不說。何以

---

[11] "故法華經云無二無三"，參見《妙法蓮華經》"十方佛土中，唯有一乘法，無二亦無三" (T9, 8a)。

得知。報佛說法，案華嚴經，(95)是以知之。今就通宗辨義，小異於前。若以修相望於(96)三佛，盡皆說法。若以真如望於修相，三佛如來不說。何(97)以得知。三佛體一也。

問曰：法報二佛不說法者，可如所言。(98)應佛無說，其義安在。答曰：若應佛說法者，何故《金剛(99)波若經》云，“如來無所說法”[12]。應化非真佛，亦非說法者。(100)又《大集經》云：“我從得道夜，至入涅槃日，不曾說一字。”[13] (101)又《涅槃》云：“若知諸佛常不說法。是名菩薩具足多(102)聞。”[14]

問曰：若三佛不說法者，阿難從誰聞此經也。衆生復聞(103)誰法而得悟道。答曰：一切衆生無始妄想勳習因緣，於(104)不聞法上妄作聞解。何以得知。《涅槃經》云：“不聞聞，聞不聞。”[15] (105)是故今日所有聲教，所有聞說法者，皆是不聞聞而取。(106)若作聞聞而取，不能生解斷惑。是故《涅槃》云：“我五指頭(107)實無五獅子，直以慈善根力使諸衆生見是事。”[16] 正以(108)如來自體法[17]者皆是不聞聞。若作聞聞而取，不能解斷(109)惑。是故《涅槃》云：“我五指頭實無五獅子，直以慈善根力(110)使諸衆生見如是事。”正以如來自體真集勳修之力故，(111)能使一切衆生不見體上作其見，不聞法上作其聞解。

問(112)曰，何以得知不聞法上作其聞解。答曰：《涅槃經》云：“不聞

---

12 “金剛波若……無所說法”，參見《金剛般若波羅蜜經》“如來無所說法”(T8, 754b)。

13 “大集經云……曾說一字”，參見《金剛仙論》“故大集經中佛自說言。吾從得道夜。至涅槃夜。非其中間而不說一字如來無所說法”(T25, 831a)。

14 “又涅槃云……具足多聞”，參見《大般涅槃經》“復除是事若知如來常不說法。亦名菩薩具足多聞”(T12, 520b)。

15 “涅槃經云……聞聞不聞”，參見《大般涅槃經》“善男子。聞所不聞亦復如是。有不聞聞。有不聞不聞。有聞不聞。有聞聞”(T12, 491c)。

16 “是故涅槃……生見是事”，參見《大般涅槃經》“善男子。我於爾時手五指頭實無師子。乃是修慈善根力故令彼調伏”(T12, 457b)。

17 “法”，以下52個字“法者皆是……如來自體”，衍字。

不(113)聞者名大涅槃。”[18] 故知一切衆生於不聞法上作於聞解。

(114)問曰：若衆生於不聞處作聞解者，非是虛妄。若是虛(115)妄，即是大患。何由能除煩惱，亦何由得聞經悟道。(116)答曰：經實非妄也。但衆生妄心作聞，實不可聞。實不(117)可聞，實不可聞解。語其經體，都非可聞不聞也。(118)故言聞者，在如妄心欲論至理。有何法而可名之哉。一切盡妄情。是故(119)《維磨經》云：“心相得解脫時，寧有垢不有。”[19] “我及涅槃此二皆空”[20]，(120)云三佛說不說皆是妄情也。所言說者乃是無說之說。(121)所言聞者乃是不聞之聞。聞者是對心，不聞不聞是絶(122)相。

[7 辨共成佛爲不共成論]

辨共成佛爲不共成論第七

問曰：衆生成佛，爲各各作，(123)爲不別作。答曰：當家解言，各各別作，非共作也。

問曰：何故(124)有人解言，同常住等正覺。答曰：雖復常理是同作佛，(125)就者而分便有異，釋迦彌勒是其義。

問曰：若爾，常理(126)乃可是，常者應無常。何以得知常邊不別者處有(127)異耶。得者非無常也。答曰：譬如一室燃百千燈[21]，燈明是一，(128)不相障礙。燈炷恒別事同者義，一邊義同常住等正(129)覺。

問曰：若明處是一者，義則求正，釋迦者異於無量(130)佛者，豈非

---

18 “涅槃經云……名大涅槃”，參見《大般涅槃經》“云何不聞聞。善男子。不聞者名大涅槃。何故不聞。非有爲故非音聲故不可說故”(T12,491c)。

19 “故維磨云……有垢不有”，參見《維摩詰所說經》“如優波離，以心相得解脫時，寧有垢不”(T14,541b)。

20 “我及涅槃此二皆空”，參見《維摩詰所說經》“我及涅槃，此二皆空”(T14,545a)。

21 “譬如一室燃百千燈”，參見《涅槃義記》“第三外道立喻救義。譬如一室燃百千燈，燈別明通”(T37,846c)。

別也。若當別者，可不常中有半常半無常。何(131)以得知佛佛自相望恒有頭數。若是頭數即是無常。復(132)又人解，真淨等均共作一佛，無二無差。但佛有無量用，遍周法(133)界，終曰差用邊名爲無量佛。無差用邊名一佛。據用恒(134)異，語體恒一。何以得知。《十地經》云，一佛無量佛，無量佛即是(135)一佛。

問曰：若用周法界，終曰有差別用，無差別相。理應如(136)是。但用法滿足，無所假待。若無所假待，用何法利益也。(137)又問，若用法已足，更不須用者，諸佛則無益物之力。答曰：今日就正宗中解義，小異於前。本衆生未成佛以前有妄相(139)心，故謂作佛時各各別異。今日斷盡，始知昔日妄相正是(140)今日無相，今日無相不異昔日妄相。何以得知。《楞伽經》云[22]，愚(141)癡聲聞捨生死，求於涅槃，不知涅槃生死正是一體，若(142)爾，本無所隱，今無所顯。但對衆生，故彰其隱顯耳。修(143)成亦如是。若言至理，無一佛無多佛，無共作無異作。但對(144)衆生導言共成一佛，又言作無量佛。其實無一作可得。寧(145)有多異佛也。此乃是無成之成，無所不成。共成別成皆是對(146)治之談耳。

[8 有執無執論]

有執無執論第八

問曰：衆生修何行，斷何生死，去(147)離何惑，得免於執着也。答曰：若就昔教法判，聲聞正以畏於生(148)死，修道去障，入無餘涅槃，意謂是指南之解，聖人本章，千佛出世，(149)不聞不知。豈非大執也。凡夫寧樂野犴之身，不樂涅槃空無，不(150)能真解，但欲正身口之惡，望離諸業。復是大執。

問曰：菩薩云何(151)修行。《法界無分別經》云[23]，若見五蓋是可惡，

---

22 “楞伽經云”，出典不詳。

五根是可，竝爲執着。(152)若言一切法有一切法無，亦是執着。若言一切亦無，又言一切亦非有一切亦(153)非無，皆不離執。若言空本義然，復是增上慢人，亦不免執也。如(154)何遣之。答曰：若能不取空不取有，不着一切境界，玄寂沖廓，(155)無寄無染，粗可虛會妙指，此會是無會之會，不可名，不可(156)導。

問曰：若取無爲，無爲染者，亦何能離執也。答曰：今就正宗(157)解善，小異於前。凡一切法不問有爲無爲，皆是執着。但有爲執(158)重，無爲執輕。若能解心滿足時，知何者是有爲，知何者是無(159)爲，一相融解有無本空。是以萬惑不待遣而自滅，衆(160)煩不待斷而自除，玄寂冥嘿，體絶形名。凡所不能凡，(161)聖所不能聖，知所不能知，求所不能求，體非有無，不離有無，(162)而非有無之所能執。自體無障，障無所障，自體無礙，礙無(163)所礙。豈有何解可解。豈有何執可執。夫執者對於不執，(164)不執不執者對於執。理中無執，亦無無執。執與不執皆是悉情耳。

[9 淨土論]

(165)淨土論第九

問曰：淨垢穢二土爲當同體，爲當別體。(166)答曰：有解言，淨穢二土各各別體。

問曰：若各各別者，何故《維(167)摩經》言，“心淨故則佛土淨土”[24]。正以佛土淨，故知淨穢在(168)心不在土也。答曰：若爾，何故《法華經》云，變穢作其淨土，(169)移其天人，三變土田[25]，然後始彰於淨土，以此

23 “法界無分別經云”，出典不詳。

24 “何故維摩……佛土淨土”，參見《維摩詰所說經》“若菩薩欲得淨土，當淨其心，隨其心淨，則佛土淨” (T14,538c)。

25 “何故法華……三變土田”，參見《妙法蓮華經》〈見寶塔品〉(T9,33ab)。

經故知淨穢土(170)別本不相及也。

問曰：若如向解，何故經云，“我見釋迦牟尼(171)佛土淨”[26]。常若此有。復經言，仁者心有高下，不依佛慧故。(172)見此土爲不淨耳。有《法華經》言：“大火劫燒時，我此土安穩，(173)天人常充滿。”[27] 故知同界異見。何故得知。《唯[28]識論》(174)云：“唯識無境界，以無塵妄見。”[29] 復有《十地經》云：“三界唯(175)一心作。”[30] 故知淨穢土唯在於心。何以得知。經云：“心垢故衆(176)生垢，心淨故衆生淨。”[31] 故知淨穢在心耳。

問曰：若爾，何(177)故三十三天唯是其淨，娑婆世界純見於穢，無量壽佛(178)國無動如來諸菩薩充滿世界，娑婆國土而無一賢(179)也。答曰：若爾，所見唯自心分別，非土有其差別也。何(180)以得知。《法華經》云：“我常在靈鷲山及餘諸住處。”[32] (181)何故乃言無一賢，有無之來在汝心耶。非是土有淨。是故(182)經言，“日月行閻浮提”[33]，“而盲者不見，非日月咎”[34]，故知唯在(183)汝心也。

問曰：何者爲報土，何者爲應土，何者爲圓寂土。答曰：(184)依六

---

26 “何故經云……尼佛土淨”，參見《維摩詰所說經》“我見釋迦牟尼佛土清淨”(T14,538c)。

27 “有法華經……人常充滿”，參見《妙法蓮華經》“大火所燒時，我此土安隱，天人常充滿”(T9,43c)。

28 “唯”，底本作“維摩”，據文義改。

29 “唯識論云……無塵妄見”，參見《唯識論》“唯識無境界 以無塵妄見”(T31,63c)。

30 “復有十地……唯一心作”，參見《十地經論》“經曰。是菩薩作是念三界虛妄但是一心作”(T26,169a)。

31 “經云心垢……故衆生淨”，參見《維摩詰所說經》“心垢故衆生垢，心淨故衆生淨”(T14,541b)。

32 “法華經云……餘諸住處”，參見《妙法蓮華經》“常在靈鷲山，及餘諸住處”(T9,43c)。

33 “是故經言日月行閻浮提”，參見《七佛所說神呪經》“喻如日月行閻浮提爲其除冥”(T21,555b)。

34 “而盲者不見，非日月咎”，參見《維摩詰所說經》“心垢故衆生垢，心淨故衆生淨”(T14,541b)。

識所見，三十三天餘方報往淨土果報土田宮宅皆(185)百寶莊嚴者，盡是報土。但使諸佛神力爲作變現種(186)種自在者，皆是如來權應土也。若就法界緣起即寂(187)而興大用者，皆是無障閡圓用土也。若就常用自體(188)恒寂邊無見無證，始是窮原至極之妙土也。若對衆生，(189)可有報應圓寂差別。若就至理真如，注◇真淨常向(190)不可得。寧有報應圓寂之差別可見也。所言見淨(191)土者，皆對衆生而辯論。真如自實之體無淨不(192)淨耳。夫言淨以對無淨，夫言無淨以對於淨。自體(193)無見不見義，安有淨穢之可存乎。

[10 二諦論]

二諦論第十

(194)問曰：二諦者有幾種差別。答曰：依如昔日解義，(195)乃有五種二諦。何者爲五。一者就因緣故有，是世諦。無性(196)故空，是第一義諦。二就假名宗中，假名故有，是世諦。(197)無自實故，是第一義諦。三就教通宗，三乘爲世諦，一(198)乘爲第一義諦。四就相通宗中，自金剛已還所有(199)善惡二果有爲無爲虛空無漏等業，皆是世諦。唯(200)有涅槃佛性，是第一義諦。五就正宗明二諦，法界緣起(201)無方之用義爲世諦，玄中妙寂之理義同第一義諦。

問(202)曰，世諦中有第一義諦不。答曰：《涅槃》云有。[35]

問曰：若二(203)諦同處者，豈非相障閡。答曰：衆生罪故恒見(204)穢，福故恒見淨，其猶水光同池，暉潤殊别，不相染(205)閡。

問曰：若二諦同處，不相染閡者，何故《仁王》言，“譬(206)如牛二角，二諦常不即”[36]。其義何也。答曰：下偈言：“惑者(207)見二，解者常

---

[35] “世諦中有……涅槃云有”，參見《大般涅槃經》“世尊。第一義中有世諦不。世諦之中有第一義不。如其有者即是一諦。如其無者將非如來虛妄說耶。善男子。世諦者即第一義諦” (T12,443a)。

見一。”[37] 故知二諦同處，不相障閡也。

問曰：二(208)諦常同處，人見異者，何故《法界體姓經》云[38]，第一義諦中(209)尚無第一義。豈況有世諦。此是何謂也。答云：五種二諦(210)及二一之諦者，皆是對衆生人彰初五中二後一。若就法(211)姓至寂而論，一尚不可得，寧有五二之差別哉。若(212)據極理，理無言說。法界體緣起，即寂而興圓用。圓用(213)邊義，辯爲二。若即有常寂邊，恒一恒二。一二之來皆(214)對衆生而辯此。二反是無二之二，二無不二也。

[11 十二因緣論]

十二因緣論第(215)十一

問曰：十二因緣有幾種。答曰：依如常解，衆經唯有(216)一種十二因緣。

問曰：何故《空◇經》云[39]，乃有三種十二因緣。復《十有(217)緣經》云[40]，有一百四十四種十二因緣。答曰：十二因緣乃有一百四十四種。(218)今且論一種耳。《空◇》言三種者，二種是外物因緣，一是萬物(219)生長十二因緣，二是時節十二因緣。一者與今所解因緣同。

問曰：(220)何者是一百四十四種因緣。答曰：但一枝中具十二，十二枝中有一百(221) 四十四枝。

問曰：何者因緣根本。答曰：無明一枝與後十一枝，作根(222)本也。

---

36 “何故仁王……諦常不即”，參見《佛說仁王般若波羅蜜經》“有無本自二，譬若牛二角，照解見無二，二諦常不即” (T8,829a)。

37 “下偈言惑……者常見一”，出典不詳。疑爲《佛說仁王般若波羅蜜經》“於解常自一，於諦常自二”(T8,829a)。

38 “法界體姓經云”，出典不詳。

39 “空◇經云”，出典不詳。參見《大乘五門實相論》“如來有六十四能。即有六十四種書，出在《空◇經》” (BD03106,380)。

40 “十有緣經云”，出典不詳。

問曰：無明枝中云何得具老死枝也。答曰：一時中具也。是(223)故經言，汝今即時亦時生亦老亦死，若不具者，何故言(224)即時。明知一時具也。是故《安般經》云[41]，一念具八百生滅。經云，一(225)者念念老，即是十一老，二者終身老[42]，最後一枝果報老是。(226)若無前十二老枝事，何能起後老死枝也。正以前有十一老(227)枝作因強，故得◇後老死枝也。問曰：前十一老死云何(228)名老死，後果報老死云何名老死也。答曰：前十一枝老死，無(229)明不如實智闇於成事法起名生枝，變曰老死，謝曰死。(230)問曰：後窮終老死云何。答曰：滅形從已業，名之爲老，報(231)盡已業絶，名之爲死。非是髮白面皺，名之爲老，横尸在(232)地，名之爲死。此乃是果報老死，不開十二枝也。

問曰：(233)云何具一枝具十二枝。答曰：生若非生，何能生於生。滅若(234)非滅，何能滅於滅。壞若非壞，何能壞於壞。正以當時有(235)故，故能辯於後也。知四大雖復相返而同時，生死共相感(236)後。何故不得當時具也。

[12 禪枝論]

禪枝論第十二

問曰：禪枝有幾(237)枝。答曰：有人解言，初禪五枝，二禪四枝，三禪五枝，四禪四(238)枝，合十八枝。

問曰：四禪有枝，理自明矣。未知四空有枝不(239)也。答曰：有人解言，唯四禪有枝，四空無枝也。

問曰：若四空(240)無枝，何故《修行道地經》言[43]，空處寂慈明門中

41 “安般經云”，出典不詳。

42 “經云一者……者終身老”，出典不詳。疑爲《大般涅槃經》“於老有二種。一念念老。二終身老”(T12,435a)。

43 “修行道地經言”，出典不詳。

有十八枝也。(241)識處悲明門中有十八枝，不用處喜明門中有十八枝也。悲(242)想非非處捨明門中有十八枝。答曰：向言無枝者，正以非六(243)識所見，故言無耳。

問曰：爲枝在前，爲枝本定在前也。答曰：(244)有人解云，枝在於初，根本定在於後。何以得知。枝之言因，以因(245)故能發生初禪定也。

問曰：若枝先定後者，何故《修行道地》言[44]，(246)因初禪定故發生五枝也。因五枝故發十三昧，因三昧故發于智(247)慧也。答曰：所言枝在前者，初修定時或學五門十二門爲(248)定前，或作假想不淨因緣慈悲定門無我等觀，藉此五種方便(249)得入初禪。故道藉五枝入初禪也。猶不相違耳。

問曰：禪枝(250)爲有色，爲無色也。答曰：有人解言，非是色也。又問，若禪枝(251)無色者，何故《修行經》云[45]，初禪枝根本定皆作黃金色，二(252)禪作真珊瑚色，三禪定作瑠璃色，四禪定作白摩尼(253)色。答曰：前所言無色者，非是六識所見，故言無。道言有四種(254)色者，乃是七識所見境界，都不相乖也。

問曰：有人身在四禪，(255)起初禪處，即便退失四禪定，生於初禪，是何身退也。答曰：(256)有人解言，正是報身退也。

問曰：有人身在欲地，修四禪(257)定，滿足後時退失四禪定，還作初身，觀於初禪。此是(258)何身也。答曰：身乃無量，略分爲四。一是報身，滅身，三名(259)定身，四名慧身。今之所明起初禪處，生初禪者，非報(260)身也。何以得知非報身也。欲地常不◇定身，修四禪定來(261)去，來去百千退◇，乃是定身爲作不報身尸。

---

44 “修行道地言”，出典不詳。

45 “修行經言”，出典不詳。

問曰：定身(262)也此粗可寄意，中陰般生般行般身證轉等世間日，是(263)事爲是報身，爲是定慧身也。答曰：皆是報身。

問曰：若(264)都是報身者，佛在世一身修道，獲得四沙門果。豈不逕(265)那含果也。若逕那含果者，報身猶存，欲成果時，捨斯陀含，(266)得那含果，用何生得也。若欲以報身得者，報身常不異也。(267)答曰：非是報身。何以得知。報不閡道，不須捨，後方始證果也。(268)修相方便雖有相須◇藥義，戒身相麁閡於定身。(269)欲得定，先須捨於前戒相，然後方得證定身也。捨定身，(270)證於慧身。經言，生般轉世等，皆如是也。乃至十一人亦不(271)異也。都非捨報身，此七識爲作，修相無漏，觀行所明，非(272)是報六識也。若作報身，事象萬轍。乃是無枝之枝也。

融(273)即相無相論一卷

[丞相王五門佛性義]

丞相王五門佛性義一卷

其五者何。(274)第一佛性門。第二衆生門。第三修道門。第四諸諦門。第五(275)融門。盡覺所知一[46]切佛，自然成道大智海，法僧悉盡無(276)有餘，是故我今稽首禮，欲顯平等融道義，願令三寶(277)冥加護，無盡自利利他故。

(278)夫融者，善是玄奥之靈海，冲秘之妙藏，莫二之靈嚮，(279)圓統之美號[47]，斯乃可無礙之良津，通同之大鼓。亡彼我之。

46 “一”，底本無，據文意補。

47 “圓統之美號”，底本作“圓統美之號”，據文意改。

[題記]

比丘釋導許 沙彌庫狐純所寫

《一百二十法門》

(BD06771)

(BD07808)

整理者　青木 隆

해제

『一百二十法門』은 西魏의 丞相 宇文泰(505~556)가 사문 曇顯 등에게 명하여 찬술하게 한 것이다. 우문태는 북주 효문제의 아버지로, 당시 정취권력을 쥐고 있던 실권자였다. 그는 불교를 강력히 비호하였다. 道宣의 『大唐內典錄』 권5에서는 다음과 같이 말하고 있다.

> 周衆經要二十二卷 一百二十法門
>
> 右二部二十三卷。魏丞相王宇文黑泰興隆釋典，崇重大乘。雖攝萬機，恒闡三寶。第內每常供百法師，尋討經論，講摩訶衍。遂命沙門釋曇顯等，依大乘經，撰菩薩藏衆經要及一百二十法門。始從佛性終至融門。而開講時卽恒宣述，永爲常則。以代先舊五時教迹，迄今流行。山東江南，雖稱學海，軌儀揩則，更莫是過。乃至香火梵音禮拜嘆佛，悉是其內。每事徵覈，領綱有據。(T55,271b)

여기서 「始從佛性終至融門」이라고 하는 것은 『菩薩藏衆經要』 22권 및 『일백이십법문』 1권이 지론종의 사상인 5門(佛性門·衆生門·修道門·諦門·融門)에 근거하여 찬술된 것을 의미한다. 『보살장중경요』는 5문의 구조로 제경의 교설을 정리하고 분류한 것이지만 현존하지 않는다. 또한 『일백이십법문』은 『보살장중경요』의 목차 부분을 별행한 것이다. 이번에 번각한 중국도서관 소장의 BD06771, BD07808은 『일백이십법문』

의 후반부에 해당하고 『보살장중경요』의 권9부터 권22까지의 목차이다. 二十二根法門부터 제120법문인 法界體性門까지 72법문의 명칭이 열거되어 있다. 이것에 의하면 『보살장중경요』의 권10부터 권20까지는 「菩薩藏修道」를 밝히고 있는데, 그 중에 55법문이 설해졌던 것 같다(권9 이전은 불분명). 그리고 권21은 「菩薩藏諦門第四」, 권22는 「菩薩藏融門第五」를 내용으로 한다. 「菩薩藏諦門第四」는 十六諦法門·十四諦法門·四諦法門·三諦法門·二諦法門·一實諦法門의 6법문을 포함하고, 「菩薩藏融門第五」는 入不二法門·三空法門·十一空法門·十八空法門·法界體性門의 5법문을 포함한다.

5문 중에 融門이 가장 중요한 법문으로 그것은 不二와 空, 法界體性에 근거한 제법의 평등, 제법의 融卽을 설하는 사상이었다고 생각된다. 그 중에서도 최후에 위치한 法界體性門이 최고의 법문으로 되어 있었을 것이다. 법계체성은 『화엄경』 『대집경』 『法界體性無分別經』(『大寶積經』 「法界體性無分別會」) 등에서 설하고 있는 것이다. 慧光 문하의 安廩 이후, 지론종의 최고 법문은 여래장사상에서 融卽論으로 이행하였고, 『대집경』 중시의 경향이 생겨났는데 『일백이십법문』도 그러한 흐름에서 찬술된 것이라고 생각된다.

題解

《一百二十法門》是西魏丞相宇文泰（505–556）命沙門曇顯等撰述的一部文獻。宇文泰是當時政治實權的掌握者，同時亦是北周孝閔帝的父親，對佛教非常庇護。道宣的《大唐內典錄》卷五中所述如下：

> 周衆經要二十二卷 一百二十法門
>
> 右二部二十三卷。魏丞相王宇文黑泰興隆釋典、崇重大乘。雖攝萬機、恒闡三寶。第內每常供百法師、尋討經論、講摩訶衍。遂命沙門釋曇顯等、依大乘經、撰菩薩藏衆經要及一百二十法門。始從佛性終至融門。而開講時卽恒宣述、永爲常則。以代先舊五時教迹、迄今流行。山東江南、雖稱學海、軌儀揩則、更莫是過。乃至香火梵音禮拜嘆佛、悉是其內。每事徵覈、領綱有據。(T55,271b)

根據這裡所說的“始從佛性終至融門”，可知《菩薩藏衆經要》22卷及《一百二十法門》1卷是基於地論宗的“五門思想”(佛性門、衆生門、修道門、諦門、融門）而撰述的文獻。《菩薩藏衆經要》或許是以五門爲框架對諸經的教說進行整理分類的一部文獻，但現已散佚。《一百二十法門》則是《菩薩藏衆經要》的目錄部分的別行本。此次錄文整理的中國國家圖書館藏BD06771和BD07808，相當於《一百二十法門》的后半部分，即《菩薩藏衆經要》的卷9至卷22的目錄部分。從“二十二根法門”到第120法門的“法界體性門”爲止，72個法門名稱連寫在一起。據此可知，《菩薩藏衆經要》從卷10至卷20爲止爲“菩薩藏修道”，其中共說了55個法門（卷9之前的情況不明)。此後卷21爲“菩薩藏諦門第四”，卷22爲“菩薩藏融門第五”的內容。“菩薩藏諦門第四”中包括了十六諦法門、十四諦法門、四諦法門、三諦法門、二諦法門、一實諦法門之6個法門；“菩薩藏融門第五”中包括了入不二法門、三空法門、十一空法門、十八空法門、法界體性門之5個法門。

五門中，融門是最重要的法門，基於不二、空、法界體性來講述“諸法平等”、“諸法融卽”的思想。其中被置於最後的“法界體性門”應被視爲最高的法門。《華嚴經》《大集經》《法界體性無分別經》(《大寶積經》之〈法界體性無分別會〉)中分別講述了“法界體性”。慧光門下的安廩以後，地論宗的最高法門從如來藏思想移向融卽論，竝開始出現重視《大集經》的傾向。《一百二十法門》應爲這種趨勢下産生的作品。

解題

『一百二十法門』は西魏の丞相の宇文泰 (505～556) が沙門の曇顕等に命じて撰述させたものである。宇文泰は当時の政治の実権を握る実力者であり、続く北周の孝閔帝の父に当たる。彼は仏教を厚く庇護した。道宣の『大唐内典録』巻五に次のように言う。

> 周衆経要二十二巻　一百二十法門
> 右二部二十三巻。魏丞相王宇文黒泰興隆釈典、崇重大乗。雖摂万機、恒闡三宝。第内毎常供百法師、尋討経論、講摩訶衍。遂命沙門釈曇顕等、依大乗経、撰菩薩蔵衆経要及一百二十法門。始従仏性終至融門。而開講時即恒宣述、永為常則。以代先旧五時教迹、迄今流行。山東江南、雖称学海、軌儀揩則、更莫是過。乃至香火梵音礼拝嘆仏、悉是其内。毎事徴覈、領綱有拠。(T55,271b)

ここに「始従仏性終至融門」と言うのによれば、『菩薩蔵衆経要』22巻及び『一百二十法門』1巻は、地論宗の思想である五門 (仏性門・衆生門・修道門・諦門・融門) に基づいて撰述されたものである。『菩薩蔵衆經要』は五門を枠組みとして諸経の教説を整理分類したものであろうが、現存していない。また『一百二十法門』は『菩薩蔵衆経要』の目次の部分を別行させたものである。今回翻刻した中国国家図書館所蔵のBD06771・BD07808 は、『一百二十法門』の後半部分に相当し、『菩薩蔵衆経要』の巻9から巻22までの目次である。二十二根法門から第120法門の法界体性門まで、72法門の名が書き連ねられている。これによれば、『菩薩蔵衆経要』は巻10から巻20までは「菩薩蔵修道」を明かしており、その中には55

の法門が説かれていたようである（巻9以前のことは不明)。そして巻21は「菩薩蔵諦門第四」を明かすもの、巻22は「菩薩蔵融門第五」を明かすものとされている。「菩薩蔵諦門第四」には十六諦法門·十四諦法門·四諦法門·三諦法門·二諦法門·一実諦法門の6法門が含まれ、「菩薩蔵融門第五」には入不二法門·三空法門·十一空法門·十八空法門·法界体性門の5法門が含まれていた。

五門の内、融門が最も重要な法門であり、それは不二や空、法界体性に基づき、諸法の平等、諸法の融即を説く思想であったと思われる。そのなかでも最後に置かれる法界体性門が最高の法門とされていたのであろう。法界体性は『華厳経』『大集経』『法界体性無分別経』(『大宝積経』「法界体性無分別会」）等が説くものである。慧光門下の安廩以降、地論宗における最高法門は如来蔵思想から融即論へと移行し、『大集経』重視の傾向が生まれてくる。『一百二十法門』もその流れの中で撰述されたものと考えられる。

參考文獻

荒牧典俊 [2000]〈北朝後半期佛教思想史序說〉(荒牧典俊編著《北朝隋唐中國佛教思想史》法藏館, 京都)

青木隆 [2000]〈地論宗の融即論と緣起說〉(同上)

聖凱 [2009]〈敦煌文獻中的西魏、北周佛教思想 ——一百二十法門與《菩薩藏衆經要》〉(《世界宗教研究》2009年第2期, 中國社會科學出版社, 北京)

底校本

底本：BD06771 (3紙；84行)

BD07808 (3紙；60行)

校本：無

錄文

[BD06771]

(首殘)

＊……＊[1]

＊……＊[2]慧樂一心　不苦不樂捨念一心(1)

＊……＊[3]

＊……＊[4]　二觀察義禪(2)　＊……＊[5]　四佛如來禪(3)

□□□□[6]

唯識無[7]境界　以無塵妄見　如人目有翳　見毛月等事(4)

二十二根法門

眼根　耳根　鼻根　舌根　身根　苦根　樂根　憂根(5)　喜根　捨根　意根

注記：本文獻中有某一法門的內容跨數行的情況，原格式如下。

例：

	眼根　耳根　鼻根　舌根　身根　苦根　樂根　憂根
二十二根法門	喜根　捨根　意根　命根　男根　女根　信根　集根
	念根　定根　惠根　未知根　欲知根　知已根

爲了錄文方便，錄入法門名稱後，換行空兩格錄入其內容。此外，一般來說在行數的表記上通常將其付於行首，但本文便宜上此處將其置於行末。

[1] "＊……＊"，據《阿毘曇毘婆沙論》疑爲"十八枝法門"。

[2] "＊……＊"，據《阿毘曇毘婆沙論》疑爲"覺觀喜樂一心，內信喜樂一心，捨念"。

[3] "＊……＊"，據《楞伽經》疑爲"四種禪法門"。

[4] "＊……＊"，據《楞伽經》疑爲"一愚夫所行禪"或"一愚癡凡夫所行禪"。

[5] "＊……＊"，據《楞伽經》疑爲"攀緣如禪"或"念真如禪"。

[6] "□□□□"，疑爲"唯識法門"。

[7] "唯識無"，底本殘，據《唯識論》(T31,63c) 擬補。

命根 男根 女根 信根 進根(6) 念根 定根 慧根 未知根 欲知根 知已根(7)

八大人覺法門

少欲 知足 寂靜 精進 不妄念 正定 正慧 不戲論(8)

三慧法門

聞慧 思慧 修慧(9)

三乘法門

聲聞乘 緣覺乘 菩薩乘(10)

三乘共行十地法門

乾慧地 性地 八人地 見地 薄地 離欲地[8](11) 已辦地 辟支佛地 菩薩地 佛地(12)

內身五無間法門

殺無明父 殺貪愛母 殺諸使羅漢(13) 破和合僧 殺了境識佛 內十惡法門(14)

菩薩藏修道 第十 有十法門(15)

斷結法門

煩惱障有三　歡喜住惡趣煩惱斷　無行無開發無相住相違(16)煩惱斷 最上住習煩惱斷

智障有三 歡喜住皮障斷(17) 無行無開發無相住膚障斷 如來住骨障斷(18)

燈炷法門

如燈炷非獨初炎燋，亦不離初。非獨後炎燋，而不離後炎。而(19)燈炷燋。我亦以佛眼，見菩薩得無上道，不以初心得，亦不[9]離初

8 “地”，底本無，據文意補。

9 “不”，底本無，據《大智度論》(T25,585c) 補。

心。亦不以(20)後心得，亦不離後心。而得無上道。燈譬如菩薩道，炷喻[10](21)無明等煩惱，炎[11]如初地相應智慧。(22)

五忍法門

伏忍 信忍 順忍 無生忍 寂滅忍(23)

人法二無我法門

人無我智 法無我智(24)

金剛三昧法門

是不共法 無能壞故 於一切處無有障礙故 得正遍知故(25) 壞一切法障礙故 等貫穿故 得諸功德利益力故(26)

五法三自性法門

名 相 妄相 正智 如如 妄相自性 緣起自性 成自性(27)

九法法門

知相 知因 知攝 知增 知主 知導 知勝 知實 知畢(28)

六種決定法門

一者觀相善決定 二者真實善決定 三者勝善決定(29) 四者因善決定 五者大善決定 六者不怯弱善決定(30)

有盡無盡解脫法門

何謂爲盡 謂有爲法 何謂無[12]盡 謂無爲法(31)

四勤行精進法門

一者發心 二者作心 三者觀心 四者如法住(32)

菩薩藏修道 第十一 有一法門(33)

三十七品法門

---

[10] “喻”，底本無，據《大智度論》(T25,585c) 補。

[11] “炎”，底本無，據《大智度論》(T25,585c) 補。

[12] “無”，底本作“無爲”，據文意改。

身念處 受念處 心念處 法念處 已生惡斷令不生 未生惡方(34)便令不生 已生善方便令增廣 未生善方便令生 欲定 精進定 念定(35) 慧定 信根 精進根 念根 定根 慧根 信力 精進力 念力(36) 慧力 定力 念覺分 擇法覺分 精進覺分 喜覺分 除覺分(37) 定覺分 捨覺分 正見 正思惟 正精進 正語 正業 正命 正念 正定(38)

菩薩藏修道 第十二 有二法門(39)

六度法門

布施度 戒度 忍度 精進度 定度 慧度(40)

十波羅蜜法門

檀波密 尸波羅密 羼提波羅密 毘梨耶波羅密 禪波羅密(41) 波若波羅密 方便波羅密 願波羅密 力波羅 智波羅密(42)

菩薩藏修道 第十三 有五法門(43)

離五怖畏法門

離不活畏 離死畏 離惡名畏 離惡道畏 離大衆威德畏(44)

九賢聖法門

信行 法行 八背 須陀洹 斯陀含 阿羅漢 聲聞 辟支佛(45)

十地法門

歡喜地 離垢地 明地 炎地 難勝地 現前地 遠行地 不動地 善慧地 法雲地(46)

十一地法門

十地 加佛地(47)

十三法師法門

習種性 性種性 道衆性 善覺 德慧 明慧 爾炎聖達(48) 勝達 常現玄達 等覺 慧光 寂滅灌頂(49)

菩薩藏修道 第十四 有一法門(50)

四十賢聖法門

一名初發心 二名治地 三名修行 四名生貴 五名方便具足(51) 六名正心 七名不退 八名童真 九名法王子 十名灌頂(52) 一名歡喜行 二名饒益行 三名無恚恨行 四名無善法行 五離癡亂行(53) 六者善現行 七者無著行 八者尊重行 九者善法行 十者真實行(54) 一者救護一切衆生離衆生相迴向 二者不壞迴向 三者等一切佛迴向 四者至一切(55)處迴向 五者功德藏迴向 六者隨順平等根迴向 七者隨順等(56)觀一切衆生迴向 八者如相迴向 九者無縛[13]無著解脫迴向 十者法界(57)無量迴向 一曰歡喜地 二曰離垢 三曰明地 四曰炎地 五曰難(58)勝地 六曰現前地 七曰遠行地 八曰不動地 九曰善地 十曰法雲地(59)

菩薩藏修道 第十五 有六法門(60)

四十二賢聖法門

四十聖名如前 加等覺地 妙覺地(61)

人四依法門

須陀洹 斯陀含人 阿那含人 阿羅漢人(62)

有四種心能成因果法門

一者初發心 二者行發心 三者不退發心 四者一生補處發心(63)

二智法門

[13] “縛”，底本作“轉”，據《菩薩瓔珞本業經》(T24,1011b) 改。

實智 方便智(64)

四智法門

我生已盡 梵行已立 所作已辨 不受後又(65)

十一智法門

法智 比智 他心智 世智 苦智 集智 滅智 道智 盡智 無生智 如實智(66)

菩薩藏修道 第十六 有六法門(67)

菩薩清淨六根法門

眼根 耳根 鼻根 舌根 身根 意根(68)

五眼法門

肉眼 天眼 慧眼 法眼 佛眼(69)

二種闡提法門

一者焚燒一切善根 二者憐愍一切衆生，盡一切衆界願(70)

三種意生身法門(71)

菩薩五種生法門

息苦生 隨類生 勝生 增上生 最後生(72)

四無量法門

一者慈 二者悲 三者喜 四者捨(73)

菩薩藏修道 第十七 有五法門(74)

六通法門

身通 天耳通 天眼通 宿命通 他心通 漏盡通(75)

四攝法門

布施 愛語 利益 同事(76)

四無礙法門

一者義無礙 二者法無礙 三者辭無礙 四者樂說無礙(77)

八光法門

一者念光 二者意光 三者行光 四者法光(78) 五者智光 六者實光 七者神通光 八者無礙智光(79)

五明論法門

一內明處 二者因明處 三者聲明處 四者醫方明處 五者工業明處(80)

菩薩藏修道 第十八 有九法門(81)

八萬四千法門

六度一度有三百五十度，合有二千一百度。化諸貪恚種二千一百度，化諸瞋恚(82)種二千一百度，化愚癡種二千一百度，化等分種二千一百度，合八千四百諸度(83)無極。一變爲十，合八萬四千度(84)

(尾殘)

[BD07808]

(首殘)

決定毘尼(1)

菩薩法身法門

普賢法身身無邊 無邊身海常清淨(2) 法身本性無二相 是故我嘆如相身(3)

淨土法門

土名一切賢聖所居之處。是故一切衆生賢聖，各自居果報之土。若凡夫衆生(4)五陰中爲正報之土，山林大地共有名依報之土。初地

聖亦有二土。一實智土(5)，前智住[14]前智住後智爲土。變化淨穢，經劫量應現之土。(6)

三佛法門

一者應化菩提 二者報佛菩提 三者法佛菩提(7)

十佛法門

無著佛 願佛 報佛 持佛 涅槃佛 法界佛 性佛 心佛 三昧佛 如意佛(8)

眞應二身法門

法身 應身(9)

五種法身法門

一者實相法身 二者功德法身 三者法性生身(10) 四者應化法身 五者虛空法身(11)

五分法身法門

戒身 定身 慧身 解脫身 知見身(12)

菩薩藏修道 第十九 有三法門(13)

十力法門

是處非處力 業力 定力 根力 欲力 性力(14) 至處道力 宿命力 天眼力 漏盡力(15)

四無畏法門

一切智無畏 漏盡無畏 障道無畏 盡苦無畏(16)

十八不法門

身無失 口無失 無異想 無不定心 無不知已捨 欲無減(17) 精進無減 念無減 慧無減 解脫無減 解脫知見無減(18) 一切身業隨智慧行

---

14 "住", 底本下有"前智住", 衍。

一切口業隨智慧行　一切意業隨智慧行(19)　智慧過去世無礙　智慧智未來世無礙　智慧智現在世無礙(20)

菩薩藏修道　第二十　有七法門(21)

十號法門

如來　應供　正遍知　明行足　善逝　世間解　無上調御　天人師　佛　世尊(22)

涅槃法門

涅者言不，槃者言織，不織之義，名之爲涅槃。槃有言覆，(23)不覆之義，乃名涅槃。槃者言取，不取之義，乃名涅槃。(24)

三十二相法門

一者足下平如奩底　二者足下千福輪相　三者手足指長　四者手足柔輭(25)　五者足根廣　六者足指合縵網好　七者足夫高平好　八者伊泥延◇蹲(26)　九者平住兩手摩膝　十者馬陰藏相　十一者身縱廣等　十二者一一毛一孔生(27)　十三者毛上向　十四者金色相　十五者身光面一丈　十六者皮薄細滑(28)　十七者七處滿兩足下兩手中兩肩上頂中皆滿　十八者兩足下滿(29)　十九者上身如師子　二十[15]者身廣端直　二十一肩圓好　二十二者四十齒(30)　二十三者齒白齊　二十四者四牙　二十五者方頰車　二十六者味中得上味(31)　二十七者舌大輭薄　二十八者梵音深遠　二十九者眼色如金精(32)　三十者眼睫如牛王　三十一者眉間白毫相輭白如兜羅綿(33)　三十二者頂髻肉結成(34)

八十種好法門

手足二十抓，手足八處表裏平滿。兩踝、兩膝、兩肱、兩肩、兩

15 “二十”，底本無，據文意補。

肘、兩腕[16]、(35)兩股、兩臀◇藏相、兩圓、兩脇、兩踝、兩腋、兩乳、腰、背、(36)心、臍、咽、腹，悉皆好，是名咽已下六十種好。上下牙齒、兩脣、兩齗、兩頬、(37)兩鬢[17]、兩眼、兩耳、兩眉、兩鼻孔、額兩角，是名咽已上二十種好。(38)

四相法門

自正 正他 能隨問答 善解因緣義(39)

四一切清淨法門

身淨 境界清 心清 智淨(40)

三不護法門

身不護 口不護 意不護(41)

菩薩藏諦門第四 二十一 有六法門(42)

十六諦法門

有諦 中道第一義諦 無諦 苦諦 集諦 滅諦 道諦 相諦(43) 差別諦 現成諦 說諦 事諦 生起諦 盡無生諦(44)

十四諦法門

苦聖諦 苦集諦 苦滅諦 道聖諦 知世諦 第一義諦 善知相諦(45) 知差別諦 說成諦 知事諦 知生諦 無生知諦 道知諦 成就諦(46)

四諦法門

苦諦 集諦 滅諦 道諦(47)

三諦法門

有諦 無諦 中道第一義諦(48)

二諦法門

---

16 “兩腕”，底本作“兩腕兩”，據文意改。

17 “鬢”，底本作“髮”，據文意改。

世諦 第一義諦(49)

一實諦法門

一實諦法門[18](50)

菩薩藏融門第五 卷之二十二 卷中有五法門(51)

入不二法門

我我所爲二。因有我故，我更有我[19](52)

三空法門

空解脫門 無相解脫門 無願解脫門(53)

十一空法門

內空 外空 內外空 有爲空 無爲空 無始空 性空 無所有空(54) 第一義空 空空 大空(55)

十八空法門

內空 外空 內外空 大空 第一義空 有爲空 無爲空(56) 畢竟空 無始空 散空 性空 自相空 諸法空 不可得空(57) 無法空 有法空 無法有法空(58)

法界體性門 法盛許世(59)

大業六年歲次庚午[20]記通許 瓊(60)

---

18 在第49行到第50行下面的空白處有“惠”的雜寫與“法息曇軌道之”的題記。

19 在第52行下面的空白處有“元所有◇◇之◇道道”的雜寫。

20 “大業六年歲次庚午”，公元610年。

附：《一百二十法門》項目及出典，竝同《大乘義章》等的對照表

BD06771	菩薩藏修道(?)第九		（首殘）				
		45	十八枝法門(?)				
		46	四種禪法門(?)				
		47	唯識法門(?)	唯識論	T31, 63c		
		48	二十二根法門	成實論二	T32, 251b	大乘義章四	T44, 555b
		49	八大人覺法門			大乘義章一三	T44, 735a
		50	三慧法門			大乘義章一〇	T44, 668a
		51	三乘法門				
		52	三乘共行十地法門	摩訶般若波羅蜜經六	T8, 259c	大乘義章一四	T44, 755b
		53	內身五無開法門	入楞伽經五	T16, 540c	維摩經疏三	T85, 385b
		54	內十惡法門				
	菩薩藏修道第十有十法門	55	斷結法門	菩薩地持經九	T30, 945b	大乘義章一五	T44, 767c
		56	燈炷法門	大智度論七五	T25, 585 c		
		57	五忍法門	仁王般若波羅密經上	T8, 826b	大乘義章一二	T44, 701b
		58	人法二無我法門			大乘義章一	T44, 485b
		59	金剛三昧法門	十住毘婆沙論一〇	T26, 73b	大乘義章九	T44, 637c
		60	五法三自性法門	楞伽阿跋多羅寶經四	T16, 510c	大乘義章三本	T44, 523a
		61	九法法門	大般涅槃經三八	T12, 587a	大乘義章一六末	T44, 787b
		62	六種決定法門	十地經論一	T26, 126c	大乘義章一二	T44, 712a
		63	有盡無盡解脫法門	維摩詰所說經下	T14, 554b		
		64	四勤行精進法門	大方等大集經九	T13, 55c		
	菩薩藏修道第十一有一法門	65	三十七品法門			大乘義章一六末	T44, 774b
	菩薩藏修道第十二有二法門	66	六度法門			大乘義章一二	T44, 705a
		67	十波羅蜜法門	菩薩地持經一〇	T30, 954b	大乘義章一二	T44, 706b
	菩薩藏修道第十三有五法門	68	離五怖畏法門	大方廣佛華嚴經二三	T9, 545a		
		69	九賢聖法門				
		70	十地法門	大方廣佛華嚴經二三	T9, 542a	大乘義章一四	T44, 749b
		71	十一地法門				
		72	十三法師法門	仁王般若波羅密經下	T8, 831a		
	菩薩藏修道第十四有一法門	73	四十賢聖法門				
	菩薩藏修道第十五有六法門	74	四十二賢聖法門	菩薩瓔珞本業經上	T24, 1012b		
		75	人四依法門			大乘義章一七本	T44, 790b
		76	有四種心能成因果法門	伽耶山頂經	T14, 485a		

		77	二智法門			大乘義章一九	T44, 846a
		78	四智法門			大乘義章一九	T44, 846c
		79	十一智法門	大智度論二七	T25, 257c	大乘義章一五	T44, 763c
	菩薩藏修道第十六有六法門	80	菩薩藏清淨六根法門				
		81	五眼法門			大乘義章二〇本	T44, 851c
		82	二種闡提法門		T16, 527b		
		83	三種意生身法門				
		84	菩薩五種生法門	菩薩地持經一〇	T30, 953a	大乘義章一二	T44, 704a
		85	四無量法門			大乘義章一一	T44, 686a
	菩薩藏修道第十七有五法門	86	六通法門			大乘義章二〇本	T44, 855a
		87	四攝法門			大乘義章一一	T44, 694b
		88	四無礙法門			大乘義章一一	T44, 691c
		89	八光法門	大集經二	T13, 9a		
		90	五明論法門	菩薩地持經三	T30, 903a		
	菩薩藏修道第十八有九法門	91	八萬四千法門	賢劫經六	T14, 44c	大乘義章一二	T44, 706c
			（尾殘）				
BD07808			（首殘）				
		93	菩薩法身法門				
		94	淨土法門	菩薩瓔珞本業經上	T24, 1015c		
		95	三佛法門	妙法蓮華經論優波提舍	T26, 18c	大乘義章一九	T44, 837c
		96	十佛法門	大方廣佛華嚴經四二	T9, 663b	大乘義章一九	T44, 842b
		97	真應二身法門				
		98	五種法身法門	大通方廣懺悔滅罪莊嚴成佛經中	T85, 1348c	華嚴經隨疏演義鈔四	T36, 27c
		99	五分法身法門			大乘義章二〇本	T44, 850b
	菩薩藏修道第十九有三法門	100	十力法門			大乘義章二〇末	T44, 864c
		101	四無畏法門			大乘義章一九	T44, 848b
		102	十八不法門	大智度論八八	T25, 680c	大乘義章二〇末	T44, 870b
	菩薩藏修道第二十有七法門	103	十號法門			大乘義章二〇末	T44, 863b
		104	涅槃法門	大般涅槃經二五	T12, 514c	大乘義章一八	T44, 813c
		105	三十二相法門	大智度論八八	T25, 681a	大乘義章二〇末	T44, 872c
		106	八十種好法門	菩薩地持經一〇	T30, 955a	大乘義章二〇末	T44, 873a
		107	四相法門	大般涅槃經四	T12, 385b		
		108	四一切清淨法門	菩薩地持經一〇	T30, 956a	大乘義章一九	T44, 845c
		109	三不護法門	成實論一	T32, 242c	大乘義章一九	T44, 845b
	菩薩藏諦門第四二十一	110	十六諦法門	菩薩瓔珞本業經上	T24, 1015a		
		111	十四諦法門	大方廣佛華嚴經二五	T9, 555c		

	有六法門	112	四諦法門			大乘義章三本	T44, 511a
		113	三諦法門				
		114	二諦法門			大乘義章一	T44, 482c
		115	一實諦法門				
	菩薩藏融門 第五 卷之二十二 卷中 有五法門	116	入不二法門	維摩詰所說經中	T14, 550c	大乘義章一	T44, 481b
		117	三空法門			大乘義章二	T44, 488c
		118	十一空法門	大般涅槃經一六	T12, 461b	大乘義章四	T44, 545b
		119	十八空法門	摩訶般若波羅蜜經一	T8, 219c	大乘義章四	T44, 553a
		120	法界體性門				

《大乘五門十地實相論》卷第六

(BD03443)

整理者　山口 弘江

해제

『大乘五門十地實相論』은 중국국가도서관장 BD03443호(北8389/露043)의 사본으로 앞부분이 결락되어 있고, 현존하는 것은 25紙이다. 그 내용은 『십지경론』 제8부동지의 끝부분에 있는 9종의 不破壞義를 설하는 부분(T26,185a)부터 제9선혜지와 제10법운지의 끝까지를 주석한 것이다. 권말에 기록되어 있는 「大乘五門十地實相論卷第六」이라는 尾題로 원래는 전6권의 문헌으로 추측된다.

본 사본에는 三種緣集說(BD03443,482-484), 佛性門·衆生門·修道門·諸諦門·融門의 五門說에 근거했다고 생각되는 기술(BD03443,14)이 발견된다. 이것들은 모두 지론종 남도파의 특징적인 교의이기 때문에 본 사본은 지론종 문헌으로 판정할 수 있다.

단간이기 때문에 사상의 전체상을 파악하는 것은 쉽지 않지만, 『십지경론』을 5문설에 근거하여 주석한 지론종 문헌으로 간결한 주석 스타일과 심식설이 공통하는 점 등 본 사본과 사상적으로 밀접한 관계가 있다고 생각되는 것으로 대정신수대장경 85권에 수록되어 있는 『십지론의소』 권1의 S.2741 및 S.2717, 권3의 Pelliot chinois 2104가 있다. 이것들이 본 사본과 동일 문헌으로 성립하였을 가능성이 周叔迦와 아라마키 노리토시(荒牧典俊)등에 의해서 지적되고 있다. 특히 심식설에 관련하여 『능가경』의 문구를 약간 바꾸어 인용한 부분이 두 문헌에서만 일치하고 있는 사례(BD03443,74-75 및 T85,763c)는 그 증좌의 하나로 주목된다.

또한 유사한 주석 스타일이라는 점으로 말한다면, 『십지경론』의 주석서인 단간 BD06378호(北7266/鹹078) 및 그 이본인 S.3924의 존재도 유의해야 할 것이다.

또한 『대집경』 寶幢分을 주석한 내용이 들어 있는 『大乘五門實相論』 BD03106호(北8377/騰006) 제목에 본 사본과 같이 「大乘」 「五門」 「實相論」이 들어가는 것, 필치가 유사한 점으로부터 같은 인물에 의하여 서사되었을 가능성이 지적된다. 각종 목록에서는 이 두 사본을 동일 문헌의 일부로 간주하지만 경문을 장문으로 인용하는 점 등 주석하는 스타일이 다르기 때문에 문헌의 성립은 구별해야만 할 것이다.

본 사본의 이본의 존재는 확인되지 않지만, 古寫經目錄 등에 의하면 일본에도 전래되었을 가능성이 있다. 이와 같이 본 사본이 중국으로부터 조선반도를 거쳐 일본까지 유포된 것은 동아시아 불교계에 있어서 지론사상 전파의 일단을 보여주는 것으로 중요하다.

성립연대에 대해서는 題記 등에 찬술자에 대한 기술이 없기 때문에 정확한 시기를 확정하는 것은 곤란하다. 다만 3종연집설, 5문설에 근거한 문헌이므로 아오키 타카시(青木隆)의 분류에 의한 지론종 남도파 제2기 발전기에 해당하는 5문 관련 문헌의 일종으로 추정되고, 6세기 중엽에 성립한 것이라고 생각된다. 이것에 관련하여 본 사본의 서사연대에 대해서는 특정한 기술이 전혀 없지만, 최근 간행된 『國家圖書館藏敦煌遺書』 제47책 수록의 條記目錄은 隸書體의 필치가 강한 점으로부터 「五～六世紀。南北朝寫本」이라고 어림잡아 그 시기를 제시하고 있다. 그러나 문헌의 성립연대에 근거한다면 서사연대도 대강 6세기 중엽 이후로 좁혀지게 될 것이다.

또한 찬술자에 대해서도 명확한 기술은 보이지 않지만, 본 사본과 『십지론의소』를 동일 문헌이라고 간주한다면, 『십지론의소』 권3의 題記에 그 이름이 등장하는 法上(495-580)일 가능성이 떠오른다. 한편, 중국에서 남들보다 먼저 본 사본의 희유성에 주목한 周叔迦는 고승전의 기술 등으로부터 법상을 제쳐두고, 『속고승전』 권8「復變疏引經、製成爲論」(T50,483c)의 문장에 주목하여 僧範(476-555)을 찬술자로 시사하는 설을 전개하지만, 결정적인 증거에는 미치지 못하는 것을 부정할 수 없다. 『십지론의소』의 찬술자를 법상이라고 확정할 것인가 아닌가의 문제를 포함하여 본 사본의 찬술자의 확정은 보다 신중하게 진행되어야 할 것이다.

유사한 문언표현이 두 문헌 모두에서 발견되는 것이 여러 연구에서 지적되고 있는 것처럼, 5문 관련 문헌은 모두 매우 밀접한 관계를 가지고 성립한 것은 확실하다. 따라서 이들의 상관관계를 의식하면서 고찰한다면 본 사본 및 그 찬술자의 사상을 해명할 수 있을 것이다.

마지막으로 본 사본의 번각은『國家圖書館藏敦煌遺書』제47책 및『敦煌寶藏』 제110책에 수록되어 있는 도판을 저본으로 하고, 교정은 周叔迦의 번각을 참조하였다. 1959년에『現代佛學』에 게재된 번각문에는 아마 잡지를 편집할 때에 생겼다고 생각되는 오자가 일부 있다. 하지만 번각 작업은 사본을 직접 보고 한 것이라고 생각되며 그 학술적 의의는 매우 높다. 특히 難字의 확정에 있어서 큰 참고가 되기 때문에 이번에는 이것을 대교본으로 사용하였다.

題解

《大乘五門十地實相論》是中國國家圖書館藏的寫本，編號爲BD03443號（北8389/露043）。首部殘缺，現存25紙。是對《十地經論》不動地第八末尾處講述九種不破壞義的部份開始至善慧地第九、法雲地第十的結尾處爲止的註釋。根據卷末“大乘五門十地實相論第六”可推測原卷爲全六卷。

本寫本中存有以三種緣集說（BD03443,482-484）以及由佛性門、衆生門、修道門、諸諦門、融門構成的五門說爲基礎的內容(BD03443,14)。基於這些都是地論宗南道派的特有教義，我們可以認爲本寫本屬於地論宗文獻。

由於寫本爲斷簡，很難從整體上把握全文的思想。但是，在思想上與本文有着密切聯繫的諸文獻中，《大正新脩大藏經》第85卷收錄的《十地論義疏》卷一的S.2741、S.2717以及卷三的Pelliot chinois 2104，在以五門說爲基礎對《十地經論》加以註釋，以及簡樸的譯文風格等方面，與本文有着諸多共通之處。周叔迦和荒牧典俊曾指出這些文獻與本寫本或爲同本。特別值得注意的是，在心識說相關內容上，將《楞伽經》略作改動之後所引用的文句，只在這兩個文獻中是一致的(BD03443,74-75及T85,763c)。這也從另一個方面說明了兩者的關係。在譯文風格的類似性這點上，還需要注意到另外一些文獻，即同爲《十地經論》註釋書斷簡的BD06378號（北7266／鹹078）及其異本S.3924。

此外，對《大集經》寶幢分部分加以註釋的《大乘五門實相論》BD03106號（北8377/騰006），從同樣在經題中冠有“大乘”“五門”“實相論”等字眼，以及在筆跡上的近似性來看，與本寫本很有可能出自一人之手。雖然各種目錄中將這兩個寫本錄爲同屬同一文獻，但在長文引用經文等譯文風格上，兩者不盡相同。在文獻的成立上，應予以區別。

雖然本寫本不存在異本，但根據古寫經目錄的記載，或曾經傳入日本。從中國經朝鮮半島進而傳入日本這一事實，從一個側面展現了地論思想在東亞佛教界的傳播。

由於沒有關於撰者的記述，很難判定本寫本成立的正確年代。但是，從本寫本是以三種緣集說及五門說爲基礎的文獻這一點，根據青木隆的分類，可推定其爲地論宗南道派“第二期發展期”時五門相關文獻的一種，大致成立於6世紀中葉。與此相關，關於本寫本的書寫年代未有確定的記述。近年出版的《國家圖書館藏敦煌遺書》第47冊中所收的條記目錄中，以其書寫風格頗具隸風，將其提示爲“五～六世紀。南北朝寫本”。但根據所依文獻的成立年代，其書寫年代應可以進一步壓縮至在6世紀中葉以後。

有關本寫本的撰者竝沒有明確的記述。但如果將本寫本與《十地論義疏》看作同本，撰者則很有可能是出現於《十地論義疏》卷三的題記中的法上（495-580）。另外，很早就因這一寫本的稀少性而對其加以注目的周叔迦，根據僧傳的記述，認爲本寫本的撰者竝非法上，而是僧範（476-555）。竝根據《續高僧傳》卷八中“復變疏引經，製成爲論”(T50,483c）一文，對此展開了長篇論述。但不可否認，這一判斷仍缺少決定性的證據。因此，包括《十地論義疏》的撰者是否爲法上這一問題在內，本寫本的撰者的確定仍需要愼重處理。

如先行研究所指出的，五門相關文獻相互閒存在着近似的文句表現，在成立上彼此閒有着極爲密切的關係。據此，有意識的對本寫本與五門相關文獻閒的關係進行考察，或許能夠對本寫本及其撰者的思想的解明有所助益。

最後，本寫本在錄文時以《國家圖書館藏敦煌遺書》第47冊以及《敦煌寶藏》第110冊中收錄的圖版爲底本。校訂則參照周叔迦錄文。該錄文揭載於1959年《現代佛學》，其中存在一部分有可能是在出版編輯時産生的錯誤。但是，由於是以原寫本爲底本進行的錄文，其在學術上研究有着極高的意義。特別是在難字的確定上有着重要的參考價值。因此本文將其作爲校對本加以利用。

解題

『大乗五門十地実相論』は、中国国家図書館蔵のBD03443号（北8389／露043）の写本で、首部を欠き、現存するのは25紙である。その内容は『十地経論』不動地第八の終わりに近い九種の不破壊義を説く部分（T26, 185a）から善慧地第九と法雲地第十の終わりまでを注釈したものである。巻末には「大乗五門十地実相論巻第六」との尾題があることから、もとは全六巻の文献であったことが推測される。

本写本には、三種縁集説（BD03443,482–484）や仏性門・衆生門・修道門・諸諦門・融門よりなる五門説に基づくと思われる記述（BD03443,14）が見られる。これらはいずれも地論宗南道派の特徴的な教義であることから、本写本をもって地論宗文献と判定することができる。

断簡であるために思想の全体像を把握することは容易ではないが、本写本と思想的に密接な関係があると考えられるものに、『十地経論』を五門説に基づいて注釈された地論宗文献であり、かつ簡素な釈風や心識説が共通する点などから、大正新脩大蔵経85巻に収録される『十地論義疏』巻一のS.2741及びS.2717と巻三のPelliot chinois 2104がある。これらは本写本と一書として成立した可能性のあることが周叔迦や荒牧典俊などにより指摘されている。特に心識説に関連して、『楞伽経』の文言を若干変えて引用した句が両書にのみ一致するという事例（BD03443,74–75及びT85,763c）があることは、その証左の一つとして注目される。また釈風の類似という点から言えば、同じく『十地経論』の注釈書の断簡であるBD06378号（北7266／鹹078）及びその異本であるS.3924の存在も留意されよう。

また、『大集経』宝幢分を注釈した内容を有する『大乗五門実相論』BD03106号（北8377/騰006）は、題に同じく「大乗」「五門」「実相論」を冠すること、筆致が近似することから同じ人物により書写された可能性が指摘される。各種目録では両写本を同一文献の一部とするが、経文を長文にわたり引用する点など釈風が異なるため、文献の成立そのものは区別すべきである。

なお、本写本の異本の存在は確認されていないが、古写経目録などにより日本にも伝来していた可能性がある。このように本写本が中国から朝鮮半島を経て、日本にまで流布したことは、東アジア仏教界における地論思想の伝播の一端を示すものとして重要である。

成立年代については、題記等に撰者に関する記述がないため正確な時期を確定することは困難である。ただし、三種縁集説や五門説に基づく文献であることから、青木隆の分類によるところの地論宗南道派の第二期発展期にあたる五門関連文献の一種と推定され、6世紀中葉に成立したと考えられている。これに関連して本写本の書写年代については、特定する記述が全くないものの、近年刊行された『国家図書館蔵敦煌遺書』第47冊所収の條記目録は、隷書体の筆致が強いことから「五～六世紀。南北朝写本」と大まかな目安を提示している。しかし、文献の成立年代に基づけば、書写年代も概ね6世紀中葉以降に絞られることとなろう。

また撰者に関しても明確な記述は見られないが、本写本と『十地論義疏』を一書と見なすならば、『十地論義疏』巻三の題記にその名が挙がる法上（495–580）の可能性が浮上する。一方、中国においていち早く本写本の希少性に着目した周叔迦は、僧伝の記述などから法上を斥け『続高僧伝』巻八「復変疏引経、製成為論」(T50, 483c) の一文に着目して僧範 (476–555) が撰者だとする示唆に富む説を展開するが、決定的な証拠に欠ける感は否めない。『十地論義疏』の撰者を法上と確定するかどうかの問題を含め、本写本の撰者の確定はより慎重に進められるべきである。

近似する文言表現が相互にあることが諸研究において指摘されているように、五門関連文献にはいずれも極めて密接な関係をもって成立したことは明らかである。よって、これらとの相関関係を意識しつつ考察することが、本写本及びその撰者の思想の解明につながるであろう。

最後に本写本の翻刻にあたっては、『国家図書館蔵敦煌遺書』第47冊及び『敦煌寶藏』第110冊所収の図版を底本に用いつつ、校訂にあたっては周叔迦による翻刻を参照した。1959年に『現代仏学』に掲載された翻刻文には、恐らく雑誌編集時に生じたと見られる誤植が一部にある。しかし、翻刻の作業そのものは写本を実見してなされたものと思われ、その学術的意義は極めて高い。特に難字の確定において大いに参考になることから、今回これを対校本として使用した。

參考文獻

中國國家圖書館編、任繼愈主編 [2007]《國家圖書館藏敦煌遺書》第47冊 (北京圖書館出版社, 北京)

周叔迦 [1959]〈大乘五門十地實相論跋〉(《現代佛學》總104期;《周叔迦佛學論著集》下冊, 中華書局, 北京;《周叔迦佛學論著全集》4, 中華書局, 北京)

青木隆 [2000]〈地論宗の融即論と緣起說〉(荒牧典俊編《北朝隋唐中國佛教思想史》, 法藏館, 京都)

荒牧典俊 [2000]〈北朝後半期佛教思想史序說〉(荒牧典俊編《北朝隋唐中國佛教思想史》, 法藏館, 京都)

石井公成 [1995]〈敦煌文獻中の地論宗諸文獻の研究〉(《駒澤短期大學佛教論集》1號, 駒澤大學, 東京)

山口弘江 [2011]〈《十地論義疏》と《大乘五門十地實相論》——周叔迦說の檢討を中心として——〉(《東洋學研究》48號, 東洋大學東洋學研究所, 東京)

底校本

底本：BD03443號 (25紙；697行)

圖版本載《國家圖書館藏敦煌遺書》第47冊、《敦煌寶藏》第110冊

甲本：周叔迦錄文, 載《現代佛學》1959年總104期、總105期

內容綱目

8 釋不動地 (首殘, 1-14)
9 釋善慧地 (14-388)
10 釋法雲地 (388-696)
尾題 (697)

錄文

[8 釋不動地]

[論185b1-13]

(首殘) (1)與九地十地□…(2)…□不破壞□……□異義此爲□……□(3)者，要行淨乃□……□乘神通□……□“說不壞”(4)者，教智善說諸法。故[1]《經》云：“智光明”也。“解脫”者，於一切法，行用無礙。(5)《經》云：“入無礙法界道”也。“佛土淨”者，於三五道得自在，如三自在(6)行也。“入大乘”者，於一切行，善示現也。“神通”者，身業不異也。“能(7)釋義”者，口業稱三世根性說也。“坐道場”者，意行清淨，降天魔(8)伏外道也。達一切法相無相，名爲“正覺”也。“於無邊世界，不斷”(9)者，明一切法中無功用，念念常行也。“以，是故”者，結也。

[經185b14-186a14]

《經》曰：“菩薩(10)見佛受本世界法明”，是此地行相也。

[論186a15-19]

《論》曰：“法明彼因相”者，法明是(11)三自在寂[2]因，此三自在何由得成？由從初地乘於諸佛所受法明爲(12)因，得此三自在果也。故云“彼因相”。“真金”者，向來“作莊嚴具”(13)竟。此中依人，喻人福勝，故令金轉妙。此經文中，以化衆生，顯(14)證轉淨也。

---

[1] “故”，甲本無。
[2] “寂”，甲本作“家”。

[9 **釋善慧地**]

善慧地第九

自下融明[3]中明修道菩薩，(15)從前地修道，得報地已，能淨國土[4]，起智神通；此地復能以無(16)礙力說法，教化衆生，智能無礙，慧中之善。行者爾時唯見諸(17)佛爲梵王說法，更無餘人。當知是時，得九地相。故《論》云：“無礙力(18)說法，成就利他行，故名善慧也。”[5]

[論186a27-b2]

“法[6]師方便”者，此是善解世法智。(19)隨物根性，應時而說。彼此俱益，是自利利他也。“智成就”(20)者，智法藥智。若不善識隨根之敎，則化行不立。故次明(21)建[7]藥智。“入行”者，前[8]明知藥，此明知病。若不善識相行不同，無以施(22)化。次明十種稠林，名“入行”也。雖識病知藥，若不善同方音妙辨應(23)機，知之無益。故次明“說成就”。具此四德，成法師體也。

“淨土衆生”者，(24)爲顯九地勝義。

問曰：淨土之化，理通十地，何故但云八地？答曰：實[9](25)通十地。欲彰[10]菩薩智有[11]優劣，得法門不同故。八地但明淨土化(26)衆生。九地亦得淨土，加以辯才，敎化衆生。具二種法故，勝前八(27)地。

“一切相”者，能說一切法種種敎化也。

---

3 “明”，疑爲“門”。

4 “土”，底本無，據甲本補。

5 “無礙力說……名善慧也”，參見《十地經論》卷一 (T26,127a)。

6 “法”，底本無，據《十地經論》補。

7 “建”，甲本作“達”。

8 “前”，底本無，據甲本補。

9 “實”，甲本作“寬”。

10 “彰”，底本作“障”，據甲本改。下同，不一一出注。

11 “有”，底本作“爲”，據甲本改。下同，不一一出注。

問曰：如七地已前，皆先[12]明對(28)治，後明其果；八地但明方便，不彰有果；九地不明對治，亦不彰(29)果；何爾也？答曰：以八地總用初地至七地，與八地至十地爲因。既(30)以對治爲因，則八地至十地是果。故不別明也。

[論186b11-c1]

《論》曰："法師方便(31)依自利利他"者，初有十句，不出自他利。初一句明他利，次一句明(32)自利，故云"一一"。復五句明利他，三句明自利，故云"五三"也。

"依無色"者，此(33)外化句。明衆生不識真寂解脫，不達深旨，以色礙爲苦，以(34)無色爲解脫，菩薩示真寂解脫，化令捨僞從真。《經》云"更求"，化(35)衆生。"未究竟"者，如來一切種智，窮達萬法，名究竟智。自身未證故，(36)轉求爲利益也。"根熟"者，是聞慧等人。既有誠信，爲說初地無名相(37)法捨證也。"邪念"者，不達真如[13]，謂邪爲正。聞正能信，名"可化"。爲說正法(38)無漏，令修行也。"未知法"者，未識佛法衆生。以三昧法化，令聞生解，(39)發思修等智。"邪歸依"者，爲現神通，令生正信也。"信生天"者，現淨國(40)土，令生[14]願求也。"如經"，舉經次第帖也。十力無畏，是佛果的功德。修此功(41)德，名"依正覺"。

問曰："轉法輪"，正是外化，何故自利[15]行中明者？答曰：爲彰(42)內備此德，方能外用故也。

依法輪求如來相好，是"莊嚴道場事"。(43)如來涅槃，大悲化物，故云"依"也。

---

[12] "先"，底本作"光"，據甲本改。
[13] "如"，底本作"僞"，據甲本改。
[14] "生"，甲本無。
[15] "利"，底本作"在"，據文意改。

“大涅槃示[16]現”者，

問曰：何故更明(44)此者？答曰：涅槃之名，通大小乘，今爲簡異大乘能爾，小乘不(45)能故也。

[論186c7-18]

《論》曰：“彼染淨不二”者，善名淨；不善名染；無記爲不(46)二。大乘辨義，以體違故名不善；體順故名善；虛空等爲無記，凡(47)夫二乘中不得以虛空爲無記。彼處皆以心相違順，以明善惡。故(48)還就心中非違、非順、及苦樂二果，以明無記。“淨法”是行法，故下(49)廣就淨法中分別。未入淨心地，未見諦聲聞，名“有漏”；見道已(50)上名“無漏”。“復無漏”中，世俗善法爲“世間”，真如觀智爲“出世”。若(51)就無爲緣集中，方便萬用爲“世間”，真證之旨爲“出世間”。“復(52)彼法”者，世間出世間。“有思議”者，一切對治道；“不思議”者，真(53)證行難測也。“彼思議”中，“有定”者，得正決定；“不定”者，未入定(54)聚也。“彼復三乘”中，有定不定差別也。“三乘”中，一切世諦爲(55)“有爲”，真諦爲“無爲”也。名依有爲無爲而觀，名“順行”也。

“云何入行”者，初(56)一番總列十種稠林名。言稠林者，《大本》云“菩提難”[17]。正以菩提爲(57)難，猶是衆生以菩提爲煩惱也。

[論186c24-187a3]

《論》曰：“是中入行”者，論主束(58)爲三分明義。一依共，二依染淨，三依定不定時。

“依共”者，是總(59)有二[18]種共：一是染心共，二是淨心共。染是第

---

16 “示”，底本作“乘”，據《十地經論》改。

17 “大本云菩提難”，參見晉譯《大方廣佛華嚴經》卷七“我從彼勝聞　菩提難思議”(T9,442b)；卷四十四“瞻察堅固人，菩提難思議，祇洹林顯現，無量自在法”(680c)；卷四十七“時善財童子……正念思惟：得菩提難、遇善知識難、……長養法明難。作是念已，辭退南行”(699b)。

18 “二”，底本作“三”，據甲本改。

七心，淨是佛性心。稠(60)林萬差，依心爲主，離心則無六道果報，名“依共”也。“依煩惱業(61)生”者，爲使[19]及習氣，此五名依染。何故但云“煩惱業生”者？此(62)三攝六道因果，俱盡故也。次“共”者，是佛性淨心。是信性染心。但(63)稠林依淨心名“共”。

復云“染”者，是使行。次“煩惱”者，是習氣行。此二(64)通在二處也。下云“染”者，結前煩惱等五也。“淨”者，結根等也。

三[20]“依(65)定不定時”者，是三聚行，更無別體。正就染淨九種法上爲(66)定不定義。順染心非五行是邪定，順真如起四行是正(67)定，離此二名不定。“彼復定不定”者，屬當定不定法相。(68)“次第”者，以備修習時爲定不定。或從根起不相似。今且(69)明次第與相等相似信等也。

“衆多義”者，釋稠林義。諸木(70)非一爲“衆多”。能藏毒獸名“難知”。煩惱亦爾。萬感[21]交心喻“稠(71)林”，能隱真如佛性令人不見，喻“難知”也。“不正信”者，理外(72)不[22]正行也。

“云何心行稠林差別”者，自下別明十一種也。

[論187a9–24]

《論》曰：(73)“是中心，差別”者，此句總。大乘中多以第八真識爲心，此是本心。隨(74)緣相染業，鼓波浪故，爲六識、七識之殊。故《經》言：“心爲採集主，意(75)爲廣採集，現識分別五。”[23]

“彼心”爲“八種[24]”。“一差別”者，六識不同也。(76)“行相”者，心

---

19 “使”，底本作“便”，據甲本改。

20 “三”，底本作“四”，據文意改。

21 “感”，底本作“或”，據甲本改。

22 “不”，底本下有“也”，據甲本刪。

23 “故經言心……識分別五”，參見《楞伽阿跋多羅寶經》卷一“心名採集業，意名廣採集，諸識識所識，現等境說五”(T16,484b)。

24 “八種”，即一差別、二行相、三第一義相、四自相、五自性不染、六同煩惱不同煩惱相、七同使不同使相、八因相。

之自體，集起生滅也。“第一義相”者，心相空。觀彼心(77)離，名爲空身。名體心體不可得也。“自相”者，心以知爲自相。故(78)《論》云：“順行無量境界取故”也。“自性不染”者，自性清淨心，體(79)性無染，善是真識也。心爲染污名“同”，而性光潔名“不同”。“煩(80)惱”者，隨煩惱也。“使”者，性成隨逐。此二句不染而染，難可了知。(81)“因相”者，以此真識爲因，則爲生死分段之報。如其得融相之(82)解，便能廣周法界無礙之用。故言“菩薩以願力生，餘衆生(83)自業生”也。

正以第五是“性淨心”故。第六第七說染淨、縛解。“煩惱(84)染示現”者，不染而染也。“第八句生染”者，示報相也。

“云何煩惱行”(85)者，

[論187b1–18]

《論》曰：“三種示現”。

“乃至有頂”者，唯佛善斷有頂種故。至有(86)頂名“遠”也。“二難智”者，若與差別則易可知。正以及至金剛無(87)量善根中，雜染不能遠離也。“三染”者，業煩惱及生，三體(88)性是“染”也。下一一分別。初有三句說煩惱，次有二句明生染，(89)後二句說業染。

“是中”已下，論主以義名之，舉經帖也。“是中隨(90)所縛”者，舉釋。“隨所縛”者，是心。心以煩惱故集，煩惱依心故(91)生。故云“迭共同事”。同一集起，故云“相依”也。“以何縛謂使”者，使(92)能隨逐，故縛者是使。云何是縛義？“以有使故，不得解脫”也。(93)“煩惱使一義”者，舉經會。使縛即是煩惱縛也。“所縛事謂(94)心”者，向明七識心，今明自性清淨心。“相應不相應”者，舉經不染(95)而染名“相應”，而性清淨名“不相應”。以性淨故，可得終顯，染非(96)自性，可得除遣，故云“可得解脫”也。“身事生”者，釋生染。諸道身(97)事生，即是果。“道界因”者，六道三界以煩惱爲因。“生煩惱染”者，(98)以煩惱集故生染。如外國土故，就煩惱說生也。

“於三分”已下，釋業(99)染。“三分”者，三種衆生，隨順世間，起三業故，彰[25]不得解脫。“不斷(100)起因”者，煩惱與業作非因。若不斷煩惱則起業因。“染示現”(101)者，顯煩惱中示業染也。“分中”者，舉初句釋。“愛[26]行欲”者，釋(102)愛即欲求也。“無戒”者，釋無明。無明非善爲無戒，即是有求(103)也。“外道”起見，釋見取[27]，即梵行求也。

“云何業行”，

[論187b25−c15]

《論》曰：“道因(104)差別”者，六道皆以業故生。此句總明業，謂“善”、“不善”、“無記”。

(105)問曰：善惡是因，可爾；無記如何名[28]因[29]？答曰：無記正可不(106)能獨感於果，名爲無記。然無記不孤，必依善惡因起。若善(107)中，即善感報，若在不善中，即不善感報，故言皆是道因(108)也。

就中爲兩番：初一番直與作名字，以經帖。第二“是中”已下，(109)一一別釋。

“自性”者，業以造作爲能也。“方便”者，起業方便也。(110)“盡集果”者，雖體謝爲因不妄[30]，必能得起報也。“已受、未受果”，(111)明業得報，時熟則受，不熟不受也。“對差別”者，善惡相對也。“因(112)緣”者，業相微細，故明因緣也。“已集、未集”者，聖人已集善(113)業，不造惡業；凡夫已集惡業，未集善業也。三種報(114)三種乘，皆有“定、

---

25 “彰”，甲本作“障”。

26 “愛”，底本作“受”，據《十地經論》改。

27 “取”，底本作“箭”，據甲本改。

28 “名”，甲本誤作“明”。

29 “因”，底本作“因因”，據甲本改。

30 “妄”，甲本作“顯”。

不定”。受報名“定”，未受名“不定”。修對治入三乘(115)果名“定”，不入名“不定”也。

“是中”已下，第三[31]籌量時是方便也。(116)“作時”者，起業時也。“心共生”者，以心故起業。“不別生果”者，直心(117)是報，不能別生於果，要從心別起方便因，方便能感果。常(118)起依心，故云“不別生果”也。“無始時業”，雖“念念滅壞”，而因不亡，(119)故云“集”。“有爲”故“盡集”。故是爲必定得果“不失”也。“三報受、不(120)受”，遇緣時熟則“受”，不遇緣時不熟則“不受”也。“黑白”者，善(121)惡相對，不黑不白無漏業。“定不定”者，就三報明時，受爲“定”，(122)不定爲“不定”。入三乘無漏名“定”，不入三乘無漏名“不定”。“非(123)乘”者，不入無漏名“世間”。入性地名“定”，不入性地名“不定”也。

(124)“云何根行”，初十句是根行。

[經187c16-26]

從“菩薩如實知”已下，竝辨(125)性心三行差別。

問曰：何[32]故就根中明此三行者？答曰：信名(126)爲欲，乃根之差別。心是性之差別。根之與性[33]據成處語，欲之(127)與心，據方便爲言也。

[論187c27-188a23]

《論》曰：“根行”者，相以能生爲義。亦有(128)二番。

“器”者，隨能受法名“器”。聲聞濡，緣覺中，菩薩上也。(129)“根轉”者，或進或退或住也。“性”者體性。一一乘中各有上中(130)下。“煩惱染”者，煩惱根也。“定不定”者，於“乘非乘”中，爲成不(131)成也。不退名“淳熟”，是“乘”名“定”；不熟名“不定”。“順行”者，(132)根與

---

31 “三”，《十地經論》作“一”。

32 “何”，底本無，據甲本補。

33 “性”，底本無，據甲本補。

諸識相應，隨順生死流行也。“聲聞淨”者，根與法(133)性相應，爲“聲聞淨”也。“菩薩淨”法也。“示一切根攝”者，總(134)攝一切根也。

“是中”已下，第二前後根者，以前根望後根。(135)“前下”者[34]，以今上故“前下”，此是進也。“增”者，前根增今下，此是退。(136)“平”者，前下今下，前上今上，此住也。“性”者，三乘優劣也。“喜[35]樂等”(137)者，五受相隨習使，如從喜生貪等。“定不定”可知。小乘不定(138)根故，可“轉向大乘”。已入正定，今得解脱也。“報定者捨”，明世間定(139)故，機根未熟者直捨也。“身依順行”者，根依於身。身謂六入(140)身。“相縛”者，識共六入，展轉相縛，根依於識，不離身也。(141)“生滅順行”者，相體生滅也。“觀行取相”者，法智心體是分別，故(142)云“取相”也。“聲聞淨”者，煩惱障淨法也。“菩薩淨”者，一地行滿，(143)進入餘地故名“轉”，未進名“不轉”也。“一切根”者，總一切根。唯“始(144)行”及正造“方便”及“報熟”時也。

“信”等差别同根，故略舉(145)而已。“如是性入應知”者，“性”等正是道器，入於道，應知也。

“云何(146)使行”者，此使是第七識中根本無明。上心稠林，但明心過煩(147)惱，就染行心爲語，使以驅爲義，由此無明驅使衆生隨順(148)六道，名爲“使”。經中或明三使、七使、九使。《阿毗曇》中明十使、(149)亦明[36]五十八使，《毗沙論》中明九十八使。此《十地》中明“八萬四千使”。

---

34 “者”，底本無，據甲本補。

35 “喜”，底本作“憙”，據甲本改。

36 “明”，底本作“明明”，據甲本改。

[論188b2-23]

(150)《論》曰："使者隨逐縛義。"此義既以"隨逐"爲"使"。此使"何處隨逐[37]，(151)以何隨逐"，開此二門，下諸句顯此差別。

"報"者謂受世閒報。"非"(152)但世閒心隨，出世心亦不免也。與聖人心俱者，名"深共生"；與(153)凡心俱者，名"共生"也。皆現在相應方便，名"不離現事"。欲、(154)色、無[38]色等三界：色欲二界，四心同緣，名"相應"；上界不同緣，名(155)"不相應"。"至有頂"者，若但在下界不窮邊際，則易可免，今(156)明隨逐，乃至非想，是故難知也。"無邊世界唯智怖畏"者，(157)前際無始也。從本已來，無道能滅，故常隨逐也。"世閒(158)禪等不能滅"者，何以無道故。本來不怖，無始隨逐。禪(159)定亦道，凡夫有定而不能滅，故說是"世閒"。欲彰禪定(160)道，亦隨順行，故不滅。正修相違，故能滅也。

"以何隨逐"者，(161)舉第二。此使有何等義能隨逐？六句[39]經文成。"一有不斷"(162)者，與根本識同時有。正以有心，即有能斷，故恆隨逐。(163)"相似作"者，以有使爲本，起六識次第生四心，貪瞋相(164)續不斷也。若此使有之阿爾，則斷之不難。正以有未(165)無始莫智其源，名"遠時隨逐"。"一身生"者，此句明七種(166)識中隨逐，一六識中，二根本識中。"諸入門"者，舉六根爲(167)取六識。"六種生"者，六根起集六識也。"同生隨逐"者，明(168)識出根，此使一時俱起也。"阿梨耶薰"者，以境界風，鼓(169)藏識海。是以第七識無始妄想流注，與心俱有，名"隨逐"。(170)此是無始無明也。"不實"者，真僞相對。《經》明能治智，《論》舉(171)所治。能證，真如智；所治，是理外妄心。爲明此

37 "逐"，底本無，據《十地經論》補。

38 "無"，底本無，據甲本補。

39 "六句"，即一有不斷隨逐、二遠時隨逐、三一身生隨逐、四不實隨逐、五微細隨逐、六入處煩惱身隨逐。

使，唯能使(172)妄心，不能使實心也。“微細”者，

問曰：無明既是不實理，是(173)易斷，得初地真觀時即斷，何故乃至九地者？(174)答曰：初地斷七識根本盡。如屋中除火炭盡，唯有暖熱，(175)乃至十地終心。但[40]今據九地明義，唯言九地。

“六入處”者，《經》言(176)“隨”、“不隨”。三界心名“隨”，初地至九地斷故，不名“隨順”也。“離苦”者，(177)初地已上訖十地，皆離三界苦，然不免此使餘熱隨逐；十(178)地終心，方得免離，餘皆不免，名“離苦隨逐”。故《經》云：“唯如(179)來菩提智之所能斷”[41]也。

“云何生行”者，就果報明義。

[論188c2-17]

(180)《論》曰：“有八種。”

“一身種種”者，六道果報非一。一一道中復有無量(181)身，種別不同也。“業”者是因，報異由於業殊也。“住處”者，(182)三界中六道業受報處異也。“色相上下”者，爲色有、(183)無色有。有想爲下，謂三禪已下，無想爲上，謂四禪及非想也。(184)“外色因”者，總舉五因爲生因緣也。“自相”者，自體相。六道果(185)報，隨業萬差，名“種種”也。“本順生因”者，六道生以有、癡、愛(186)爲主。有是行，癡是無明支，愛是愛支。此三是生死根本也。(187)言“順”者，生順於本因也。“苦集諦”者，三求衆生差別也。

“是中[42]欲(188)愛”者，釋[43]欲求衆生。“樂貪共取處處求”者，求欲

40 “但”，甲本無。

41 “故經云唯……之所能斷”，參見《勝鬘師子吼一乘大方便方廣經》“阿羅漢辟支佛智所不能斷。唯如來菩提智之所能斷”(T12,220a)；《佛說不增不減經》“舍利弗當知。如來藏本際不相應體。及煩惱纏不清淨法者。此本際來離脫不相應煩惱所纏不清淨法。唯有如來菩提智之所能斷”(T16,467c)等。

42 “中”，底本無，據甲本補。

43 “釋”，底本作“禪”，據甲本補。

也。“欲生”者，釋(189)有求，樂有故求也。“自身”者，現在身；“他身”者，未來六天及色(190)界妙色身，名“他身”。於此三界上下身中，造業往趣[44]，名集諦。(191)“小大無量”等者，是三界，釋梵行求衆生。第四禪已除粗(192)想，不覺細相，謂無相出有輪也。“展轉苦諦”者，三界皆是苦也。

(193)“云何習氣行”者，既業差異，各有習氣不同。然自有餘習名習，(194)自有增習。習若從下至上，以爲增坊之習；若從上至下，是餘習(195)之習。此中多是餘習也。

[論188c24-189a9]

《論》曰：“習氣行。”

“一與果”者，習氣(196)與果，或現不現。直得報便度，名不現；得起習，名爲“現在”也。“道薰”(197)者，六道習異，如牛呞比丘[45]等也。“親近”者，善近惡則惡也。“功業”(198)者，如五明論[46]等。情偏著名“習氣”，處捨正道名“煩惱”也。“中陰”者，如(199)生時梵行淨，乃至中陰，不欲不受胎也。

問曰：中[47]陰何道所攝也？(200)答曰：《毗婆沙論》云“中[48]陰乃是後生方便，無別道”[49]也。

“與果次第”者，中陰(201)既不同。次第至正報亦異也。“離世間因”者，欲斷生死，藉定發慧，故定(202)是出離因。世間雖得禪定，不能發

---

44 “趣”，底本作“取”，據甲本改。

45 “如牛呞比丘”，參見《薩婆多毘尼毘婆沙》卷一“復次佛習氣盡。二乘習氣不盡。如牛呞比丘常作牛呞。以世世牛中來故”(T23,504c)。

46 “如五明論”，參見《法門名義集》“五明論 內明、因明、聲明、醫方明、功業明”(T54,200c)。

47 “中”，底本無，據甲本補。

48 “中”，底本無，據甲本補。

49 “毗婆沙論……便無別道”，出典不詳。

慧、斷煩惱，爲所異[50]也。“同法異外(203)道”者，二乘證無漏出世，不同外道，名“同法”。捨大樂小，是習氣。故(204)《經》云“實、不實”也。乘薰差別，親近三乘，亦由過慧好樂不(205)同也。

“云何三聚行”者，上之十種，不出邪正及不定，故次(206)明三聚也。

問曰：就何法上辨此三聚也？答曰：推十種(207)稠林，不出染淨二心。隨染心起，煩惱、業、生、使、習氣等，五稠(208)林者，是邪定相；隨淨心起，根、信、性、染心等是正定；不同此(209)二，名不定，故知還就向十種稠林，以明三聚也。

[論189a18-b5]

《論》曰：“一(210)有涅槃法、無涅槃法[51]”者，若計生死必定不可斷，無涅槃因，(211)名“無涅槃法”；若計必定得涅槃，名“有涅槃法”。乘得涅槃。以(212)爲“一向定”；闡提等一向不得，亦名“定”；餘名“不定”也。善惡行(213)因從見起行故，見爲“善惡行因”。從行得果故[52]，善惡業(214)爲“善惡道”。人以所行故異，是以八邪爲“外道因”，正位爲“聲(215)聞因”也。“菩薩差別”者，菩薩有二種：習種性前是名字菩(216)薩。若捨妒悋越外凡地，入習種性地名“轉”，是“正定”；若不進入(217)習種，名“不轉”，是“邪定”也。“捨可化衆生”者，菩薩攝化衆生，不(218)過財[53]、法、無畏三種施。妬不施法，悋不施財，瞋不與無畏，令他生(219)恐怖，名“生他苦”。有此三過，正與菩薩檀波羅蜜相違，名“惡(220)行不轉”也。三種成就地中善住，名爲“安住”也。

“云何說成就”(221)者，正明菩薩四辨應機[54]，善行化物。上雖明三種

---

50 “異”，底本作“幸”，據甲本改。

51 “法”，底本無，據《十地經論》補。

52 “故”，底本下有“善故”，據甲本删。

53 “財”，底本作“則”，據甲本改。

成就，若不(222)善同方音，應機巧說，不名“善慧”。故以妙辨隨方施化，聞(223)者皆從也。能與衆生作出離因緣，名“解脫”也。

[論189b16-c7]

《論》曰：“而(224)與因緣”者，說以進行，此句總也。“三種相示現”者，就說中分爲三(225)分明義。

“智”者知法根，根藥相應，說對治法也。

問曰：前亦明(226)智，此亦[55]明智，有何等異？答曰：向云智者，直明知法藥；今知(227)應器之法。向入行直明知根；今明應法之根也。

“口業”者，雖(228)知根法相應，若無無礙辯才，則智有限滯，未若開導，彰(229)之在說也。雖有無礙辯力，至於說時，若不具法師德行，則(230)不能無量，不能授深。故明“法師”德行也。

釋中“隨所知”者，是(231)牒上初法師方便。第二智法藥，第三十[56]種稠林等，是所(232)知法。“隨所依”者，欲說法對病，隨心隨使，隨根隨信，是所依(233)器也。“器得熟”者，根未熟故，未堪聞出世法，隨心隨使，化(234)令成器也。“解脫體”者，既出世器熟，正得真證相應，名“解脫”。(235)“差別”者，以器不同，故授三乘行法，令得三解脫也。“何者隨(236)所依”是問。“說法對器”者，是若以四十辯才依上知心、知使二種稠(237)林中，根未熟者說對治法，化令根熟，成法器故言。“隨應度”(238)者，授治法也。“二句說”者，隨心、隨使二句經文說也。“所說法器成”(239)者，知彼所化衆生，出世根成三乘器熟，說三乘法，度令得解脫。(240)“此義二句說”者，隨根、隨信二句經文說也。前二句對上解脫器得(241)熟故，後二句對上解脫體正度故。若經就文，前言化衆生法，此(242)云“隨心”“隨使”；前言度衆生法，此云“隨根”“隨信”。“隨

54 “機”，底本作空一個字，據甲本補。

55 “亦”，甲本誤作“以”。

56 “十”，底本作“十一”，據甲本改。

譬喻解器”者，明(243)法說[57]不悟，須辨譬喻，隨彼近情，說粗況理。如言浣衣之子，教作不(244)淨觀等也。“隨種種異”者，總明衆生根有萬差，受法器別，菩薩悉(245)知，爲說法喻斷疑也。“成就器”者，隨性不同而爲說，令成法器也。“隨(246)辭器”者，衆生所好言語非一，隨情欲應之也。彼生行稠林。“煩惱”者，(247)煩惱稠林；“業”者，業行稠林；“薰”者，習氣行稠林。明衆生萬殊，處(248)不同，言音隔塞，具辭辨力故，善同方音，隨類而說也。以能信三(249)乘是出世因，名“乘因”。稱信爲說，令得解脫，既以信爲“出世器”也。

(250)“云何口業[58]”者，此文是誤。何得知？下結言“是說成就中智成就已(251)說”。故知下四十辯才，正是口業也。

[論189c11–190a18]

《論》曰：往陳章吐訓以爲“說”，(252)立教傳通季未不隧名“持”。“二句示現”者，具二種持。一者聞持，二(253)者義持。“住大法師深妙義”者，是義持；“辨護法藏”者，是聞持。(254)九地菩薩，既識達根藥，具二十種義軌，是具法師之德也。

“二十”中，(255)前十五依利他說，後五依自德說也。“時”者[59]，無八難時。舉非時，顯應(256)時，八難可知也。“正意”者，雖復知時，須敬受故云住，非不正住也。何以故(257)者，釋明法出聖者故持，敬方說故，令他重也。

問曰：此正威儀(258)住，乃是時說中而釋正意也？答曰：此是番時，人情不同故(259)也。

“頓[60]”者，一頓爲衆生，二頓說一切法。離慳明無情過。“相續”

---

57 “說”，底本作“脫”，據甲本改。

58 “口業”，《十地經論》作“智業”。從此看來，注釋當時此處《論》文誤作“口業”，後來改成“智業”。

59 “者”，底本無，據甲本補。

者，常(260)說法也。“漸”者，如字次第，聞慧是也。“次”者，句次第，思慧是也。(261)“義”者，是義次第，修慧是也。“句義漸次”者，正證初地也。說義饒(262)益爲同說。非義不同，示教利法，標[61]其旨以爲“示”指。分疏對治，以(263)之爲教。法能潤已，以之爲利，得利沾心，益已生“喜”也。“勸”者，勸助(264)弘發。“具德”者，說三量智，於教證中，具足說也。“不毁”者，說合理起也。(265)“不動不雜”者，說法時靜心正念，不起衆生煩惱也。後五自心清淨，(266)可詳也。

“說成就中智”者，結異上智也。

“云何口業成就”者，雖具勝智，若(267)不辯才口業善說，則化道不暢，故次明具四十辯才也。

[論190a23－b9]

《論》曰：“四無(268)礙”者，語其所說法與義，論其能說辭與樂說。此“四無礙”，正爲辨(269)一法門義要，以法爲宗。若以行法爲法者，以軌用爲法。此四無礙論(270)法者，法名自體，自體中所以能顯法者，以之爲義，直彰法義，(271)以之爲辭，能善方音，隨根隨情[62]，種種非一，契物之心，以爲樂說。(272)“不壞”者，如文[63]如義而知，如文如義而說，善同方音，名“不壞”也。

“法體”者，(273)法名自體。隨以何法二諦等，皆自體爲法也。“境界體”者，是(274)法之境界。義之體，非是心所緣境，亦非自境界，直指義是其(275)境界，是義無礙也。得法得義，授與衆生，名之爲辭。故言“正得(276)與衆生”也。“正求無量門”者，隨彼正求，與種種法門，是樂說無(277)礙也。

---

60 “頓”，底本作“現”，據《十地經論》改。

61 “標”，甲本誤作“樹”

62 “情”，底本下有“動”，據甲本删。

63 “文”，底本無，據甲本補。

“遠離二邊”者，釋法無礙。不常不斷，中道緣起也。“色”者(278)且指一法。“礙”是色相。答異此不祷。色法，欲顯當法相爲體。“所(279)攝中”者，是義無礙。智所知義，還指前法無礙智所知法上所以，(280)名義也。“如實智境界”者，以色相爲法體，則隨此法境界以爲義。(281)義是智境界。“菩薩如彼，中住”者，顯即相無相義。“虛妄分”者，彰色(282)性不得。就色既爾，一切法亦然。故云“如是等”也。“於彼如實智”者，(283)釋辭無礙智。“隨他所喜”者，善識衆生，方音不同。“正智而與”者，(284)既識不同，隨其不同，以所得法義，隨一切衆生言音而說也。“無(285)量種種義”，釋樂[64]說無礙。明菩薩慈心內發，大悲外被，隨衆生樂(286)欲何法，隨彼所樂不同，說種種法門，故言“隨他所喜”也。

下辨“十種”(287)者，法相分別，故有種之“自相”者，還論“法體”也。

問曰：捨自相義，十(288)種皆應名爲自相，何故但初得名也？答曰：今且據一修教(289)門。故初辨諸法體相，謂各各相也。

“同相”者，是其理既達於法，次(290)知法之真實也。理不自顯，必藉於詮，故辨諸法“行相”。謂非有非(291)無，不斷不常，因緣集起。既達法理證，宜須顯說，故次辨於(292)“說”。說者，聖人隨說分別顯示也。說生於解，故次辨“智相”。智(293)者，知法粗細。自相爲粗，同相爲細也。智有所除，次辨“無我(294)慢相”，謂證相應法也。除惡興行，故爲三乘也。於證中同入(295)爲“菩薩”“如來”等究竟地。如來果中不思議用，以爲“作住持(296)相”也。後五是“淨”者，前五就對治以彰行，後五是無爲緣集(297)用，以爲真“淨相”。

64 “樂”，底本無，據甲本補。

[論190b14－22]

《論》曰：“生法自相”者，以因緣法，遠離二邊，(298)爲生法自相。“差別”者，因緣差別。如色差別，謂可見不見，(299)以之爲義。“想堅固”者，此差別相生於心，未是淨相，以之爲想，(300)想起覺觀，能動於說，以爲辭。法相顯現不壞，故言“想堅(301)固自相”也。辭之差別無量，種種非一，以爲“彼想差別”也。

“是中(302)不壞說[65]”者，舉辭重釋。隨所覺，隨衆生說，說如所覺，故曰(303)“不壞”也。“次第不斷”者，舉樂說無礙釋也。

“云何同相”，

[論190b27－c8]

《論》曰：“一切(304)法”者，自相一切法，皆無體性無我同。“有爲同相”者，諸[66]法生(305)滅[67]故空。是以無常門，入無我義中。若隨實知，以空故，諸法生滅(306)故空。無常門，入無我義中[68]。有爲妄相，同顯無我，以之爲義。“假名(307)同相”者，以假[69]名說同相故，亦名“同相”。“假名”是分別，興於言說，(308)以之爲辭。“假名假名[70]同相”者，樂說依辭假名，復存此“假名”，以興(309)分別種種說，以爲樂說。

“是中無常門”者，生滅同相。“入無我義”(310)者，以生滅故空。無常是第二句，空是初句。何法上明此無常。(311)正初自相無礙所明色自相法上有此無常。故云“第二相初(312)智境界成”。

“是中知，假名”者，法是假名。“不斷假名”者，以辭說(313)也。“不

65 “說”，底本作“諸”，據《十地經論》改。

66 “諸”，底本下有“諸”，據甲本刪。

67 “滅”，底本作“法”，據甲本改。

68 “諸法生滅……無我義中”，此14個字，疑爲衍。

69 “以假”，底本作“假以”，據甲本改。

70 “假名”，底本無，據《十地經論》補。

壞無邊法”者，不壞前辭假名，而能異假名種種說也。

(314)“云何行相”，

[論190c14-24]

《論》曰：“生行相”者，現在集起，故稱爲“生”。前辨生法者，辨因緣法(315)生中，辨有爲行相差別，以爲生相也。“已未生”者，過去、未來法。以(316)過去故，知現在非常；以未來故，知現在非斷；故名爲義。“物[71]假名”(317)者，三世物據法以顯行相，即此生住滅法，以明行相。分別此行，(318)以爲“假名”，即辭無礙也。“說事”者，亦者物，但物差別故爲“事”。三(319)世中無量分別，以爲樂說也。“一一世現在世”者，過去曾有曾現，未(320)來當有當現，當相各在，故云“彼彼攝受”，此釋法無礙也。“見過未(321)知現在世”者，見過去曾有離故無，知現亦當無。見未來當緣集(322)可現，知現亦[72]從緣起也。起故不斷，無故不常，不斷不常，是法之實(323)相，故菩薩義無礙。“知境界成就說事”者，以辭說三世事也。“無量(324)法明”者，樂說不同，故異異也。

“云何說相”，

[論190c29-191a8]

《論》曰：“修多羅”者，直明經本，(325)以之爲法。“解釋”者，分別此修多羅，能爲表證，以之爲義。“隨順說相”(326)者，隨順經綸，以辭說也。“相似說”者，依辭廣作譬喻，以顯時情，以爲(327)樂說也。

“是中”已下，重釋可知也。

“云何智相”，

---

71 “物”，底本作“初”，據《十地經論》改。

72 “亦”，底本作“二”，據甲本改。

[論191a14－23]

《論》曰：“現見智”者，現智(328)知現法，以法無礙智知。現智所以知法也。“比智”者，依現智以智知現(329)之類，以義無礙智知。比智所以知法也。“欲得方便”者是智，信言量(330)智，雖非現境，要是可智之流，於智所知，辭中無礙也。“得智”者，得(331)第一義故，於名清淨，樂說無礙。即是教量智也。

“是中法智，知諦[73]”(332)者，知三苦差別，知現法不同，名“法智”。“差別不壞”者，如法相不異。“比[74](333)智，如此如實分別”者，依現而比故，“餘亦如是比知”也。隨衆生所聞(334)不同爲說，令得證會故。就樂說智，“第一義，非顛倒異”者，與第一義(335)相應也。

“云何無我慢”，謂正證如實，離諸取相也。

[論191a29－b11]

《論》曰：“第一義諦”(336)者，法無我空證也。“世諦”者，隨相方便，人無我智。此中已辨實證之(337)位。正以理之外用，以之爲人；即此用寂，以爲無我；無我真照，以之(338)爲智。但就相故，對陰、界、入、諦、因緣，以爲人無我也。“說美妙”者，善於(339)辭。“說無上”者，無量種種樂說也。

“是中一相不壞”者，真法無我(340)也。“我”“無我”者，取方便相，我證無我。取相如是等，名之爲“我”；寂此(341)我故，以爲“無我”。“壞陰等方便”者，以觀陰等，知無爲我。“境界成”(342)者，無我義成也。“聚積”者，謂知陰[75]但假名，無有我故，對治此著我(343)也。“異因”者，就謂別爲我，能知於塵。故觀十八界，知識性了別，(344)識能知塵，更無異因也。“欲著”者，十二入內外相順，故名爲“欲”。觀(345)十

73 “諦”，底本作“怖”，據甲本改。

74 “比”，甲本誤作“此”。

75 “知陰”，底本作“陰知”，據甲本改。

二入自性無相，如空聚故，離著我也。“作著”者，諦與因緣，因(346)觀以因得果，無別作者。此對治入無我法。義無礙成，故云“方便”也。

(347)“云何大乘小乘相”，

[論191b16-25]

《論》曰：“觀相”，觀萬有虛寂，本無二三，豈有(348)一實可存也。“性相”者，三乘性。正就菩薩位中，階降差別。以爲大(349)乘小乘也。七地已還爲小乘，八地九地爲大乘也。“解脫”者，能以辭(350)稱性爲說，得於解脫也。“念相”者，樂說隨念，乃至世間種種欲念，(351)盡皆爲說也。

“是中智諸法無著[76]”者，以理一故，攝三乘以爲一乘，故(352)云“一觀”也。“依同解脫”者，明稱於所習，爲說三乘，同得一解脫果。(353)既信受無疑，不懼不得於果也。“無量說”者，種種異說也。“隨可度”(354)者，依行隨順解脫也。

“云何菩薩地相”者，第十以爲菩薩地也。

[論191c1-10]

(355)《論》曰：“智相”者，證道智，是地體。“說相”者，教道智，地相也。“與方便”(356)者，以辭不壞，說隨地道得地不違也。“入無量門”者，樂說也。“法行(357)智行”，智行者得法之智行。“謂心”者，證地心差別。“說”者，口業說證之相(358)也。“不顛倒”者，稱法爲說也。

“云何[77]如來地相”，

[論191c15-24]

《論》曰：“法身”者，實相法。“色(359)身”者，報身體，現名色也。以辭說佛相差別，故云“正覺相”也。無量種種[78](360)“說”者，樂說相

76 “著”，《十地經論》作“有差別”。

77 “何”，底本無，據甲本補。

78 “無量種種”，疑爲衍。

也。“時”者，隨何劫成以時也。“事”者，隨何等土，佛身是佛(361)事也。“相”者，可以表彰，故云“相”也。“依十種佛”者，如《華嚴經[79]》中十佛覺(362)差別也。

“云何作住持”者，一切思議所作佛事，盡爲住持相也。

[論192a2-20]

(363)《論》曰：“覺相”者，住持以智爲體也。“差別”者，正覺業差別也。“說相”者，以(364)如來音聲辭說也。“彼無量”者，以如來智行圓滿無量說也。

“是中(365)佛語”者，能說法故。“力”等可解。“此一切事一切智智通達”，皆智(366)所爲也。“隨心”者，隨心信根欲性。“諸佛智行”訖“不壞”者，具足利益(367)方便也。菩薩以佛智行圓滿故，“無盡樂說”也。

“云何法師自(368)在成就”，上來所明四種成師之德，此明法師行化之義。若不能(369)受持論佛法藏，則無法可說，不名法師，故明“持成就”。雖[80]復能(370)持，若不處衆巧說，則不名法師，故明“說成就”。雖復能持能說，(371)若不善答問難，則師義不成[81]，故明“問答成就”。由此化功，九地行之(372)究竟，得勝受持，故明“受持成就”也。

問曰：此說成就[82]與說，有何等(373)異？答曰：上明，明化物之德；此中正明對機行化之時。故此《經》云：(374)“是菩薩處於法坐，或以一音說，令一切大衆悉得解了”[83]也。

(375)問曰：此前云“成就”，後復云“受持成就”，爲何等異也？答曰：前(376)直明善得陀羅尼，內具總持之德；後明能受諸佛所說教法，

---

79 “經”，甲本無。

80 “雖”，底本作“唯”，據甲本改。

81 “成”，底本無，據甲本補。

82 “就”，甲本無。

83 “故此經云……悉得解了”，參見《十地經論》卷十一“是菩薩處於法座，或以一音說，令一切大衆悉得解了”(T26,192b)。

(377)是受持之行也。

[論192b4-17]

《論》曰："十種陀羅尼"者，如《地持[84]》中爲四：一法(378)陀羅尼，二義陀羅尼[85]，三呪術陀羅尼，四忍陀羅尼[86]。此爲十種。

一"義"(379)者，此是義藏名義持。"聞陀羅尼"者，是聞藏，爲聞持。"智"者，(380)爲說聞及義，令[87]生三慧。故《經》云："起智陀羅尼"也。"放光"者，五神(381)通等也。"降伏"者，能現粗言，令物伏從，故《經》云："善意"也。此中或(382)先釋，後以經帖；或先舉經，後以論釋；可依文而推也。"供養"(383)者，能以出世勝，則上供養諸佛，下攝衆生。故《經》云："衆財"也。"於大乘(384)中"者，能以大乘妙果，示小令歸，故《經》云："威德"也。"不斷辯才"者，爲(385)果則斷，無礙故不斷也。"無盡樂說"者，義無盡，窮深也。"種種(386)義樂"者，衆多，明廣也。

[經192b18-c8]

"經曰"已下，至"皆能說"，明說成就。

[經192c8-24]

從"是(387)菩薩三千世界"已下，明問答成就。

[經192c25-193b26]

"是菩薩轉倍精進"已下，明(388)受持成就。可依文而推也。

84 "地持"，底本作"持地"，據甲本改。

85 "羅尼"，底本無，據甲本補。

86 "如地持中……忍陀羅尼"，參見《菩薩地持經》卷八"云何菩薩陀羅尼略說四種。一者法陀羅尼。二者義陀羅尼。三者呪術陀羅尼。四者得菩薩忍陀羅尼"(T30,934a)。

87 "令"，底本作"今"，據甲本改。

[10 **釋法雲地**]

法雲地第十

(389)此地法喻，今名十地，因行究竟，德隣佛果，施化益物，分同諸(390)佛。一能受諸佛雲雨之說，二能自雲雨之說。慈心普覆，能除煩惱(391)塵炎，得生善友，故借世雲爲喻。行者爾時唯見十方諸佛與(392)佛說法，更無餘說。當知是時，得十地相。故《論》釋云："得大法身，(393)具足自在，故名法雲地[88]。"[89]

[論193c6−11]

"此是勝故"者，顯故勝相。喻八地淨國[90]身，(394)九地成就法身，辯才化物；十地成就智善根[91]身，現受佛位，正覺(395)滿足，故名爲"勝"。

問曰：所以不從初地校量，正就八地者？(396)答曰：八地已前，功用、無功用別，義在無濫，故不須料簡。今八地已上，(397)同無功用道，得法身之位，義在有濫，故須料簡也。

"此地有八分"(398)者，

問曰：此地正有六分，下之二分是十地之通況，今云何八分(399)者？答曰：十地即是十種修多羅，十地爲正主。若下之二分別作(400)一分，便爲十一分。通前序分，乃爲十二分。但今於正宗所辯，正以十地(401)爲主。但鏡像利益，爲[92]在十地之末，故通爲八分也。

"方便分"者，(402)前之九地行未究竟，總爲方便。十地得受佛位，名之爲果。

---

88 "雲地"，底本作"地雲"，據《十地經論》改。

89 "故論釋云……名法雲地"，參見《十地經論》卷一"得大法身，具足自在，故名法雲地"(T26,127a)。

90 "國"，甲本此下補"土"。

91 "善根"，底本作"菩提"，據甲本改。

92 "爲"，底本下有"爲"，據甲本删。

(403)問曰：前八地已云“總明集地”[93]，通與十地爲方便竟，此何故復明者？(404)答曰：前明者爲證功用、無功用別。此明者爲顯受位、不受位異(405)也。

“得三[94]昧”者，初入地以爲首者，三昧能出生果報智神通等，(406)故初說也。既三昧現前得受佛位智識，故云“受分”。既已得(407)位，智行窮滿究竟，故云“大盡”，是地果也。此地名法雲，故“釋(408)名”。以此地是滿足地故。顯勝下唯除如來，故云“無上有上分”也。“影(409)像”者，譬喻以況義，彷彿而取。如因水見影，鏡中觀像，此通況(410)十地。“利[95]益”者，流通十地，顯聞信生解，勸發持也。

[論193c19-194a4]

《論》曰：“於初(411)地至九地，善擇[96]智業”者，總九地爲方便道，擇[97]中最勝，故云(412)“善擇”。“業”者，是行之異名。明從初地盡九地，行不住道業，廣(413)化衆生，集功德智慧，發起十地滿足果，故名“業”也。

問曰：前八(414)故總以七地爲方便，有總別之名；此中總用九地爲方便，何故不立(415)總別之名？答曰：前就道位[98]，語故，有總別之名；此就九種行(416)相，故不立總別之名；雖無總別之名，理則有之，故但有七句，初三即是總也。

(417)總中還作三道名說。“清白法”是證道，集助道，“攝福德智慧”是不住道，(418)此三相資，故言“諸句次第相釋”也。“普遍[99]”者，初地

93 “前八地已云總明集地”，參見《十地經論》卷十“第八地中有七種相差別。一總明方便作集地分”(T26,179a)。

94 “三”，底本下有“三”，據甲本刪。

95 “利”，底本作“初”，據《十地經論》改。

96 “擇”，底本作“釋”，據《十地經論》改。

97 “擇”，底本作“釋”，據甲本改。

98 “位”，底本此下有空格，疑爲脫2個字。

至七地修行大悲，淨(419)菩薩道。行雖爲三，要唯自利利他也。自他具便能感於淨土，故第(420)三[100]辯“國土”身[101]，即第八地。第四“化衆生”世間，即第五地也。“善解”者，智正(421)覺身，於九地中起入十地行，得如來境界也。“無厭[102]足”者，深入行成，(422)一行備衆行，徹窮佛地也。“地盡”者，入修行已，方便窮極，行得圓備，(423)故云“盡至”也。

“云何得三昧分”，

[論194a17-b6]

方便行成，次論正得地位。入地之本，三昧爲初。(424)故次辯“三昧分”也。

問曰：三昧爲九種，何故但“離垢”也？答曰：實有(425)九句，但第六中爲二句合故，言離八種也。

“入密”者，得甚深微密境界，照同(426)諸佛，無有諸障，名“無垢”也。“近至”者，莊嚴道場，近於佛果也。“放光”者，(427)得此三昧，放光動地，照曜十方，清淨無障也。“四陀羅尼”者，得此三(428)昧攝持諸佛一切法藏，猶如大海受納百川，不覺滿溢也。“起通”者，得此三(429)昧神通自在，放大光明，普照十方，隨緣施化也。“淨佛國土”者，爲二(430)句：上句明功德，下句智慧，皆淨佛國土因也。“化衆生”者，得此三昧，照(431)達一切衆生根性，應病與藥也。“正覺”者，覺佛所覺故，與佛相(432)知。

“無分別”者，平等與無分別，名異義一。即受佛位，與諸佛無差，故(433)照同諸佛也。“善知三昧”者，前釋不盡，故重舉更釋。由得此三昧，一切所(434)作隨心成就，故名“滿足三昧”也。

---

99 “遍”，底本作“邊”，據《十地經論》改。
100 “三”，底本作“二”，據甲本改。
101 “國土”，《十地經論》作“佛土”。
102 “厭”，底本作“體”，據甲本改。

"云何得受位分",

[論194b23-c13]

《論》曰："是中得(435)受位"者，借世間受位相顯之。"隨何等座"，世間輪王長子受職時，在(436)閻浮檀金座上。今明菩薩受佛職，在大寶蓮花座上也。"隨何(437)等身量"者，王子受職，要玉女寶所生，具足王相。今明菩薩身(438)相殊妙，稱可花座也。"隨何等眷屬"者，王子受職時，群官輔弼，導[103](439)從前後。明菩薩有十千萬菩薩爲眷屬，各坐眷屬蓮花上也。"隨何(440)等相"者，王子受職時，香水灑地，街巷清淨，懸繒幡蓋[104]，鐘皷振響。今(441)明菩薩受佛智職，大地震動，世界清淨，以爲相也。"隨何等出處"者，(442)王子受職時，藏出奇珍，周捨貧下，恩赦獄囚，爵賞百貴。今明菩(443)薩十處放光，拔苦與樂也。"隨所得位"者，世間輪王以金鐘香水灌(444)子頂上，名灌頂大王。今[105]明菩薩爲諸智光入其頂已。名受佛智職也。(445)"隨如是說六事"者，隨世間受職相說，菩薩受職應知也。

"是中坐"(446)者，先[106]坐者顯菩薩報相。以其由在數中，故寄大顯大，不以限限(447)無有量也。"生[107]相"有二義：一勝相，二爲統領義。大寶蓮花王，即(448)其相也。"量相"，大小也。"勝相"者，出世果報，不同世間所莊嚴也。"地(449)相"者，安固如地，出世善根所生，不同一切世間境界也。"因相"者，向明(450)其果，此出世無漏因也。"成相"者，滿足義。從初地來修出世萬行，(451)終至十地始就，名"成"。業力善巧[108]名爲"幻"也。"第一義"者，是佛性真(452)如體。此座光明依性理

103 "導"，底本作"道"，據甲本改。
104 "蓋"，底本作"益"，據甲本改。
105 "今"，底本作"金"，據甲本改
106 "先"，底、甲本作"光"，據文意改。
107 "生"，底本作"主"，據《十地經論》改。

而起也。“善照”者，真如無雜也。“功德”者，既是(453)出世善，豈天報能比也。“體相”者，此座形如蓮花也。“莊嚴”者，外嚴映(454)發，內相清淨也。

“隨何等身量”，第二座本有身，大小稱形也。“隨(455)何等眷屬”去，辯第三也。

[經194c14−195b3]

“經曰”至“一切佛”，明第四。

“隨何等相”者，(456)五種相：一動地、二止苦、三放光普照、四淨世界、五見聞諸佛也。菩(457)薩之家，無時不作心益物，況登佛果而無大益。據明利益，放[109]光(458)現相，作利益故。先現相作利益之瑞。

動地者，爲欲覺悟衆(459)生，有所見聞。止苦者，爲令寄心聞法，雖暫止苦，若不見佛聞法，(460)則不永離。故次放光，令得見佛也。雖以光照，若淨穢殊隔，則見(461)聞路塞，故次世界嚴淨。既土無淨穢，平等無礙，猶如一座，聞法(462)受悟，是故次明“皆得見聞一切諸佛”也。

“何以故”已下，第五出處，十(463)處放光。

[論195b4−14]

《論》曰：“動等相”者，等取餘四，如上《經》辯也。

“何等出處”者，(464)釋十處放光。光爲三業，是光之功能差別。兩足、兩膝、臍輪、左右(465)脇、兩手，此五放光，除苦與樂，名“利益”也。兩肩、項背、面門、白毫、(466)頂上，此五處放光，爲覺悟義，名“發覺業”也。一切魔宮隱弊不現，(467)收威斂[110]曜，名“攝伏業”也。“決[111]定不退”者，得證初地，名於地中決定(468)也。“定不放逸”者，謂

108 “巧”，底本作“功”，據甲本改。
109 “放”，底本作“故”，據甲本改。
110 “斂”，底本作“撿”，據甲本改。

習種已上，蒙光故善起修道，名“定不放逸”。“所(469)作”者，自覺所作，入佛境界也。“萬字胸”者，表金剛萬德，在於胸(470)襟，故相中無比也。

[經195b15－c10]

“經曰”已下，次釋第六隨所得位。

[論195c11－24]

《論》曰：“平等(471)攝受”者，明行德等入佛境界，故以光明照顯相攝受。前時受(472)位菩薩，放大光明，入諸佛足下，此中諸佛放光，周遍一切，來入菩薩(473)頂，爲顯菩薩所得與如來道同。菩薩仰有秉受之能，如(474)來有垂加之力，上齊下同，彼此若一，故言“迭互智平等攝取”也。

(475)“云何得位”者，太子受位，隨[112]在王數；菩薩受位，隨[113]在佛數也。

“云(476)何大盡”者，受位菩薩，既受佛位，諸佛神光入頂，益其智力，如(477)佛所知一切事盡也。

“依五義”者，說[114]五大功能相。“依正覺”者，(478)正覺諸法得智自在也。“依心”者，心於諸法無障無礙，名解脫也。(479)“依發心”者，三昧於一境界種種能作，故云“即成”也。“依一切世間”(480)者，陀羅尼能說法故，隨利益衆生也。“堪度衆生”者，神通能度(481)衆生也。前三是意行，第四口行，第五身行[115]。皆是佛德圓極滿(482)足，故稱爲“大”。

“云何智大”，

---

111 “決”，《十地經論》作“必”。

112 “隨”，甲本作“墮”。

113 “隨”，甲本作“墮”。

114 “說”，底本下有“者說”，據甲本刪。

115 “行”，底本無，據甲本補。

[論196b7－c15]

《論》曰："有七種。" "集智大" 者，汎辨集有二種：(483)一者體集，二者相集。有爲緣集，無爲緣集，此是相集。此中德(484)辨萬用之本，以之爲體集也。既云其集，體相云何？故第二出其(485)體相，故辨 "應化大"。"化" 者，不實義，有爲有相而非實，猶如於化。(486)真集有用而無相，亦於化也。"加持" 者，向雖明真集體相，猶[116]如應(487)化，能興大用而無相。然此體相，必有所成，成有所辨種種諸[117]事故。(488)有涅槃十地等行，名之爲 "持"。成則有其用，用則出於情表，以爲 "細(489)微" 入智。雖復當體備用，體是 "細微"。由未能隱細現粗，覩深(490)謂淺。今辨轉而不可測，以爲 "密處智" 也。"入劫智" 者，辨時而非時，(491)而能爲時用也。"入道智 "者，無法而非道。一切諸法於解而皆順。(492)故《仁王經》云："諸佛以煩惱爲菩提"[118]也。

"初依[119]斷疑" 者，迷集故起(493)疑，解集故 "斷疑" 也[120]。"彼身" 者，依彼集身，故起應化之相也。"依(494)轉行力" 者，正以依集依體，故轉成就因果之道也。第四(495)"依應化" 者，向第二；"加持" 者，向第三；"善集" 者，向第一；"不二" 者，明徹[121](496)智善融，故云 "不二"。"依護根[122]" 者，平等根未熟。若一往說細，必生(497)驚怖；正以隱細顯粗而不虧其旨，令不驚怖。劫中之壽(498)以之 "命"。"行" 者，上來諸智，盡名爲 "行"。"加" 持能長，"捨" 能短。如意(499)"自在"。"意" 無遠

---

116 "猶"，底本作 "由"，據甲本改。

117 "諸"，甲本無。

118 "故仁王經……惱爲菩提"，參見《佛說仁王般若波羅蜜經》卷上 "菩薩成佛時以煩惱爲菩提" (T8,829b)。

119 "初依"，底本作 "依初"，據《十地經論》改。

120 "也"，甲本無。

121 "徹"，甲本作 "征"。

122 "根"，底本作 "相"，據《十地經論》改。

近，一時俱至，故借意爲名也。“對治意說”者，若(500)善若惡及無記等，因果對治，盡爲入道之智。

辨智中集雖多(501)種，惡[123]唯有三。初地已前名之爲“染”，初地至十地名之爲“淨”，圓(502)寂涅槃以之爲“滅”。體集不二，隨緣差別，故有染淨衆名(503)之起也。下復一一舉相。“隨所有三界”，釋三界集也。“隨所有(504)衆生”，釋衆生集。“隨所有染淨”者，釋識界集。八識爲淨，七(505)識爲染，性不由業，爲淨染隨緣轉爲集。“隨所有[124]有爲”，釋有爲集；“無(506)爲”者，釋無爲集。“無知知”者，無爲是無知。言知者，爲所智證智。此顯(507)無爲，非謂直有用而無實。此辨無爲有用而有實，故無知知。(508)“隨所有虛空”者，釋虛空界集。

問曰：虛空是無，不由因生，云何(509)名集？答曰：此空於衆生有用。若無業滅，則色無所寄；就用爲言，(510)◇[125]名爲集。

“隨所說正不正”者，釋法界集。十二部經辨邪顯正[126]。“隨所(511)證”者，大小乘涅槃皆由因得，名涅槃界集。“隨所邪見外道等”(512)者，釋煩惱集，顯邪見不證涅槃也。“隨所有器世閒”者，釋世閒(513)成壞集。世界之用，衆生業感，業有期限，故有“成壞”也。“隨所有(514)三乘集”者，釋聲聞集。“乃至入法成智差別集”也。

“應化智”者，有十(515)種。明現作實不作。“法界化”者，所說善惡無記等法。“一切分別”者，可(516)分別也；“無分別”者，用而難知也。餘句可解，故不[127]釋也。

“細微智”者，就體(517)論細，就用論微；體細用微，而有大用也。

---

123 “惡”，甲本“德”。

124 “有”，底本無，據《十地經論》補。

125 “◇”，甲本作“義”。

126 “正”，底本無，據甲本補。

127 “不”，底本無，據甲本補。

“奮迅者現行七步”，以相(518)隱，故辨也。

“密處”者，有十句可解。“入劫智”者，有十對。

問曰：《經》云(519)“有劫入無劫”，無，云何名劫也？答曰：此非謂世間有爲以之爲劫。此是(520)真實之用，劫而非劫，以爲無劫。有劫體融，有而無，無而有，短而長，(521)長而短，無礙以之爲入也。

“平等，入”者，平等解脫。空以情別，故三世殊(522)分，空則亡於彼此，是以[128]諸劫相入而無礙也。“依凡夫地”者，爲凡心所(523)行，故云道；爲心之所依，故云地。據解而言，無法而非道。但凡夫自(524)迷，積累成隔，故起諸相我慢行等，以爲非道。智者了達，非道(525)爲道也。“依我慢行”者，能入微塵大小相容，現不思議神變，故(526)摧我慢心。“依信生天者[129]”者，現淨國土，過諸天所有，轉其邪信。“依覺(527)觀”者，衆生身心，菩提智等，種種法相，覺觀分別。如是種種，即爲(528)菩提道用也。

“云何解脫大”者，神通所作，無有礙縛，名爲“解脫”。

[論196c26-197a15]

(529)《論》曰：“一依神通”者，解脫本對縛得名，以神通自在，彰解脫相也。(530)“能至無量”者，既具勝妙神通，遊化十方，無有障礙，猶願智力也。(531)“知世間出世間”者，上知諸佛，下照二乘也。衆生無邊，化門無量，不可別說，(532)隨所作一切無礙也。“陀羅尼”者，所以能廣化十方自在無礙，由具足(533)總持如來法藏。“能破他言”者，既具總持，善識邪正，能正法破諸邪(534)說也。“三世劫”者，如前入劫中說。“因緣集智”，如前集智中說。皆無(535)障礙，故名“解脫”。“光不離身”者，菩薩身施光明，具足無礙(536)也。“依一時”者，此句總釋。前

---

128 “以”，甲本無。

129 “者”，甲本無。

所知是一念具知，非前後時也。

“三昧[130]”(537)者，自下三句經文中略，是故論主直舉經結。“三昧[131]”者，大盡中第(538)三現照三昧也。

“陀羅尼”者，第四明堅固智。

“神通”者，第五明無礙(539)智差別，如解脫中說。

“云何地釋名”者，地行高下深淺萬差，(540)若不立名指釋，無以辨其異相，故須釋名也。依論有三。

[經197a16-c29]

“經曰”(541)乃至“名法雲地”，明如雲普覆。二從“復次是菩薩住此地自(542)從願力”已下，明如雲注雨，滅除塵炎。三從“復次住此地於一世界(543)中”已下，明如雲注雨，能生善芽。

[論198a1-b1]

《論》曰：“是中，有三”。“以遍覆故”(544)者，此地聞法，受持[132]一切佛法，以身遍覆地[133]也。“滅塵除垢”，煩惱塵(545)炎也。“三度衆生”者，八相示現，令生善根，正利益也。

“是中成就(546)念力”者，舉經文。“近說”者，有受持器，未正明能受能說義。“衆多微(547)密速疾[134]”者，是速疾持義。

“是中無量”者，重釋。諸佛同時說，(548)名“衆多”，即“入如來密處”也。“速疾”者，上明十方竝說，此明一(549)念俱持也。“聞”者，從諸佛聞，成三慧解爲“性”，能說爲“作”。“云何性”(550)者，此◇[135]性

---

130 “昧”，底本作“時”，據甲本改。
131 “昧”，底本作“時”，據甲本改。
132 “持”，底本作“時”，據甲本改。
133 “地”，底本無，據甲本補。
134 “疾”，底本作“度”，據甲本改。
135 “◇”，甲本作“責”。

體。“大法光明”者，出三慧解，爲性體也。“云何作[136]”責(551)作體。“大法雨”者，說法利他，如雨益物，名爲“作”也。釋經能“受”、能(552)“堪”、能“思”、能“持”。“持”者，持於法義也。“大海亦如是”者，海以不濁故，(553)能受一切水。菩薩信淨，能受一切法也。“餘水，失本名”者，百川入(554)海，同名爲海，喻思慧得旨，理處平等，不見一切假名差別也。“用(555)不可盡”者，修慧洞達理教，故不可盡也。此十地經教，是三世(556)諸佛所說，名“三世法界藏”。故上本分中云：“過未來現在諸佛，皆說(557)此十地法故”[137]也。“三種事”者，喻菩薩能說之相。

“云何無上有上”者，(558)既十地行滿，現居受位，具勝神通，自在化物，於下有餘名“無上”，(559)得佛不足，名爲“上”也。

[經198b2-c23]

《經》曰：“於智慧中得自在”者，還舉上大盡(560)分神通，用明此有上無上義。論主分爲二分明義：初番明無上(561)義，第二“令歡喜”已下明有上義。

就無上中爲四分，一“依內”，即大盡中五(562)種。

問曰：何故名“內”？ 答曰：此依經文。《經》云：“住此地於智慧中得(563)自在”，智是內解，故“內”也。

“自在”者，是無縛義，即上解脫力者是。“自(564)在”用，即上三昧大。“善擇[138]”者，是總持，即上陀羅尼大。“通”者，五神通，(565)即上神通大也。“隨心所念或以狹國”已下，第二明“依外”。第三名(566)“自相”者，外中差別相。“於一念間示微塵身”已下，第四名“作住(567)持

---

136 “作”，底本作“何”，據《十地經論》改。

137 “故上本分……十地法故”，參見《十地經論》卷一“此菩薩十地是過去未來現在諸佛，已說今說當說故”(T26,127a)，或《十住毘婆沙論》卷一“過去未來現在諸佛皆說此十地”(T26,23a)。

138 “擇”，底本作“釋”，據《十地經論》改。

相”。

[論198c24－199a9]

《論》曰：“爲六”。“內”者智，“外”者地等。“自相”者，還向外所依中，神(568)通用之自相，更無別文也。“作住持[139]”者，助道法。“令歡喜”者，說(569)菩薩力無上，群情生駭，故下現變。令親見，除疑令歡喜。“大勝”者，(570)柔[140]濡果等，當地滿足，福利復勝。此“歡喜”、“大勝”二分，文在論後，但[141](571)論主預[142]作名字也。

“依內，有四”者，即五種大。但[143]“起智陀羅尼”，合故(572)言四。“外”者可解。但對智故，身等爲外。“自相”等皆可知。

(573)問曰：略廣乃是外事，何故舉內中經文也？答曰：爲明依內(574)四種，自在爲本，方能轉變外事等故也。垢淨不[144]同名異，迭(575)互相作名轉。

“住持”者，猶是三業供養，教化衆生不絕，名(576)“住持”。

“令歡喜”者，自下第二有上義。時衆覩菩薩神通勝妙，(577)滅生疑惑，金剛藏解釋，令衆除疑也。

[經199a10－200b28]

“佛復云何”者，此不疑(578)佛，但疑菩薩。以向說出當頑，故疑也。“少示菩薩神通”者，

問曰：(579)大衆見菩薩神力如是不可思議，故生念言“佛復云何”。今正應(580)謂顯佛勝事，以除衆疑。所以乃請菩薩神通者？答曰：上來

139 “作住持”，底本作“住持待”，據《十地經論》改。
140 “柔”，底本作“予”，據甲本改。
141 “但”，底本作“俱”，據甲本改。
142 “預”，底本作“像”，據甲本改。
143 “但”，底本作“俱”，據甲本改。
144 “不”，底本作“不不”，據甲本改。

(581)但說菩薩神通勝妙，未見實事，故請現事，故言“少示”也。

“金(582)剛藏，入，體性”者，

問曰：解脫月請示者，請更示受位菩薩(583)勝事，非請金[145]剛藏。今何故金剛藏自入三昧者？答曰：玄談未(584)若即事。若不現相，無以表示，故金剛藏自入三昧，表受位菩薩，(585)復有如是勝神力也。

“此三昧名何等”者，解脫月初見不識，故問其(586)名也。

問曰：上已云“入國土體性三昧”[146]，今何故方問名者？(587)答曰：前集經者列名。未問已前，實未有名，故問也。

百千去縛，(588)皆是數也。

解脫月問：“若菩薩，行力如是，佛，復云何”者，上親見(589)見其事，於菩薩生信，今復疑佛，受何能過。下借喻釋，“四天下”土，喻(590)十地功德；“二三豆”，喻向來現事；“無邊地”土，喻佛功德。以向事說尚(591)不盡十地功德，而疑如來，可不似二三豆土比十方土。“云何”者，止非(592)其言也。“如人”者，舉喻合。法雲地合上四天下土，“但說一分”，合上二三(593)豆土，“何況如來”，合上十方地土。明說法雲一分，猶尚不盡。“何況(594)如來”，下引佛證，明不可比義。“佛子是菩薩通達”已下，是調柔(595)果。

問曰：準諸地中調柔果，皆云“無量百佛、無量千佛”。今此十(596)地中，何故不云多少也？答曰：從初地至九地，雖現證真如，見二無(597)我，但分別未盡，故見一佛作多佛之解。今十地大士，因道窮圓，體(598)障以盡，泯[147]於分別，是故無有數量之異也。

---

145 “金”，底本作“今”，據甲本改。

146 “上已云入國土體性三昧”，參見《十地經論》卷十二“入一切佛國體性菩薩三昧”(T26,199a)。

147 “泯”，底本作“◇”，據甲本改。

[論200b29－c24]

《論》曰：“是中令歡(599)喜”者，

問曰：何故在前釋，乃在柔濡果後釋者？答曰：論主辨(600)義，若通若別，自[148]在無居。言通不害於別，言別不違於通，通別(601)在時，義融同準也。

“是中大勝”有二：神力及數勝。勝下九地等。“三世(602)智”者，通達三世智有三種。“一斷疑行”者，正覺三世法故，除物三世中(603)疑也。“道義”者，舉三世以名道行，非三世集起名行也。“速疾”者，聞(604)說秘密法，一念能非後廣也。“三等作助行”者，與諸佛平等，然(605)是學分，故云“助行”。“此有三種”者，明功德、智慧二種莊嚴。“淨土”，(606)是功德助道。“法明”、“正覺”二句，明智慧助道。“法明[149]”者，以教智化(607)物。“正覺”者，以真如理化令證也。

“鏡像[150]分”者，上法說竟，次明喻(608)說，即是流通分。言鏡像者，與理教爲喻。鏡喻教詮，像喻於(609)理。如人己面是一，不自見法，而因鏡及顯。鏡中雖無實面，而令(610)人自現，與己面無差。喻十地證智無名相法，雖不可依教直取，非(611)不依及證得詮，故借爲況也。有四喻“況四種功德”。“修行”者，如地出(612)四河，菩薩依發心起十地功德，津液於心，自沾沾他，終至究竟(613)也。修行已成，則道圓地滿，故第二明“勝上[151]功德”。如十大山王，無量(614)物集在其中也。行成位滿，窮深難測，所得功德，皆入佛境界，(615)故第三辨佛果甚深，由如海“難度”也。深有所成，功用彌備，菩提之(616)心，漸有清淨，如摩尼珠，故曰“轉盡堅固德”也。

---

148 “自”，底本作“爲”，據甲本改。

149 “法明”，底本作“明法”，據《十地經論》改。

150 “鏡像”，《十地經論》作“影像”。

151 “勝上”，《十地經論》作“上勝”。

[經200c25-201a2]

《經》云："從菩提心"(617)者，是佛性真心，衆生修行，非性不發。故從佛性"阿耨大池"，"流(618)出善根大願之水"。"阿耨池"，此方言清涼池。

[論201a3-7]

《論》曰："依本願力"者，(619)依初地中十大願力，終成如來大海。"本願"如池。"四攝"如四(620)河。"自利"、"利他，善根增長"，如水漸增。"及得菩提"者，如滿大海也。

"云(621)何增上[152]勝功德"，

[經201a8-c2]

《經》別十山爲喻。"雪山"、"香山"，此二因事得名。"毗陀略"，(622)此名廣山。"仙聖山"、"由乾陀"，此名高山、亦名上首。此山四廂高，中央(623)下。"馬耳"、"尼民"，人名，因人爲稱。"斫迦"者，此山形如月初生，此名(624)圍山。"衆相"者，以形相名。"須彌山"者，名功德具足山。

[論201c3-29]

《論》曰："依一切(625)智增上"者，得佛功德成就位也。"因佛智故"者，但使得地，位與(626)真證相應，皆名"佛智"。但有滿不滿，故有十階之別。如依大(627)地有十山之別，依佛智故有十種地位之別。後辨"依大海得(628)名"者，以佛果爲海，因果相顯得名。故上本分中言："生成佛智住(629)持以名地"[153]也。

十山中，前二非純淨，後八是純淨。初地直辨願體，行(630)之未立，但除外垢。二地是離惡之行，未是自體淨行，但名離(631)垢，以非

---

152 "增上"，《十地經論》作"上"。

153 "故上本分…持以名地"，參見《十地經論》卷一"復此十地生成佛智住持故"(T26,127a)。

淨也。十山中有八寶山，喻前八地。但第三地雖是世間，(632)然體[154]善清淨，以如寶山也。

山中所集，要唯“衆生”、“非衆生”，有(633)二。“受用”者，謂香、果[155]也。“守護”者，寶等也。“受用”中“四大增損(634)對治”者，藥草、香也。“長養”者，果[156]。“雪山”等四，“非衆生數依”。“第(635)六”者，指行也。

“衆生數”依有六山，“六難對治”。“貧難”者，邪見(636)之人之無正見善財，四地菩薩，行道品化，對治身見貧窮，(637)如五通福田也。“死難”者，以無道力不得自在，受生死苦，五(638)地菩薩行不住道，入生死救苦，如夜人善神。“儉[157]難”者，七(639)地菩薩功用究竟，行十波羅蜜，廣益群生，對治功用儉[158](640)難。“不調伏”者，八地菩薩位無[159]功用，體冥大寂，對治功用不(641)調伏心。如得大象[160]自在力，調伏剛強也。“惡業”者，九地菩薩(642)在法師之位，具足四十辯才呪力，善除衆生十種稠林煩惱(643)惡業，如修羅善呪也。“怨敵難”者，十地菩薩，諸行究竟，現受(644)佛位，能震動大法雷音，無畏電光，智慧疾風，對治衆生生(645)死怨敵。如天王破[161]修羅衆也。

“不斷不息”者，喻十地功行，終至(646)菩提，廣化[162]衆生不可窮盡也。言“因果相顯[163]”者，非生因因果善相(647)對相顯，對大海故，爲十

154 “體”，底本作“厭”，據甲本改。
155 “果”，底本作“菓”，據《十地經論》改。
156 “果”，底本作“菓”，據《十地經論》改。
157 “儉”，底本作“瞼”，《十地經論》三本、宮本作“險”，據《十地經論》改。
158 “儉”，底本作“瞼”，《十地經論》三本、宮本作“險”，據《十地經論》改。
159 “無”，底本作“山”，據甲本改。
160 “象”，底本作“衆”，據甲本改。
161 “破”，底本作“彼”，據甲本改。
162 “化”，底本無，據甲本補。

寶山異，對佛一切智海，爲十地深淺(648)不同也。

“云何果功德”，

[論202a17-b1]

《論》曰：“是中，相順”者，果勝則因妙，理深(649)則行遠，以勝[164]因得妙果，名爲“相順”。十地行深，名“難度”，尅(650)得菩提，名“能度”。

問曰：《經》辨“十”數，《論》何故云“八”者？答曰：以第(651)六第八，各合二句故也。

“易入”者，初地行近，聞者易從，化物不(652)難，如海[165]漸深也。“淨功德”者，二地具持三聚淨戒，不容破(653)戒之行，如海不受死屍也。“平等[166]”者，三地得三慧明解，思得其旨，(654)諸法平等，不見假名差別，如水入海，失本名也。“護功德”者，(655)四地菩薩行道品化，護煩惱小乘，同一大乘，義同一味，如海鹹甜(656)不雜也。“利益功德”者，五地菩薩行不住道化，能與衆生出世(657)寶聚，如海出寶也。“不竭功德謂深廣”者，六地波若，能窮因緣之(658)本，如海甚深。七地無生，具十波羅蜜行，喻海廣大無量也。“住處(659)功德”者，七地功用爲小，八地無功用爲大，非大海不容大身衆生，(660)非八地大海不容不動菩薩也。“護世間功德”者，二句俱是護功(661)德，九地[167]菩薩善識根病，應病與藥，說不差機，如大海潮[168](662)不過限。十方諸佛化法無邊，十地能受無有疲厭，如大海(663)能受衆流也。“大海相似”者，十地

---

163 “顯”，底本無，據甲本補。

164 “以勝”，底本下有“以勝”，據甲本刪。

165 “海”，底本下有“如”，據甲本刪。

166 “平等”，底本作“辱”，據《十地經論》改。

167 “地”，底本無，據甲本補。

168 “潮”，底本作“朝”，據甲本改。

十階，從微至著，如海十相，(664)從淺至深也。

“云何轉盡”者，

[論202b15-c1]

《論》曰：“摩尼寶”，“善轉[169]精妙”者，盡其(665)妙故，“過十寶性”也。

“有八種”者，珠有十德，言“八”者，第六中合有(666)三句故也。“出功德”者，初地始出三界，如珠出海也。“色功德”(667)者，二地持三聚戒，修道無犯，戒行明淨，如除內垢，令珠顯曜也。(668)“形相”者，三地菩薩禪慧內[170]明，神通外用，如珠藥石，中練外美可(669)觀也。“無垢功德”者，四地菩薩修道品觀，除內細垢，如[171]珠藥草(670)中景，令轉明淨也。“明淨功德”者，五地菩薩具不住道行，(671)如珠乳汁中景，轉除微垢，“善淨光澤”也。“起行功德”者，六(672)地菩薩修因緣觀，令解增明，如珠蘇和景已“慣穿”；七(673)地修方便波羅蜜，如“貫以寶縷”；八地出功用位，如“置在，高(674)幢”也。“神力功德”者，九地菩薩，辯才益物，有緣斯化，如放光照曜(675)也。“不護功德”者，十地菩薩，雲雨說法，慧施群生，薩婆若心，隨行(676)者王意，證一切智位，如珠“隨王意雨衆寶物”也。“同善根藏”者，(677)釋所以能令衆生證一切智位者，以同有佛性善根如來藏體，(678)緣備則證也。“過十聖性”者，此顯衆[172]星雖朗，不如一日之曜，群(679)瞽爭暈，不及一目所親，小不比大，其義爾也。

“云何地利益”者，

[經202c2-203a11]

---

169 “善轉”，底本作“轉轉”，據《十地經論》改。
170 “內”，底本無，據甲本補。
171 “如”，底本無，據甲本補。
172 “衆”，底本作“承”，據甲本改。

(680)《經》曰："若，不深種善根"，不聞此經，此示利益相意，欲勸發修行(681)流通也。解脫月問，夫理高則言絕，聞者則益深，故問生"幾許(682)功德"也。金剛藏言："隨一切智智"者，此答聞經功德，與佛果齊(683)等。"隨一切智智"者，將答先舉佛果功德。"此，法門品亦復如是"(684)者，舉[173]十地起佛境界，故功德與佛不異。"此與人聞經亦復如(685)是"者，如十地境界，普遍信解，是以稱彼生功德亦如佛也。"何以(686)故"，釋非菩薩不得聞此經，今是菩薩聞經，應菩薩法，故功(687)德無量，無有齊限，同於佛也。"何況信"、"持"者，聞經尚同，"何況"信(688)解"修行"，益物中勝也。"以佛力"地大動者，示法有大力，發起信(689)敬也。

[論203a12-b1]

《論》曰："利益，有二"者，八種相動，起"生信功德"。雨天花等，起(690)"供養功德"。動地爲信緣故，言"緣生"故。

"六種"相者，"一動"，東西南(691)北跳動。"踊"者，或泉沸水波。"上去"者，覺悟人心。"起"者，如麵漸(692)起。"下去[174]"者，震向下。"吼"者，動而有聲。一一[175]有三[176]。動中三者，動而不動，一(693)切處動也。"遍"者，一切處動而不時也。一切處一時，名"等"、"遍"。皆類(694)爾。"依四衆生"者，"不善衆生"怖令從；"信天"者令正信；"我慢"者(695)示勝力；"呪術"者現過彼所作。以弘勸故，示"下中上"六相(696)也。

"供養功德"，如《經》可知，"一切世界說，示，無量利益"也。

---

173 "舉"，甲本作"與"。

174 "去"，底本無，據甲本補。

175 "一一"，底、甲本誤作"二"，據文意改。

176 "一一有三"，參見《十地經論》卷十二"六種十八相動。所謂動遍、動等、遍動。踊遍、踊等、遍踊。覺遍、覺等、遍覺。起遍、起等、遍起。震遍、震等、遍震。吼震、吼等、遍吼"(T26,202c)。

[尾題]

(697)大乘五門十地實相論卷第六

《大乘五門實相論》

(BD03106)

整理者　石井 公成

해제

돈황에서 발견된 『大乘五門實相論』 BD03106 (騰006 / 北8378)은 『대집경』의 주석으로 앞뒤가 모두 결락되어 있다. 『대정장』 권13에 수록되어 있는 『대집경』에 의하면, 권제13 「不可說菩薩品」 "不生兜率陀天"(86a13)의 해석으로 시작하고, 권제20 「相品」 끝부분의 "一切世界所有諸風"(143b27-28)을 인용한 곳에서 끝난다. 이외에 『대집경』의 주석은 현존하지 않으므로 본서는 매우 귀중한 가치를 지닌다.

본서는 468행으로 이루어져 있으며, 1행당 평균 27-29자이다. 본문은 서체로 보아 6세기 중반의 서사라고 추정되며, 본문과 같은 서체에 의한 정정·추가와 다른 서체에 의한 정정·추가가 확인된다. 곳곳에 붉은색으로 구독점이 찍혀 있는데, 이것은 상당히 후대의 것이라고 생각된다.

본문 중에는 「地論云」이라고 하며 『십지경론』을 자주 인용하고 있고(80-90行), 지론종의 연기설인 自體緣集의 개념이 나타나는 것으로 보아(245行) 지론종 문헌임을 알 수 있다. 이에 대해 아오키 타카시(青木隆)는 法界緣集이라는 용어와 4종 연집설의 요소인 法界緣集이라는 용어를 사용하지 않는 점으로부터 지론종 문헌의 제2기에 해당하는 西魏시대의 저작이라고 간주한다. 지론종에는 『대집경』을 존중하는 계통이 있었는데, 본서는 그러한 계통의 문헌의 하나이다.

본서의 특징은 法界體性(47, 49, 231, 298行), 法界實相(40, 70, 363-364行), 實相圓道(303, 428, 429行) 등의 근본입장에서 제법의 평등과 무분별을 강조하고, 이를 融과 無礙 등으로 표현하고 있는 것이다.

특히 중시되고 있는 것은 體가 「融」하는 것으로 이것은 『대집경』을 중시하며 體融를 설하는 S.613와 공통된다.

본서의 『大乘五門實相論』의 「五門」은 아오키 타카시(青木隆)와 아라마키 노리토시(荒牧典俊)에 의해 밝혀진 「佛性門·衆生門·修道門·諸諦門·融門」이다. 그것은 바로 西魏의 권력자였던 宇文泰가 學僧들에게 명하여 조직한 것이고 경전해석의 표준으로 유통시킨 개념이다. 본서가 融을 중시하는 것도 바로 이러한 이유에서 일 것이다.

제목에서 알 수 있듯이, 본 문헌에서는 實相도 중시된다. 이것은 『대집경』 자체가 "實相"이라는 용어를 많이 사용하고 있기 때문이기도 하지만, 돈황 출토 『仁王般若實相論』과 『大乘五門十地實相論』처럼 당시에는 「~實相論」이라고 제목을 붙이는 지론종의 서적이 몇 권 쓰여진 것으로 추측된다.

이외에 본서에서 주목되는 것은 실천지향이 강하게 나타나며 선종의 선구라고도 할 수 있는 요소가 발견되는 것이다. 먼저 『입능가경』에서 「愚癡凡夫禪, 觀察第一義禪, 真如禪, 諸佛如來禪」의 4종선을 인용하고 있는 것(205-206行) 이외에도 문자의 부정도 발견된다(208-211行). 북지 출신인 혜문의 지도를 받은 남악 혜사가 『諸法無諍三昧法門』에서 『대집경』을 인용하고 있고, 천태 법문에서 설하는 通明禪이 『대집경』에 근거한 「北地禪師」가 전한 것임이 지적되고 있는 것처럼, 북지에서 『대집경』은 여래장계 경전으로서도 또한 수행의 안내서로서도 중시된 것 같다.

본서는 『대집경』의 경문을 활발하게 인용하면서 각각의 부분에 대해서 설명을 덧붙이고 있다. 하지만 어디부터 어디까지가 『대집경』의 인용인가를 밝히는 것은 매우 어렵기 때문에, 여기에서는 명확한 인용만을 나타내었다. 또한 『대집경』은 텍스트마다 그 차이가 크고, 『대승오문실상론』이 인용한 경문도 대정장에 수록되어 있는 것과는 매우 다르다. 이러한 경우에는 간략화에 의한 것과 텍스트 차이에 의한 것이 있는데, 이는 매우 많기 때문에 하나하나 주기를 달지는 않았다.

저본으로는 국제 돈황 프로젝트가 공개하고 있는 BD03106의 이미지를 사용하였다. 다른 판본은 존재하지 않는다.

題解

《大乘五門實相論》BD03106（騰006／北8378）是於敦煌發現的《大集經》的注釋書。卷頭、卷尾殘缺。據《大正藏》13冊中所收的《大集經》，本書始於卷13對“不可說菩薩品”之“不生兜率天”（86a13）一文的解釋，結束於接近卷20“相品”末尾處對“一切世界所有諸風”（143b27–28）一文的引用。現存的《大集經》注釋書除此之外再無他本，可以說此寫本是極爲貴重的資料。

本寫本由470行構成，每行平均27至29字不等。從字體而言應爲6世紀中葉書寫之物。對本文的訂正、追加的內容由兩種字體構成，卽同於本文的字體和異於本文的字體。此外，多處可見朱筆所書之句讀，應爲後代之人所加。

釋文部分以“地論云”的形式對《十地經論》加以引用的內容多處可見（80–90行），此外，作爲地論宗之緣起說的“自體緣集”的概念也於本文中出現（245行）。因此可知本文乃是地論宗的文獻。但是，本文沒有使用“法界緣起”一詞，以及作爲四種緣集說之要素的“法界緣集”一詞也未被提及。根據這些情況，青木隆將其歸爲屬於地論宗第二期的西魏時期的著作。〈《大集経》尊重派の地論師〉等論文中已指出的那樣，地論宗中存在着非常尊重《大集經》的一個系統。本寫本正是屬於這一系統的文獻之一。

本寫本强調站在“法界體性”（47、49、231、298行）“法界實相”（40、70、363–364行）“實相圓道”（303、428、429行）的根本立場上，諸法“平等”而“無分別”，竝且將這種“平等、無分別”的狀態以“融”、“無礙”等詞語來加以表現，這可以說是本書的一大特徵。本寫本尤爲重視“體”之“融”，在這點上與重視《大集經》竝敍述“體融”

觀點的S.613有共通之處。

青木隆和荒牧典俊曾明確了一個“五門”概念，即“佛性門、衆生門、修道門、諸諦門、融門”之五門。這是學僧們受命於西魏的當權者宇文泰而確立其構成，竝作爲解釋經典的標準流傳於世的一個概念。本寫本題名《大乘五門實相論》中包含的“五門”，極爲可能是指這五門。另外，本寫本極爲重視“融”這點或亦與此五門有關。

如題名所示，本寫本亦重視“實相”這一概念。這一點與《大集經》自身在很大程度上使用了“實相”一語有密切關係。另外，如敦煌文書中的《仁王般若實相論》和《大乘五門十地實相論》所示，當時以“…實相論”爲題的地論宗著作應爲數不少。

此外，可以稱之爲禪宗先驅的堅定的實踐志向等要素在本寫本中亦可見，這是本寫本另外一個值得重視的特點。首先，本寫本中除了引用《入楞伽經》“愚痴凡夫禪，觀察第一義禪，真如禪，諸佛如來禪”之四種禪之外（205–206行），亦可見對文字的否定（208–211行）。正如已經被指出的那樣，如受到北地出身的慧文指導的南岳慧思在《諸法無諍三昧法門》中對《大集經》加以引用，以及天台法門所講的通明禪乃是以《大集經》爲基礎的“北地禪師”之所傳等等，《大集經》在北方作爲如來藏的經典被尊重的同時，亦作爲修行的入門書被重視。

本寫本在大量引用《大集經》經文的基礎上，對個別內容加以說明。由於對《大集經》經文之引用的起始判斷困難，錄文部分只對明確的引用加以標示。另外，衆所周知，《大集經》版本不同，內容差異較大。《大乘五門實相論》中所引經文亦與《大正藏》中收錄的內容相異甚多。由於上下文相關的取意不同以及版本不同而產生的差異過於繁多，竝不一一加以注記。

本文以國際敦煌項目(IDP)公開的BD03106號圖像爲底本，不存在異本。

解題

『大乗五門実相論』BD03106（騰006 / 北8378）は、敦煌で発見された『大集経』の注釈である。冒頭と巻尾は失われており、大正大蔵経13巻所収の『大集経』によれば、巻第13「不可説菩薩品」の「不生兜率陀天」(86a13) の句の解釈で始まり、巻第20「相品」の末尾に近い「一切世界所有諸風」(143b27−28) の句を引いたところで終わっている。『大集経』の注釈は他に現存しないため、きわめて貴重なものと言えよう。

本写本は470行から成り、1行につき平均して27字から29字。本文は字体から見て6世紀中頃の書写と思われる。本文と同じ字体による訂正・追加と、異なる字体による訂正・追加がなされている。所々に朱で句読が入れられているが、これはかなり後代のもののように思われる。

解釈にあたって、「地論云」として『十地経論』をしばしば引いているうえ (80−90行)、地論宗の縁起説である「自体縁集」の概念が見られるため (245行)、地論宗文献であることが知られる。ただ、「法界縁起」の語は用いられておらず、また四種縁集説の要素である「法界縁集」の語も用いられていないことから、青木隆は地論宗文献の第二期にあたる西魏頃の作と見ている。地論宗には、『大集経』を尊重する系統があったことは、既に「『大集経』尊重派の地論師」 等の論攷において指摘したが、本写本はそうした系統の文献の一つである。

本写本の特徴は、「法界体性」(47、49、231、298行)「法界実相」(40、70、363−364行)「実相円道」(303、428、429行) などと称されている根本の立場に立てば、諸法は「平等」であって「無分別」となることを強調し、また、そうしたあり方を「融」や「無礙」などの語を用いて表現していることであろう。特に重視されているのは、「体」が「融」じることであり、この点は『大集経』を重んじて「体融」を説くS.613と共通している。

本書の題名である『大乗五門実相論』のうち、「五門」とは、青木隆と荒牧典俊が明らかにした「五門」、すなわち「仏性門・衆生門・修道門・諸諦門・融門」の五門を指そう。これは、西魏の権力者であった宇文泰が学僧に命じて構成を作らせ、経典解釈の標準としてとして流布させたものである。本写本が「融」を重視するのは、そのためと思われる。

題名が示すように、本写本では「実相」も重視されている。これは、『大集経』自身が「実相」の語を多く用いているためでもあるが、当時は、敦煌文書中の『仁王般若実相論』と『大乗五門十地実相論』が示すように、「～実相論」と題する地論宗の書物がいくつも書かれたようである。

他に本写本で着目されるのは、実践志向が強く、禅宗の先駆とも言うべき要素が見られることである。まず、『入楞伽経』から「愚癡凡夫禅、観察第一義禅、真如禅、諸仏如来禅」という四種禅を引いているほか (205−206行)、文字の否定も見られる (208−211行)。北地出身の慧文の指導を受けた南岳慧思が、『諸法無諍三昧法門』において『大集経』を用いているほか、天台法門で説かれる通明禅が『大集経』に基づく「北地禅師」の所伝であったことが指摘されているように、『大集経』は北地では如来蔵の経典として尊重されるとともに、修行の手引きとしても重視されたようである。

本写本は、『大集経』の経文を盛んに用いつつ、個々の箇所について説明を加えている。どこからどこまでが『大集経』の引用であるかを示すのは非常に難しいため、ここでは明らかな引用箇所だけを示すことにした。また、『大集経』はテキストによって異同が大きいことが知られており、この『大乗五門実相論』が引く経文も大正蔵収録のものとは違いが大きく、そうした相違には、取意であるために異なっている場合と、テキストの違いによる場合があるが、あまりにも多いため、一々注記することはしなかった。

底本としては、国際敦煌プロジェクト (IDP) が公開しているBD03106の画像を用いた。異本は存在しない。

參考文獻

古泉圓順 [1983]〈敦煌出土佛典注釋書の《圓宗》〉(《IBU四天王寺國際佛教大學文學部紀要》15號, 大阪)

坂本廣博 [1979]〈諸法無諍三昧法門と大集經〉(《印度學佛教學研究》28卷1號, 東京)

石井公成 [1995a]〈《大集經》尊重派の地論師〉(《駒澤短期大學研究紀要》23號, 東京)

石井公成 [1995b]《華嚴思想の研究》(春秋社, 東京)

石井公成 [2011]〈《大乘五門實相論》について：敦煌寫本中の地論宗系《大集經》注釋書〉(《印度學佛教學研究》60卷1號, 東京)

荒牧典俊 [2000]〈北朝後半期佛教思想史序說〉(荒牧典俊編著《北朝隋唐中國佛教思想史》法藏館, 京都)

青木隆 [2000]〈地論宗の融卽論と緣起說〉(荒牧典俊編著《北朝隋唐 中國佛教思想史》, 法藏館, 京都)

底校本

底本：BD03106號 (18紙；470行)

校本：無

內容綱目

錄文

[1 釋不可說菩薩品]

(首殘)(1)即“不生兜率陀天”已下，就方便以相即。從□……□(2)地震動”已下，現神通以相即。“善不善”已下，善惡以相即。“無入之入”已下，就真修(3)以相即。

問曰：何故名“無入之入”？答曰：法界真實體，實無出入。從真證入(4)於平等故，名之爲“入”。“無門之門”名爲法門。“無門”者，實相寂滅，無有通以不(5)通故，名“無門”。內方便義，體通無礙，名之爲“門”。“無禪之禪”，名爲法禪。“無禪”(6)者，至道寂滅，名爲“無禪”。內方便澄湛，名之爲“禪”。自下相同，類可解。

“爾時世尊(7)讚不可說菩薩言”，如來以所讚歎者，無言。菩薩法界實無分別，而能方便(8)分別。雖復分別，用而無相。應機合契。故我讚歎：“善哉，善哉”。“如來出世、若能(9)有信，如是佛出，是人不[1]覺一微相”，名之爲“出”。既無覺知故，方乃真知佛出世義。(10)如《經》“無出之出，是名佛出”。“爾時無畏菩薩白佛言：‘世尊，如來出世及不出世，皆(11)不可說’”。用泯體寂故，故“不可說”。

“爾時寶女，語無畏菩薩言：‘如來出世不可思議，(12)妙絶分別，離有無故，言不可思議。難可莊嚴，難可[2]證得。’”“難可莊嚴”者，內方便(13)行寂。“不可證得”者，證無證相。知此人等，善解佛之出世。

“若人[3]懈怠心不真正”已(14)下，訖至“法兄，如是人等，不知佛出，

---

[1] “不”，底本作“覩”，據《大正藏》所收錄的《大集經》(以下略稱爲《大集經》)改。

[2] “可”，底本無，據文意補。

世[4]”，正以有爾許過患在懷故、如來實無相(15)出意，謂出相之解，聞道如來不出，復作不出之解。是重顛倒故，不知如來(16)出以不出義。如《經》“不信佛出[5]世”之義。

“無畏菩薩言：‘寶女，汝今已得遠離如是(17)惡法不也？’寶女言：‘法兄，我已遠離如是惡法。’”問曰：云何遠離？答曰：不貪節(18)及以貪節，本無二性。是故遠離。問曰：何故名爲“節”？答曰：斷常之異，稱斷(19)是一義，常是一義。故言爲“節”。聲聞、緣覺，貪節可斷，解脱可取。以是因緣故，(20)不能遠離生死。

“無畏菩薩言：‘寶女，如不可說菩薩所說，汝能信不？’寶女(21)言：‘法兄不可說者，終無所說。’”二人因論義故，即自解釋，不須更辨。如具說者，(22)即是說義，非不可說。若非可說者，有所說者，云何得名“不可說”也？即應是說，以不可說，(23)實無所說。是故，名爲“不可說”也。略結句。若不可說，實無所說。據實，實(24)不可說。若爾，我於今者，何所得聞也？若無所聞，何所可信！

無畏菩薩言：(25)“寶女，是不可說，爲實有所說？爲實無所說？今有證知，阿誰是也？所謂海(26)會大衆，從汝聞法，而汝言中我，名“不可說”，誰信汝也！寶女言[6]：“若有言：‘我聞不可說(27)之所說’者，是人即是大妄語。”何以故？是不可說，從本際已來，在於法界海會，不(28)曾說一法。以是因緣故，我名“不可說”。云何人者，乃於大衆中，而言聞也！

“無畏菩(29)薩言：‘寶女，汝於今者，信有佛語不？’”無畏何故作是問？正欲明佛是勝上福(30)田，言語決定，就佛上以難寶女。望[7]寶

3 “人”，底本無，據《大集經》補。
4 “世”，底本無，據文意補。
5 “出”，底本無，據《大集經》補。
6 “寶女言”，底本無，據文意補。

女屈在於當時，正值寶女辨(31)宣返常之說。“法兄，世間不信之人，即是佛也。何以故？ 以有信故，即有貪欲、(32)恚、癡。如來無信故，貪瞋永亡。”即是無證。真◇照三空，理處夷然。知何所(33)可得，何所可證！ 故天女云“無得無證”。辨乃如是。寶女與天女，因是內方(34)便行，超殊獨絶，功興自在辨。有不必有言，無不必無。有無雙融故。以此爲“辨宣(35)之道”。

如《經》“真實無證，如來亦無有證。法兄，法界實性無作無爲，虛空等法(36)真實無證也。是故如來本無所證”，名之爲證。“無畏言：‘寶女，汝雖作是(37)說，此會之中，以誰爲證？’寶女言：‘法兄，若有稱法界所生解，不見無量佛(38)法、聖衆差別，如是之人，可以爲證。’無畏言：‘寶女[8]，此舍利弗、目健連等，是證信人(39)不？’寶女言：‘如是，如是。是證是信。’”何以乃以聲聞爲證？ 聲聞得三空觀門，(40)與法界實相相似。是故引來爲證。

“聲聞人界即有邊量，如來之界無有(41)邊際”，云何乃引聲聞爲證？“寶女言：‘大德，如阿耨達池[9]’”已下，正以如來法雨爲譬。(42)“雨閻浮提”者，喻法性雨平等注法界。“皆悉增長”者，隨根受潤不同。(43)雨水有差別不？ 舍利弗領解答言：“不也。寶女。”“大德，如阿耨達池。”“阿(44)耨大池”者，喻法性涅槃。“水本一味”者，正明性淨之體無雜不可見，故言(45)“一味”。“德人用之”者，喻菩薩相應，解成則有。“種種微妙”者，喻其菩(46)薩萬行圓滿，故言“種種微妙”。“甘味”者，喻常樂我淨。《經》云“酪如甜味”，即是證(47)也。“薄福之人”，喻聲聞、凡夫、聲聞、緣覺。法界體性，正得苦無常解，菩(48)薩之人盡其後際，如來具足圓道。如《經》“三解脫門，亦復如是”。如來、聲(49)聞而有差

---

7 “望”，此文前後文意不明，或有文字錯亂。

8 “無畏言寶女”，底本作“無畏寶女言”，據《大集經》改。

9 “池”，底本作“反”，據文意改。

別，法界體性，言秘理妙，實無差別。

“爾時世尊，讚寶女言，(50)‘善哉，善哉’”。所以讚嘆寶女者，寶女上梯除體礙，教相俱融，二障盡，(51)道會無住，應時合機。海會大衆獲無生大利，三萬二千人發阿耨菩提(52)心。

“舍利弗言：‘大德，譬如大海’”此喻，與上大池喻，有何異也？上池喻明生解(53)不同。此海喻明境界不等。“法界亦爾，雖復平等，諸佛[10]學之，得無價寶。聲(54)聞學[11]之，得於下寶”，即明境界不同義。自下爾許，譬可解。大德，以是義(55)故，如來智慧無量無邊[12]，聲聞智慧有量有邊，而法界實無差別。

無(56)畏菩薩語寶女言：“是不可說菩薩摩訶薩定是汝師。”無畏何故作(57)此問？欲使寶女答：“言尚[13]不可說。何處有法能師於我？我尚不可得，何(58)處有法能調伏我？”故《經》求女身相，了不可得。寶女答言：“善男子，不可說(59)菩薩無所調伏。何以故？如是菩薩，本來無自他。既無自他，何有能調伏(60)我？故《經》言：“不見自他，及以彼此，如其爾者，以何調伏。善男子，若有不覺(61)一切魔界及自境界，如是之人，則能調伏。”自此已下，解調伏義，可解。

“善男(62)子，三十二業名爲菩提行。以三十二業故，終不退失菩提。”自下修菩提之義，(63)相顯可解。

“善男子。不能行如是法，當知是人不能報恩。”“爾時無畏菩(64)薩，即脫己身所著上衣，以報寶女說法之恩。寶女不肯受之。”何以不肯(65)受？因其不受，廣得明論義。“無畏菩薩言：‘我爲法故，唯願受之。善男子，法(66)離於貪[14]。’”即是非法。“不應說法，受者無二，故無

10 “佛”，底本無，據《大集經》補。

11 “學”，底本無，據《大集經》補。

12 “邊”，底本作“遍”，據《大集經》改。下同。

13 “尚”，底本作“尚無”，據文意改。

可取。是故不應取供養物(67)也。法者無貪。”我若受物，即是貪義。“是故，不應貪供養物也。法者，無我及(68)以我所。”我若受物，即有我義。我若取物，即有我我所義，而受供養也。“善男(69)子，若云法異，法供養異，受者異，施者亦異，則名爲分別法界。若不分別法及(70)供養受者施者[15]，是則不名分別法界實相[16]。”

“爾時世尊，讚寶女言：‘善哉，(71)善哉。若有人能成就是法’”，即是寶女是也。“如是之人”，辨才無徹，“堪受三千大(72)千世界天人供養”。我之所施，蓋不足言。云何不受？“佛說是已，大衆諸人，各各脱(73)身烏多羅僧，奉上寶女。”大衆何故布施寶女？見如來讚歎其人，必德高(74)亮，遠智慧精，最堪爲福田。是故，以衣奉上寶女。“爾時，不可說菩薩白佛言：‘世(75)尊，凡可說之法，即是世間。’”

問曰：世間有幾種？答曰：有兩種世間。何者是也。一(76)者，世間世間。二者，聖世間。應佛所化者，世間世間。報佛所化者，聖世間。法佛所化(77)者，體出兩種世間之外故，言“不可宣說”。欲與應佛世間相應者，要須斷別異(78)相障盡。何者別異相障也？見聲聞相異菩薩，見菩薩相異佛相，是名別(79)異相。由此異相障故，不能見應身。獨顯初地已前，斷四住煩惱。消(80)然都盡故。《地論》云，聲聞、緣覺不同盡。復有麤不同盡。或有衆生見如來(81)身，猶如赤土，亦如黑象脚，見才信時，是麤相即滅。同相障者，從初地已上(82)七地已來，所有法界海會菩薩，同名菩薩故，名爲同相。正以多相故，障於報(83)身不顯，名之爲障。無功用智起時，功用智盡，海會菩薩，相融無礙，成於報(84)佛故，《論》云“菩薩盡”，即是其事。體障者，窮實而言，一

14 “貪”，底本作“食”，據《大集經》改。

15 “者”，底本無，據《大集經》補。

16 “實相”，《大集經》無。在經文引用中加以“實”“實性”“實相”等詞的情況，底本中隨處可見。

佛備一切，是合理之解。(85)若一切備一，覆成其障，何者是也？調衆果中多百多千即是其事。正以緣智在(86)懷故，一佛體上分別作無量佛解。以是因緣故，覆障法身如來，不能圓明。(87)獨顯稱周法界。是故，《地論》云，“金剛藏入體性三昧，十方世界，有心有相，皆入(88)金剛藏身中，智見通如來，形充法界，周圍百萬億阿僧祇世界。”論體實，無(89)分量之限，寄影像以彰之。爾許調柔果盡入智通如來身者，因入果行也。故《論》(90)云“佛盡”者，即是成證也。故名斷體障。

“爾時不可說菩薩白佛言：‘世尊’”，不可說何(91)以更發問？正欲明世閒出世閒勝如不同故，所以致問。“不可說者，即是出世。”(92)問曰：是出世者，爲可證也？不可證也？答曰：乃可無相，故不可說。智慧相應故可證。但(93)證無相以不可得，世閒可說者，一者，有爲之有爲，應佛世閒。《經》云“汝持我語，(94)爲閻浮提癡愛衆生，分別演說”，即是其事。無爲之有爲世閒者，法性虛空是(95)無爲體。蓮華藏世界方便用相，即是聖世閒相。

《經》云：“有人出世，書虛空作十二部(96)經。”“十二部經”者，即是聖世閒相。可流布故，所以可說。如《經》“不可說”者，即是法性虛空。(97)“可宣說”者，即是十二部經文字章句。“爾時會中有一天子，名曰勝意，語不可說(98)菩薩言：‘諸法若決定不可說者，衆生云何得聞不可說理？’”欲使無言菩薩顯(99)出不可說理，有可說道理。所以作此問。不可說言：“汝寧知響有言說不？”不可說(100)何故作此譬。爲欲明有聲來時，即有響和。無聲來時，則無響現。法亦如是。

(101)有根性聲來時，則有教智響現故，天子作是問。如《經》“善男子，響者，皆從(102)因緣而有”，即是其事。天子尋聲難之。是響因者，爲定在內？爲定在外？若(103)定在外，不能顯於內。若定在內，不能彰於外。欲使無言解不定在內，不定(104)在外。諸法既無定故，何處有響之住處！“天子，一切衆生，雖作二相，而有所說。”然一(105)切法性，言盡相絶。“諸法之性，實不可說。天子言：‘若諸法[17]不可說者，云何如來(106)則得宣說八萬四千法聚，令諸聲聞受持讀誦？’”

“天子言：‘汝知何等爲如來也？ (107)將不謂色，是如來乎？”汝若以色爲如來者，《論》云“若以色求如來，是人不見如(108)來”。“汝將不說佛是過去、未來也？”如來者，非三世攝。“天子白佛言：‘世尊是不可(109)說菩薩所說，誰當信之？’”。天子何故作是問？ 欲使不可說菩薩化作方便身，(110)現行無執着，領受不可說，所言欲令海會大衆，齊其所學。故作此問。化(111)比丘，與天子論義，分明可解。

“天子，若有人言‘我異佛異’，當知是人，行於分(112)別，是魔弟子。若有說言，以我平等觀一切諸法，悉皆平等，衆生平等，如來(113)平等，如是之人，即是平等。如是知也。能過魔界。說是語時，五百比丘，漏盡(114)解脫，八千菩薩，成就忍辱，即以香供養比丘者，報恩供養，舍利弗言，何故(115)供養是化比丘？ 欲使諸菩薩，答化無異形，即是不可說菩薩方便力爲作。譬(116)如如來，以方便力，復化作如來，爲欲供養，何誰乎正還供養如來？ 化比丘供養(117)化比丘，即是不可說菩薩。“大德，若有智人無有聲行，”體絶是非，無字無(118)色，化之及真亦無體。實隨得受施。是故供養化比丘，即是不可說菩薩。

(119)“時化比丘語舍利弗言：‘大德，將無謂我[18]今者異？，將無謂無我異於汝也？’”(120)今者異因有女相異我也？ 法界道理，無異無不異。若能如是解者，佛所印(121)可也。舍利弗，領解不也？ 比丘，何以故，如來常[19]說一切諸法皆悉如幻？ 化無定性故，(122)故供養化比丘，即是供養如來義。何以故？ 用無障礙故。

---

17 “諸法”，底本作“諸法一何”，據《大集經》改。

18 “我”，底本作“無我”，據《大集經》改。

19 “常”，底本作“當”，據《大集經》改。

“善男子，誰入是化(123)誰。是化人入此化法中，令化作是說。化既無法，何由能作是說？ 大德，如鏡中(124)像，誰能作在鏡中也？ 然有方便像現。善男子，法相道理，無在中者，無不在中者，(125)直以法界鏡清淨故，有真實緣起像現。大德，化亦如是。直以法性淨故，能作(126)無方之說。”舍利弗更難：“若爾者，一切衆生亦是緣起。何故如是不能宣說？ 大德，(127)鏡之背後，俱不離鏡。何以不能顯發群像？”善男子，鏡背喻者，喻於染緣(128)起。緣起者，若因四大不清淨，不能顯於衆像。“大德，衆生亦爾。不能生清淨法界[20](129)性故，方便未圓。是故，不能宣說。善男子，汝常[21]言業相應。何以故，汝(130)從本已來，常說法界自性清淨，今乃云何說法界不淨？ 是何謂也？ 大德，若(131)爾者，法界若本淨，即是清淨。云何乃曰何濕比丘得天眼淨？若因他而得明淨，知本不淨。善男子，我但聞道，除滅客煩惱故，名法眼淨。然我爾時，(132)實無所得。“虛空”喻已下，訖至諸人悟道已來，論義之道，文顯可解。

(133)“爾時世尊，說是法時”者，說三世法中，無受記義。時八千菩薩得無生忍，正明(134)悟道之事。“得是忍已”者，上昇虛空，表己所得。離世間相故，寄(135)空以表之。就說偈之中，有六十七偈。何次第故來？ 凡說偈有多種。若長行(136)中，廣偈中廣者，爲鈍根人說。若長行中，略偈中略者，爲利根人說。若長(137)行中喻偈中廣者，爲後來人說。此中長行中廣偈中廣，似爲鈍根人說。初(138)之有兩偈，正明觀五陰得方故，則同於先佛。“若觀受想”已下，有兩偈，觀四(139)四陰得道理故，則得受記。“若能觀察”已下，有兩偈，正明法界平等可說。“不(140)可說分三世分”已下，有兩偈，正明二諦平等。“貪欲、恚、癡”已

[20] “法界”，底本作“法界法界”，據《大集經》改。
[21] “常”，底本作“先”，據《大集經》改。

下，五十九偈，正(141)明法界圓道，體絶有無離分別。生死莫能動，苦樂不能移。真實緣起(142)統周法界義。爾時魔王既至諸人悟道，正明波旬與不可說菩薩論義(143)以道。

問曰：修道門中，何以數數魔來，何意？ 答曰：正明修道分分入勝進(144)之地。凡解起之爲體，與魔相遠。是故，魔來也。此魔爲是權魔？ 爲是(145)實魔？ 有一解，此《大集經》，理微義妙。相正與智障相違。恐己解不立，是故(146)來也。

復有一釋。波旬者，乃是真實違行。不可說菩薩是法界頓行，非(147)違無以顯頓，非頓無以通道，共相顯發以成一化，違無違相。故可以返違(148)而成頓。是故，波旬即自化身作比丘像，語不可說菩薩言，"魔王波旬將(149)四兵來至"。

"波旬"已下，邪智方便，自謂秘密之◇真，望誘引不可說[22]菩薩，同(150)己邪解。何其不可說自體妙慧。一析魔道狂慧，不得施用。故《老子》曰，"可謂(151)陽親附化◇囊。""汝今欲設何方便"者，魔王何所以問？ 正欲試不可說菩薩智慧何(152)如爲可屈伏不。不可說言："若來者，我當令發菩提心。" 比丘言："波旬都無善心。云何發菩提心！"

化比丘何以不言魔(153)王發菩提心？ 菩提無分別，魔是分別，正相違背故。是故，不樂發心。不可說(154)言："我當調伏令得善心。"以是因緣發菩提心。云何調伏？ 前魔化作比丘，邪(155)來同正。"云何調伏"已下，正同於邪。不可說菩薩，變作他化自在[23]王，頓(156)無頂相故，違頓以成違。欲使彼眷屬，悉屬於我。波旬聞此語已，心生愁(157)惱。不可說菩薩，以妙慧辨財析之。欲隱其形，不能得去。自觀身，都(158)無縛繫之相。然其身心，爲慧力所羈，不得自在。知道力不敵，即便稽

---

22 "說"，底本無，據文意補。

23 "在"，底本作"天"，據《大集經》改。

首(159)求哀懺悔。若是實魔懺悔，正是宜便。若是權化，化羊化作爲欲引(160)接，不遂之流。令入寶坊之會。不可說言，"我無繫放"。"無繫"者，本自無繫，今(161)何所放？ 一切衆生從昔已來，皆繫無放。何以故？ 正以無明愛故，顛倒妄(162)想，謂爲繫縛，心相得解脫時，豈知從誰得解脫！

"汝今若欲壞繫(163)縛"者，應當速發菩提心[24]。菩提之體，無有得者。是故，即無繫縛之相。汝何(164)故知是愛怖。波旬言，成就幾法，發菩提心？ 波旬成就十六種法，發菩提心。(165)波旬，何故問此發心法？ 用欲論菩提妙道曠周，法界相應，則難自非(166)廣周。問："何由行稱法界成就十六種法？" 所謂常修上心。

問曰：何物是上心？(167)答曰：阿梨耶識是爲上心。云何名爲修對治斷障，自體轉明，名之爲(168)修。不著塵以起惑。故言，瑩磨諸根。自下十六之義，相顯可解。"是名十六"(169)者，結句。

"具足如是法"者，能發菩提心。魔以得分相應，解菩提故，言我。(170)今無如是法，"云何能得無上道心！"。不可說菩薩與喻譬如種樹，雖(171)末，即有果實，得之不久。菩提之法，亦復如是。初相應時，如初日月，(172)後成就時，如十五日月。說是法時，三[25]萬二千天子得三菩提心。因魔論(173)義，悟道解滿。"波旬，善男子，云何名爲向菩提心？" 前以教十六之(174)行，所爲衆生髣髴生解。故言"云何向菩提心"。

自下復欲更教修三十二(175)業。如《經》"三十二業向菩提心，而得增長"者，無生轉著，漸漸得入勝進之道。(176)故言"增長"。何等爲三十二？ 一者"至心"。徹觀窮原，故名"至心"。二者"定心"。理靜湛然，

---

24 "心"，底本無，據文意補。
25 "三"，底本無，據《大集經》補。

(177)故名“定心”。三者“淨心”。真照獨顯，故名“淨心”。四者“欲心”。一心專念，求於菩提，故(178)名“欲心[26]”。自下業義，分明可解。“願莊嚴智慧”者，福智以相資，“是名三十二業”，結(179)句。知一切法不可宣說，實相寂絶，故言“不可宣說”。“是名三十二”者，結因義。“善(180)男子，菩薩若能具足如是三十二法”，因行備足。“得妙色相”者，十力四無所畏。(181)即是果德圓滿。故言“妙色”。法界衆生無不致敬，故言“人天供養”。雖復證(182)果，證無證相。

如《經》“不求果報”自下，不可說菩薩教波旬長養菩提之法。(183)善男子，若一切法不可說者，菩薩云何得發誓願？ 無言何故作是說？ 波旬◇(184)體無得無成。意謂方便中亦無得無成。今不可說，乃可體不可宣說。據教(185)智之行，得有發願。得有向菩提義。下以波旬作喻。“不可說言：‘波旬，譬如(186)虛空’”喻自體法界，“其性無邊”者，喻法界絶於分別。是中寧可井池不喻。(187)法界絶於名相，不可作名相說不？ 波旬，自領解不也？ “善男子，波旬，一切法(188)性都不可說”。終不可證。不可說者，如虛空中不可得井池。在地可安。法亦(189)如是。就法性體中，實不可說。據方便教，道爲流布故。可得宣說。“波旬言：(190)‘若一向不可宣說，云何名發菩提？’ 不可說言：‘了知貪性。’” 無貪之可貪，是(191)名發心。若復了知恚、癡、嫉妬、六入乃至老病死，大苦本際來無，是名發心。(192)“波旬言[27]：‘一切諸法，有何等性’”，爲明性體無性。“波旬，一切諸法無出是性”，正以無出(193)之出，名之爲性。“波旬言：‘云何無出？’”，波旬何以問？ 欲因問以生解。“夫無出者，即無(194)魔跡。魔跡即是我及我所。離我我所，是名無出。”

---

26 “心”，底本無，據《大集經》補。

27 “言”，底本無，據《大集經》補。

“說是法時，八千菩薩，得無(195)生忍”，悟道成聖也。“善男子，菩薩具足何等法故得無生忍？ 空中聲曰”，“空中(196)聲”者，即是妙慧自體。“資修集具足六波羅蜜”者，教修福之行，會得無生(197)之果。“爾時不可說菩薩白佛言：‘唯願如來，爲諸菩薩說不可說。’” 問曰：云何(198)名爲“不可說”？ 答曰：菩薩“行檀波羅蜜時，觀身如幻，觀受如夢，觀於菩(199)提猶如虛空”，是名無相檀行成就。即得無生之果。

“若有菩薩觀戒”已下，正明(200)無相持戒。“三眼”者，一是持戒眼。二是破戒眼。三是菩薩戒眼。“不見菩提去來現(201)在”者，正明無相持戒。若有菩薩觀衆生不生不出，是名無相思義。(202)“若有菩薩，懃修精進”已下，明無相精進義。何以得知無相？ 如《經》不見一(203)法是生，不見一法是滅，故名無相。“若有菩薩修禪波羅蜜”已下，就平等(204)以明禪。何以得知平等？ 如《經》以不平等法故，而作平等故，名平等禪。

問曰：(205)禪有幾種？ 答曰：要有四禪。何者爲四？ 一者愚癡凡夫禪。二者觀察第一(206)義禪。三者真如禪。四者諸佛如來禪。禪名攝檢定，名不散故言禪定。

“若(207)有波若波羅蜜”已下，明三相真波若度。何以得知三相也？ 如《經》“無去無來”(208)是則名爲隨於慧行。即是無相波若義。雖知本性寂滅，以方便故，爲諸(209)衆生宣說涅槃。雖知無文字，以方便故說於文字。雖復了知無有身心，以方便(210)故，說於身心。雖得無施及以受者，以方便故說施說受。自下方便之義，相顯(211)可解。“不取不捨，非我我所”已下，還據本宗實相，以明道。何以得知非對非(212)作，即是真實之道？ 是名波若波[28]羅蜜者，還擧波羅來結句。說是法時，魔王(213)波旬得離於體障，心大歡喜者，化功得暢，我聞是不可說，離於有

---

[28] “波”，底本無，據《大集經》補。

無。是故(214)心得解脫，萬二千衆生發三菩提心者，悟道成聖也。“阿難白佛”已下，正明請(215)勸流通，如是正法名字何等何以問？《經》“名字欲以語。《經》名達。經旨流通，則無礙。

(216)“佛告阿難，此經名爲方等大集，亦復名爲不可說。”《經》初標榜其目者，即此(217)中是也。“若人能頂戴受持”者，勸阿難流通也。“三千大千六種震動”者，上(218)來不可說菩薩與魔王論義，明法界圓道，體非分別離分別相，爲功深(219)勝。是動地以表之[29]。

[2 釋寶幢初魔苦品]

(220)寶幢初魔苦品第一　大乘五門實相論[30]

(221)問曰：此品何意而來？ 答曰：上〈陀羅尼品〉，正明總持之稱。〈不眴品〉，不動(222)爲號。〈寶女品〉，妙慧自在爲用。〈海慧品〉，智慧虛通之能。〈無言童子(223)品〉，寂絶衆相之趣。〈不可說菩薩品〉，言辭路斷，思求相絶，正明體證相(224)應。〈虛空藏品〉，正明妙絶虛通，融齊一觀，是非雙泯。

〈寶幢之品〉，何(225)意而來？ 上〈不可說菩薩品〉中，魔共菩薩論義，波旬取捨未融，據世(226)事以明道。不可說據無言以明趣。魔聞此言，望宗以失路，高聲唱言(227)“哀哉，苦哉”，求哀懺悔。此之一伴，邪徒之黨，以歸服竟。自下，此復有六十(228)億魔妖，邪◇◇欲詣寶坊，與其釋種子，共相論義。以是因緣故，(229)〈寶幢品〉來也。

問曰：何故立此寶幢？ 答曰：自下爲欲降魔。是故竪(230)法幢打法鼓。降魔之相故，此品來也。自從〈陀羅尼品〉來至此品，凡有八品。《經》(231)正明法界體性，性絶分別，離有無，非內非外義。

---

29 “表之”，下有“子邪”，爲雜寫。

30 “論”，下有“語”，爲雜寫。

〈寶幢品〉已下，有十三品。正明(232)顯相分。“爾時世尊，故在色欲二界中”，何以道猶在色二界？ 乃是說法之(233)處。法界海會，示有動轉，而無去來故，言猶在“眷屬圍遶”者，眷屬有兩(234)種。一是福德眷屬。二是智慧眷屬。共成法身，故言“圍遶”。我昔初得阿(235)耨三菩提時，還導昔爾初成道時，在王舍城。何以出此王城？欲明(236)本曰“降魔伏道處所”。答曰：何者是外道？ 一是憂波提舍。二是拘律陀。此二(237)人皆法身大士，現居外道，引接不隊之流，令入海會。五百得益，即是其事。(238)根熟時，至“遙見馬星比丘”相應解悉成，“我久住是王舍城中，初未曾見(239)沙門婆羅門”，正明所爲衆生，其根未熟，其病未發故，言“未曾見”。憂波(240)提舍，即往趣彼解，正相憐會故，言“趣彼”，作如是言。

“汝師是誰？”。何故作此問？(241)道有九十六種。毗紐天、自在天等。從誰受學？ 馬星答言：“善男子，有(242)釋迦牟尼如來，道出百非之外，超越生死，出家無上，斷生死，消然解脫果(243)具能干苦河。具足成就如是等法，即是我大師。我從受學。善男子，(244)汝今欲知正法寶城，不可阻壞。應當諦聽。當爲汝說，分別解說，萬法之(245)興，皆從自體緣集而生。”“通達是因”者，因果俱空。“即是[31]寂靜，世閒即苦”者，(246)爲說於苦果。知苦無生，名“苦聖諦”。集無和合，名爲集聖諦。修八正(247)道，名道聖諦。“世閒集滅”者，名滅聖諦。“若無苦集，我師說言：‘如是等(248)解，名爲涅槃。’善男子，唯說如是等法。憂波提舍聞此語已，心開意解。(249)斷諸煩惱，成須陀洹果。即說偈言，憂波提舍解，四真諦成須陀洹果。(250)說四偈領解歡喜，“復語比丘：‘如是世尊，復在何處？’馬星答言：‘今在王(251)舍城中。’” 何以借問？如來雖得須陀洹道，智障未斷。如來乃是勝進境界。(252)我若一觀，生

31 “是”，底本無，據《大集經》補。

死永亡。“拘律陀遙見憂波提舍,‘汝今何故諸根清淨, 猶如明(253)鏡, 顏色光澤? 將[32]不復得甘露不死藥也?’‘我已得矣。’”

須陀洹果者, 無證(254)無得。就世諦故, 無得之得, 名爲得矣。“汝今諦聽。法從緣生, 從因緣(255)集起而生。通達是因, 因緣滅故, 即是寂滅。若修八正, 即得涅槃。” 以是(256)因緣故, 拘律陀言“善男子, 如是之言, 向來八正道因, 能得涅槃之(257)果。即是梵行”。憂波提舍得須陀洹果。爾時魔王聞二人出家, 爲釋(258)弟子, 恐失眷屬, 即化其身, 作馬星像, 至憂波提舍、拘律陀所。“我先(259)所說, 試汝智耳。” 非真實化也。魔即覆相說法, “無善業果, 無惡業果。(260)若能親近五欲, 必得甘露之果。” 此既顛倒說法。二比丘既得須陀洹道, (261)法眼在懷。即語魔言“此非正說。波旬來也”。魔既知比丘不受邪說, 復更(262)化作馬星形像, 暫時變違邪來同, 正而作是言“誰能破生老病死”。拘律陀(263)語魔王言:“我欲通達清淨之法, 遠離諸[33]苦。汝乃以癡愚邪見, 何有一毛(264)之力, 能打壞須彌! 何有微塵許火, 能燋枯大海! 何有蚤蚋之雋, 能穿(265)金剛之山! 魔王, 如野狐鳴云師子吼, 色雖相似, 實非師子。魔王(266), 汝今雖作比丘形像, 所說純邪。乃非正也。

“爾時魔王, 受大苦惱, 即(267)便隱滅”, 更立餘結。爾時魔王見是二人出家已, 化作自在天像, 向(268)於佛所說於四偈, 欲使正來同邪。“我時以偈答魔王言”者, 復以八正(269)道是魔良藥, 欲令魔衆聞其兩偈, 廻邪以趣正。“無以狐身作師子吼”, (270)究竟會無歸依。汝者徒設何? “爾時魔王, 隱自在天像, 復現梵像,” (271)魔王何故數數異異方便者, 欲令瞿曇弟子, 伏從其化? “而說偈言, (272)真實遠離諸煩惱過三千大千界。” 何以復說四偈? 欲使瞿曇弟子(273)未得天眼, 來從我

32 “將”, 底本作“持”, 據《大集經》改。

33 “諸”, 底本作“之”, 據《大集經》改。

化。“我時以偈，復答魔言：‘我見世間多衆生能度(274)生死大嶮河。’”如來何故復說此兩偈？ 欲使諸魔衆中，利根上達，◇解(275)脫際者，聞如來一說，得入無生妙解。是以如來說偈也。“爾時魔王受(276)大苦惱。”

問曰：此魔是何處人也？ 答曰：若是實魔，何能說偈，共(277)如來相對！此應是法身大士。是故《經》言“世間作魔王者，多住不(278)可思議解脫菩薩。” 問曰：雖知是權，爲是佛也？ 爲是菩薩？ 此等應(279)是險後際之解。教智雖融，體智未融。即時無礙解成者，云體非有非無，非內非外。(280)即是體融無礙。如此解者，非是魔業，聞實相是有即作有解。聞實(281)相是無，即作無解。雖是解，解返成惑。始智莫測，便成魔業。此中“魔”者，如此(282)業作。自下《經》文，不過降伏魔王，并五萬婇女，并諸眷屬，悉來歸化。(283)魔之方便，世情麤淺。足自可知。如來道德，智慧滿足。亦未必可恠。自(284)論道相顯可解。

[3 釋寶幢分中往古品]

寶幢分中往古品第二

(285)問曰：法界分中，有八品。《經》文“寶幢初品”應名“第九”，此應名“第十”。何以別(286)第一、第二？ 答曰：前八品等《經》文，諸菩薩論義，以明道。〈寶幢分〉中，正明(287)陀羅尼實觀，總持相顯，降伏天魔，析諸外道。是故，〈寶幢分〉中，別立一法門，(288)次第義故，有十三品來也。第一、第二，即是其事。

何故名爲〈往古品〉？ 過去有(289)一佛名功德香如來。有一比丘，班宣廣說大乘經典。有一大臣，心不正信。語(290)比丘言：“汝若未來菩提樹下，說大乘法時，我誓當遮止。汝不得行。往昔比(291)丘者，今釋迦身。魔波旬，大臣是也。說往緣故，故名〈往古品〉。

“爾時魔衆”已(292)下，訖至悟道已來，復一周爲魔說法。而白佛言：“世尊，我欲大乘，念於大乘。”(293)初◇信受，後成返說。若作權解，欲令弟子速入法性之海，現作斯(294)問：“世尊，菩薩摩訶薩成就幾法，不近惡友，并能速得三菩提心？”“善男子，(295)菩薩具足四法，不近惡友。何等爲四？” 自此已下，正爲魔說法。魔執於有無，要(296)說不着有，不着無。能破魔患。知《經》“不貪諸法”，即無境可取。“不捨諸法”者，(297)無魔業可捨。“不受諸法”者，無法可受。“不覺”者，無證可會。“無我所”者，亦無能(298)會之人。自下，正出法界體性平等之道。即是破魔患義。善男子，若能觀上(299)來如是等法，是名菩薩，不親近惡友。并復速得菩提。

“復有二法”已下，正(300)出於魔行。修不得方。何以故？ 雖復發心，恒作生死涅槃異。一斷，二常。異修不(301)得方故，更起分別。“譬如有人”已下，與修不得方作喻。喻於緣智境虛心倒身(302)不得方，求火取木，是顛倒法。離顛倒求無顛倒，顛倒餘增不能合◇。如《經》“若(303)離是二，更求異法，亦復如是”。“有一菩薩名曰，地意”，聞上如來說實相圓道，(304)無覺無知。若無覺知，即是無知。云何如來常自讚言“具一切智”？ “善男子，(305)不可說智，即是一切智。” 何以故？ 智上不可得。何處有智！ 即一切智。“善男子，我(306)今問汝。隨汝意答。如來得一切智時，有所得不也？” 張此兩開，欲使地意思(307)而取解。“地意即便思惟：‘我若說有，便成常見。我若說無，即是斷見。我(308)當速離二邊，說於中道。思惟是已，白佛言：‘世尊，如是義者，亦有亦無。’” “亦(309)有”者，有無有相。“亦無”者，無無無相。“若不出滅，是非雙融。非明非闇”，對治斯(310)二[34]，如是等義者，即是佛智也。論義既周，擧佛智來結句。

---

34 “二”，底本作“亡”，據文意改。

問曰：中道有幾(311)種？ 答曰：就十二照，名雖十二對治。六種中道，何者是也？ 一摩照顯像，明欲(312)顯六種中道，成中道。成故，圓而無相。顯像明故。照而無功。照而無功故，無照不照。圓(313)而無相故，無圓而不圓。無圓不圓非圓。如何無照不照非照？ 如何無照不照非照？ 如(314)何是以名乃無量？ 且約論之，名者何也？ 謂修解照、解行照，此二對彼相中道。(315)慧起照智解滿照，此二對即相體真中道。慧解滿足，照智照果，圓照(316)此不對相即，無相真正中道。因果圓滿，照果體相照。此二對金剛理事盡中(317)道。體圓智寂照，體絶圓滿照，此二對寂無所寂。無寂、不寂。中道真道。(318)圓寂寂照中道。

問曰：一照便足。何須十二？ 一中道則融相盡。何假六種？(319)答曰：智不可頓起故，從凡至聖，須十二照，以辨行。執不可頓融故，須六種中(320)道。若能大智如金剛奮迅而無畏，何待六之以十二？且題名詮以◇◇(321)號之勝士。電意菩薩言："世尊，無去無來，則是佛智。" 自此已下，有十五菩(322)薩各申己德，向佛辨宣◇會中道，爲欲明入證路不動，各辨己智非一(323)如，似〈不二法門〉。所辨門雖是同，就行有異。此中亦如是。中道、佛智同會智(324)之行，品品皆異彼經。文殊據體，以明無二，是嘿然不言，冥感契會聖心。(325)此中亦如是。諸菩薩等，終證覺辯，各訣己行，謂會中道。文殊最後以(326)實相拂之，邪正俱泯。如是正見，乃可得稱遠離惡有。不着三結，亦不着(327)三寶，不謗一切，開實正路。亦不着忍辱。"善男子，以是因緣，求一切智"，善(328)得其方，於聲字句，無生覺觀。佛語邪語，不生恠歎。"欲樂菩薩言：'善(329)哉，善哉。文殊師利，善能說此甚深義'"者，即是佛智，於中無法可取。三寶(330)性相，皆悉寂滅，即是佛智。是故，歎汝"善哉，善哉"。說是佛智不可說時，(331)一切衆魔得無生法忍，捨爲麤身者，煩惱之身。細身者，無漏之身，智(332)身法身。二萬八千衆生，於諸法中，得無生忍。"九萬二千菩薩，得陀羅(333)尼。"〈寶幢陀羅尼品〉，因之以得名。

一切衆魔，既得捨離分別執着之心。(334)以香華報恩供養。即自讚歎如來，作如是言："世尊，善能識根達性，(335)爲我等說，佛智中道。令得親近於佛，善知識義，於中成就。爾時世(336)尊，即爲衆會，說過去業。

問曰："魔王波旬，有何惡業，如許時惱(337)亂？如來復有何善業，今日值佛，得成法侶？""善男子，過無量阿僧祇(338)劫，劫名電持，是中有佛，號香功德如來。"何以出此？佛號何意？正欲明(339)如來昔日修善業處所，魔發惡願。時常以是因緣故，引彼佛名號來也。(340)"轉輪聖王，名曰華目"者，出彼護法輪王名字。王即禮拜以偈歎佛，偈(341)歎中有四偈。正明讚歎。云何能過魔業？"佛言：'大王，具足三法。何等爲三？(342)至心靜慮，念一切衆生。二者，修集大悲，能破衆生之苦。三者，見一切法，(343)無法可見，無有衆生。士夫得如是甚深之法，能過魔業。'"

"有一夫人，名曰善見"，(344)與諸婇女，復說偈讚偈歎中，有八偈。一曰，歎佛。二與願，未捨女人之身。故(345)《經》言，"云何令我捨離女身"。佛言，"是女人，有善方便，得離女身"。何但得正，得離女(346)身。亦得發菩提心，何者是也？所謂寶幢陀羅尼。若有能隨彼是陀羅尼，(347)即得離於女身。陀羅尼力能令國土無有疾病，不吉祥事，皆悉除滅。若(348)有法師，持戒精進，月十五日，當淨洗浴，以妙香華供養如來。然後，可昇(349)師子之坐，班宣魔說寶幢陀羅尼。乃有無邊大利益。爾時如來說是寶幢(350)陀羅尼曰"闍落翅闍落迦"。凡有八十四句陀羅尼，正明自體對治行。以是(351)力故，能降魔伏道，變女成男，發無上菩提心。“爾時世尊，即爲大衆，說陀羅(352)尼”者，即前陀羅尼呪，是由是自體力故，能令五百婇女變成男子。皆(353)是呪力之功能。有復一解，能使內方便行熟，變作外方便行故，言“變(354)女身。夫人聞是持以，所將八萬四千女人，亦轉女身得男子身”。“時華(355)目比丘，聞是無量人生大邪見，即發誓言：‘我若不能調伏如是諸(356)惡邪見，何由能得阿耨三菩提！’” 自下，華目方便調伏諸魔，種種方便，(357)文顯可解。

“善男子，爾時華目比丘，則我釋迦如來身是。善行大臣者，(358)今日波旬魔王是。”由於昔日教，於衆生起惡邪見，成波旬業。我初成(359)道，來至菩提樹下，以種種邪術，惑於我，正以往日功德，香華佛所，禮拜(360)我故，我今授汝菩提記。說是法時，五百婇女，得男子身，無量衆生，以三(361)乘法而得調伏。

[4 **釋寶幢分中魔調伏品**]

寶幢分中魔調伏品第三大乘五門實相論

(362)問曰：何故名作〈調伏品〉？ 答曰：如來及弟子神通轉變，令魔屈服故，名〈調(363)伏品〉。若爾，與上兩品有何異也？ 上初品初明降外道，後調伏魔。皆以法(364)界實相無分別之道，以降伏之。第二品，正以八十六句陀羅尼自體之(365)行，以對治之。第三品，如來大悲端坐靜默，先遣四弟子，以善權方便，而(366)調伏之。然後如來，以百種方便，權於天魔。

就此品中，有四分明義。從初已(367)下，訖至舍利弗來，正明波旬說詐爲方便。望今如來弟子，歸於邪化。“舍利(368)弗”已下，四弟子神通之力，以外方便，共魔相對治。二千魔子，於先調伏。(369)從第三品以下，正明諸天勸佛莫入王舍城。“如來入王舍城”已下，第四明諸佛

(370)世尊入金剛三昧，設異方便，令五百億魔王高聲唱言："苦哉，苦哉！" 世閒(371)空虛，於玆調伏。爾時光味化人。其人善達天文、地理、二十八宿，善知相法。(372)恃己所得不降。如來住雪山中，志性高遠，本來未降，如來住王舍城，西門(373)下，欲立論義之端。其人宿世深厚，善知相法。一覩如來，見其身相炳著，內外(374)明徵，心漸啓伏。

問曰："光味仙人，是何人也？" 答曰：乃是法身大士，現居外(375)道，以攝法爲首，津通道教，形窮法界，與五百弟子，根熟時至，來入寶坊(376)之會。即作是言："如是人者，真是大勘受人天之所供養。何以故？ 其人奇超(377)世表，有福德相。我今當問生姓[35]、經書。" 何以乃問生姓之由厚？ 復問經書之(378)論端。"生姓" 者，受形之宗本。若達本語，苦而知藥也。"經" 者五經。在內名弟子，(379)二書者，典誥[36]之別目。問曰：書有幾種書？ 答曰：如來有六十四能。即有六十(380)四種書，出在《空◇經》。出家久近者，見其道德魏魏，恠而問之。告其弟子(381)摩[37]納，彼仙人者，福德成就。"了了可知" 自下，與如來論義麤淺。可解。

云何名(382)爲星宿道？ 光味答言："謂二十八宿。如來何故正問二十八宿者，是天之精像，隨世影(383)像分用。世閒要事，莫過於玆。因如來問故。光味辨宣海會之衆，得遣無知(384)之惑。於自行外，化法中消然無徹。光味答如來言："一切星宿，跡有四分。何等(385)是也？ 瞿曇，東方七宿，謂角、亢、氐、房、心、尾、箕。" 此七星屬東方。所主事咸災(386)禍。經自解釋。井、鬼、柳、七[38]、張、翼、軫，此七星屬

35 "姓"，底本作 "性"，據《大集經》改。下同。
36 "誥"，底本作 "告"，據文意改。
37 "摩"，底本作 "魔"，據《大集經》改。
38 "七"，底本作 "星"，據《大集經》改。

南方，宿其中。年歲長◇亦(387)如《經》辨。奎、婁、胃、昴、畢、觜、參，此之七宿，屬西方。其中善惡，亦如《經》辨。斗、牛、(388)女、虛、危、室、壁，此之七宿，屬北方。問曰：日月五星二十八宿，何以不相代？ 答曰：(389)此之日月五星二十八宿者，乃是法界之實用，教智功興，自在殊遠，用而無相。乃(390)是衆生依報能也。若爾有大利益，何須代乎！ 若有通達如是相者，得到彼岸。(391)光味自申己德，誇誕向如來。佛言："光味，衆生闇行，著於顛倒，煩惱繫縛。隨(392)逐如是星宿書籍，竟有何利？ 光味，星宿雖好，我見世閒解星宿者，亦復生(393)於牛馬狗猪，得星惡報，有何好事？" 自下，正難光味。譬如兩人，同屬一星生者，(394)而有貧賤富貴，參差不等。是故，我知汝所學之道，是不定法。仙人，汝雖(395)得定，是世俗定。能通達一切甚深理，照之解慧，何以不二問我？ 乃問世閒麤淺(396)之事。"光味有言：'汝今現身知世無異，我今不知汝爲是天也？ 仙也？ 色如古仙。'" 正以(397)光味不識如來，作如許異異方便而問。"唯願廣說" 已下，方始降伏我等聽受(398)方有滄法之言。

爾時世尊，正爲光味說偈。就偈中，有十九偈，正爲光味說法。初(399)之一偈，正呵光味，学不得方，爲賢聖所恠。第二偈正以學不得方故，爲煩惱羈纏，(400)常受大苦惱。第三一偈，正以如來修之得方故，得六道果報。第四一偈，正以六波羅密(401)爲我種性。六和敬者，一身行慈。二口行慈。三意行慈，同見、同聞、同學，是爲六和(402)敬。"我以受持三種戒" 已下，有十五偈。教光味修行方法。文顯可解。光味仙人，及諸眷(403)屬，皆見如[39]來本清淨身，聽[40]如來說法故，即有得寶幢三昧。說偈讚佛。就偈讚中，(404)有二十六偈。初有一偈。

---

39 "如"，底本無，據文意補。

40 "聽"，底本作"猶"，據文意改。

歎如來智慧深遠。第二一偈，正明教智光明照三千。第三一偈歎如來(405)苦行超過出三界。“具足大慈[41]”已下，有二十三偈，正歎如來德行。爾時光味，既蒙如(406)來說法故，於中生具勝解。即以勝華奉嚴如來。所感◇遠。“是時三千大千世界(407)六種震動”，即是無我觀成。“爾時世尊”前，爲降魔伏外道故，入首楞嚴三昧。邪徒(408)惡黨，悉以歸化。事以周訖，還出定。爾時世尊，告光味言：“汝今決定發菩提心？”(409)如來何故乃問光味發菩提心？ 但光味作外道師來，日月延久，恐有退轉。是(410)故勸今決定發心。“善男子，汝於未來世，過三阿僧祇劫，當於彼土得成爲佛。名功(411)德光如來。” 爾時大衆見光味得受記莂，五百弟子得阿耨三菩提。

[5 釋寶幢分中相品]

(412)寶幢分中相品第五大乘五門實相論[42]

(413)問曰：此品何以而來？ 前品中，爲光味仙人，說種種法，令外道調伏。今此品中，辨入王舍(414)城，方便廣爲魔說法。所以來也。“爾時，佛知諸魔心”已下，訖至七言偈已來，正明如(415)來以神通力，足指案地，召集十方諸佛菩薩。入王舍城中，七言偈已下，正爲說(416)法。“知魔心”者，知魔根熟時，至以三昧力故，辨宣智無礙義。何者是也？ 王舍(417)城忽然化爲十二城門，即是十二照義。“波旬，自見已身種種像現不定”者，皆是如(418)來神力之所爲作。“足指案地”者，現布奇相。香華中，說是偈讚。

問曰：何故(419)香華中，能說是偈。答曰：多是如來不可思議神力之所爲作。就偈讚中，有(420)八偈，初一偈正呵嘖於魔。第二偈已下，

---

41 “慈”，底本作“悲”，據《大集經》改。

42 “論”，下有“論記之 記之記調說”等字，疑爲習字痕跡。

正爲廣說法，并復名衆。是偈音聲遍(421)至十方世界，羅漢、菩薩悉集彼王舍城中。“淨土”者，諸十方世界蓮華藏土，(422)純善業之所感得，名爲“淨土”。五濁惡世，諸煩惱業感生娑婆，若爲穢土淨(423)穢同質，而異見。猶如巾兎不相捨離。正巾上見兎，不餘處來，淨穢二土，亦(424)復如是。“爾時世尊，入佛[43]莊嚴瓔珞三昧。”

問曰：何故入是三昧？ 答曰：但十方諸(425)佛菩薩，悉在他方世界。由如來入三昧力故，諸佛菩薩雲飛影走，駈馳電(426)驟，悉來集會王舍城。問曰：上八品《經》文，皆言“色欲二界中間寶坊之會”，從(427)〈寶幢品〉以來，《經》文但導名“法界”。菩薩入王舍城，此言何謂？ 答曰：前時八品《經》(428)文，正辨法界實相圓道。是故，從王舍城，漸漸而入寶坊之會，即是表入至寂之路。(429)八品之中，諸菩薩等，共相論義，以明實相圓道、本際之妙寶。諸菩薩等於(430)中生，其奇常之異，解不住道行，純熟勘爲利物之能。是故，相與還王舍城中。本(431)說處所所以來者，正以天魔外道，根熟病發緣在王舍城故，所以來也。若爾爲(432)實來不來。《經》云：“普賢法身如圓鏡，影現一切衆生海，法身實無來去相，而(433)於來去自在現”。此即成證。何足問乎！

“爾時此界多有無量諸菩薩”與(434)百千種異異香華，即是五衆之相。“讚歎於佛”者，皆是香華中讚歎也。“或有現(435)作天帝釋身”已下，正明諸佛菩薩神通道力作百千種身，恐怖於魔，復(436)作是念，“我今何故，不往佛所”，見上諸佛、菩薩作不思議轉變，漸有歸化。(437)“合掌恭敬，而說偈言”此兩偈，波旬說。“我今歸依於如來”此之一偈，現歸敬。“如來願見(438)放捨”一偈，言中雖從如來意地，還歸本宮，正以五繫故，不得自在。“爾時世(439)尊”已下兩偈，如來說偈，報波旬言。初之一偈，正明如來說法，性無去來。第二一偈，(440)呵魔波

[43] “佛”，底本無，據《大集經》補。

旬。汝道神通自在，何以不隨意而去？ 波旬復說兩偈。如來名實語。(441)上言“我不繫汝”，我欲還天宮，即自身見五處被縛。實語何處在？七返如是，皆(442)不得自在。望使如來，墮妄語地。“佛言：‘我已永斷’”已下，如來自洗澤，都無惡心繫(443)縛於汝。何以故？ 我欲令衆生解脫故。汝之繫縛，自業過也。何聞如來？

“爾時(444)世尊，見十方衆生悉來集，即說偈言”，就偈有五十五。就中正明勸於大衆，(445)知十四難義。初之一偈，正勸斂心靜聽。第二偈明法不思議。第三偈問如(446)來難有。第四偈明人身難得。“應當信。難得遠離”已下，正明八難事難。(447)“遠離我之所說”已下，三十五偈，教令海會大衆說法方軌。文顯可解。如(448)來說此偈時，梵音功能遍覆十方，法界衆生，得不退轉心。或有獲(449)得陀羅尼者，得三昧者，所以聞偈處齊，得法不同，正由衆生。藥妙患(450)重，得法不同，致使然也。

爾時光味菩薩，既聞如來說法故，得勝法(451)語在懷，無以報於聖恩。造出世間七寶之梯，望彼如來勝蓮華大坐，(452)猶如懸鏡處於高堂，法界群像，斯皆眼現。如來大慈悲，法界衆生(453)多受苦惱，“惟願如來降注無上甘露法雨”，令生法永令我身心還得(454)具足，“願說八道，淨於法眼”。言“八道”者，即八正道也。“法眼”者，徹觀窮虛，名爲(455)“法眼”。無量菩薩，悉證[44]知我請法之心。殷勤至到徹於後際。如來爾時自(456)言：“我若具[45]十力四無所畏，當施衆生世甘露無上妙藥。”爾時世尊，不逮(457)假請，即蹬[46]寶梯昇[47]蓮華坐。問曰：前入王舍城，今何故勝蓮華坐？ 答曰：(458)有緣衆生，在王舍城，現不捨世界方便故，以其道力，摧於波旬故，在王(459)舍城。今勝蓮華坐者，表離世間

---

44 “證”，底本作“證人”，據《大集經》改。

45 “具”，底本作“不具”，據《大集經》改。

46 “蹬”，底本作“路”，據《大集經》改。

47 “昇”，底本作“生”，據《大集經》改。

相，將欲摧伏波旬，屈伏在於寂滅道場。(460)是故，告波旬言："波旬，汝亦當生歡喜。莫生憂惱。何以故？有是《大集經》者，(461)事由於汝，我所以集十方諸佛菩薩，集王舍城，及以寶坊之會者，爲欲破(462)汝波旬顛倒邪見之執。是名爲"大集說法因緣，斷諸生死度於四流"。"四(463)流"者，欲流、有流、無明流、見流，是名四流，令衆生獲得正道八正道。波旬言：(464)□……□旬，我本在母胎時，入於慈定。爾時作種(465)□……□心"自下，波旬，百千種方便，正欲害我。我(466)□……□瞋義成，爾時波旬，聞是說，以生瞋，惡(467)□……□惱亂我。我於爾時，慈悲◇厚，是□……□(468)□……□汝。爾時如來，以善權方□…(469)□……□其惡氣[48]悉成須摩□……□(470)□……□"一切世界所有諸風，悉□……□（尾殘）

48 "氣"，底本作"器"，據《大集經》改。

四　“法界圖”文獻

《法界圖》

(Pelliot chinois 2832 bis)

整理者　青木 隆

해제

『법계도』는 「六道衆生」 「三乘別教」 「通教大乘」 「通宗大乘」의 4장으로 구성되어 있으며, 삼계 및 界外의 세계를 소개하면서 범부·이승·보살이 불도수행에 의해서 어떤 장소에 태어나는가, 어떤 계위에 도달하는가를 설한 것이다. 「육도중생」은 중생이 五戒十善을 닦는 방법에 의해 삼계 내의 태어나는 장소가 결정되고, 「삼승별교」는 『성실론』에 근거하여 삼승의 수행차제를 설하고 있다. 「통교대승」과 「통종대승」은 『보살영락본업경』에서 설하는 52위에 근거하여 보살의 수행계위를 설하고 있다. 전체적으로 불교의 세계관과 수행 계위설을 결합하여 하나의 것으로서 설하고 있다.

『법계도』는 삼승별교·통교·통종의 3교를 세우고, 다시 통종을 점교·돈교·원교로 나누는 교판을 사용하고 있는데, 이것은 지론종의 표준적인 교판의 하나이다. 또한 끝부분에서는 有爲緣集·無爲緣集·自體緣集·法界緣集 의 4종 연집설이 설해지고 있다. 이것은 지론종 후반기에 설해진 연기설이다. 또한 천태지의의 『유마경현소』와 『四教義』에서 『법계도』의 인용을 발견할 수 있다. 지의가 최초에 『유마소』를 晉王廣에 헌상한 것은 開皇15년(595)이므로 본 문헌의 성립은 그 이전이라고 추정할 수 있다.

저자는 불분명하다. 『大唐內典錄』 『법원주림』에는 玄琬 (562-636)의 저작으로 『법계도』 1권이 기록되어 있다. 玄琬은 曇延과 曇遷에게 사사했던 섭론종의 학자이다. 그가 지론학을 수학하였던 가능성도 있고

연대적으로도 합치하지만, 그를 저자로 인정하기 위해서는 보다 많은 증거가 필요하다.

번각의 저본으로는 Pelliot chinois 2832 bis를 사용하였다. 이 사본은 앞부분이 결락되어 있지만 앞부분에 四諦·十二因緣·菩薩十處放光 등의 명목이 22행으로 열거되어 있고, 이어서 「법계도」라는 제목의 해당문이 시작된다. 끝부분에는 삼계를 도시화한 것이 부록되어 있다. 따라서 『법계도』는 약간의 결손 부분이 있지만, 거의 전문이 남아 있다고 할 수 있다.

대교본으로는 S.2734를 사용했다. 이 문헌 또한 앞부분이 결락되어 있지만, 결손 부분의 일부를 보충하는 단편으로 S.6316가 있다. S.2734도 앞에서 말한 4장으로 이루어졌었다고 생각된다. 이 중 「육도중생」은 Pelliot chinois 2832 bis와 상당한 차이가 있지만, 「삼승별교」「통교대승」「통종대승」은 완전히 동일하다. 이 서사본은 『법계도』 뒤에 『妙法蓮華經馬明菩薩品第三十』, 『立世阿毘曇論』 卷二, 『起世經』 卷十이 잇따라 서사되어 있다. 또한 「二十八天幷四天下地獄已上至佛已下經一卷」이라는 尾題의 S.4269는 『법계도』로부터의 발췌로 이루어져 있다.

題解

《法界圖》由“六道衆生”“三乘別教”“通教大乘”“通宗大乘”四章構成。在介紹了三界以及界外的世界的同時，敍述了凡夫、二乘、菩薩根據修行佛道的狀態，將生於怎樣的場所，到達怎樣的階位。“六道衆生”一章確定了衆生根據五戒十善的修行將生於三界內的何處；“三乘別教”一章依據《成實論》，講述了三乘的修行位次；“通教大乘”和“通宗大乘”二章則基於《菩薩瓔珞本業經》所說的五十二位敍述了菩薩的修行階位。整體來說，是一部將佛教的世界觀和修行階位說整合起來論述的文獻。

《法界圖》建立了三乘別教·通教·通宗這三教，更進一步將通宗分爲漸教·頓教·圓教。《法界圖》採用了這樣一種判教，這是地論宗的標準的判教之一。結尾部分講述了有爲緣集、無爲緣集、自體緣集、法界緣集之四種緣集說。這是晚期的地論宗的緣起說。而且，天台智顗的《四教義》及《維摩經玄疏》中引用了《法界圖》的內容。智顗最初向晉王廣獻上《維摩疏》的時間是開皇15年（595年），據此，本文獻的成立時期應在此之前。

著者不明。《大唐內典錄》《法苑珠林》中收錄了《法界圖》一卷，並將其視爲玄琬之著作。玄琬是師從曇延、曇遷的攝論宗學者，修習地論學的可能性極大，且年代亦符合。但是，將其認定爲本文獻的著者，尚需要更多的證據。

錄文的底本爲Pelliot chinois 2832 bis。首部殘缺，開頭部分列有四諦、十二因緣、菩薩十處放光等條目，占22行。此後有標題“法界圖”及其正文。末尾部分付有關於三界的圖解。據此，《法界圖》儘管中間缺損若干部分，仍可視其基本上保留了全文。校本採用S.273

4。此文獻亦首部殘缺，殘缺部的一部分內容根據S.6316的斷片加以補足。可推測S.2734亦由上述的四章構成。其中，除了“六道衆生”的部分與Pelliot chinois 2832 bis大相徑庭之外，“三乘別教”“通教大乘”“通宗大乘”三部分則與其完全一致。此寫本的《法界圖》後連寫有《妙法蓮華經馬明菩薩品第三十》、《立世阿毗曇》卷二、《起世經》卷十等經文。此外，尾題爲“二十八天並四天下地獄已上至佛已下經一卷”的S.4269是從《法界圖》中拔萃而成的。

解題

『法界図』は「六道衆生」「三乗別教」「通教大乗」「通宗大乗」の四章から成り、三界および界外の世界を紹介しながら、凡夫·二乗·菩薩が仏道修行のありようによってどのような場所に生まれるか、どのような階位に達するかを述べたものである。「六道衆生」は衆生が五戒十善の修め方によって三界内のどの場所に生まれるかを定め、「三乗別教」は『成実論』に基づいて三乗の修行位次を述べている。「通教大乗」と「通宗大乗」は『菩薩瓔珞本業経』が説く五十二位に基づいて菩薩の修行階位を述べている。全体としては、仏教の世界観と修行階位説が一つのものとして論じられているような内容のものとなっている。

『法界図』は三乗別教·通教·通宗の三教を立て、さらに通宗を漸教·頓教·円教に分けるという教判を用いているが、これは地論宗の標準的な教判のひとつである。また末尾の部分では有為縁集・無為縁集・自体縁集・法界縁集の四種縁集説が説かれている。これは晩期の地論宗が説いた縁起説である。さらには天台智顗の『四教義』や『維摩経玄疏』に『法界図』からの引用が見られる。智顗が最初に『維摩疏』を晋王広に献上したのは開皇15年（595年）であるので、この文献の成立はそれ以前と考えることができる。

著者は不明である。『大唐内典録』『法苑珠林』には玄琬（562–636）の著作として『法界図』一巻が録されている。玄琬は曇延・曇遷に師事した摂論宗の学者である。彼が地論学を修めていた可能性はあり、年代的にも合致するが、彼を著者として認めるためには、より多くの証拠が必要であろう。

翻刻の底本にはPelliot chinois 2832 bisを用いた。この写本は首部が欠けているが、冒頭に四諦・十二因縁・菩薩十処放光などの名目が22行にわたり書き列ねられ、ついで「法界図」と題されて当該文が始まる。末尾には三界が図示されたものが付されている。よって『法界図』の部分は途中に若干の欠損部分があるものの、ほぼ全文が残されていると見てよい。対校本にはS.2734を用いた。この文献も首部が欠けているが、欠損部の一部を補う断片にS.6316がある。S.2734も前述の四章から成り立っていると考えられる。それらのうち「六道衆生」の部分はPelliot chinois 2832 bisとかなり異なるが、「三乗別教」「通教大乗」「通宗大乗」の部分は全く同じである。この写本は『法界図』の後に、『妙法蓮華経馬明菩薩品第三十』、『立世阿毘曇論』巻二、『起世経』巻十が連写されている。また「二十八天并四天下地獄已上至仏已下経一巻」という尾題を持つS.4269は『法界図』からの抜粋でできている。

參考文獻

石井公成 [1996]〈敦煌出土の地論宗諸文獻〉(石井公成《華嚴思想の研究》春秋社, 東京)

青木隆 [1996]〈敦煌出土地論宗文獻《法界圖》について——資料の紹介と翻刻——〉(《東洋の思想と宗教》13, 早稲田大學東洋哲學會, 東京)

底校本

底本：Pelliot chinois 2832 bis

甲本：S.2734

乙本：S.3441

丙本：S.3930

內容綱目

題目

1 六道衆生

1.1 地獄道

1.2 畜生道

1.3 餓鬼道

1.4 阿修羅道

1.5 人道

1.6 天道

1.6.1 欲界

1.6.1.1 四天王天

1.6.1.2 忉利天

1.6.1.3 炎摩天

1.6.1.4 兜率陀天

1.6.1.5 化樂天

1.6.1.6 他化自在天

1.6.2 色界

1.6.2.1 初禪

1.6.2.1.1 梵天

1.6.2.1.2 梵衆天

1.6.2.1.3 大梵天

1.6.2.2 第二禪

1.6.2.2.1 少光天

1.6.2.2.2無量光天

1.6.2.2.3 光音天

1.6.2.3 第三禪

1.6.2.3.1 少淨天

1.6.2.3.2 無量淨天

1.6.2.3.3 遍淨天

1.6.2.4 第四禪

1.6.2.4.1 凡夫天

1.6.2.4.1.1 福生天

1.6.2.4.1.2 福慶天

1.6.2.4.1.3 廣果天

1.6.2.4.1.4 無想天

1.6.2.4.2 五淨居天

1.6.2.4.2.1 無煩天

1.6.2.4.2.2 無熱天

1.6.2.4.2.3 善見天
1.6.2.4.2.4 善現天
1.6.2.4.2.5 色究竟天
1.6.3 無色界
1.6.3.1 空處天
1.6.3.2 識處天
1.6.3.3 不用處天
1.6.3.4 非想非非想天
1.7 二十五有
2 三乘別教
2.1 聲聞乘
2.1.1 外凡位
2.1.1.1 乾慧地
2.1.2 內凡位
2.1.2.1 二賢
2.1.2.1.1 信行賢人
2.1.2.1.2 法行賢人
2.1.2.2 二十五聖
2.1.2.2.1 無相行
2.1.2.2.2 須陀洹果
2.1.2.2.3 斯陀含行
2.1.2.2.4 斯陀含果
2.1.2.2.5 阿那含行
2.1.2.2.6 阿那含果
2.1.2.2.6.1 現般阿那含
2.1.2.2.6.2 轉世阿那含
2.1.2.2.6.3 中般阿那含
2.1.2.2.6.4 生般阿那含
2.1.2.2.6.5 無行般那含
2.1.2.2.6.6 行般那含
2.1.2.2.6.7 上流般那含
2.1.2.2.6.8 樂定那含
2.1.2.2.6.9 樂慧那含
2.1.2.2.6.10 見得那含
2.1.2.2.6.11 身證那含
2.1.2.2.7 阿羅漢果
2.1.2.2.7.1 退相阿羅漢
2.1.2.2.7.2 守相阿羅漢
2.1.2.2.7.3 死相阿羅漢
2.1.2.2.7.4 住相阿羅漢

2.1.2.2.7.5 可進相羅漢　　2.1.2.2.7.6 不壞相羅漢
2.1.2.2.7.7 慧解脫羅漢　　2.1.2.2.7.8 俱解脫羅漢
2.1.2.2.7.9 不退相羅漢
2.2 辟支佛乘
2.3 菩薩摩訶薩乘
3 通教大乘
3.1 外凡
3.1.1 十信
3.1.1.1 信心　　3.1.1.2 念心
3.1.1.3 精進心　　3.1.1.4 慧心
3.1.1.5 定心　　3.1.1.6 不退心
3.1.1.7 廻向心　　3.1.1.8 護法心
3.1.1.9 戒心　　3.1.1.10 願心
3.2 內凡
3.2.1 習種性十住
3.2.1.1 發心住　　3.2.1.2 治地住
3.2.1.3 修行住　　3.2.1.4 生貴住
3.2.1.5 方便具足住　　3.2.1.6 正心住
3.2.1.7 不退住　　3.2.1.8 童真住
3.2.1.9 法王子住　　3.2.1.10 灌頂住
3.2.2 性種性十行
3.2.2.1 歡喜行　　3.2.2.2 饒益行
3.2.2.3 無瞋恨行　　3.2.2.4 無盡行
3.2.2.5 離癡亂行　　3.2.2.6 善現行
3.2.2.7 無著行　　3.2.2.8 尊重行
3.2.2.9 善法行　　3.2.2.10 真實行
3.2.3 道種性十廻向
3.2.3.1 救護一切衆生想廻向　　3.2.3.2 不壞廻向
3.2.3.3 等一切佛廻向　　3.2.3.4 至一切處廻向
3.2.3.5 無盡功德藏廻向　　3.2.3.6 隨順平等善根廻向

3.2.3.7 隨順觀衆生廻向 3.2.3.8 如相廻向
3.2.3.9 無縛解脫廻向 3.2.3.10 法界無量廻向
3.3 出世間聖人
3.3.1 聖種性十地
3.3.1.1 歡喜地 3.3.1.2 離垢地
3.3.1.3 明地 3.3.1.4 炎地
3.3.1.5 難勝地 3.3.1.6 現前地
3.3.1.7 遠行地 3.3.1.8 不動地
3.3.1.9 善慧地 3.3.1.10 法雲地
3.3.2 等覺
3.3.3 妙覺
4 通宗大乘
4.1 外凡位
4.1.1 一闡提位
4.1.2 始集善根位十信心
4.1.2.1 信心 4.1.2.2 念心
4.1.2.3 精進心 4.1.2.4 慧心
4.1.2.5 定心 4.1.2.6 不退心
4.1.2.7 廻向心 4.1.2.8 護法心
4.1.2.9 戒心 4.1.2.10 願心
4.2 內凡位
4.2.1 習種性十住
4.2.1.1 發心住 4.2.1.2 治地住
4.2.1.3 修行住 4.2.1.4 生貴住
4.2.1.5 方便具足住 4.2.1.6 正心住
4.2.1.7 不退住 4.2.1.8 童真住
4.2.1.9 法王子住 4.2.1.10 灌頂住
4.2.2 性種性十行
4.2.2.1 歡喜行 4.2.2.2 饒益行
4.2.2.3 無恚恨行 4.2.2.4 無盡行

4.2.2.5 離癡亂行　4.2.2.6 善現行
4.2.2.7 無著行　4.2.2.8 尊重行
4.2.2.9 善法行　4.2.2.10 真實行
4.2.3 道種性十廻向
4.2.3.1 救護一切衆生離衆生相廻向　4.2.3.2 不壞廻向
4.2.3.3 等一切佛廻向　4.2.3.4 至一切處廻向
4.2.3.5 無盡功德藏廻向　4.2.3.6 隨順平等善根廻向
4.2.3.7 隨順等觀一切衆生廻向　4.2.3.8 如相廻向
4.2.3.9 無縛無着解脫心廻向　4.2.3.10 法界無量廻向
4.3 出世間聖人
4.3.1 聖種性十地
4.3.1.1 歡喜地　4.3.1.2 離垢地
4.3.1.3 明地　4.3.1.4 炎地
4.3.1.5 難勝地　4.3.1.6 現前地
4.3.1.7 遠行地　4.3.1.8 不動地
4.3.1.9 善慧地　4.3.1.10 法雲地
4.3.2 等覺
4.3.3 妙覺地
圖譜（省略）

錄文

[題目]

法界圖

[1 六道衆生(6)]

初明三界內有六道衆生

云三界內者，一欲界、二色界、三無色界。云六道衆生者，一地獄道、二畜生道、三餓鬼道、四阿修羅道、五人道、六天道。

[1.1 地獄道]

地獄道

阿鼻地獄

漢言無間。在極下處，謂大地大海之下。受命一劫[1]。作五逆罪等，則生其中。眷屬十六[2]小地獄。

餘[3]七大地獄

次第上至地上。一一[4]眷屬各十六[5]。都合一百三十六地獄，名爲

注記：本文獻中割注較多。爲了錄文方便，割注部分的內容以換行空兩個的形式表記。由於難以正確標明行數，錄文中省略此項。此外，校對作業主要以底本中明顯的誤字、漏字以及難讀部分爲主，底本與校本間的異同處並未能夠全部標記出來。

1 “一劫”，底本無，據甲本補。
2 “六”，底本作“八”，據甲本改。
3 “餘”，底本殘，據文意補。
4 “一一”，底本作“二”，據甲本改。
5 “六”，底本作“八”，據甲本改。

正[6]地獄。其餘地獄，或在人間，或在諸山之上，或在大海邊，或在[7]鐵圍山間，或在[8]虛空中，名爲邊地獄。作上品十惡，則生其中。

[1.2 **畜生道**]

畜生道

此諸衆生果報卑下，不得自在。隨人無＊……＊之所長養，故＊……＊定。作中品十惡，即生其中。

[1.3 **餓鬼道**]

餓鬼道

＊……＊勝者＊……＊護，爲損害。受命長者一劫。作下品十惡，則生其中。

[1.4 **阿修羅道**]

阿修羅道[9]

漢[10]言不飮酒神。亦作下品[11]善業。但以性多諂曲，故生其中。但立三途，名爲大力[12]餓鬼，住在大海邊。

[1.5 **人道**]

人道

＊……＊下居須彌山四城＊……＊廣三百三十六萬里也。

山南

名閻浮提。其地縱廣二十八萬里。其中人民身長八尺，壽命一百

6 "正"，底本無，據甲本補。
7 "在"，底本無，據甲本補。
8 "在"，底本無，據甲本補。
9 "修羅道"，底本無，據甲本補。
10 "漢"，底本殘，據文意補。
11 "品"，底本殘，據文意補。
12 "力"，底本殘，據文意補。

二十五。下品五戒，則生其中。所居地形，上廣下狹，人稟地氣，面相亦如之。

山東

名弗婆提。人壽命二百五十歲，身長丈六。地如半月形，縱廣三十二萬里。其人亦如之，似月形。中品五戒，則生其中。

山西

名居耶尼。人壽五百歲，身長三丈二尺。地形如滿月，縱廣三十六萬里。人面亦如滿月。上品五戒，則生其中。

山北

名欝單越。其地縱廣四十萬里。人壽命千歲，無中夭者，身長六丈四尺。其地正方，人面亦如是。作上上五戒，別修無我所，無謂作業時，厭離田宅，不存彼我，於己物如他物，於他物如己物，則生其中。

此四天下外有四大海水。四海之外有鐵圍山，周匝四海。此山高六百七十二萬里，厚亦如是。從閻浮提外除至鐵圍山，有十六國土，皆在海洲渚之上。餘三天下皆亦如是。若□□中修，上上因緣生欝單越國，乃至下下因緣生閻浮提。若方便智慧，上上因緣生閻浮提，值佛聞法，乃至於下下因緣生欝單越，名爲難地。

[1.6 **天道**(28)]

合二十八天，天道，欲界六天、色界十八天、無色界四天

上次日月星宿諸□，去地八十四萬里有日天宮城，縱廣二千八十里。其中亦有男女，端正長壽，都不覺知日之遊行，唯日天主自知。巡遶須彌，乘風而去。其月天宮城，縱廣一千九百八十里。其星大者，縱廣百二十里，中者八十里，小者四十里。其中皆有人民。施燈明淨物，則生其中。

[1.6.1 **欲界**(6)]

欲界有六天

[1.6.1.1 **四天王天**]

第一四天王天

去地一百六十八萬里，□四天王天依須彌山半腹而住。東方提頭羅咤天王，南方毘樓勒叉天王，西方毘樓博叉天王[13]，北方毘沙門天王。此四天中，一日一夜，當人中五十年。以此日之爲數，壽命五百歲。修十善業，則生其中。

[1.6.1.2 **忉利天**]

第二忉利天

漢言三十三天。天主在須彌山頂中宮殿，□□□□□□、其天主號曰帝釋，名憍尸迦。主四天王及人鬼諸畜等事。其中一日一夜，當人中百年，壽一千歲。亦修十善而勝，則生其中。行欲事與人中同，但以化生爲異也。

[1.6.1.3 **炎摩天**]

第三炎摩天

漢言時天。立處空中，七寶爲地。一日一夜，當人中二百年，壽命二千歲。若有欲心，相抱而已。十善勝者，則生其中也。

[1.6.1.4 **兜率陀天**]

第四兜率陀天

漢言知足。自下諸天多諸放逸，自上諸天多諸闇鈍。唯此天中既不放逸，亦不闇鈍。故名知足。常有一生菩薩，於中說法，是以智慧衆生，皆願往生。一日一夜，當人中四百年，壽命四千歲。若有欲心，執手而已。亦作十善業，兼發願行慈，則生其中也。

---

13 "樓博叉天王"，底本殘，據文意補。

[1.6.1.5 **化樂天**]

第五化樂天

自以神力化作五欲境界，於中受樂，故曰化樂天。欲心轉微，但視色聽聲而已。一日一夜，當人中八百年，壽命八千歲。亦修十善業，則生其中也。

[1.6.1.6 **他化自在天**]

第六他化自在天

他化作五欲，此天於中受樂，彼天化作五欲，此天於中受樂。是以名之耳。此欲界中上，威[14]力自在，與佛諍權，故稱魔王。一日一夜，當人中一千六百年，人壽一萬六千歲。

自此以前有男女形別，又六欲之情通，故爲欲界。

[1.6.2 **色界**(18)]

色界有四禪，合十八天。

[1.6.2.1 **初禪**(3)]

初禪

[1.6.2.1.1 **梵天**]

梵天

從此已去無有女人，身色清淨，故名[15]色界。非散善能感，要須坐禪，離於染欲，故稱梵天。身長半由[16]旬，壽命半劫。

[1.6.2.1.2 **梵衆天**]

梵衆天

身長一由旬，一由旬四十里，壽命一劫。修中品初[17]禪，則生其中。

---

14 “威”，底本此下有“之”，衍字。

15 “名”，底本殘，據文意補。

16 “由”，底本殘，據文意補。

17 “初”，底本無，據文意補。

[1.6.2.1.3 **大梵天**]

大梵天

身長一由旬半，壽命一劫半。修上品初禪，則生其中。亦云修中閒禪，則生其中。

[1.6.2.2 **第二禪**(3)]

第二禪

[1.6.2.2.1 **少光天**]

少光天

身長二由旬，壽命二劫。修下品二禪，則生其中。

[1.6.2.2.2 **無量光天**]

無量光天

身長四由旬，壽命四劫。修中品二禪，則生其中。

[1.6.2.2.3 **光音天**]

光音天

身長八由旬，壽命[18]八劫。修上品二禪，則生其中。

[1.6.2.3 **第三禪**(3)]

第三禪

[1.6.2.3.1 **少淨天**]

少淨天

身長十六由旬，壽命十六劫。修下品三禪，則生其中。

[1.6.2.3.2 **無量淨天**]

無量淨天

身長三十二由旬，壽命三十二劫。修中品三禪，則生其中。

[1.6.2.3.3 **遍淨天**]

---

18 “命”，底本無，據文意補。

遍淨天

身長六十四由旬，壽命六十四劫。修上品三禪，則生其中。

[1.6.2.4 **第四禪**(18)]

第四禪

[1.6.2.4.1 **凡夫天**(4)]

[1.6.2.4.1.1 **福生天**]

福生天

身長一百二十五由旬，壽命一百二十五劫。修下品四禪，則生其中。

[1.6.2.4.1.2 **福慶天**]

福慶天

身長二百五十由旬，壽命二百五十劫。修中品四禪，則生其中。

[1.6.2.4.1.3 **廣果天**]

廣果天

身長五百由旬，壽命五百劫。修上品四禪，則生其中。

[1.6.2.4.1.4 **無想天**]

無想天

身量壽命與廣果諸天同。但以別修無心定，得生其中[19]。此是外道天。

自此已前有四天，是凡夫天。

[1.6.2.4.2 **五淨居天**(5)]

自此已後[20]是那含人[21]，依第四禪，修五品勳禪，生五天中，故名五淨居天。

---

19 “無心定，得生其中”，底本無，據丙本補。

20 “已後”，底本殘，據文意補。

21 “人”，底本此下有“修無心定，得生其中”，據丙本刪。

[1.6.2.4.2.1 **無煩天**]

無煩天

五淨之初，身長一千由旬，壽命一千劫。修下品勳禪，則生其中。

[1.6.2.4.2.2 **無熱天**]

無熱天

身長二千由旬，壽命二千劫。修中品勳禪，得生其中。

[1.6.2.4.2.3 **善見天**]

善見天

身長四千由旬，壽命四千劫。修上品勳禪，得生其中。

[1.6.2.4.2.4 **善現天**]

善現天

身長八千由旬，壽命八千劫。修上品勳禪，則生其中。

[1.6.2.4.2.5 **色究竟天**]

色究竟天

亦名摩[22]醯首羅天，漢言大自在天，亦名小身天。身長一萬六千由旬，壽命一萬六千劫。修上上勳禪，則生其中。

[1.6.3 **無色界**(4)]

無色界有四天

[1.6.3.1 **空處天**]

空處天

此衆生過去時患色礙，修無邊虛空三昧，則生其中。無有身形，但有四陰。壽命二萬劫，不得聞法，名爲難處。

---

22 “摩”，底本作“魔”，據乙本改。

[1.6.3.2 **識處天**]

識處天

此等人厭無邊虛空是外事麁，故捨虛空定，唯緣無邊識處定，便生此天。壽命四萬劫。

[1.6.3.3 **不用處天**]

不用處天

復厭識，但觀一識，捨多識故，故曰[23]不用。以無多識，亦名[24]無所有處。壽命六萬劫。

[1.6.3.4 **非想非非想天**]

非想非非想天

復厭一識，猶是其想，捨此一識故，名爲非想。凡夫爾時，謂心都盡，名爲涅槃。聖者以理奪之，但無麁想，猶有細想，具足四陰。是以施後句，情理合說，故曰非想非非想天。壽命八萬大劫。此爲三界最上，故曰有頂，亦名第一有。

[1.7 **二十五有**]

此等一段衆生二十五有，據一須彌山一四天，下從阿鼻地獄，上至非想非非想天。如是次第，有百億須彌，乃至百億非想非非想天。就中數千須彌有一鐵圍[25]山遶之，名小千世界。即以小千鐵圍爲數至千，復以一大鐵圍山遶[26]之，名爲中千世界。復數中千積數至千，名爲大千世界，亦名三千世界。此諸鐵圍次第倍高。初一四天下鐵圍倍高[27]須彌山，小千鐵圍次第復倍高，二千鐵圍倍高小

23 “曰”，底本作“自”，據乙本改。

24 “名”，底本作“多”，據乙本改。

25 “圍”，底本此下有“次第復倍高二千鉄圍倍高小千三千鉄”十六字，附刪除符號，參考乙本刪。

26 “遶”，底本無，據乙本補。

27 “初一四天下鐵圍倍高”，底本無，據乙本補。

千，三千鐵圍最爲高大，與色界等。一切衆生在此四重鐵圍之內，流轉生死，不能得出，名爲牢獄。一段衆生善惡萬差，苦樂雜穢，故名娑婆世界。釋迦如來於中施化，令得出世，從化主爲名，亦名[28]佛世界。猶如西方[29]安樂世界，亦名無量壽佛國。如此方娑婆世界，十方無量無邊盡，虛空法界，皆亦如是。然其中多少不同，或以恒河沙三千大千世界爲一佛土，或復清淨無三惡道人天昇降。

自此已前是事識衆生，如結氷也。自此已後是分段衆生，如融氷也。

[2 **三乘別教**(3)]

次明諸賢聖人，修[30]道斷障，出於[31]三界、或以方便，雖出不捨。

初明三乘諸子，一者聲聞乘、二者緣覺乘、三者菩薩乘。

[2.1 **聲聞乘**]

聲聞乘

從他聞聲而通達，故名爲聲聞。此等差別有二十八人。皆初受聖[32]教，同名聲聞。於三乘中，小乘也。

[2.1.1 **外凡位**(1)]

外凡位

---

28 "初亦名"，底本無，據乙本補。

29 "猶如西方"，底本無，據乙本補。

30 "修"，底本作"賢"，據甲、乙本改。

31 "於"，底本無，據甲、乙本補。

32 "受聖"，底本殘，據甲、乙本補。

[2.1.1.1 **乾慧地**]

乾慧地

始從凡夫，專信佛法，歸依三寶。受持禁戒，藉戒發定。由定發慧，慧能鑑[33]達。初觀生空，未善明了，理水不沾，故名乾慧地。心在理外，故名外凡。此人最勝，雖麁煩惱，能伏見諦上品亂惑。

[2.1.2 **內凡位**(27)]

內凡位

自下有二[34]賢二十五聖，合二十七賢聖入道。

[2.1.2.1 **二賢**(2)]

[2.1.2.1.1 **信行賢人**]

信行賢人[35]

位在凡夫之初，得理中信，故名爲內。解順空宗，隣聖曰賢。其觀衆生身，五陰合成，緣和故有，無性故空。空心決定，故名信行。能伏見諦中品煩惱。此信行位中，有聞思二慧。解衆生空，故名爲聞慧。解實法空，故名思慧。別觀五陰，名四念處，謂身受心法，觀身不淨，觀受是苦，觀心無常，觀法無我。內凡位中，有五方便，爲四念處初門。

[2.1.2.1.2 **法行賢人**]

法行賢人[36]

此法行[37]位中，有四現忍，名爲修慧。

---

33 "鑑"，底本作"監"，據乙本改。
34 "二"，底本作"三"，據甲、乙本改。
35 "人"，底本作"行"，據甲、乙本改。
36 "法行賢人"，底本無，據乙本補。
37 "行"，底本無，據甲本補。

一煖法、二頂法、三忍法、四世間第一法。

煖法者

總觀五陰，是苦諦空，空解行心，無相慧火，苦忍乘分，故名煖法。

頂法

別觀五陰，苦集[38]二諦空，能斷見諦煩惱九品之中半。在正處分流，名之頂法。

忍法者

歷別觀苦集滅三諦之空，明白現前，安心理觀，故名忍法也。

世間第一法

總四諦空解現前，別觀四諦猶有想閒，而總觀最勝第一。

[2.1.2.2 **二十五聖**(25)]

聖位

[2.1.2.2.1 **無相行**]

無相行

亦名苦法忍，初入聖位[39]。觀四諦平等，在見諦道十五心中，心[40]絶想閒，故曰無相行。斷見諦煩惱，將盡，無礙道也。

[2.1.2.2.2 **須陀洹果**]

須陀洹果

漢言修習[41]無漏，亦名逆生死流位。在見道第十六心，斷見諦煩惱，畢竟盡。在解脫道，永離三塗，故曰須陀洹道。

[2.1.2.2.3 **斯陀含行**]

斯陀含行

---

38 “集”，底本此下有“滅見”，衍字。

39 “位”，底本無，據甲、乙本補。

40 “中心”，底本無，據甲、乙本補。

41 “習”，底本作“集”，據乙本改。

漢言住在薄中。修道煩惱欲界有九品，＊＊[42]六品，正後三微，故云住在薄中。六中斷五，爲第[43]二果作[44]方便，故云行。

自此以後，悉重觀四諦平等空，斷思惟煩惱[45]。

[2.1.2.2.4 **斯陀含果**]

斯陀含果

信第六解脱道心，天人往來，便入涅槃。

[2.1.2.2.5 **阿那含行**]

阿那含行

修道九品斷前八品，餘有一乘未斷，故云行。

[2.1.2.2.6 **阿那含果(11)**]

阿那含果中利鈍有十一人

漢言不還，出欲淤泥，不至下界，故曰不還。斷後三微，斷欲界九品煩惱盡。

[2.1.2.2.6.1 **現般阿那含**]

一現般阿那含

此人利根，一生之中獲得四果，即入涅槃。

[2.1.2.2.6.2 **轉世阿那含**]

二轉世阿那含

此人前世初得二果，今身得阿那含果。

此前二人形居欲界，不入上界。

[2.1.2.2.6.3 **中般阿那含**]

三中般阿那含

---

42 “＊＊”，底本殘，甲本作“斷前”，乙本作“已斷”。

43 “第”，底本無，據甲、乙本補。

44 “果作”，底本殘，據甲、乙本補。

45 “自此以後……思惟煩惱”，底本作大字，據甲、乙本改。

此有三人，捨欲界身，初受色界中陰，便入涅槃。

第二人受中陰身，趣向初禪，未到便滅。

第三人者到初[46]禪邊，便入涅槃。

[2.1.2.2.6.4 **生般阿那含**]

四生般阿那含

此人利根，生在初禪，即入涅槃，故曰生般。

[2.1.2.2.6.5 **無行般那含**]

五無行般那含

此人前在初禪，不勤行道，垂終斂心，即入涅槃，故曰無行般。

[2.1.2.2.6.6 **行般那含**]

六行般那含

亦在初禪，根小鈍。勤修行道，方便涅槃，故曰行般。

[2.1.2.2.6.7 **上流般那含**]

七上流般那含

此人貪色界中禪定之樂，或二天三天乃至廣果天，故曰上流般。

[2.1.2.2.6.8 **樂定那含**]

八樂定那含

此人在廣果天中，樂修無色寂靜之定，從廣果則生四空處。

[2.1.2.2.6.9 **樂慧那含**]

九樂慧那含

此人在廣果天中，樂修智[47]慧，即以五品勳禪，生五淨居。

[2.1.2.2.6.10 **見得那含**]

十見得那含

---

46 “初”，底本無，據甲、乙本補。

47 “中樂修智”，底本殘，據甲、乙本補。

此人利根、見理明白、凌剋羅漢。復有一名信解脫。此人鈍根爲異[48]。

[2.1.2.2.6.11 **身證那含**]

十一身證那含

此人於欲色二界之中，備修八禪，入禪入滅盡[49]定。法似涅槃，與身合故，故曰身證那含人[50]。

[2.1.2.2.7 **阿羅漢果**(9)]

阿羅[51]漢果有鈍有利差別九人

漢言殺賊，亦名[52]應供。斷色無色界十八品，三界[53]惑盡，故得此名。總十九學人，皆是其行，故不別說。

[2.1.2.2.7.1 **退相阿羅漢**]

一退相阿羅漢

本修定時，數數退失，後得道果，以本名說。

[2.1.2.2.7.2 **守相阿羅漢**]

二守相阿羅漢

本修定時，勤加守護，不護則失，故得此名。

[2.1.2.2.7.3 **死相阿羅漢**]

三死相阿羅漢

亦在因中時，以死要定，故以死爲名。

---

48 “那含此人……鈍根爲異”，底本殘，據甲本補。
49 “人於欲色……禪入滅盡”，底本殘，據甲本補。
50 “法以涅槃……證那含人”，底本殘，據甲本補。
51 “阿羅”，底本殘，據甲、乙本補。
52 “漢言殺賊亦名”，底本殘，據甲本補。
53 “色界十八品三界”，底本殘，據乙本補。

[2.1.2.2.7.4 **住相阿羅漢**]

四住相阿羅漢

前三人皆是鈍根，求定數退。此是中品，得中品定不退，亦不勝進，故曰住相。

[2.1.2.2.7.5 **可進相羅漢**]

五可進相羅漢

進修三禪，乃至無所有處，故曰可進相。

[2.1.2.2.7.6 **不壞相羅漢**]

六不壞相羅漢

亦得七地禪定，堅固不壞。

[2.1.2.2.7.7 **慧解脫羅漢**]

七慧解脫羅漢

此人利根，用欲界電光定，斷三界惑，慧多定少，故以爲名。

[2.1.2.2.7.8 **俱解脫羅漢**]

八俱解脫羅漢

得滅盡定，定慧均等，故以爲名。

[2.1.2.2.7.9 **不退相羅漢**]

九不退相羅漢

此是上上之人，具諸功德，皆不退失，故以爲名。

自此以前是小乘。出三界，得有餘無餘二種小涅槃。煩惱盡滅，名爲有餘涅槃。身智永滅，名爲無餘[54]涅槃。

[2.2 **辟支佛乘**]

辟支佛乘

漢言緣覺。此人利根，因中不取果證，三界惑盡，方證無着。以

---

54 “餘”，底本此下有“二種小”，據乙本刪。

是因果二人。此是中乘人。亦得有餘無餘二種涅槃，出於三界。

[2.3 **菩薩摩訶薩乘**]

菩薩摩訶薩乘

菩薩者，漢言道心衆生。摩訶薩者，漢言大道心衆生。此人發心，志求佛果。徑三阿僧祇劫，自利利人，六度行滿。然後百劫中，修相好業，學佛威儀。然後生兜率天，下生人中，於道王樹下三十四心，斷三界煩惱盡，得佛道。此是別教大乘，亦入二種涅槃。

自此已前三乘諸子，同觀性空，斷分段生死。

[3 **通教大乘**(7)]

通教大乘

自此以後，是變易衆生。同觀相空，兼緣常理，斷變易生死，念念入於寂滅，喻如息波。淺深七位五十二[55]人，皆悟融平等，實實之理，合三歸一，故名通教大乘。

[3.1 **外凡**(1)]

[3.1.1 **十信**]

十信心菩薩

此是習種性前外凡之位。三乘諸人捨本別習，廻心向大，起此十心，得入住位。

[3.1.1.1 **信心**]

一信心

信佛常住，大乘正法，四十二賢聖僧，歸宗不二，決定無疑，故名信心。

---

55 "二"，底、甲本無，據乙本補。

[3.1.1.2 **念心**]

二念心

已信三寶，於六念處，憶念不忘，故名念心。

[3.1.1.3 **精進心**]

三精進心

如念[56]行，勤修正觀，故名進心。

[3.1.1.4 **慧心**]

四曰慧心

進觀人[57]法二種[58]無我，故名慧心。

[3.1.1.5 **定心**]

五定心

解空虛寂，止[59]心理靜，故曰定心。

[3.1.1.6 **不退心**]

六不退心

止觀兩融，妙契中道，心不退沒，故曰不退心。

[3.1.1.7 **廻向心**]

七廻向心

善會[60]平等，廻心向捨，故曰廻向心。

[3.1.1.8 **護法心**]

八護法心

解無生理，實受持不壞，故名護法心。

---

56 "念"，底本此下有"如念"，據乙本刪。

57 "人"，底本作"入"，據甲、乙本改。

58 "種"，底本此下有"入"，據甲、乙本刪。

59 "止"，底本作"正"，據乙本改。下行同此。

60 "會"，底本作"合"，據甲、乙本改。

[3.1.1.9 **戒心**]

九戒心

持心轉明，善護身口意三業齊淨，故名戒心。

[3.1.1.10 **願心**]

十願心

以三業之善，正求菩提[61]，故曰願心。

[3.2 **內凡**(3)]

[3.2.1 **習種性十住**]

習種性有十住菩薩 內凡下品三賢位初，斷不繫業上品，伏見地上品。

[3.2.1.1 **發心住**]

一發心住

始從凡境，發無上道心，歷奉衆聖，廣多聞慧，始入空界，住空性位，栖心真理，故名爲住。猶彼發心，而得此住，故言發心住。

[3.2.1.2 **治地住**]

二治地住

冥心理原，淨治八萬四千法門。真解清淨，光潔皎然，故言治[62]地住。

[3.2.1.3 **修行住**]

三修行住

正以修前二，令慧照踰明，解心涉境，終起圓覺，故曰修行住。

[3.2.1.4 **生貴住**]

四生貴住

生在真如，佛性理寂，以大乘爲種性，無有小乘可以譏慊。種性

61 “提”，底本作“薩”，據甲、乙本改。

62 “治”，底本作“持”，據甲、乙本改。

清淨，故言生貴住。

[3.2.1.5 **方便具足住**]

五方便具足住

善巧修行，功德智慧，二種莊嚴不同凡夫二乘，而萬德齊進，故言具足住。

[3.2.1.6 **正心住**]

六正心住

中道妙理，非邪稱正，得般若解，安心此理，故名正心住。

[3.2.1.7 **不退住**]

七不退住

以能玄悟無生畢竟空理，三解脫門暉在心用，得堅固真解，故言不退住。

[3.2.1.8 **童真住**]

八童真住

從發意以來，不起煩惱破菩提心，正真妙解，故言童真[63]住。

[3.2.1.9 **法王子住**]

九法王子住

從聖教生解，光演無窮，紹繼聖位，使真軌不絶，故言法王子住。

[3.2.1.10 **灌頂住**]

十灌頂住

心冥九空，理照踰明，無生心最上，故言灌頂。

[3.2.2 **性種性十行**]

性種性有十行菩薩

---

63 "童真"，底本作"同真童"，據乙本改。

亦三賢位中，斷不繫業中品，伏見地中品。

[3.2.2.1 **歡喜行**]

一歡喜行

得四無畏，一聞持、二知衆生根性、三不見有能難而不能答者、四善決衆生疑，不爲外道邪論所到，慶此深德。

[3.2.2.2 **饒益行**]

二饒益行

二種涅槃，甚深法性，今古不遷，湛然常住。今以此解，饒益四生，故名[64]饒益行。

[3.2.2.3 **無瞋恨行**]

三無瞋恨行

得四種無生法忍，人法二種無我，慈悲成就，怨親平等，憎愛無二，故名無瞋恨行。

[3.2.2.4 **無盡行**]

四無盡行

生死本無，妄起畢終，名之爲盡，常住之法，本有故今有，一有故恒有，故名無盡。以無盡利人，故名[65]無盡行。

[3.2.2.5 **離癡亂行**]

五離癡亂行

無明昏闇，不達眞性爲癡，想心馳求爲亂。菩薩命終之時，心[66]心不離念佛三昧，故名離癡亂行。

[3.2.2.6 **善現行**]

六善現行

---

64 “名”，底本無，據甲本補。

65 “名”，底本無，據甲本補。

66 “時心”，底本作“時時”，據甲、乙本改。

生生常在淨穢二土，慈悲化物同己，故名善現行。

[3.2.2.7 **無著行**]

七無著行

得人法二種無我，而不見有無相可取捨，故名無著行。

[3.2.2.8 **尊重行**]

八尊重行

於三世諸佛法，平等崇敬，宗奉無差，故名尊重行。

[3.2.2.9 **善法行**]

九善法行

說法授人，動成物軌，故名善法行。

[3.2.2.10 **真實行**]

十真實行

二諦相別，如是相無[67]，平等理中，有無相絕，故名真實行。

[3.2.3 **道種性十迴向**]

道種性有十迴向

亦名解行地，三賢位上，內凡上品，斷不繫業下品，伏見地煩惱下品。

[3.2.3.1 **救護一切衆生想迴向**]

一救護一切衆生想迴向[68]

圓監空有，暉照無相，亡壞取捨，明識群機，能無生不生，雖形無形，教修三學諸度。

[3.2.3.2 **不壞迴向**]

二不壞迴向

---

67 “無”，底本此下有“生”，據甲本刪。

68 “迴向”，底本無，據甲、乙本補。

三段虛妄，猶如幻[69]化，體空本自一旨。今明[70]一旨之空，不乖虛妄之有，辨虛妄之有，不乖一旨之空，能妙解有無，四魔所不壞，故曰[71]不壞迴向。

[3.2.3.3 等一切佛迴向]

三等一切佛迴向

於三世諸佛所行之法，學行無差，故言等一切佛迴向。

[3.2.3.4 至一切處迴向]

四至一切處迴向

以大願力，乘彼妙通，體形馳十方，至諸佛會善知識[72]所，推求請問二種陀羅尼，化物同己，故言至[73]一切處迴向。

[3.2.3.5 無盡功德藏迴向]

五無盡功德藏迴向

常住三寶，體苞萬德，名之爲藏。以此無盡之藏，授與前人，故名無盡功德藏迴向。

[3.2.3.6 隨順平等善根迴向]

六隨順平等善根迴向

無生妙解照相及無相平等，無有違逆，故言隨順平等善迴向。

[3.2.3.7 隨順觀衆生迴向]

七隨順觀衆生迴向

由彼善惡有六道之差父母怨憎。今真如理中，無善惡之差六道之別。以此之解，欲令衆生同歸平等，故言隨順觀衆生迴向。

---

69 “幻”，底本作“初”，據甲本改。
70 “今明”，底本作“明今”，據甲本改。
71 “曰”，底本無，據甲、乙本補。
72 “識”，底本作“機”，據甲本改。
73 “至”，底、乙本無，據甲本補。

[3.2.3.8 **如相廻向**]

八如相廻向

二諦相別，由非平等。今觀有無二相，本來空寂，故名如相廻向。

[3.2.3.9 **無縛解脱廻向**]

九無縛解脱廻向

以諸法無[74]二，般若無生，二諦平等，三世一相，一相理中，絶於縛解，故名無縛解脱廻向。

[3.2.3.10 **法界無量廻向**]

十法界無量廻向

圓照二諦，佛法中道，無相大寂，平等無二，暉同一照，淵博難測，故名法界無量廻向。

[3.3 **出世間聖人**(3)]

[3.3.1 **聖種性十地**]

聖種性有十地菩薩

自此以後出世間聖人之位。

[3.3.1.1 **歡喜地**]

初明歡喜地

始出凡境，初證聖境，故明照[75]三種二諦，真[76]監二種無我，有無二邊，平等雙照。是以得超二乘道，過三[77]界。慶心內融，悅情外發。故《十地論》云，初證聖處，多生歡喜，故名歡喜地。永斷[78]

---

74 “無”，底本無，據甲本補。

75 “照”，底本殘，據甲、乙本補。

76 “真”，底本作“有”，據甲、乙本改。

77 “道過三”，底本殘，據甲、乙本補。

78 “故名歡喜地永斷”，底本殘，據乙本補。

見地，麁細都[79]盡。

[3.3.1.2 **離垢地**]

二離垢地

從見解明心，創入修道，將進涉玄途，遠趣真覺，故能妙修中道明觀，根本無明空淨[80]，於此三趣妙戒，清淨皎然。故《十地論》云，離能起誤心犯戒煩惱[81]垢等，清淨戒具足。故名離垢地。斷欲愛煩惱住地。

[3.3.1.3 **明地**]

三明地

既禁圓淨，體照虛明，安心妙理，三慧暉[82]曜，光澤十二，五通化物。故《論》云，隨聞思修照法顯現。故名明地。斷色愛住地。

[3.3.1.4 **炎地**]

四炎地

既靜神真宗，窮玄原之宅，故能虛照無生，七觀現前，平等慧火焚湯無明。故《論》云，不妄煩惱新智火能燒。故名炎地。斷無色愛住地及見諦習。

[3.3.1.5 **難勝地**]

五難勝地

慧觀轉明，妙通理事，故能廓照諦觀，融慮五明，虛懷真俗，不住二邊，斯處難照，而此已越。故《論》云，得出世閒智慧善巧方便，能度難度。故名難勝地。斷欲愛習，伏恒沙上品。

---

79 “麁細都”，底本殘，據甲、乙本補。

80 “明空淨”，底本殘，據甲本補。

81 “戒煩惱”，底本殘，據甲、乙本補。

82 “暉”，底本無，據甲本補。

[3.3.1.6 **現前地**]

六現前地

既冥心諦觀，理照踰明，故達緣起，妙會三宗，大寂虛明慧因。故《地論》云，般若波羅蜜行有聞大智現前。故名現前地。斷色愛習，伏恒沙中品。

[3.3.1.7 **遠行地**]

七遠行地

行窮功用[83]，故能照法見空，於有不著，照空見法，於空[84]不證[85]，乃妙處中觀，遣七識偏照。故《地論》云，善修無功用行究竟，能過世閒二乘出世閒道。故名[86]遠行地。斷無色愛習，伏恒沙下品。

[3.3.1.8 **不動地**]

八不動地

始出修道，入無功用道[87]，故體冥大寂，妙極真宗，無心真竟，而虛照自融，無形而曰[88]塵法界。故《地論》云，報行純熟，無相無閒。故名不動地。斷恒沙上品[89]。

[3.3.1.9 **善慧地**]

九善慧地

色難既窮，心滯復盡，故能通練病根，善識法藥，明慧幽照，巧辯若流，稱根授化，莫不盡益。故《論》云[90]，無礙力說法[91]，成就

83 "行窮功用"，底本作"行窮功行窮功明"，據甲、乙本改。
84 "見法於空"，底本無，據甲、乙本補。
85 "證"，底本作"著"，據甲、乙本改。
86 "名"，底本殘，據甲、乙本補。
87 "道"，底本殘，據甲、乙本補。
88 "而曰"，底本殘，據甲本補。
89 "沙上品"，底本殘，據甲本補。
90 "云"，底本殘，據甲、乙本補。

利他行。故名善慧地。斷恒沙中品。

[3.3.1.10 **法雲地**]

十法雲地

始入[92]圓寂，窮分別之狀，悲覆如雲，法澤如雨，能令衆生善根開敷，道牙[93]滋茂，苞潤之美，圓著於此。故[94]《地論》云，得大法身具足自在。故名法雲地。斷[95]恒沙下品。

[3.3.2 **等覺**]

十一等覺地[96]

體冥大寂、安心平等、照齊種智、一相無二、故名[97]等覺地。亦名金剛心，斷無明住地[98]。

[3.3.3 **妙覺**][99]

十二妙覺地

圓照內融，窮監法性，體無始終，窮微盡極，故名妙覺地，亦名佛地。種智現前無上[100]菩提，金剛以後至極常果。

上十二所以名爲地者，有二種義。一能出生佛果，二能持萬德。故通名爲地。

此四十二賢聖，若別相觀，初十住作人無我觀，次十行作因緣法無我觀，次十迴向作真如法無我觀，次十地作三空二無我觀，次等覺地作

---

91 "法"，底本無，據甲、乙本補。

92 "始入"，底本殘，據甲本補。

93 "法澤如雨能令衆生善根開敷道牙"，底本殘，據甲本補。

94 "故"，底本無，據甲、乙本補。

95 "云得大法……法雲地斷"，底本殘，據甲本補。

96 "地"，底本無，據甲、乙本補。

97 "大寂安心……無二故名"，底本殘，據甲本補。

98 "住地"，底本殘，據甲、乙本補。

99 從 [3.7妙覺] 到 [4.1.1一闡提位] 的內容，底本殘，據甲本補。

100 "無上"，甲本作"二"，據乙本改。

照寂觀[101]，最後妙覺作寂照觀。若就通相，四十二人皆作三空二無我觀。照平[102]等大寂。

[4 **通宗大乘**(8)]

通宗大乘[103]

自此以後，是八識真集衆生入道次第。如水漸清，分圓照。通宗入道次第，佛性法性，真如法界，是諸佛之宗。此一法即一切，體相俱融，故稱爲通[104]。出三乘通教之上，體性寬博，故爲大。無障礙虛通運，故謂爲乘。就中亦辨四十二賢聖德位，但行俱位融，別而無別。《華嚴經》云，住於一地，竝攝一切諸地功德。

[4.1**外凡位**(2)]

[4.1.1**一闡提位**]

最初一闡提住

斷善根，故名一闡提。信不具，故名一闡提。此人斷三乘，善入通教一乘，以一萬善求菩提，相續感佛，爾時未名闡提。今廻[105]心向大，入於通宗，欲意欲度變易生死大河，破相入寂，於中沈沒，爾時雖與藏識體融，而淨信未顯，猶如淤泥不可令清。《經》云，善有二種，一無常善，二者常善。一闡提人斷無常善，遮於常善，無常善既斷，常善未生，爾時亡絶因果，故名斷善，故名不信也。

---

101 “次等覺地作照寂觀”，甲本無，據乙本補。

102 “平”，甲本無，據乙本補。

103 “通宗大乘”，甲本無，據乙本補。

104 “通”，甲本無，據乙本補。

105 “廻”，甲本無，據乙本補。

[4.1.2 **始集善根位十信心**]

第一始集善根位有十信心人[106]

此是藏識衆生，自性[107]淨心本爲煩惱所隱[108]，今離一闡提位，障除體顯，即[109]寂而緣起，沒已還出於真如法界，始[110]顯於先際，一念淨心[111]，決定明白。

[4.1.2.1 **信心**]

一信心

信佛三歸，創顯心無，自性清淨，中實緣起，故曰信心。

[4.1.2.2 **念心**]

二念心

中實緣起，入於法界，照識境[112]智，故曰念心。

[4.1.2.3 **精進心**]

三精進心

體照踰明，光潔彌勝，故曰精進心。

[4.1.2.4 **慧心**]

四慧心

寂而彌照，萬法斯朗，故曰慧心。

[4.1.2.5 **定心**]

五定心

照而常寂，動而不亂，故曰定心。

---

106 “有十信心人”，底本殘，據甲、乙本補。
107 “亦是藏識衆生自性”，底本殘，據甲本補。
108 “隱”，底本殘，據甲本補。
109 “一闡提位障除體顯即”，底本殘，據甲本補。
110 “始”，底本無，據甲本補。
111 “心”，底本無，據甲本補。
112 “緣起入於法界照識境”，底本殘，據甲本補。

[4.1.2.6 **不退心**]

六不退心

靜亂不能簡其心，故曰不退心。

[4.1.2.7 **迴向心**]

七迴向心

縱任平等，迴向於捨，故曰迴向心。

[4.1.2.8 **護法心**]

八護法心

以平等心，攝取法界，真實廣大，故曰護法心。

[4.1.2.9 **戒心**]

九戒心

攝受正法，必定清淨，不增不減，故曰戒心。

[4.1.2.10 **願心**]

十願心

爲因義成，因果必剋違，志菩提，故[113]曰願心。

自此已前是外凡位。

[4.2 **內凡位**(3)]

[4.2.1 **習種性十住**]

第二習種性位有十住菩薩

前常信既立，今從信生解，明解發中，徹窮後際，能爲菩提，種[114]子堅固不退[115]，名之爲住。此十人創登賢位，是真習衆生，八識常善也。斷恒沙上品。

---

113 "菩提故"，底本殘，據甲、乙本補。

114 "種"，底本殘，據甲、乙本補。

115 "退"，底本殘，據甲、乙本補。

[4.2.1.1 **發心住**]

一發心住

藏識本隱，今障除體顯，理自開明，一發永圓。

[4.2.1.2 **治地住**]

二治地住

自體既發，練心轉明，勝分彰淨，故名治地住。

[4.2.1.3 **修行住**]

三修行住

緣起勝進，營發彌精，故名修行住。

[4.2.1.4 **生貴住**]

四生貴住

從三世諸佛，真如種性中生，德高世間，故名生貴住。

[4.2.1.5 **方便具足住**]

五方便具足住

善巧無著，而萬行圓著。

[4.2.1.6 **正心住**]

六正心住

圓契實際，而即實圓明。

[4.2.1.7 **不退住**]

七不退住

進而不動，任運決定。

[4.2.1.8 **童真住**]

八童真住

自體真集，衆相備嚴，習種性成，真子行立。

[4.2.1.9 **法王子住**]

九法王子住

自種成立，堪紹圓宗，繼果必然。

[4.2.1.10 **灌頂住**]

十灌頂住

遠觀窮標，位登至極。

若依頓教入道，上至十住，悉是真智觀[116]修菩薩，初發心時，便成正覺，與佛同體。

若依漸教入道，從信心以來，於熙連河沙[117]，乃至四恒諸如來所行道，一乘菩[118]提之道。

今作對治修，除障入真，正得作五品弟子，佛性真智，唯得一分義耳。以斷五品煩惱，隨分入證，一名須陀洹、二名斯陀含、三名阿那含、四名阿羅漢、五名辟支佛。在十住中，一人配二住，合五品也。

若依圓教入道，十住及五品，通取合明。

[4.2.2 **性種性十行**]

第三性種性位有十行菩薩

前得真解，今從解起行，行十波羅蜜，徹到後際，常因永固，名爲性地。斷恒沙中品，此及道種，初依法師也。

[4.2.2.1 **歡喜行**]

一歡喜行

行檀波羅蜜，捨濟無邊，三時慶悅[119]，故名歡喜行。

---

116 “觀”，底本殘，據甲、乙本補。

117 “沙”，底本無，據甲、乙本補。

118 “菩”，底本此下有“薩”，據甲、乙本刪。

119 “濟無邊三時慶悅”，底本殘，據甲、乙本補。

[4.2.2.2 **饒益行**]

二饒益行

行尸波羅蜜，淨戒充潤，攝利無窮[120]，故名饒[121]益行。

[4.2.2.3 **無恚恨行**]

三無恚恨行

行羼提波羅蜜，內善調藥[122]，堪忍衆惱，故無恚恨行。

[4.2.2.4 **無盡行**]

四無盡行

行毘離耶波羅蜜，崇進修途，與益無惓，故名無盡行。

[4.2.2.5 **離癡亂行**]

五離癡亂行

行禪波羅蜜，不捨滅定，而現諸威儀，雖儀而常寂。

[4.2.2.6 **善現行**]

六善現行

行般若波羅蜜，心淨則照，明緣起之法，鏡曉心因。

[4.2.2.7 **無著行**]

七無著行

行方便波羅蜜，定慧斯融，善巧無滯。

[4.2.2.8 **尊重行**]

八尊重行

行願波羅蜜，發四弘誓，運度一切，普令衆生彌敬大乘。

---

120 "淨戒充潤攝利無窮"，底本殘，據甲、乙本補。

121 "饒"，底本殘，據甲、乙本補。

122 "羅蜜內善調藥"，底本殘，據甲、乙本補。

[4.2.2.9 **善法行**]

九善法行

行力波羅蜜，扶濟衆生，安置善處，體順如道[123]。

[4.2.2.10 **真實行**]

十真實行[124]

行[125]智波羅蜜，性起圓明，真智明照[126]，融蕩異修[127]，功顯本實。

[4.2.3 **道種性十迴向**]

第四道種性位有十迴向菩薩

前[128]常行既起今行，行合道種，迴因向果，通徹無礙，解行均融，菩提道立，斷恒沙下品。

[4.2.3.1 **救護一切衆生離衆生相迴向**]

一救護一切衆生離衆生相迴向

攝緣入實。

[4.2.3.2 **不壞迴向**]

二不壞迴向

緣莫能俎。

[4.2.3.3 **等一切佛迴向**]

三等一切佛迴向

同佛[129]所行。

---

123 “扶濟衆生……體順如道”，底本殘，據甲、乙本補。
124 “行”，底本殘，據甲、乙本補。
125 “行”，底本殘，據甲、乙本補。
126 “明照”，底本殘，據甲本補。
127 “修”，底本無，據甲、乙本補。
128 “前”，底本殘，據甲、乙本補。
129 “同佛”，底本作“佛同”，據甲、乙本改。

[4.2.3.4 至一切處迴向]

四至一切處迴向

無所不詣。

[4.2.3.5 無盡功德藏迴向]

五無盡功德藏迴向

德備無窮。

[4.2.3.6 隨順平等善根迴向]

六隨順平等善根迴向

大捨出生。

[4.2.3.7 隨順等觀一切衆生迴向]

七隨順等觀一切衆生迴向

道達無崖。

[4.2.3.8 如相迴向]

八如相迴向

真如是緣起，緣起如是真。

[4.2.3.9 無縛無着解脫心迴向]

九無縛無着解脫心迴向

達染淨[130]之不二，融彼我於一實。

[4.2.3.10 法界無量迴向]

十法界無量迴向

一切法皆如也。一切即一，一即一切[131]，道備圓通。

自此以前有三十心，是內凡位，三賢菩薩。

---

130 "達染淨"，底本殘，據甲、乙本補。

131 "即一一即一切"，底本殘，據甲本補。

[4.3 **出世間聖人**(3)]

[4.3.1 **聖種性十地**]

第五聖種性位[132]有十菩薩

自此以後，是出世間聖人無漏之位。皆八識真智爲體，無作四諦[133]，一實平等，法界圓修。始從初地，終至佛果，皆斷無明。以位均[134]分爲三道。初地名見道，二地至七地名修道，八地以後名無學[135]道。何故名地，一能生成佛智住持，二能以同體大悲，荷負一切。

[4.3.1.1 **歡喜地**]

初歡喜地

具六種決定，入三世諸佛智地，自體勇悅，故名歡喜地。

[4.3.1.2 **離垢地**]

二離垢[136]地

前初地如火鍊金，離於外垢[137]，今修道重鍊，加以礬石，離[138]於內外垢。

[4.3.1.3 **明地**]

三明地

如鍊金垢盡，真淨無穢，實觀平等，明照世間，自上三地名須陀洹。

132 “種性位”，底本殘，據甲本補。
133 “無作四諦”，底本殘，據甲本補。
134 “均”，底本殘，據甲本補。
135 “學”，底本殘，據甲本補。
136 “二離垢”，底本殘，據甲本補。
137 “外垢”，底本殘，據甲本補。
138 “離”，底本殘，據甲本補。

[4.3.1.4 **炎地**]

四炎地

真淨赫奕，明炎外照，自下三地順忍，名斯陀含。

[4.3.1.5 **難勝地**]

五難勝地

得不住道，善達五明，不盡有爲，難可勝奪。

[4.3.1.6 **現前地**]

六現前地

得性照般若，緣起現明，光明無礙。

自前六地，是第二依法師。

[4.3.1.7 **遠行地**]

七遠行地

深入緣起，德行高遠，得[139]無生法忍[140]。

自後三地，是第三依法師。

[4.3.1.8 **不動地**]

八不動地

得大無生忍，寂而常用，用[141]而無相。

[4.3.1.9 **善慧地**]

九善慧地

得四十無礙辯，智慧善巧，有爲無爲，無障無礙[142]。

[4.3.1.10 **法雲地**]

十法雲地

---

139 “得”，底本作“法”，據甲本改。
140 “忍”，底本殘，據甲本補。
141 “用用”，底本殘，據甲本補。
142 “礙”，底本殘，據甲本補。

得自體緣起，普覆法界，降甘露，往衆生地。自下寂滅[143]忍。

[4.3.2 **等覺**]

第六等覺

此地有三名，等覺圓因，稱於圓果，後[144]際妙覺齊等，下望法雲地爲佛，故名等覺。又一名無垢地。菩薩此[145]地中，無明永淨，染習盡，上望妙覺，猶名菩薩。又一名金剛心。以八識真[146]智，破滅生死，盡在於此，其體堅而至利，證明實際，故喻金剛。

此[147]及法雲，是第四依法師。

[4.3.3 **妙覺地**]

第七妙覺地

前來四十一賢皆入法界，覺了真諦，而非勝妙。以此地中，窮達理原，居宗體極，覺[148]中勝，故名妙覺。前等覺地遣有得有證之患，名[149]無礙道。今[150]於此無得[151]無證，名解脫道。亦名佛地，從人爲[152]稱。佛有[153]三種身[154]。一者法身佛，以[155]法性爲體，自體[156]緣集爲身。二者報身佛，以一切種妙智爲體，無爲緣集爲身。三

143 “寂滅”，底本殘，據甲本補。
144 “後”，底本殘，據甲本補。
145 “此”，底本殘，據甲本補。
146 “真”，底本殘，據甲本補。
147 “此”，底本殘，據甲本補。
148 “體極覺”，底本殘，據甲本補。
149 “名”，底本作“若”，據乙本改。
150 “道今”，底本殘，據甲本補。
151 “無得”，底本無，據甲本補。
152 “爲”，底本此下有“體”，據甲、乙本刪。
153 “有”，底本無，據乙本補。
154 “身”，底本無，據甲本補。
155 “佛以”，底本殘，據甲本補。
156 “體”，底本無，據乙本補。

者應身佛，以大悲爲體，三十二相八十種好有爲[157]緣集爲身。此三種身，圓融不二，即是法界緣集身也。無方大用，無處不在，一切法皆是即名法界緣集身也。衆德也。圓集是菩提果，果體無相，圓極寂滅，名大般涅槃果，法界大海，湛然常照，不增不減。

[圖譜]

（省略）

157 "爲"，底本此下有"集爲"，據甲、乙本刪。

《三界圖》

(S.3441)

整理者　青木 隆

해제

『삼계도』는 『법계도』를 약간 수정한 것으로 『법계도』의 이본이라고 할 수 있다. 가장 잘 정리된 분량을 가지고 있는 서사본은 S.3441이다. 이것도 앞부분이 결락되어 있고, 권말에는 「三界圖一卷」이라고 기록되어 있다. 「육도중생」 「삼승별교」 「통교대승」 「통종대승」의 4장으로 이루어진 것은 『法界圖』와 동일하지만 자구에 상당한 차이가 있다. 특히 「삼승별교」와 「통교대승」에 그 차이가 크다. 또한 이 서사본에는 제5장으로서 「明衆生入法界」라는 장이 첨가되어 있다. 이번에는 제5장 「明衆生入法界」 만을 번각하였다. 이외에도 『삼계도』 서사본의 단간에는 S.3930·S.4913·Pelliot chinois 4718가 있다.

저자는 불분명하다. S.3441의 끝부분에는 「此是義圓法界圖」라는 메모가 있는데, 여기서 義圓이라는 인물이 누군지는 불분명하다.

또한 李師政의 『法門名義集』(Pelliot chinois 2119등) 「第五賢聖品」과 「第七世界品」은 『삼계도』로부터의 발췌로 이루어져 있다. 이사정은 唐의 高祖시대, 武德年間의 佛道二教의 논쟁에서 『內德論』을 지어 불교를 옹호한 인물이다. 『법문명의집』은 초학자의 참고서로서 여러 문헌에서 발췌하여 편집한 것으로 돈황에서도 유행한 것 같고, 돈황 서사본 중에 15본 이상의 서사본의 존재가 확인되고 있다. 이와 같은 이유로 『삼계도』의 성립의 하한선은 625년 정도가 된다.

題解

《三界圖》是改寫了《法界圖》的部分內容而成的文獻,可視其爲《法界圖》的異本。諸寫本中內容最爲集中的是S.3441。此寫本首部亦殘缺，卷尾處記有“三界圖一卷”。與《法界圖》同樣，包括了“六道衆生”“三乘別教”“通教大乘”“通宗大乘”四章，但在字句上則與其有很大出入，尤以“三乘別教”“通教大乘”兩章為甚。此外，此寫本中加入了以“明衆生入法界”爲題的第五章。這次只對“明衆生入法界”一章進行錄文。上述之外，《三界圖》的寫本斷簡還有S.3930、S.4913、Pelliot chinois 4718等。

著者不明。S.3441的末尾處有“此是義圓法界圖”一文。這裡“義圓”具體爲何人，無法明確。

李師政的《法門名義集》(Pelliot chinois 2119等) 中“第五賢聖品”和“第七世界品”是由《三界圖》拔萃而成。李師政擁護佛教，在唐高祖時代武德年間的佛道二教論爭中，著有《内德論》一文。《法門名義集》作爲初學者的參考書目，精選了諸文獻的内容編集而成，在敦煌亦極爲流行，現在能夠確認的敦煌寫本就存有十五本以上。據此，《三界圖》的成立年代下限應在625年左右。

解題

『三界図』は『法界図』を若干書き換えたものであり、『法界図』の異本と考えることができる。最もまとまった分量を有している写本はS.3441である。これは首部が欠け、巻末には「三界図一巻」と記されている。「六道衆生」「三乗別教」「通教大乗」「通宗大乗」の四章を有するのは『法界図』と同じであるが、字句にかなりの相違が見られる。特に「三乗別教」と「通教大乗」にそれが甚だしい。またこの写本には第五章として「明衆生入法界」という章が付け加わっている。今回はその「明衆生入法界」の章だけ翻刻した。『三界図』の写本の断簡には他にS.3930・S.4913・Pelliot chinois 4718がある。

著者は不明である。S.3441の末尾には「此是義円法界図」というメモが見えるが、義円なる人物は不明である。

また李師政の『法門名義集』(Pelliot chinois 2119等)の「第五賢聖品」と「第七世界品」は『三界図』の抜粋でできている。李師政は唐の高祖の時代、武徳年間の仏道二教の論争において、『内徳論』を著わし仏教を擁護した人物である。『法門名義集』は初学者の参考書として諸文献から抜粋して編集したもののようであり、敦煌でも流行したらしく、敦煌写本中に十五本以上の写本の存在が確認されている。このことにより、『三界図』の成立の下限は625年頃となる。

参考文獻

石井公成 [1996]〈敦煌出土の地論宗諸文獻〉(石井公成《華嚴思想の研究》春秋社，東京)

青木隆 [1996]〈敦煌出土地論宗文獻《法界圖》について──資料の紹介と翻刻──》(《東洋の思想と宗教》13，早稲田大學東洋哲學會，東京)

底校本

底本：S.3441

校本：無

內容綱目

(省略)

5 衆生入法界

 5.1 衆生界義

 5.2 入法界義

尾題

(省略)

錄文

(省略)

[5 衆生入法界]

第五明衆生入法界

[5.1 衆生界義]

衆生界義

衆生界者，乃是有心之奥藏，愚智之神宅，之本源起實際。實際之性，理體無二，即無二體，集一切法，名曰衆生。不增不減，名之爲界。是名爲法[1]界緣集衆生也。

即此衆生順生死流，分爲三種。一曰藏識衆生，二曰轉識衆生，三曰事識衆生。

即此衆生返迷歸理，逆生死流，復名三種。一名分段衆生，二名變易衆生，三名真集衆生。

譬如大海清淨，包含無外，不增不減，即此海水，能從緣起漂流之用。是以風因緣，故轉水爲波，寒因緣故，結波成氷。若欲反其源者，融氷爲波，息波作水，澄水令清，還源本淨。衆生界者，亦復如是。本於實際，自性清淨，一切諸法，自體集起，不增不滅。而爲緣妄動，不染而染，隱覆淨心，故名[2]藏識衆生。海從流也，流轉不住，故名轉識衆生。喻如波浪也。波蕩鼓擊，泡沫積聚，執着堅固，事礙而起，故事識衆生。喻如結氷。

即此事識，厭苦心生，樂求解脱，自觀身命，五陰體分無常敗

---

1 "法"，底本作"爲"，據硃筆改。

2 "名"，底本此下有"淨"，據硃筆刪。

壞，故分段衆生。喻如融氷也。麁礙雖亡，細相復起，念念生滅，息妄顯真，故變易衆生。如息波也。妄相波息，自性澄淨，淨照踰明，故真集衆生。如水澄清。

事識衆生，迷時如醉。分段衆生，悟時如醒。此謂此[3]而故作有事可除也。

轉識衆生，迷時如夢。變易衆生，悟時如覺。此謂妄，想則有妄，息則無妄也。

藏識衆生，迷時如迷方。《經》曰，三界虛妄，但是一心作也。真集衆生，悟時如解方。情有迷悟，方理常爾。但除其病而不除[4]其法。

藏識衆生，隱名如來藏[5]，真集衆生，顯名法身用。

據情則斷生死煩惱滅，證法身清淨增也。據則無斷無得，法體常爾，不增不滅。《楞伽經》說藏識爲八識，說轉識爲七識，說事識爲六識。有聲聞是分段斷於六識，菩薩是變易斷於七識，摩訶菩薩是真集顯於八識，以佛身此有斷有得有增有減。爲論法[6]體，猶如海水。雖融氷息波亦不滅。澄清轉淨水亦不增。一切衆生以如來藏識爲身體故。〔若欲◇此義，須執着衆生界無增減〕

[5.2入法界義]

入法界義

夫法界者，蓋是實相[7]之圓宗，該羅之都域也。體則真如，不增不減，用則緣起，星羅彌該萬法，萬法雖殊，求體莫二，是得言無有一法，出於法[8]界。

---

3 "此"，底本有硃筆，但判讀困難。

4 "除"，底本無，據硃筆補。

5 "藏"，底本無，據硃筆補。

6 "法"，底本此下有"云"，據硃筆刪。

7 "相"，底本無，據硃筆補。

今就殊用，而分之爲四。一者，有爲緣集法。二者，無爲緣集法。三者，自體緣集法。四者，法界[9]緣集。

夫一切諸法有生有滅，名有[10]爲緣集法。一切諸法無生無滅，名無爲緣集法[11]。一切諸法非生非不生，非滅非不滅，其生滅與不生滅，體實不二，名自體緣集法。總此三種緣法，平等圓融，名法界緣集法。

一切諸法散故壞，集故成。《經》曰，自然而集，無有集者。此謂理出天真義非物造也。是法之法，無增無減，非斷非得[12]，不出不入。但據行人妄情既息，顯會相應契之圓極，故名入法界耳。

《華嚴經》從十信以上訖至佛果，廣明四十二賢聖同入法界。又《大[13]集經》廣明一切凡衆是有爲緣集、無爲緣集，一切菩薩衆集是自體緣集，一切諸佛集[14]是法界緣集。故名大集也。《經》云衆生[15]即是法界，法界即是衆生。聲聞即是法界，法界即是聲聞。菩薩即是法界，法界即是菩薩。諸佛即是法界，法界即是諸佛。一法界即是一切法界，一切法界即是一法界。

[尾題]

三界圖一卷

（省略）

---

8 “法”，底本無，據硃筆補。
9 “者法界”，底本作“法”，硃筆作“者”，據文意改。
10 “有”，底本無，據文意補。
11 “法”，底本此下有“爲”，據硃筆刪。
12 “得”，底本作“德”，據文意改。
13 “大”，底本無，據硃筆補。
14 “集”，底本無，據硃筆補。
15 “生”，底本無，據硃筆補。

五　逸文

《七種禮法》

逸 文

整理者　石井 公成

해제

『七種禮法』은 늑나삼장의 찬술 또는 역출이라고 전해지는 예불의례서이다. 원문은 존재하지 않고, 도세의 『법원주림』 권20 「致敬篇第九」·「第五明邪正」과 도선의 『釋門歸敬儀』 권하 「威容有儀篇第八」에 간략한 형태로만 남아있다.

도선·도세와 같은 시대에는 지엄이 『공목장』 권1 「名號品禮佛儀式章」에서 명칭과 내용에서 『칠종예법』과 상당히 유사한 「七禮」에 의한 예불법을 설하고 있는데, 이것은 『칠종예법』의 영향에 의한 것이라고 생각된다. 늑나삼장에 대해서는 불분명하지만, 사분율의 전통을 계승하는 도선과 도세, 그리고 지론종 남도파를 계승하고 있는 지엄이 이와 같이 본서를 중시하고 있는 점으로 보아 『칠종예법』은 사분율종과 지론종의 조사 혜광의 스승인 늑나마제를 존중하는 학파에 의해서 작성되어 전해졌다고 추측된다.

내용면에서도 다른 부처가 아닌 「自身佛」을 숭배해야 한다는 특이한 주장은 돈황에서 발견된 지론종 문헌 F-180과 일치하고, 지론종의 영향을 강하게 남긴 신라 의상의 계통에서도 「자신불」 숭배가 강조되고 있는 것으로부터도 『칠종예법』이 지론종 문헌이라는 것에는 의심의 여지가 없다.

도세와 도선 이외에는 징관의 『行願品疏』와 『行願品疏鈔』, 종밀의 『圓覺經大疏』, 『翻譯名義集』, 연수의 『종경록』과 『萬善同歸集』, 道誠의 『釋氏要覽』, 弘贊의 『沙門日用』 등의 문헌에서 인용되고 있지만, 모두 약출한 형태로 『법원주림』 『석문귀경의』의 인용문에 근거한 것이라고 생각된다.

본 문헌에 대해서 도선과 도세는 “늑나삼장이 인도의 의례를 이해하지 못한 중국의 신도들을 가엾게 여겨서 세상에 내놓았다. 하지만 너무 자세하므로 약출한다”고 말하고 있지만, 구체적인 작법은 설하고 있지 않다. 실제로는 예배를 행할 때 알아야 할 교리가 설명되어 있고, 자기 자신을 부처로 간주하는 여래장사상에 근거한 예불이 중시되며, 나아가 부처와 자기 자신의 대립을 초월한 無相의 예불에 이르러야 할 것이 설해지고 있다.

본 문헌은 501년에 역출된『如來莊嚴智慧光明入一切佛境界經』에서 발견되는『文殊法身禮』에서「不生不滅故、敬禮無所觀」의 구절을 인용하고 있지만, 돈황 사본 『文殊師利菩薩無相十禮』(Pelliot chinois 2212)도 위 구절의 전후 부분을 인용하고 있고,「一切平等禮」,「實相禮」등『칠종예법』과 사상적 경향이 유사한 용어가 발견되며,「歸命法身如來」가 설해지고 있다. 이외에도 돈황 사본에는 無相禮 내지 法身禮라는 예배문이 존재하는데, 당대 초기에는 본 문헌과 같이「無相」을 궁극의 자세로 하는 예불의례가 환영 받았음을 알 수 있다. 이러한 주장은 신회 등 초기 선종에서도 계승되고 있다.

도선과 도세는 동문지간으로 그들이 보았던 것은 동일 계통의 서적이었다고 할 수 있다. 그러므로『법원주림』에 수록된 텍스트와『석문귀경의』에 수록된 텍스트의 공통되는 부분은 그들이 보았던 원문 그대로라고 추측할 수 있다. 종래의 사료를 독특한 4자구의 美文으로 바꾸는 도선의 경향에 비추어 볼 때, 도세의 텍스트가 좀 더 원초적인 형태를 남기고 있을 가능성이 높지만, 그렇지 않을 가능성도 배제할 수 없으므로 여기서는 양쪽의 텍스트를 모두 게재하였다.

『법원주림』에 수록된『칠종예법』에 대해서, 대정대장경에 수록되어 있는 텍스트는 매우 특이하여 당대에 이용된 텍스트와 다른 경우가 많다. 또한 周叔迦·蘇晉仁校注『法苑珠林校注』(中華書局, 2006年)가 의거한 常熟燕園蔣의 판본도 稻垣淳央「『法苑珠林』道光七年常熟燕園蔣氏刊本について」(『真宗総合研究所研究紀要』25号, 2006年)에서 지적하는 바와 같이 텍스트의 계보가 명확하지 않기 때문에 여기서는 宋本(『磧沙藏』)을 사용하였다.

題解

《七種禮法》是一部禮佛禮儀書。或傳爲勒那三藏所撰，或傳爲勒那三藏所譯。原文雖散佚，但在道世《法苑珠林》卷第二十的〈致敬篇第九〉、〈第五明邪正〉一項，以及道宣《釋門歸敬儀》卷下的〈威容有儀篇第八〉中，以略抄的形式被揭載。

與道宣、道世同時代的智儼在《孔目章》卷一的〈名號品禮佛儀式章〉中，講說了在名稱與內容上都與《七種禮法》極爲類似的由“七禮”構成的禮佛法。這一點或是受到了《七種禮法》的影響。勒那三藏是否是指勒那摩提（Ratnamati）這點不甚明瞭，但是繼承了《四分律》傳統的道宣和道世，以及傳承了地論宗南道派的智儼都對此書極爲重視，而勒那摩提又正是四分律宗以及地論宗之祖師慧光的師傅。由此來看，我們可以推測《七種禮法》應是由非常尊敬勒那摩提的某一學派製作竝傳承的。

在內容方面，禮拜“自身佛”而非他佛這一特異的主張，與同爲敦煌出土的地論宗文獻F－180相一致。在很大程度上保留了地論宗的影響的新羅義湘的一系，也同樣强調應禮拜“自身佛”。因此，《七種禮法》是地論宗的文獻這點是毫無疑問的。

道世、道宣以外，在澄觀的《行願品疏》、《行願品疏鈔》，宗密的《圓覺經大疏》，法雲《翻譯名義集》，延壽的《宗鏡錄》、《萬善同歸集》，道誠的《釋式要覽》，弘贊的《沙門日用》等其他文獻中雖亦被引用，但均爲略出，其內容可被認爲是基於《法苑珠林》及《釋門歸敬儀》中的引文而來。

關於本書，道宣、道世在其著作中均將其釋爲是勒那三藏憐憫不通印度禮儀的中國信衆而製，其文詳盡因而略出。但“略出”中竝沒有提到具體的作法。實際上，文中對進行禮拜時應理解於心的教理加以說明，重視基於自身卽佛的如來藏思想的拜佛，更進一步敍述了應達到超越佛與自身的對立的無相禮佛的理念。

本書中引用了公元501年譯出的《如來莊嚴智慧光明入一切佛境界經》中“不生不滅故，敬禮無所觀”一文，但敦煌寫本《文殊師利菩薩無相十禮》(Pelliot chinois 2212) 中亦引用了上文的前後部分，此外，亦可見“一切平等禮”、“實相禮”等與《七種禮法》的思想傾向非常類似的語句，以及“歸命法身如來”一說。此外，由於在敦煌寫本中存在稱無相禮乃至法身禮的禮拜文，我們可以知道在唐初如本書一般以“無相”爲最高境界的禮拜儀式大受歡迎。這一主張在神會等初期禪宗中得以接受竝繼承。

道宣與道世旣爲同門，此二人所見當爲同一系統的寫本。因此，我們可以推測《法苑珠林》中引用的內容與《釋門歸敬儀》中所引內容的共通部分，卽爲二人所見寫本的原文。就道宣有將古來的史料改以獨特的四字句美文的傾向而言，道世的引用內容或更爲保留了原始資料的形態。但因不能一概而論，故于此將兩方的內容均加以揭載。

同時，關於《法苑珠林》所載的《七種禮法》，《大正藏》的內容非常特異，與唐代利用的文獻的內容不一致的情況非常常見。而且，如稻垣淳央〈關於《法苑珠林》道光七年常熟燕園蔣氏刊本〉(《真宗總合研究所研究紀要》25號，2006年) 一文中所指出，周叔迦·蘇晉仁校注《法苑珠林校注》(中華書局，2006年) 所依的常熟燕園蔣氏刊本，其本文之系統不甚明瞭，因此這裡我們採用宋本《磧砂藏》爲底本。

解題

『七種礼法』は、勒那三蔵が撰述したとも訳出したとも伝えられる礼仏儀礼書である。原文は存在せず、道世『法苑珠林』巻第二十の致敬篇第九・第五明邪正の項、および道宣『釈門帰敬儀』巻下の威容有儀篇第八に略抄した形で掲載されているにすぎない。

道宣・道世の同時代では、智儼が『孔目章』巻一の「名号品礼仏儀式章」において、名称・内容とも『七種礼法』にかなり似た七礼による礼仏法を説いており、『七種礼法』の影響によるものと思われる。勒那三蔵とは勒那摩提 (Ratnamati) を指すのかどうか不明だが、四分律の伝統を継ぐ道宣と道世、そして地論宗南道派を承けている智儼がこのように重視していることから見て、『七種礼法』は四分律宗と地論宗の祖である慧光の師たる勒那摩提を尊重する学派において作られ、伝えられていったことが推測される。

内容面でも、他の諸仏ではなく「自身仏」を礼拝すべきだとするその特異な主張は、同様の主張をする敦煌出土の地論宗文献であるF-180と一致しており、地論宗の影響を強く残す新羅の義湘の系統でも「自身仏」を礼拝すべきことが強調されている。このため、『七種礼法』が地論宗文献であることは疑いない。

道世・道宣以外では、澄観『行願品疏』、同『行願品疏鈔』、宗密『円覚経大疏』、法雲『翻訳名義集』、延寿『宗鏡録』、同『万善同帰集』、道誠『釈氏要覧』、弘賛『沙門日用』その他の文献に引かれているものの、すべて略出であり、『法苑珠林』『釈門帰敬儀』の引文に基づくものと思われる。

本書については、道宣･道世とも、勒那三蔵がインドの儀礼に通じていない中国の信徒を憐れんで世に出したとし、詳細なので略出すると述べているが、具体的な作法は説かれていない。実際には、礼拝を行うに当たって心得ておくべき教理が説明されており、自らを仏とみなす如来蔵思想に基づく拝仏が重視され、さらに仏と自らの対立を超えた無相の礼仏に至るべきことが説かれている。

本書では、501年に訳出された『如来荘厳智慧光明入一切仏境界経』に見える『文殊法身礼』から「不生不滅故、敬礼無所観」の句を引いているが、敦煌写本の『文殊師利菩薩無相十礼』(Pelliot chinois 2212)も、上の句の前後の部分を引いているほか、「一切平等礼」「実相礼」など『七種礼法』と思想傾向が似た言葉が見えており、「帰命法身如来」が説かれている。他にも、敦煌写本には、無相礼ないし法身礼と称される礼拝文が存在するため、唐初には本書のように「無相」を究極のあり方とする礼拝儀礼が歓迎されたことが知られる。こうした主張は、神会など初期の禅宗においても受け継がれている。

道宣と道世は兄弟弟子であり、彼らが見たのは同じ系統の本であろうから、『法苑珠林』所載のテキストと『釈門帰敬儀』所載のテキストとで共通する部分は、彼らが見た原文のままと推測される。従来の史料を独特の四字句の美文に改めてしまう道宣の傾向から見て、道世のテキストの方が古い形態を残している可能性が高いが、そうした場合ばかりではないようにも思われるため、ここでは両方のテキストを掲載しておく。

なお、『法苑珠林』所載の『七種礼法』については、大正大蔵経のテキストはかなり特異であり、唐代に利用されたテキストと異なる場合が多い。また、周叔迦･蘇晋仁校注『法苑珠林校注』(中華書局、2006

年）が依った常熟燕園蒋氏刊本も、稲垣淳央「『法苑珠林』道光七年常熟燕園蒋氏刊本について」（『真宗総合研究所研究紀要』25号、2006年）が指摘するようにテキストの系譜が明確でないため、ここでは宋本（『磧砂蔵』）を用いた。

參考文獻

柳田聖山 [1970]〈ダルマ禪とその背景〉(橫超慧日編《北魏佛教の研究》, 平樂寺書店, 京都)

汪娟 [1998]《敦煌禮懺文研究》(法鼓文化事業股份有限公司, 臺北)

石井公成 [1987]〈傳勒那摩提の《七種禮法》について〉(《印度學佛教學研究》35卷2號, 東京)

石井公成 [1995]《華嚴思想の研究》(春秋社, 東京)

戶次顯彰 [2011]〈道宣による《七種禮法》引用の意圖——佛道における罪と福——〉(《東アジア佛教研究》9號, 東京)

底校本

《釋門歸敬儀》所載本

底本：大正新脩大藏經45卷

校本：無

《法苑珠林》所載本

底本：《宋磧砂大藏經》1113卷所錄《法苑珠林》卷20

甲本：《大正新脩大藏經》53卷所錄《法苑珠林》卷20

乙本：周叔迦·蘇晉仁校注《法苑珠林校注》(中華書局、2006年)

內容綱目

《釋門歸敬儀》卷下所載本

0 序
1 我慢禮
2 唱和禮
3 身心恭敬禮
4 發智清淨解達佛境界禮佛
5 遍入法界禮敬供養
6 正觀
7 實相三寶自他平等禮
8 結

《法苑珠林》卷二十所載本

0 序
1 我慢禮
2 唱和求名禮
3 身心恭敬禮
4 發智清淨禮
5 遍入法界禮
6 正觀修誠禮
7 實相平等禮

錄文

[《釋門歸敬儀》卷下所載本]

[0 序]

勒那三藏見此下凡，悲心內充，爲出七種禮法。文極周委，鈔略出之。

[1 我慢禮]

初名我慢禮者，謂依次位，心無恭敬，高尊自德，無師仰意，恥於下問，諮受無所，心無法據，如碓上下。一形所作，無境住心，輕生薄道，徒勞無益。外覩似禮，內增慢惑。猶如木人，情不殷重，手不至地，五輪不具。此是慢業，名“我慢禮”。

[2 唱和禮]

二唱和禮者，雖非慢高，心無淨想，粗正威儀，身心虔敬，起伏相順。片有相扶，其福薄少，非真供養。

[3 身心恭敬禮]

三身心恭敬禮者，聞唱佛名，便念佛身，如在目前，相好具足，莊嚴晃曜。心相成就，實對三身，申手摩頂，除我罪業。是以形心恭敬，無有異念，供養恭敬，情無厭足。是名境界禮佛。心眼現前，專注無昧。此人導利人天，爲上爲最。功德雖大，未是智心，後多退沒。

[4 **發智清淨解達佛境界禮佛**]

四發智清淨解達佛境界禮佛者，行者慧心明利，深知法界，本無有礙。由我無始，順於凡俗，非有有想，非礙礙想。今達自心，虛通無礙。故行禮佛，隨心現量，禮於一佛，即禮[1]一切佛。一切佛即一佛。以佛法身通同無礙，故禮一佛，遍通一切。如是種種香華供養，例同於此。法僧加敬，義亦同之。以三寶同性，理無異故。三乘名異，解脫床同。故知一禮則一切禮，一切禮則一禮。如是三寶，既能通達，一切三界、六道四生，同作佛想，供養禮拜。自淨身心，蕩蕩無障。念佛境界，心相轉明。一拜一起，爲尊爲勝。是名真實果報殊大。由心無限故，使淨業無窮。

[5 **遍入法界禮敬供養**]

五明遍入法界禮敬供養者，行者想觀，自己身心法，從本已來，不在法界佛法身外。亦知諸佛身心法，不在我身外。發解冠達自身、一切身遍滿法界。是名法界不增不減清淨法門。如是解了。故知我今禮於一佛，一佛之身遍於法界。法界之中所有三界位地無漏法身，皆有佛身。佛身既遍一切，我身隨佛，亦遍一切。所以禮敬、供養一切身中具足莊嚴。然此法界，性常寂然，隨緣遍滿。乃至行、住、坐、臥，因緣果報，不離法界。身隨於心，故解無礙。法界緣起，一切事成。如一室中懸百千鏡，有人獨見鏡，鏡之中皆有像現。佛身清淨，明逾彼鏡，一切法界，悉現身中。故我供養一切凡聖。凡聖之身，皆同供養。有目者見，盲者不覩。如此行學法界法門，大有利益，終至此解。不學不知。是故行人，常須緣觀。所得功德，不可校量。既知我身在佛身內，如何顛倒，妄造業耶！

---

[1] "禮"，底本無，據《法苑珠林》本補。

[6 **正觀**]

六明正觀。禮自身佛，不外緣境他佛他身。何以故？ 一切衆生，自有佛性，平等滿足。隨順法界，緣起熾然。但爲迷解，有外可觀。所以妄倒，常淪生死。若能返照，解脫有期。

若向他境，謂有可觀，邪人邪行，經教不許。故云："不觀佛，不觀法，不觀僧[2]"。以見自己正法性故。又云："色聲見我，名行邪道[3]"。是故行人，常行禮拜，但見身心，有禮有敬。未能通解，常厭常行。後一通達，知心無外，方識自心清淨本性。此即自性住佛性也。隨力修明，引出佛性也。三祇果圓十地位極，至得果佛性也。此解微妙，唯聖達之。位在下凡，不宜不解不修習也。

[7 **實相三寶自他平等禮**]

七明實相三寶自他平等禮者，大意同前。前猶有禮有觀，自他兩異。今此無自無他，佛凡一如，古今無別。見佛可禮，大邪見人。《經》云："觀身實相。觀佛亦然[4]"。以實相離念，不可以心取，不可以相求，不可以禮敬，不可不禮敬。禮不禮等，供不供等。安心寂滅，名平等禮。故《文殊十禮》云："不生不滅故，敬禮無所觀[5]"。

[8 **結**]

此後二禮，寂而能通，福而行道。故使止觀雙遊，真俗竝運，心

---

2 "故云……不觀僧"，參見《大方廣寶篋經》(T14,470a)。

3 "又云……名行邪道"，參見《金剛般若經》"若以色見我，以音聲求我，是人行邪道，不能見如來"(T8,752a)。

4 "經云……觀佛亦然"，參見《維摩經》(T14,554c-555a)，《文殊師利所說般若波羅蜜經》(T8,728a)等。

5 "故文殊禮文……敬禮無所觀"，參見《如來莊嚴智慧光明入一切佛境界經》卷下(T12,247c)。

乃虛蕩，身實累緣。在凡行學，其相齊此，過此不行。下愚妄習，不足問也。然以隨相者，多止得自解。故文云："凡夫淺識深著五欲，計我見者，莫說此經[6]"。以聞不解，重增謗毁。不如不聞，行凡事福。

[《法苑珠林》卷二十所載本]

[0 **序**]

第五明邪正者，源此禮法，於齊代初，有西國三藏，厥號勒那。覩此下凡居在邊鄙，不閑禮儀，情同猴馬，悲心內溢，爲翻七種禮法。文雖廣周，逐要出之。從麤至細，對麤爲邪，對細爲正。故階級有七，意存後三也。

[1 **我慢禮**]

第一名我慢心[7]禮者，謂依次位，心無恭敬，恃尊自德，無師仰意，恥於下問，諮受無所，心無法據。雖有[8]設拜，心馳外境，如碓上下，空無所獲。一形所作，無境住心，輕生薄道，徒勞無益。外覩似恭，內增慢惑[9]。猶如木人，情不殷[10]重，五輪不具，三業馳散。是名我[11]慢禮也。

---

[6] "故文云……莫說此經"，參見《妙法蓮華經》"計我見者，莫說此經。凡夫淺識，深著五欲"(T9,15b)。

[7] "心"，甲、乙本作"憍心"。

[8] "有"，甲本無。

[9] "惑"，底本作"或"，據甲、乙本改。

[10] "殷"，甲本作"崇"。

[11] "我"，甲本作"憍"。

[2 唱和求名禮]

第二唱和求名禮者，雖非高慢[12]，心無淨想，粗[13]正威儀，身心詐恭。見人身輕急禮，人去身惰[14]心疲。稍似恭順，片有相扶，其福薄少，非真供養。良由口唱心散，是名唱和禮也。

[3 身心恭敬禮]

第三身心恭敬禮者，聞唱佛名，便念佛身，如在目前。相好具足，莊嚴晃曜。心相成就，感對佛身，手摩其頂，除我罪業。是以形心恭敬，無有異念。供養恭敬，情無厭足。心想現前，專注無昧。導利人天，爲上爲最。功德雖大，猶未是智，後多退沒。是名身心禮也

[4 發智清淨禮]

第四發智清淨禮者，良由達佛境界[15]，慧心明利，深知法界本無有礙。由我無始，順於凡俗，非有有想，非礙礙想。今達自心，虛通無礙。故行禮佛，隨心現量，禮於一佛，即禮一切佛。一切佛即是一佛。以佛法身體用通[16]融，故禮一拜，遍通法界。如是香華種種供養，例同於此。法僧加敬，義[17]亦同然。雖三相別，性理無殊。故三乘名異，解脫體同。故知一禮則一切禮，一切禮則一禮。如是三寶，既能通達，一切三界六道四生，同作佛想，供養禮拜。自淨身心，蕩蕩無障，念佛境界，心心轉明。一拜一起，爲尊爲勝。即是淨業無窮，果

---

12 "高慢"，甲本作"慢高"。
13 "粗"，甲、乙本作"麤"。
14 "惰"，甲本作"墮"。
15 "境界"，甲本作"境界境界"。
16 "用通"，甲本作"通用"。
17 "義"，底本、甲本、乙本作"我"，據文意改。

報無限。是名發智禮也。

[5 遍入法界禮]

第五遍入法界禮者，良由行者想觀自己身心等法，從本已來，不離法界，不在諸佛身外，亦不在諸佛身內，亦諸佛身[18]不在我外，亦不在我內。自性平等，本無增減。今禮一佛，即遍通諸佛所有三乘位地無漏[19]。我身既遍，隨佛亦遍[20]。乃至法界空、有二境，依、正兩報，莊嚴供具，無問行財，隨緣遍滿，不離法界，隨心無礙。竝薦供養，隨喜頂禮。如一室中懸百千鏡，有人觀鏡，鏡皆像現。佛身清淨，明逾彼鏡。遞[21]相涉入，鏡無不照，影無不現。此則攝他爲總，入他爲別。一身既爾。乃至一切法界凡聖之身，及供養之具，皆助隨喜，悉同供養。有目者見，無目者不覩。如此行學法界軌門，大有利益。故《地持論》有現前供養、不現前供養[22]。不現前供養，勝現前供養。以難成故。既知我身在佛身內。如何顚倒妄造邪業，不生愧恥！ 又諸佛德用既齊，名號亦等。隨稱何名，名無不盡。如稱一釋迦名禮，召一切諸佛[23]，無不備周。如西云釋迦，此云能仁。豈有一佛非能仁也！ 西云阿彌陀，此云無量壽。豈有一佛非長壽也！ 西云彌勒，此云慈氏。豈有一佛非慈氏也！ 故《智度論》云："一佛勝能等一切佛勝能。一切佛勝能等一佛勝能[24]"。設一切佛不化衆生，但一佛化生，即功歸法界，德

---

18 "諸佛身"，底本無，據文意補。

19 "今禮一佛……位地無漏"，文意不明。此文前後疑有文字錯亂。

20 "我身既遍，隨佛亦遍"，疑應爲"佛身既遍，我亦隨佛而遍"。

21 "遞"，甲本作"迭"。

22 "故地持論……不現前供養"，參見《菩薩地持經》(T30,925c) 。

23 "召一切諸佛"，此句多見於《一字佛頂輪王經》等密教經典。

24 "故智度論……一佛勝能"，參見《攝大乘論釋》"一切佛勝能即是一佛勝能。一佛勝能等一切佛勝能"(T31,254a)。此下引文竝非出自《大智度論》。而此處

用遍周。是名遍入法界禮也。

[6 正觀修誠禮]

第六正觀修誠禮者，此明自禮[25]自身佛，不緣他境他身佛。何以故。一切衆生自有佛性平等本覺，隨順法界，緣起熾然。但爲迷故，唯敬他身，己身佛性，妄認爲惡。縱修此行，常爲偏倒。若知己身極惡無佛性者，縱敬他身，終成無益。衆生迷倒[26]，雖發微善，唯將法界供具供養他身。無始已來，未曾將一燈一香一禮一餐[27]供養己身佛性。若能反照本覺[28]，則解脫有期。《維摩經[29]》云："如自觀身實相，觀佛亦然[30]"。又云："不觀佛，不觀法，不觀僧[31]"。以見自身他身平等正法性故，己心清淨，即是自性住佛性。隨力修明，是引出佛性。三祇果圓，即是至得果佛性。若據妙達，唯局大聖。若論下凡，雖未頓修，不得不解。如涉遠道，要藉自身。欲見佛性，要觀己佛。法僧亦爾。同體[32]無二。是名正觀禮也。

[7 實相平等禮]

第七實相平等禮者，大意同前。前[33]猶存有禮有觀，自他兩異。今

卻言"智度論云"，疑爲《七種禮法》原本中作"大論云"，道世將其理解爲《大智度論》所致。

25 "禮"，甲本作"體"。

26 "倒"，甲本作"惑"。

27 "餐"，甲本作"飡"。

28 "反照本覺"，參見圓測《仁王經疏》"解云，本覺反照自體第九識"(T33,380b)。

29 "維摩經"，甲本作"故維摩經"。

30 "維摩經云……觀佛亦然"，參見《維摩經》(T14,554c-555a)。

31 "又云……不觀僧"，參見《大方廣寶篋經》(T14,470a)。

32 "同體"，甲本作"體同"。

33 "前"，甲本無。

此一禮，無自無他，凡聖一如。體用同[34]融，如如平等，古今無別。若見佛可尊可敬，即見[35]凡可卑可慢。若起此心，還成僻執。故《般若經》云："是法平等，無有高下，是名阿耨菩提[36]"。以實相離念，不可以心取，不可以相求，不可以禮敬，不可以慢惰[37]。去高下，離尊卑，靜亂一原，恭怠齊固。安心此意，是名平等禮也。故《文殊禮文》云："不生不滅故，敬禮無所觀[38]"。此之一禮，凡夫淺識，恐聞反謗。上智之人，內行平等，外順修敬，內外合宜。是名"平等禮"也。

34 "用同"，甲本作"同用"。
35 "見"，乙本作"是"。
36 "故般若經……阿耨菩提"，參見《金剛般若經》"是法平等，無有高下，是名阿耨多羅三藐三菩提"(T8,751c；756a)。
37 "惰"，甲本作"情"。
38 "故文殊禮文……敬禮無所觀"，參見《如來莊嚴智慧光明入一切佛境界經》卷下(T12,247c)。

《藏外地論宗文獻集成》揭載文獻一覽

一　教理集成文獻

撰述者	文獻名	原本	揭載書
——	教理集成文獻	Pelliot chinois 2183	本書所收
——	〈解斷伏義〉	Pelliot chinois 2183 Verso	
——	教理集成文獻	Pelliot chinois 2908	本書所收
——	教理集成文獻	S.4303	本書所收
——	教理集成文獻	S.613	《續集》揭載豫定
——	教理集成文獻	F-180	本書所收
及法師	《大義章》	BD00453背 (北京8392)	《續集》揭載豫定

二　《華嚴經》注釋書

——	《華嚴經兩卷旨歸》	金澤文庫所藏	本書所收
——	《華嚴略疏》卷第一	BD06378 (北京80)	本書所收

三　《十地經論》注釋書

——	《十地經論疏》(擬題)	BD05755 (北京7266) S.3924	《續集》揭載豫定

四　“五門”文獻

——	《融即相無相論》	BD05755 (北京8420)	本書所收
——	《一百二十法門》(擬題)	BD06771 (北京8388) BD07808 (北京8389)	本書所收
——	《大乘五門十地實相論》卷第六	BD03443 (北京8377)	本書所收
——	《大乘五門實相論》	BD03106 (北京8378)	本書所收

五　諸經疏

——	《勝鬘經疏》(擬題)	S.2430	《續集》揭載豫定
——	《勝鬘經疏》(擬題)	S.6388 BD02346 (北京6618)	《續集》揭載豫定
——	《涅槃經疏》(擬題)	BD02224 (北京6615) BD02316 (北京8575) BD02276 (北京6616)	《續集》揭載豫定

六　"法界圖"文獻

——	《法界圖》	Pelliot chinois 2832 bis	本書所收
——	《三界圖》	S.3441	本書所收

七　逸文

傳勒那三藏	《七種禮法》	——	本書所收
懍師	《法鏡論》	——	《續集》揭載豫定

整理者

▶ 青木 隆　AOKI Takashi

1958年生，麻布學園教諭，早稻田大學博士課程滿期退學。

▶ 方 廣錩　FANG Guangchang

1948年生，上海師範大學教授，博士。

▶ 池田 將則　IKEDA Masanori

1974年生，金剛大學校佛教文化硏究所HK硏究教授，博士 (文學)。

▶ 石井 公成　ISHII Kosei

1950年生，駒澤大學教授，博士 (文學)。

▶ 山口 弘江　YAMAGUCHI Hiroe

1974年生，東洋大學東洋學硏究所客員硏究員，金剛大學校佛教文化硏究所前HK教授，博士 (佛教學)。

翻譯者

▶ 河 由真　HA Eugene

1971年生，金剛大學校佛教文化硏究所HK硏究教授，哲學博士。

▶ 朴 賢珍　PARK Hyunjin

1984年生，東京大學碩士生。

▶ 楊 婷婷　YANG Tingting

1983年生，國際佛教學大學院大學博士生。

藏外地論宗文獻集成

인　쇄 2012년 6월 12일
발　행 2012년 6월 19일

整 理 者 靑木 隆 · 方 廣錩 · 池田 將則
石井 公成 · 山口 弘江
펴 낸 이 김성배
펴 낸 곳 도서출판 씨·아이·알

책임편집 이정윤
디 자 인 송성용, 류지영
제작책임 윤석진

등록번호 제2-3285호
등 록 일 2001년 3월 19일
주　소 100-250 서울특별시 중구 예장동 1-151
전화번호 02-2275-8603(대표) 팩스번호 02-2275-8604
홈페이지 www.circom.co.kr

ISBN 978-89-97776-14-6 93220
정 가 46,000원